HISTOIRE

DU

PEUPLE ANGLAIS

AU XIXᵉ SIÈCLE

DU MÊME AUTEUR

LIBRAIRIE HACHETTE

Histoire du peuple anglais au XIXᵉ siècle. 7 vol. grand in-8, brochés :

I. *L'Angleterre en 1815.* 1 vol. . . . . 35 fr. »

II. *Du lendemain de Waterloo à la veille du Reform Bill (1815-1830).* 1 vol. 25 fr. »

III. *De la crise du Reform Bill à l'avènement de Sir Robert Peel (1830-1841).* 1 vol. . . . . 25 fr. »

EN PRÉPARATION

IV. *La politique libre-échangiste (1841-1865).*

V. *L'Angleterre en 1860, les institutions, les idées et les mœurs.*

VI. *Gladstone et Disraëli (1869-1880).*

VII. *Le déclin du Parti Libéral (1880-1895).*

LIBRAIRIE FÉLIX ALCAN

La Théorie platonicienne des Sciences. 1 vol. in-8, broché. 1896.

La Formation du Radicalisme philosophique. 3 vol. in-8. 1901-1904 :

Tome Iᵉʳ. *La Jeunesse de Bentham.*

Tome II. *L'Évolution de la doctrine utilitaire de 1789 à 1815.*

Tome III. *Le Radicalisme philosophique.*

LIBRAIRIE RIEDER

Thomas Hodgskin (1787-1869). 1 vol. in-18, broché. 1903.

Coulommiers. — Imp. Paul BRODARD. — 578-2-23.

ÉLIE HALÉVY

Professeur à l'École libre des Sciences politiques.

HISTOIRE

DU

PEUPLE ANGLAIS

AU XIXᵉ SIÈCLE

II

DU LENDEMAIN DE WATERLOO
A LA VEILLE DU REFORM BILL
(1815-1830)

LIBRAIRIE HACHETTE

79, BOULEVARD SAINT-GERMAIN, PARIS

1923

AVANT-PROPOS

Dans le premier volume, paru il y a dix ans maintenant, de notre *Histoire du Peuple Anglais au XIXe siècle*, nous tracions, en raccourci, l'histoire politique, économique, morale et religieuse du pays au cours de ce quart de siècle, si agité, qui le conduisit des échecs de la Guerre de l'Indépendance américaine à Trafalgar et à Waterloo. Il s'agissait moins, à vrai dire, d'une histoire que d'un tableau.

Nous faisions voir une Angleterre très pareille, en fin de compte, sous William Pitt et ses successeurs immédiats à ce qu'elle avait été sous le tribunat de lord Chatham : un pays sans bureaux, sans police, où le pouvoir exécutif était plus faible que dans aucun autre pays d'Europe, où les Juges de Paix aristocratiques, maîtres de l'administration locale, ne pouvaient compter, pour le maintien de l'ordre, que sur la docilité spontanée des populations. Cette docilité, les circonstances sociales nouvelles étaient-elles de nature à la renforcer ou à l'affaiblir? On était tenté de dire, à première vue, qu'elles étaient de nature à l'affaiblir. Car un fait révolutionnaire venait de se produire : la naissance de la grande industrie, qui se fonde sur l'emploi de la machine automatique, et dont la productivité, en quelque sorte effrénée, provoque l'apparition d'une masse flottante d'ouvriers, vivant au jour le jour, arrachés une année au travail stable des petits ateliers et des champs pour être rejetés, l'année suivante, sans travail, sur le pavé des grandes villes. Armée toute prête pour ne forme de guerre civile dont l'Angleterre ne pouvait même concevoir l'idée, au temps où elle fit ses révolutions du xviie siècle.

Restait à étudier la constitution morale ou, pour parler plus exactement, religieuse de la nation. Et d'abord il semblait que les institutions religieuses nous offrissent le même spectacle de désordre et de confusion que la constitution politique et l'organisation économique de la nation. L'Église d'État, si elle jouissait de bien des privilèges dont l'idée nous est intolérable aujourd'hui, était cependant au xviiie siècle la moins despotique, comme elle était la moins exaltée, des Églises d'État de l'Europe entière : c'est elle qui s'accommodait alors, en elle-même et à côté d'elle, de ce qu'on pourrait appeler le maximum d'anarchie religieuse. Seulement il nous apparaissait que, par l'effet d'une sorte de paradoxe historique, cette anarchie s'était trouvée être, indirectement, la cause véritable de la stabilité des institutions anglaises. Car, dans la place laissée libre par une Église d'État très apathique, s'était donné carrière le zèle, parfois fanatique, des sectes protestantes. Ces sectes, loin de s'affaiblir au cours de ce xviiie siècle où un continental serait porté à voir le siècle de l'incrédulité par excellence, s'étaient renforcées par l'apparition et le rapide accroissement de la grande secte méthodiste. Elles offraient un dérivatif au désespoir des masses ouvrières en temps de famine et de misère, faisaient obstacle à la propagation de l'idéologie révolutionnaire, et suppléaient au despotisme des lois par le despotisme des mœurs. C'est ici que l'Angleterre nous apparaissait comme étant véritablement le pays du *self government*, le pays qui, au sens profond — moral et religieux — de ce mot, « se gouverne lui-même » au lieu d'être gouverné par en haut.

Bref, si l'on veut comprendre la différence qui existe entre l'histoire de l'Angleterre moderne et l'histoire contemporaine des autres nations d'Europe — nous songeons plus particulièrement, en notre qualité de Français, à la France, — il faut toujours, si notre analyse est exacte, s'attacher à déterminer l'action silencieusement exercée sur la nation par ces églises autonomes de petite bourgeoisie : observation rendue plus délicate par le fait que ces églises sont multiples et diverses. En raison de l'existence de ces églises libres, les deux grands mots de révolution et de réaction perdent toute signification. Ni l'idée d'Église ne se confond avec celle d'une Église unique, à laquelle l'État est considéré comme devant apporter l'appui de sa force ; ni le peuple, quand il proteste contre les abus gouvernementaux, ne se révolte en même temps contre toute discipline spirituelle. Nous avons essayé, dans notre premier volume, de comprendre, à la lumière de cette hypothèse, comment l'Angleterre avait réussi à traverser, sans troubles profonds, l'épreuve d'une guerre longue et terrible. Il nous faut raconter maintenant comment l'Angleterre, constituée ainsi que nous avons dit, a subi l'épreuve, à bien des égards difficile elle aussi, du retour aux conditions normales du temps de paix. Raconter, et non pas décrire : car les événements se pressent en trop grand nombre pour nous laisser le loisir de nous attarder sur la route. Plus tard seulement, quand l'opinion démocratique et révolutionnaire semblera mise en échec par le triomphe du libre-échangisme bourgeois et pacifique, quand l'Angleterre, ayant atteint un état tout au moins provisoire d'équilibre, cessera pendant un quart de siècle d'avoir, au sens propre du mot, une histoire, nous pourrons cesser un instant de raconter pour recommencer à décrire.

Cette histoire, nous en reprenons la publication après dix ans d'intervalle. Dans cet intervalle, nous avons connu une nouvelle guerre générale, semblable sous bien des rapports à celle dont l'Angleterre et l'Europe émergèrent dans l'été de 1815. Plus courte assurément, mais aussi plus intense ; ayant détruit plus de vies humaines et consommé improductivement plus de richesses, appelée peut-être à entraîner, dans l'histoire du genre humain, des conséquences également révolutionnaires. Il en résulte que le présent volume peut être considéré à beaucoup d'égards comme paraissant plus à son heure que s'il avait paru avec moins de retard. Sans doute, entre alors et aujourd'hui les différences sautent aux yeux.

L'Angleterre d'alors n'avait accompli aucune des réformes démocratiques qui l'ont, depuis un siècle, politiquement transformée; et ce sont des problèmes tout nouveaux qui se posent maintenant devant elle. Aujourd'hui un parti ouvrier puissamment organisé se dresse comme un État dans l'État : alors c'est à peine si la doctrine socialiste commençait à naître. Aujourd'hui l'Angleterre met autant de résignation, et presque de satisfaction morale à payer l'impôt, qu'elle mettait alors d'enthousiasme à n'en point vouloir payer. D'ailleurs, si l'Angleterre se trouve aujourd'hui dans une situation financière beaucoup meilleure en face d'une Europe beaucoup plus effondrée, il faut ajouter qu'en revanche elle a perdu la prodigieuse avance industrielle prise alors par elle sur toutes les nations, et que les États-Unis d'Amérique sont peut-être en voie de devenir, par-dessus l'Angleterre elle-même, le véritable arbitre de l'équilibre des Puissances. Mais, d'une part, ces différences peuvent servir de thème à des méditations fécondes; et d'autre part les analogies restent malgré tout frappantes. Nous observons aujourd'hui, non pas seulement en Angleterre mais ailleurs, les mêmes difficultés financières, les mêmes désordres de la circulation, les mêmes soucis de découvrir des débouchés commerciaux dans un monde économiquement disloqué, les mêmes sentiments de déception après la victoire. Nous nous souvenons avec quelle résignation ennuyée, dans les premiers mois de 1914, nous résumions, parce que c'était notre devoir d'historien, ces théories inflationnistes de l'école de Birmingham qui avaient fait tant de bruit pendant les quinze années qui suivirent Waterloo, et dont nous parvenions difficilement à comprendre l'intérêt. Or, voici, que, relisant nos manuscrits et nos épreuves, nous nous apercevons que les utopies d'il y a un siècle sont de nouveau actuelles : les temps de Thomas Attwood sont revenus.

A d'autres égards cependant, ce retard de dix années n'est pas sans nous inspirer des scrupules dont nous croyons nécessaire de faire part au lecteur avant qu'il aborde notre livre.

Le gouvernement britannique, il semble que ce soit, depuis deux siècles, traditionnellement, le « gouvernement des partis ». Deux partis, nous dit-on, parti whig et parti tory, parti libéral et parti conservateur, s'affrontent et en même temps se respectent l'un l'autre, savent qu'ils sont l'un et l'autre nécessaires au bien de l'État, celui-là représentant l'idée de progrès, celui-ci l'idée d'ordre, celui-là l'esprit de liberté, celui-ci le principe d'autorité. Or nous ne prétendons pas disconvenir que la réalité historique corresponde, dans une certaine mesure, à cette vue conventionnelle des choses. Oui, l'Angleterre, pour les raisons que nous avons essayé de démêler, est par essence le pays du compromis et de la tolérance. Mais, cela une fois accordé, combien la définition courante du gouvernement des partis n'est-elle pas superficielle et grossière! Quel large élément ne renferme-t-elle pas de fiction et d'illusion! Il y a bien eu un moment, vers la fin du XIXe siècle, où deux grands hommes, de popularité disputée, chefs de partis en même temps que tribuns nationaux, donnaient une importance égale aux deux factions qu'ils commandaient respectivement, et qui se succédaient au pouvoir selon une loi d'alternance régulière. Seulement, les choses avaient-elles présenté le même aspect pendant toute la première moitié du siècle? Il ne le semble pas.

Considérons les individus. Canning, grand homme d'état, n'est certainement pas un whig : est-il donc un tory? Il n'aime en réalité ni l'un ni l'autre des partis traditionnels; il les a, quand il meurt, l'un et l'autre réduits en poussière. Et Robert Peel, autre grand homme d'État, deux fois traître au parti qui le considérait comme son chef, supporte avec la même impatience ces règles où l'on voudrait nous faire voir les lois immuables du parlementarisme britannique. Considérons maintenant, après les individus, les programmes. Nous assistons, pendant toute la première moitié du siècle, à l'ascension lente d'un certain programme de gouvernement que l'on peut définir comme étant celui du libre-échangisme intégral. Or ce programme, bien qu'il ait fini par devenir le monopole du parti libéral, on ne peut dire qu'il l'ait toujours été.

Adam Smith, s'il était un whig, était le plus sceptique des whigs; et Fox, le grand whig de la fin du xviiie siècle, était un adversaire de ses doctrines. Lord Liverpool, lorsqu'il se rapprocha des économistes politiques, était le chef d'un cabinet tory, et prit cette décision en opposition aux grandes familles qui étaient alors l'état-major du parti whig. Les whigs enfin, quand ils furent parvenus au pouvoir, ne se rallièrent au programme libre-échangiste que d'une manière timide et gauche. Lorsque le ralliement fut total, il apparut comme trop tardif : à la veille d'élections générales, il prit les allures d'une manœuvre. Et c'est à Robert Peel, chef du parti conservateur, qu'allait échoir l'honneur d'être le grand réalisateur de l'idéal libre-échangiste. Tout cela ne semble guère réfutable; si cependant nous avions écrit notre livre dix ans plus tôt, n'aurions-nous pas appuyé davantage sur d'autres aspects de la vérité qui nous frappent moins aujourd'hui ? Alors en effet, malgré bien des causes de destruction qui autorisaient de sombres pronostics, la structure des deux partis apparaissait encore, à la surface tout au moins, comme intacte. Nous avons vu depuis lors un brillant homme d'État, adaptant aux besoins d'un âge démocratique la tradition de Canning et de Peel, briser les cadres des anciens partis, vouloir être l'homme non d'un parti mais de la nation, demander au pays de déclarer avec lui que les formules du gouvernement des partis sont périmées. Nous nous posons donc à nous-mêmes la question, et nous la posons au lecteur : le spectacle du temps présent a-t-il été de nature à altérer notre vision du temps passé? ou au contraire, comme nous croyons, à nous permettre d'en voir mieux la vraie nature?

Sur un autre point encore, il est possible que nous n'ayons pas su nous soustraire, autant qu'il fallait, aux préoccupations de l'heure présente : et c'est quand nous avons eu à traiter des relations de la Grande-Bretagne avec les nations étrangères. Nous nous sommes bien vite trouvé en face de Canning, grand ministre des affaires étrangères ; et nous avons rendu, croyons-nous, pleine justice

à son génie d'orateur et de manieur d'hommes. Mais nous n'avons
pas vu en lui la grande figure morale, le héros de la liberté que
bien des Anglais vénéraient il y a cinquante ans. Avons-nous eu
tort? Nous ne croyons pas avoir avancé une seule assertion sans
apporter un fait ou un texte à l'appui. Nous nous rendons compte
cependant de l'influence que peuvent avoir exercée sur notre esprit
les événements de l'histoire contemporaine la plus proche. Nous
voudrions nous expliquer sur ce point, pour finir.

Si nous avions vécu au temps de Canning, il est probable que,
sans nous inquiéter des motifs qui inspiraient sa politique, nous
nous serions réjoui de le voir avec un tel succès diviser, bousculer,
bafouer des gouvernements rétrogrades, médiocres et méchants,
objets de mépris et de haine pour tous les cœurs généreux. Si même
nous avions seulement écrit il y a dix ans, peut-être aurions-nous
pardonné à Canning bien des démarches aventureuses, qui sans cesse
le conduisaient sur le bord de la guerre : toute une phraséologie était
à notre disposition, très plausible, pour expliquer comment, dans
bien des cas, la guerre, c'est le progrès, le mouvement et la vie.
Mais nous avons, dans l'intervalle, appris à connaître la guerre.
Nous éprouvons un sentiment d'instinctive défiance à l'égard de
l'homme d'État qui se fait des difficultés diplomatiques une carrière,
et dont la carrière est d'autant plus brillante que les affaires du
monde sont plus troublées. Nous préférons à un Canning, plus libéral
peut-être — tout au moins en discours — mais certainement plus
guerrier, un Robert Peel, qui aime à se dire conservateur, mais
qui est un ami beaucoup plus résolu de la paix. Même aux plus
timorés parmi les tories nous sommes disposé à pardonner leurs
craintes, si seulement elles aboutissent à ce résultat d'empêcher
qu'une guerre éclate; et nous ne résistons pas au plaisir de citer,
quand nous les rencontrons sur notre route, les paroles du plus
réactionnaire et du plus impopulaire parmi les tories ennemis de
Canning : « Les hommes se font illusion quand ils croient qu'une
guerre consiste tout entière dans une déclaration, une bataille, une
victoire, un triomphe. Les survivants ne pensent pas aux veuves et

aux orphelins dont les maris et les parents sont restés sur le champ de bataille. »

———

Nous aurions voulu joindre au volume qui paraît aujourd'hui, au volume dont la publication suivra bientôt, une bibliographie pareille à celle qui terminait notre premier volume. C'est ce qui nous a été impossible. Car nous nous sommes bien vite rendu compte qu'il nous fallait soit incorporer à cette deuxième bibliographie toute la première ou peu s'en faut (ce qui eût beaucoup alourdi notre publication) soit nous contenter de simples compléments à la première (ce qui eût été imposer au lecteur, par de perpétuelles références à un autre volume, un travail fastidieux). Nous avons pris un autre parti. Nous avons d'une part renforcé nos notes, qui constituent, telles que nous les avons conçues, une sorte de bibliographie dispersée. Nous nous occupons, d'autre part, de fondre en un seul tout la bibliographie de notre premier volume, les notes recueillies pour la bibliographie du deuxième et du troisième volume, celles enfin que nous sommes en train de recueillir pour les volumes ultérieurs. Nous espérons être ainsi en état d'offrir au public une Bibliographie générale de l'Histoire du Peuple anglais au XIXe siècle, soit après, soit même avant l'achèvement de notre ouvrage. Cela dit, et après avoir exprimé l'espoir que nos lecteurs nous pardonneront une lacune dont nous sentons nous-mêmes la gravité, adressons nos remerciements aux amis qui nous ont assisté de leurs conseils. M. Graham Wallas, professeur de Science Politique à l'Université de Londres, a bien voulu lire en manuscrit les chapitres qui, dans notre troisième volume, traitent des commencements de la Réforme Administrative après le vote du Reform Bill. M. Georges Dumas, professeur à l'Université de Paris, a donné une allure plus scientifique à notre diagnostic de la maladie mentale qui conduisit lord Castlereagh au suicide. Nous avons enfin contracté une dette spéciale de gratitude envers M. Paul Vaucher, agrégé de l'Université, professeur à l'Université de Londres, qui a fait pour nous au British Museum, pendant que notre ouvrage s'imprimait, le travail de vérifier, rectifier ou compléter les assertions douteuses et les références incertaines.

HISTOIRE
DU PEUPLE ANGLAIS
AU XIXe SIÈCLE

LIVRE PREMIER

LES ANNÉES DE LORD CASTLEREAGH
(1815-1822).

CHAPITRE PREMIER

LA PEUR DE LA RÉVOLUTION

Les déceptions de la victoire. L'insurrection contre l'impôt. — Crise. Agitation démocratique. Lois de répression (1816-1817). — Questions économiques. La Dette. La Loi des Pauvres. Le retour au paiement en espèces. — Nouvelle crise. Nouvelle agitation démocratique. Les « Six Acts » de 1819.

LES DÉCEPTIONS DE LA VICTOIRE. L'INSURRECTION CONTRE L'IMPOT.

L'ANGLETERRE APRÈS WATERLOO. DOLÉANCES DES AGRICULTEURS   Le long duel engagé entre l'Angleterre d'une part, et d'autre part la France révolutionnaire et impériale, entre « Carthage » et « Rome » avait pris fin : « Rome » était vaincue par « Carthage ». Non seulement l'Angleterre avait décidément affirmé sa suprématie sur les mers : question tranchée depuis dix ans déjà, par la bataille de Trafalgar. Mais elle venait en outre, avec l'assistance de toutes les grandes Puissances coalisées, de ruiner les aspirations de la France à étendre sur l'Europe entière sa domination militaire. Les armées alliées étaient entrées à Paris une première fois en 1814. Puis, en revenant de l'île d'Elbe et jetant ainsi à l'Angleterre un nouveau défi, Napoléon avait fourni à celle-ci l'occasion de remporter un suprême triomphe. Wellington s'était enfin trouvé face à face avec Napoléon sur un champ de bataille, et il avait vaincu. Il commandait à présent en France une armée de trente mille hommes et exerçait sur le Continent, au nom de l'Angleterre, une sorte de gouvernement arbitral. En vérité, si dépourvus de prestige personnel que fussent les deux chefs du ministère britannique — lord Liverpool à la Chambre des Lords, lord Castlereagh à la Chambre des Communes — bien forte semblait leur situation, quand, le 1er février 1816, le Parlement rentra en séances.

L'Opposition whig, faible numériquement, était en outre divisée. Non seulement ceux qui avaient au cours des dernières années appuyé la politique de guerre du gouvernement ne voulaient pas renoncer au bénéfice moral de la victoire en se solidarisant avec le petit groupe de ceux qui avaient toujours déclaré la victoire impossible, professé de l'admiration pour Napoléon, demandé la paix avec lui. Mais encore l'entente ne régnait pas même parmi ceux-là qui, dans l'Opposition, s'étaient réjouis, en commun avec le parti ministériel, de la victoire de Waterloo. Les uns, les plus nombreux, applaudissaient sans réserve aux traités de Vienne. Les autres protestaient que le rétablissement de l'absolutisme en Espagne, de la monarchie des Bourbons en France, n'était pas, à leur yeux, la conclusion légitime d'une guerre qui avait été ou aurait dû être une guerre de la liberté. Ces querelles étaient devenues si violentes à l'intérieur du parti whig que Francis Horner prévoyait une scission [1]. Ce qui empêcha la scission de se produire, c'est l'indifférence absolue de l'opinion publique à l'égard de ces problèmes de politique continentale : le fait brutal de la victoire donnait raison au ministère, tort à toutes les branches de l'Opposition sans exception. La Chambre des Communes accorda quelque temps à l'examen des traités de 1815. Brougham réclama communication du pacte mystique conclu en septembre par les souverains de Russie, d'Autriche et de Prusse. Il demanda communication du traité conclu à Vienne en janvier 1815 entre l'Autriche, la France et la Grande-Bretagne contre la Russie et la Prusse. Mais, sur l'un et l'autre point, lord Castlereagh fut évasif, et Brougham ne le pressa guère. « La politique intérieure, écrivait-il à son ami Creevey, voilà où il nous faut livrer bataille. Demandons des économies, — des économies en tous sens. Soumettons

____

1. Horner à la duchesse de Somerset, 29 janvier 1816. — Cf. Horner à J. A. Murray, 27 février 1816 (*Mem. and Corr. of Francis Horner*, vol. II, pp. 290, 314).

à nos investigations la famille royale, l'impôt sur le revenu, les tripotages de toute espèce, les misères de la propriété foncière. C'est, ajoutait-il, la plus riche mine du monde [1]. » Quelques mois après Waterloo, les déceptions économiques de la victoire avaient commencé. Et peut-être allaient-elles fournir à l'Opposition whig une occasion inespérée d'échapper au discrédit qui la frappait.

Les propriétaires fonciers étaient ceux, parmi les mécontents, dont les plaintes étaient les plus bruyantes, comme ils étaient ceux aussi dont les plaintes avaient le plus de chances d'être écoutées. Malgré le *Corn Bill* de 1815, la baisse de prix des céréales continuait : il suffit d'une très bonne récolte pour provoquer, à la fin de l'année, l'effondrement des cours. De 71 s. 9 d. en mars le blé était descendu en décembre à 55 s. 9 d., en janvier 1816 à 53 s. 6 d. Les fermiers, encouragés pendant la guerre à accroître toujours leur production, avaient pris l'habitude d'enfouir dans la terre leurs bénéfices annuels, et d'emprunter pardessus le marché aux banquiers locaux. Ceux-ci, n'obtenant plus de leurs fermiers l'intérêt des sommes qu'ils leur avaient avancées, se virent menacés de faillite, et obligés de réclamer aux fermiers non pas seulement l'intérêt de leurs capitaux, mais ces capitaux eux-mêmes. Pour échapper à la ruine totale, immédiate, que pouvaient réclamer les propriétaires, les fermiers, et les *country bankers*?

Il leur était difficile de demander un renforcement de la protection accordée à leurs céréales par la loi de 1815 : car cette loi interdisait toute importation de blé au-dessous du cours de 80 s., et le cours actuel était à peine supérieur à 50 s.. Tout au plus demandaient-ils que l'on rendît la prohibition plus rigoureuse en abrogeant l'article qui permettait aux importateurs étrangers sinon d'écouler leurs céréales sur le marché, au moins de les entreposer en Grande-Bretagne; ou encore que l'on renforçât le système de protection douanière en prohibant l'entrée d'un certain nombre de denrées agricoles autres que les céréales; ou encore, peut-être, que l'on encourageât par des primes l'exportation du surplus de la production. Mais surtout ils s'en prenaient à l'impôt. Ils estimaient que déjà

1. Brougham à Creevey, 14 janvier 1816 (*Creevey Papers*, vol. I, p. 248). — Cf. lord Grey à Brougham, 16 décembre 1816 : ... of the execrable principle of these treaties... the public will take no heed... But if the people can be made to understand that our triumphs have produced no security, that we must support a ruinous establishment in peace to maintain our guaranty of the Bourbons — with the risk of a new war and all its consequences if the French should again rise against them — I think it still possible that something may be done (*Life and Times of lord Brougham*, vol. II, p. 300); et lord Holland à Francis Horner, 10 janvier 1817 : ... It is through the unpopularity of the expenditure that we must get at the foreign system of politics, which, in my conscience, I think the cause of it (*Mem. and Corr. of Francis Horner*, vol. II, p. 390).

pendant la guerre les taxes pesaient sur eux d'un poids bien lourd, ayant quintuplé alors que le prix du blé avait seulement doublé. Maintenant que le prix du blé tombait presque de moitié, le fardeau devenait intolérable, et le resterait tant que le cabinet s'obstinerait à ne pas réduire radicalement les dépenses civiles et militaires, tant qu'il s'obstinerait à poursuivre aveuglément une politique d'amortissement qui ruinait les producteurs dans l'intérêt des détenteurs de fonds publics [1]. Sur ce point, ils se rencontraient avec les manufacturiers qui avaient été leurs ennemis au cours de l'hiver passé, lors du vote du *Corn Bill*, mais qui avaient aussi peu de goût qu'eux-mêmes pour le fiscalisme gouvernemental. Brougham, rentré depuis peu au Parlement sous le patronage de lord Darlington, fort du renom d'agitateur que lui avait valu sa campagne heureuse en faveur de l'abrogation des *Orders in Council*, se mit d'accord avec Baring et avec Western, avec les magnats de la Cité et les magnats de la propriété foncière, sur un programme d'économies et de réductions fiscales à outrance, dressa dans la « Revue d'Edimbourg », avant la rentrée du Parlement, le programme économique de l'Opposition [2].

La session s'ouvrit par un discours du Prince Régent dont le ton parut trop optimiste : le discours constatait « l'état florissant des manufactures, du commerce, et du trésor ». Déjà pourtant l'industrie souffrait d'un malaise qui allait grandir de jour en jour. Il y avait reprise de la production sur le continent, et baisse des exportations anglaises; fin des dépenses de guerre; diminution de la demande des produits de l'industrie métallurgique; licenciement en masse des marins et des soldats et, par suite, afflux de la main-d'œuvre sur le marché du travail, baisse des salaires et chômage. Ignorer ces souffrances, avouer seulement par prétérition que l'agriculture était peu florissante, c'était faire voir qu'on n'était pas disposé à poursuivre la politique financière que l'opinion publique réclamait.

1. V., sur la crise, les discours de Western, *H. of C.*, 7 mars 1816 (*Parl. Deb.*, vol. XXXIII, pp. 31 sqq) et de Brougham, *H. of C.*, 9 avril 1816 (*Parl. Deb.*, vol. XXXIII, pp. 1086 sqq). Cf. une lettre instructive de F. Horner à J. A. Murray, 18 janvier 1816 (*Mem. and Corr. of Francis Horner*, vol. II, pp. 287-88).

2. *Ed. Rev.*, octobre 1815, art. XIII, *British Finance* (vol. XXV, pp. 511 sqq) Le numéro parut seulement, semble-t-il, dans la deuxième moitié de décembre : v. les lettres de lord Grey à Brougham, 16 décembre 1815 (*Life and Times of lord Brougham*, vol. II, p. 300) et de Brougham à Creevey, 14 janvier 1816 (*Creevey Papers*, vol. I, p. 248).

Le 12 février, le Chancelier de l'Échiquier Vansittart fit l'exposé de la situation financière. Il déclara impossible de ramener tout de suite les dépenses militaires à leur niveau normal du temps de paix. Sans compter les trente mille hommes de l'armée d'occupation, dont les frais étaient à la charge de la France, et les vingt mille hommes des Indes Orientales, dont les frais incombaient à la Compagnie des Indes, il demandait vingt-cinq mille hommes pour la Grande-Bretagne, vingt-cinq mille hommes pour l'Irlande, quarante-neuf mille hommes pour les colonies; au total quatre-vingt-dix-neuf mille hommes, plus trente-deux mille marins. L'entretien de cette armée de terre et de mer coûtait 29 000 000 l.. Il ne pouvait donc être question de réduire sérieusement les impôts. Le seul moyen de franchir la crise, c'était d'éviter tout emprunt, et de maintenir l'impôt sur le revenu des temps de guerre, dont Vansittart proposait seulement que le taux fût ramené de 10 p. 100 à 5 p. 100. Ces déclarations donnèrent le branle au mécontentement général.

D'une part les dépenses prévues pour l'armée et la marine furent déclarées exorbitantes, dangereuses, affirmaient les hommes de la « Montagne » et bien des whigs, pour les libertés de la nation. D'autre part, et surtout, on s'en prit à l'impôt sur le revenu. On accusa le ministère, en maintenant cet impôt après le rétablissement de la paix, de manquer à des engagements répétés. Brougham et Baring se tenaient prêts à déchaîner un vaste mouvement de pétitionnement contre le maintien de la taxe; et, dès le 13 février, le lendemain du jour où Vansittart prononça son discours, la Cité envoyait au Parlement deux pétitions rédigées en termes très énergiques. Le 26, le Chancelier de l'Échiquier essaya de couper court au pétitionnement en proposant pour le surlendemain le vote de la taxe; mais, Baring ayant déclaré cette précipitation « scandaleuse », et annoncé son intention de faire obstruction par tous les moyens parlementaires possibles, Vansittart battit en retraite, remit sa motion à huitaine. Une semaine s'écoula, les meetings se multipliaient dans le pays, les pétitions affluaient sur le bureau de la Chambre des Communes. D'abord les ministres laissèrent leurs adversaires déposer les pétitions de leurs commettants, les appuyer par de longs discours, sans dire eux-mêmes un mot, anéantis. Puis, se rendant compte du tort que leur faisait cette inertie, ils essayèrent de discuter les pétitions, de critiquer la manière dont, en tel ou tel endroit, elles avaient été recueillies. Mais le coup de grâce leur fut porté quand, le 18 mars, Sir William Curtis apporta de la Cité une pétition signée en réunion publique et qui portait vingt-deux mille noms de marchands, de banquiers, de commerçants : une contre-pétition que l'on n'osa produire avait recueilli tout juste trente-sept noms. Quand le jour du débat fut venu, lord Castlereagh eut beau contester que les engagements, pris jadis, de ne pas continuer l'impôt sur le revenu en temps de paix, fussent des engagements absolus; il eut beau faire observer que déjà la Chambre des Communes avait accepté le chiffre, proposé par le gouvernement, des dépenses navales et militaires, que la question n'était pas en conséquence de savoir si on paierait ou si on ne paierait pas, mais comment on paierait; qu'il fallait choisir entre le maintien de l'impôt sur le revenu ou l'emprunt. Après un débat violent, mais rapide et bientôt interrompu par des cris d'impatience, il y eut deux cent une voix pour le maintien de l'impôt sur le revenu, et deux cent trente huit contre. Par trente-sept voix de majorité, le Cabinet était battu.

Le 20 mars, Vansittart s'avoua non pas une fois, mais deux fois battu. Il informa la Chambre des Communes qu'il renonçait au maintien non seulement de l'impôt sur le revenu mais de l'impôt de guerre sur le malt. Du moment que la volonté de la Chambre des Communes acculait le pays à l'emprunt, peu importait que l'emprunt fût accru du montant de l'impôt sur le malt : et cette nouvelle suppression d'impôt semblait justifiée par la situation où la crise agricole réduisait les *country gentlemen*. En renonçant primitivement à percevoir la moitié de l'impôt sur le revenu, c'était déjà à 7 500 000 l. de recettes que Robinson avait renoncé. Par la suppression totale de l'impôt sur le revenu et par la suppression simultanée de l'impôt de guerre sur le malt, un nouveau trou d'environ 10 000 000 l. se trouvait creusé dans le budget. Comment le remplir si on voulait respecter les principes rigoureux que Pitt et ses successeurs avaient édictés en matière d'amortissement? Vansittart finit par mettre sur pied un budget d'expédients. La Banque consentit une avance de 3 000 000 l. à condition qu'on l'autorisât à augmenter d'un quart son capital et que le Trésor prît l'engagement de toujours accepter son papier pour tous paiements. L'État renouvela 2 500 000 l. d'*Exchequer Bills* qui venaient à l'échéance. Quelques ressources exceptionnelles, jointes à un certain nombre d'économies administratives, permirent d'établir un budget qui se trouvât apparemment en équilibre. Mais, dans le projet primitif de budget, la Banque avait déjà consenti 6 000 000 l. d'avances à l'État. 9 000 000 l., plus 2 500 000 l. d'*Exchequer Bills*, c'étaient au total 11 500 000 l. que l'État demandait à l'emprunt.

De cette première session parlementaire, le Cabinet qui avait conclu les traités de 1815 sortait humilié. Pour se consolider à la Chambre des Com-

munes, Lord Liverpool offrit à Canning la succession de lord Buckinghamshire, au *Board of Control*; mais cette rentrée en scène de Canning pouvait
être considérée comme étant pour lord Castlereagh, leader de la Chambre des
Communes, une nouvelle source d'humiliation, si vraiment il était obligé,
pour se maintenir au pouvoir, de subir le contact de son ancien rival.
Les ministres se consolaient de leur faiblesse en constatant combien
l'Opposition elle-même était débile. Elle avait obtenu sans peine le rejet
de l'impôt sur le revenu; mais, quand elle avait voulu convertir ce vote en
un vote formel de censure, la majorité de la Chambre s'était dérobée.
Les whigs ne parvenaient même pas à trouver un chef pour les conduire.
George Ponsonby, leader officiel de l'Opposition, n'était, de l'avis général,
qu'un bouche-trou. Brougham, actif, toujours en scène, était trop violent,
trop léger, trop dépourvu d'attaches aristocratiques, pour que ses titres
fussent même pris en considération. D'ailleurs, la situation économique,
en ce mois de mai 1816 où le Parlement fut prorogé, était en voie de changement rapide : et la faiblesse du ministère devant le Parlement fut
atténuée par le fait que les deux partis se trouvèrent brusquement englo-
bés par l'opinion des basses classes dans une même impopularité.

CRISE. AGITATION DÉMOCRATIQUE. LOIS DE RÉPRESSION
(1816-1817)

CRISE DE 1816.
FERMENTATION
OUVRIÈRE
ET REVENDICATIONS
POLITIQUES

C'est au mois de janvier que le cours du blé
était tombé à son plus bas niveau. Un mouvement de hausse constante suivit : en mai le
cours de 76 s. 4 d. fut atteint. La crainte, puis
la réalité, d'une très mauvaise récolte, précipi-
tèrent encore la hausse. Le *quarter*, qui valait
82 s. 1 d. en août, allait monter à 103 s. en décembre. Les propriétaires
fonciers et les fermiers passèrent donc du camp des mécontents dans le
camp des satisfaits. Mais alors éclata le divorce entre les fermiers et leurs
ouvriers. Les ouvriers agricoles se trouvèrent d'accord avec les ouvriers
des manufactures pour se révolter contre la politique du pain cher. Les
ouvriers des manufactures étaient d'autant plus malheureux que la crise
industrielle s'aggravait. Le continent ne suffisait plus à absorber le surplus des produits anglais, il se révoltait contre leur invasion : les ouvriers
gantois, en juillet, firent un autodafé des marchandises britanniques [1]. De là
dépression des prix, baisse des salaires, faillites, chômage, et, pour finir,

1. *Ann. Reg.*, 1816, Chron., 24 juillet.

une série de troubles ouvriers comme l'année 1815 n'en avait pas connus [1].

Les désordres commencèrent, en mai, par une sorte de luddisme agraire, qui eut son siège principal dans les comtés de l'Est, dans le Suffolk autour de Bury Saint-Edmunds, puis à Norwich, puis autour d'Ely dans le Cambridgeshire, et finalement dans l'Essex, aux portes de Londres. Les ouvriers agricoles demandaient la tarification du prix du blé et de la viande — 2 s. 6 d. le boisseau de blé, 4 d. la livre de bœuf —, incendiaient les granges, brisaient les batteuses mécaniques ; armés de piques et de fusils, ils réussissaient, ici et là, à faire régner un véritable terrorisme local. Les Juges de Paix appelèrent à l'aide la *yeomanry*, puis la troupe. Dans le Cambridgeshire, après une véritable bataille où deux émeutiers perdirent la vie, soixante-quinze ouvriers agricoles furent traduits devant les Assises, vingt-quatre furent condamnés à mort, cinq furent effectivement pendus [2].

Puis l'agitation passa dans les districts industriels du Nord et du Centre, dans les régions du tissage, de la bonneterie et de l'extraction du charbon. Dès le 28 mai, il y avait eu grève à Newcastle, due à l'insuffisance des salaires et à la hausse du prix du pain [3]. Dans le Shropshire et le Staffordshire, les ouvriers — non pas grévistes mais chômeurs involontaires — se répandirent dans les villes avoisinantes, traînant à bras des wagons chargés de charbon, demandant l'assistance publique ; on vit ces processions ouvrières à Worcester, à Coventry et Birmingham, à Chester, à Liverpool, à Leicester, et jusqu'au voisinage de Londres [4]. En octobre, on signala des désordres plus graves. A Walsall, des boulangeries, des moulins furent pillés [5]. Des grèves accompagnées de violences éclatèrent aux deux bouts de la Grande-Bretagne, aux mines de fer et de charbon du pays de Galles et dans les environs de Glasgow [6].

Ainsi s'évanouissait le rêve formé en janvier par Brougham : coaliser toute la nation contre les ministres, présentés au pays comme une coterie égoïste et tyrannique. Il n'avait remporté, lors de l'abolition de l'impôt sur le revenu, qu'une victoire sans lendemain. De nouveau, dans le pays,

1. Voir sur la crise de 1816, J. A. Yates, *A letter on the distresses of the Country : addressed to his royal highness the Duke of Kent, in consequence of his motion respecting the Revulsion of Trade, and our sudden transition from a system of extensive war to a state of Peace : while the supposed influence of our debt and taxes upon our manufactures and foreign trade is investigated*, 1817. — et John Barton, *Observations on the circumstances which influence the condition of the labouring classes of society*, 1817.

2. Pellew, *Life of lord Sidmouth*, vol. III, pp. 145 sqq. — *Ann. Reg.*, 1816, Chron. 9, 19, 22, 24, 27 mai.

3. *Ann. Reg.*, 1816, Chron., 28 mai.

4. *Ann. Reg.*, 1816, Chron., 5 juillet, 9 juillet. — Sur la misère dans le Staffordshire, v. *Ibid.*, 24 juillet.

5. *Ann. Reg.*, 1816, Chron., 30 octobre.

6. *Ann. Reg.*, 1816, Chron., 22, 28 octobre. — *Examiner*, 3 novembre 1816.

les classes qu'il avait voulu réconcilier se dressaient l'une contre l'autre,
pendant que la peur commune de l'insurrection refaisait l'union des
partis au sein de la classe dirigeante. Que devenaient les défiances de la
gentry rurale à l'égard des armées permanentes quand les Juges de
Paix et la *yeomanry* appelaient au secours la garnison voisine? les
haines qui séparaient l'industriel du Juge de Paix aristocratique, quand
celui-ci protégeait celui-là contre l'émeute? Inversement le bas peuple
s'exaspéra contre les possédants, à quelque faction qu'ils appartinssent :
il désespéra de trouver parmi eux des amis. Tous les membres du Parlement, constitué comme il était, lui apparurent comme également
intéressés au maintien des abus administratifs, comme appartenant
tous à la classe des oisifs, qui exploitaient la nation laborieuse. La
réforme de la représentation parlementaire leur apparut comme devant
être le prélude nécessaire de toute réforme économique ou administrative [1].

C'est Sir Francis Burdett qui réintroduisit, devant le Parlement, la
question d'une réforme « radicale » du Parlement. Depuis 1812 le vieux
major Cartwright et lui s'étaient mis d'accord sur un programme commun.
Avec Cartwright, Burdett demandait des circonscriptions électorales
égales et des élections annuelles. Cartwright en revanche abandonnait la
revendication du suffrage universel, se bornant à réclamer avec Burdett
l'octroi de la franchise à tout Anglais payant l'impôt direct. Pour propager leurs idées, ils avaient fondé un club, le *Hampden Club*, dont
l'objet était double. D'une part (c'était l'idée maîtresse de Burdett)
constituer, à la tête du parti réformateur, un état-major pourvu de la
respectabilité nécessaire, capable de servir de noyau à un parti parlementaire régulier : il fallut, pour être membre du Club, non seulement
payer une cotisation annuelle de 2 l., mais encore prouver qu'on était
propriétaire ou héritier présomptif d'un domaine foncier ayant une
valeur locative de 300 l.. D'autre part, organiser à travers le pays (c'était
l'idée maîtresse de Cartwright), un mouvement de propagande et faire
pour la réforme parlementaire ce que les piétistes, les « méthodistes »,
savaient faire pour répandre les Bibles ou obtenir l'abolition de la traite [1].

Tant que dura la guerre, le *Hampden Club* mena une existence languis-
sante : bien peu nombreux étaient ceux dont il se composait, politiciens
de la Cité comme Wood ou Waithman, membres excentriques de l'aristocratie et de la *gentry* comme lord Byron et lord Cochrane, Sir W. Geary
et Charles Wolseley. Mais après le rétablissement de la paix Cartwright
réussit à lui donner plus de vitalité. Il obtint cent trente mille signatures

1. *H. of C.*, 30 avril, 8 mai 1816 (*Parl. Deb.*, vol. XXXIV, pp. 98, 369).

pour une pétition qu'il avait rédigée. Le secrétaire du club, Thomas Cleary, s'en alla évangéliser le pays de Galles. Cartwright lui-même parcourut l'Écosse, qui commençait à sortir de sa léthargie politique. Et l'un et l'autre laissèrent derrière eux quelques clubs locaux, pour continuer leur propagande. Ce furent les pétitions recueillies sur l'initiative du *Hampden Club*, ou, pour parler plus exactement, de l'infatigable major Cartwright, que Sir Francis Burdett déposa, devant la Chambre des Communes, en avril et en mai [1]. Sans le moindre succès, bien entendu. Mais en dehors du Parlement, Burdett ne se sentait non plus guère soutenu. Un meeting organisé par le *Hampden Club*, le 15 juin, pour célébrer l'anniversaire de la Grande Charte n'attira que très peu de monde [2]. C'est un mois plus tard seulement, lorsque la misère se fut aggravée dans les régions industrielles, que Sir Francis Burdett et la majorité de ses amis du *Hampden Club* de Londres, se trouvèrent non pas même soutenus, mais débordés par le mouvement populaire.

En 1812, lorsque déjà sévissait une crise économique, le groupe de philanthropes dont Wilberforce était le grand homme avait fondé une *Association for the Relief of the Manufacturing and Labouring Poor*, qui, formée de laïques et d'ecclésiastiques, d'hommes politiques de tous les partis, d'aristocrates, de banquiers et de négociants, avait par ses œuvres d'assistance rendu des services réels. En 1816, la situation était plus grave encore. Wilberforce et ses amis essayèrent de réorganiser l'Association de 1812. Ils obtinrent de hautes, d'augustes adhésions; et, pour lancer la nouvelle organisation, une réunion publique fut convoquée le 29 juillet à la «Taverne de Londres». La mise en scène était excellente. Le duc d'York présidait; et les six résolutions soumises à l'approbation de l'assemblée devaient être lues respectivement par le duc de Kent, le duc de Cambridge, l'archevêque de Canterbury, le duc de Rutland, lord Manvers, et l'évêque de Londres. Le grand Wilberforce était sur l'estrade; Vansittart aussi. Mais l'assistance n'était pas venue dans des dispositions aussi paisibles qu'au temps, si proche et pourtant déjà si lointain, où la guerre durait encore; et elle avait ce soir un meneur incomparable dans la personne de lord Cochrane, le marin démocrate, qui ne pardonnait pas à la société la condamnation à la suite de laquelle il avait été exclu du Parlement, ulcéré, haineux, mûr pour la révolution. C'est tout juste, dans le tumulte qu'il déchaîna, si les organisateurs réussirent à faire voter leurs six résolu-

---

1. *H. of C.*, 30 avril, 8 mai 1816 (*Parl. Deb.*, vol. XXXIV, pp. 98, 369).
2. *A Full Report of the Proceedings of the Meeting, convened by the Hampden Club, which took place at the Freemasons' Tavern... on Saturday the 15th June 1816, upon the subject of Parliamentary Reform*, 1816.

tions : il leur fallut même corriger le texte de la première. Puis le duc d'York s'enfuit, poursuivi par les huées. A partir de ce jour, il fut impossible à l'*Association* de tenir une réunion qui ne fût interrompue par quelque imitateur de lord Cochrane. Point tournant dans l'histoire de la crise que traversait l'Angleterre : cette philanthropie conservatrice à laquelle le réveil méthodiste avait donné la première impulsion, et qui semblait, effaçant les frontières du parti whig et du parti tory, du *Dissent* et de l'Église, être le plus sûr palliatif des désordres civils, parut, pour un temps, tomber en discrédit. Il sembla que la politique anglaise prît une allure continentale, et qu'il n'y eût plus en Angleterre, à la place des vieux partis historiques, que deux partis en présence : le parti de la révolution et le parti de la contre-révolution.

Un mois après le tumultueux meeting de la « Taverne de Londres », les huit mille *liverymen* de la Cité, ayant écouté les harangues enflammées d'un certain nombre d'orateurs populaires, de Flower, de Thompson, et surtout du fameux Henry Hunt, votèrent une série de résolutions, dont une qui réclamait la réduction des taxes, l'abolition des sinécures, « et une réforme du Parlement[2] ». A quelques jours de là un « Comité de Salut public » dont faisaient partie les amis de Bentham, James Mill et Francis Place, organisait à Westminster une réunion publique, au cours de laquelle Burdett et lord Cochrane réclamèrent l'organisation, dans tout le pays, d'un mouvement de pétitionnement : des délégués, à raison de deux par localités, viendraient apporter les pétitions à Londres, le jour où s'ouvrirait la session [3].

L'appel fut immédiatement entendu : plus rien de cette apathie que déploraient encore en juin les dirigeants du *Hampden Club*. Les *Hampden Clubs* se multiplièrent en province et prirent un caractère nouveau. On ne demanda plus aux membres une cotisation annuelle de 2 l., mais une cotisation hebdomadaire de 1 d.. Les révolutionnaires en somme, au moment même où ils reprochaient à l'évangélisme tory de Wilberforce de travailler à opprimer le peuple en assoupissant sa colère, empruntaient à l'évangélisme populaire des sectes ses méthodes d'organisation : les petites cotisations, les réunions en plein air, la rétribution d'un personnel de prédicateurs ambulants, chargés d'aller, de ville en ville, propager l'idée nouvelle [4].

1. *Cobbett's Weekly Political Register*, 3 août 1816, vol. XXXI, pp. 72 sqq. — Cf. une lettre de Francis Place à James Mill, 2 août : ... No Newspaper can describe the meeting at the City of London Tavern last Monday, many years have passed since I witnessed anything so exhilarating... Et le récit qui suit (*Add. Mss Brit. Mus.*, 35, 152, f. 199 sqq).
2. *Examiner*, 25 août 1816.
3. *Examiner*, 15 septembre 1816; et F. Place à James Mill, 30 août 1816 (*Brit. Mus. Add. Mss.* 35, 152, f. 207 verso).
4. Voir à ce sujet les protestations du *Courier*, qui n'aime pas les évangéliques:

Le public auquel on s'adressait, c'était d'ailleurs le bas peuple des manufactures, que le programme de Sir Francis Burdett n'intéressait pas directement. Ce programme fut en conséquence abandonné; de nouveau l'on demanda, selon le vieux programme du major Cartwright, le suffrage universel pur et simple [1].

Il est possible de déterminer avec précision les régions provinciales où le mouvement se prolongea avec le plus d'intensité. Si nous négligeons quelques centres isolés tels que Birmingham, dont les industries étaient particulièrement menacées par le rétablissement de la paix, ou Norwich, qui avait été au mois de mai un des foyers de l'agitation des campagnes, ce sont les régions où nous avons vu sévir le luddisme en 1812, celles où, le tissage à la main étant menacé par la concurrence de la machine, la moindre crise rendait intolérables les conditions de la vie ouvrière. Dans le Nottinghamshire le mécontentement populaire s'était traduit dès le mois de juin par des violences, par ce qu'on appelait, au sens propre du mot, des actes de « luddisme » : la fabrique toute neuve de M. Heathcote à Loughborough avait été détruite de fond en comble. Puis au mois d'août, quand certains ouvriers accusés de cette destruction avaient passé en justice, le jury les avait acquittés, aux acclamations de la foule, pendant que les juges étaient hués [2]. Et c'est à Nottingham qu'une grande réunion publique, tenue à la fin de septembre, adopta le texte des résolutions qui allaient servir de modèle pour tous les meetings démocratiques de province [3]. De même au Lancashire les briseurs de machines se faisaient démocrates, signaient et faisaient signer des pétitions. Une série de grands meetings tenus dans la deuxième moitié d'octobre à Liverpool, à Manchester, à Paisley, à Glasgow, eurent un profond retentissement. On estima qu'aux trois meetings de Manchester, de Paisley, de Glasgow, cent vingt mille hommes avaient pris part [4]. C'était donc, si l'on veut, le luddisme qui recommençait, mais avec deux différences. D'une part le nouveau luddisme était constitué en organisation politique, sur un programme

Bible Society. — It may be worthy of observation, and may furnish a subject for *curious* and serious disquisition to a reflecting mind, that the country is indebted to the « *esprit de corps* » of the above Society, for the *magnificent* idea of producing by *small means great ends*, for creating *funds* and *fervor* in a *holy* cause by *penny* contributions (22 janvier 1817).

1. Voir le texte du bill de Cartwright, *Pol. Reg.*, 31 janvier 1818 (vol. XXXIII, pp. 129 sqq.).

2. *Examiner*, 25 août 1816. Il n'est pas fait allusion à cet incident dans J L. et B. Hammond, *The Skilled Labourer*, pp. 238 sqq., où est racontée l'exécution capitale de sept coupables, la déportation de trois autres. — Sur le bris de métiers dans le Nottinghamshire, voir *Times*, 12, 17, 19 octobre 1816.

3. *Pol. Reg.*, 5 octobre 1816 (vol. XXXI, pp. 324-5).

4. *Pol. Reg.*, 9 novembre 1816 (vol. XXXI, p. 493).

défini [1]. D'autre part les mécontents de la province paraissaient obéir cette fois aux ordres des révolutionnaires de Londres.

L'AGITATION
A LONDRES.
LA JOURNÉE
DU 2 DÉCEMBRE

A Londres, le 10 octobre, un meeting du *Common Hall* se réunissait pour protester contre le fait que le Régent avait refusé de recevoir solennellement sa pétition du mois d'août [2]; et, huit jours plus tard, le *Common Hall*, en vue de rendre cette protestation plus efficace, proposait au *Common Council* de réélire une seconde fois l'alderman Wood, contrairement aux usages établis, comme Lord Maire de la Cité de Londres. Wood fut effectivement réélu : un an après le rétablissement de la paix, les vieilles traditions frondeuses du xviii° siècle étaient renouées [3]. Le 2 novembre, un Comité du *Hampden Club*, présidé par Burdett, décidait d'élaborer un projet de loi pour la réforme du Parlement, qui serait soumis à l'examen des délégués de province, quand ils arriveraient dans la capitale au début de 1817. Mais déjà Wood et Burdett n'étaient plus les maîtres du mouvement.

A mesure que le souvenir des victoires militaires s'effaçait, Cobbett, le fameux pamphlétaire, reprenait la popularité dont le rendait digne son talent de journaliste. Il eut en novemb.e l'idée d'éluder la loi du timbre en tirant sous forme d'opuscule un des numéros de son *Political Register*, une longue adresse « aux journaliers et aux travailleurs d'Angleterre, du pays de Galles, d'Écosse et d'Irlande [4] », et de la mettre en vente pour 2 d., 12 s. 6 d. le cent. Le succès fut immense : quarante-quatre mille exemplaires furent enlevés. A partir du 16 novembre, il mit en vente, chaque semaine, après l'édition régulière de son journal, une édition populaire, qui n'acquittait pas le droit du timbre, et se vendait à 2 d., et il annonça l'intention de continuer, « jusqu'à la réunion du Parlement, et peut-être jusqu'au jour où la Réforme aurait été réalisée [5] ». Pour gagner la faveur de son nouveau public, plus étendu, plus populaire, il changea de programme. Jusqu'alors il avait défendu les idées de Sir Francis Burdett. Il avertit ses lecteurs, le 23 novembre, que le major Cartwright l'avait converti à la thèse du suffrage universel [6].

Le major Cartwright? Était-ce bien vrai? Le major Cartwright tout au

1. Luddism in a political form (*Courier*, 14 janvier 1817).
2. *Examiner*, 13 octobre 1816.
3. *Examiner*, 20 octobre 1816.
4. *Pol. Reg.*, 2 novembre 1816 (vol. XXXI, pp. 433 sqq.). -- Sur le prix de vente. cf. *ibid.*, 23 novembre 1816 (vol. XXXI, p. 529).
5. *Pol. Reg.*, 16 novembre 1816 (vol. XXXI, p. 497).
6. *Pol. Reg.*, 23 novembre 1816 (vol. XXXI, p. 546).

contraire s'était rallié depuis deux ou trois ans à la thèse, un peu moins radicale, du *household suffrage*. L'homme dont, sans le dire, Cobbett subissait l'ascendant, c'était Henry Hunt, le démagogue, l'énergumène, qui, depuis plus d'un an, prenait une part prépondérante à tous les meetings de la Capitale. Lorsqu'en septembre les démocrates de Westminster avaient tenu leur réunion publique, ils avaient dû négocier avec lui, de puissance à puissance, afin d'obtenir qu'il modérât son langage. Il avait, en octobre, troublé la réunion du *Common Hall*; et c'est lui qui présida les grands meetings que Londres, suivant l'exemple du Nottinghamshire et du Lancashire, allait organiser pour approuver et signer le texte de la pétition au Prince Régent.

Le premier meeting en plein air eu lieu à Spa Fields, le 15 novembre : une foule immense y prit part. Henry Hunt apparut, précédé de deux hommes, l'un portant au bout d'une pique un bonnet phrygien, l'autre tenant un drapeau tricolore, vert, blanc, rouge, aux couleurs de la future République Britannique. De la fenêtre d'un débit de boissons, il harangua la foule : « Vous êtes écrasés d'impôts. Vous en acquittez sur votre pain, sur votre bière, sur vos chemises. Et pourquoi? Pour payer des appointements et des pensions aux pères, aux frères, aux mères, aux sœurs, aux cousins, aux bâtards des parlementaires qui vous exploitent. » Et il leur conseilla de signer la pétition, « avant d'avoir recours à la force physique ». Tout se passa pacifiquement, le soir seulement quelques boulangeries furent pillées. Et la réunion s'ajourna au 2 décembre, après que le texte de la résolution eut été adopté par acclamation [1].

Le meeting, parodiant la procédure adoptée au mois d'août par la Corporation de Londres, chargeait Burdett et Hunt de porter à Carlton House le texte de la résolution. Burdett, bien entendu, n'y alla pas; mais Hunt se fit fort de réussir là où avaient échoué les boutiquiers de la Cité, et de déposer la pétition entre les propres mains du Régent. Deux fois il fut éconduit [2]. Dans ces conditions, le meeting annoncé pour le 2 décembre devenait un meeting de protestation contre l'insolence de la Cour à l'égard des pétitionnaires.

A mesure que le jour fixé approchait, la fermentation augmentait dans la capitale. Le lundi 25, réunion, à la taverne de la *Crown and Anchor*, des « amis de lord Cochrane » [3]. Leur héros avait été, en châtiment de son équipée de juillet, cité en justice pour son évasion de l'année précédente et condamné à 100 l. d'amende. Refusant de payer, il avait été remis en prison; et ses amis ouvraient une souscription à 1 d. par tête pour payer les 100 l. et le

---

1. *Examiner*, 24 novembre 1816. Cf. H. Jephson, *The Platform*, vol. 1, pp. 383 sqq.
2. *Examiner*, 24 novembre 1816,

remettre en liberté. Le jeudi 28, réunion du *Common Council*, se prononçant pour la Réforme et exhortant tout le royaume à pétitionner. Le vendredi 29, réunion du *Common Hall*, troublée par une intervention de Hunt mais confirmant les résolutions du *Common Council*. Et le même jour, réunion philanthropique à Farringdon Without, qui, malgré les organisateurs, dégénérait en meeting réformiste [1]. L'échéance du 2 décembre approchait, et le souvenir des petites bagarres qui avaient suivi le meeting du 15 novembre inquiétait les autorités.

Le meeting du 2 décembre s'annonça comme devant réussir triomphalement. Une foule plus grande qu'au 15 novembre s'apprêtait à écouter Hunt. Plus grande peut-être en vérité, et plus animée que ne l'auraient souhaité les organisateurs. Burdett avait été dépassé par Hunt. Hunt fut dépassé à son tour. Il y avait parmi les mécontents un petit groupe de révolutionnaires qu'on appelait les « Spencéens », du nom du chef de la secte, Thomas Spence. L'égalité politique ne leur suffisait pas. Ils voulaient l'égalité des richesses par le retour de la terre à la communauté. Ils intervinrent au meeting de Spa Fields sans s'être en aucune manière concertés avec Hunt. Sous la direction de leurs chefs, Preston, les deux Watson, ils firent irruption sur la place pendant que la foule attendait encore l'apparition du démagogue, et, s'emparant d'une charrette, arborant des drapeaux tricolores, tinrent un meeting à eux dans un coin du vaste meeting. Puis, tandis que Hunt haranguait la foule, ils s'en allèrent vers la Cité, traversèrent Smithfield, arrivèrent à Snow Hill, pillèrent un magasin d'armes après avoir assassiné le boutiquier, et pénétrèrent dans la Cité. C'étaient en majorité, assura-t-on, des marins licenciés, qui connaissaient l'usage des armes. Ils remontèrent tout Cheapside, où ils jetèrent la panique par les coups de feu qu'ils tiraient en marchant, jusqu'au moment où, à Mansion House, une partie des émeutiers se laissa cerner derrière les grilles et arrêter par la force armée. Les autres prirent la fuite vers l'Est, où il semble qu'ils aient eu l'intention de mettre la main sur le dépôt d'armes de la Tour de Londres, et pillèrent d'autres boutiques d'armuriers. Ce fut à la nuit seulement que le calme put être rétabli.

RÉACTION DE L'OPINION. INERTIE GOUVERNEMENTALE — Un comité de salut public, des drapeaux tricolores, des bonnets phrygiens, un coup de main armé : c'étaient comme des scènes de la Révolution Française que jouaient les mécontents de Londres. Les survivants des procès politiques de 1793, à leur banquet annuel du mois de novembre, se réjouirent à l'idée de leur prochaine

1. *Examiner*, 1er décembre 1816.

revanche [1]. Mais cette bruyante agitation à la française provoqua tout de suite dans l'opinion une vive réaction. Ce n'étaient pas seulement le *Courier* et le *Times*, organes ministériels, qui, depuis deux mois, ne cessaient de crier au péril révolutionnaire, déclaraient impossible — et la bagarre du 2 décembre leur donnait raison — de laisser s'organiser sur un programme d'action politique de pareilles masses d'hommes sans courir à un conflit sanglant. Il n'y avait pas un journal quotidien à Londres qui songeât à plaider même les circonstances atténuantes en faveur des organisateurs des meetings. Tous les témoignages contemporains s'accordent sur un point : c'est que le mouvement révolutionnaire de 1816 fut d'une manière presque absolue confiné au bas peuple, et que le nombre des membres des classes dirigeantes qui favorisaient la cause de la Réforme, avait, de 1780 à 1792, de 1792 à 1816, toujours été diminuant. En août les démocrates de la capitale avaient demandé à la *gentry* provinciale de tenir des *county meetings*. Mais la *gentry* était restée sourde à leur appel : sauf dans l'unique comté des Cornouailles [3], pas un seul *county meeting* dans le cours des mois qui suivirent. La bourgeoisie manufacturière, commerçante, financière, avait bien des raisons pour être mécontente du ministère tory et de la constitution présente du Parlement. Elle redoutait cependant davantage une révolution du prolétariat manufacturier et urbain : si les grandes cités, pourvues du droit de vote, devaient envoyer à Westminster, pour les représenter, des Hunt et des Cobbett, mieux valaient encore lord Castlereagh et Vansittart. La racaille marchande qui dominait le *Common Hall* de la Cité avait pu entraîner l'adhésion de la Corporation au mouvement réformiste : mais ce n'était ici qu'un phénomène de survivance, une dernière manifestation du vieil esprit de lutte de la Cité contre la Cour. Nous avons montré la fermentation populaire, plus intense de jour en jour à la fin de 1816 : ce tableau appelle sa contrepartie. Il faut voir, chez tous ceux qui possédaient quelque bien et avaient moins peur encore des exigences du percepteur que des confiscations révolutionnaires, à quelle hostilité le mouvement se heurtait. Nul libraire, nul aubergiste qui voulût ou osât mettre en vente le *Political Register* de Cobbett. Les débitants de boissons, s'ils signaient la pétition, s'ils acceptaient

---

1. *Examiner*, 10 novembre 1816.

2. *H. of C.*, 24 février 1817 : discours de lord Castlereagh, (*Parl. Deb.*, vol. XXXV, p. 591.) — Cf. Southey à lord Liverpool, 19 mars 1817 : The Spirit of Jacobinism which influenced men in my sphere of life four and twenty years ago (myself, and men like me, among others) has disappeared from that class and sunk into the rabble, who would have torn me to pieces for holding those opinions then, and would tear me to pieces for renouncing them now (C. D. Yonge, *Life and Administration of Robert Banks, second earl of Liverpool*, vol. II, pp. 298-99).

3. *Examiner*, 10 novembre 1816.

qu'on vînt la signer chez eux, se voyaient menacés par les Juges de Paix
de perdre leurs licences [1]. Une véritable terreur aristocratique et bourgeoise régna sur l'Angleterre, plus silencieuse, plus redoutable que les
bruyantes manifestations dont Hunt et Cobbett étaient les chefs
d'orchestre.

Lord Sidmouth se tenait en communication avec les Juges de Paix : il
invitait, dans plusieurs comtés qui semblaient particulièrement menacés,
les lords lieutenants à enrôler des *special constables* et préparer la mobili-
sation de la *yeomanry*; sur son initiative, des réunions eurent lieu, où
les Juges de Paix firent adopter des motions réclamant du gouvernement
la répression du désordre [2]. Fort de l'autorité que lui donnait dans le
Cabinet le succès des méthodes employées par lui-même, six ou sept mois
plus tôt, pour réprimer les troubles du Cambridgeshire, il réclamait des
lois nouvelles, l'interdiction pure et simple des meetings [3]. Répondre à ses
vœux, à leurs vœux, n'était-ce pas une bonne politique? Au lieu de voir
le problème financier embarrasser chaque jour son existence, le ministère
verrait se rallier à lui toutes les classes dirigeantes. Les conseils de lord
Sidmouth n'étaient cependant pas écoutés : le Cabinet demeurait inerte.
Les meneurs de l'émeute du 2 décembre, d'abord arrêtés, furent remis en
liberté sous caution; et pendant les mois de décembre et de janvier Preston
et les deux Watson paradèrent impunément dans les clubs de la capitale.

Pourquoi cette inertie? Il ne faut pas oublier d'abord ce que pouvait
avoir de choquant et presque d'humiliant pour un homme d'État anglais
la nécessité, deux ans après Waterloo, de recourir à des mesures d'exception pour maintenir l'ordre public. Sans doute, en 1796 et en 1799, on avait
obtenu du Parlement des lois de salut public; mais on avait alors l'excuse
d'une situation extrêmement grave, d'une guerre sans précédent dans l'histoire, et les gouvernants n'auraient accompli que la moitié de leur besogne
guerrière si, combattant sur les champs de bataille les jacobins français,
ils avaient hésité à combattre en même temps leurs alliés de l'intérieur.
Sauf en ce cas singulier, jamais depuis 1688 le gouvernement britannique
n'avait usé que de moyens légaux pour réprimer l'émeute. Jamais si ce
n'est en Irlande. L'Angleterre en était-elle venue à ce point d'indignité
qu'il fallût la gouverner suivant les méthodes qui convenaient à ce pays
demi-sauvage? Peel, chargé dans le ministère du gouvernement de l'Irlande,
se plaignait précisément en décembre que le bruit excessif fait par la

---

1. *H. of C.*, 5 février 1817 : discours de lord Cochrane (*Parl. Deb.*, vol. XXXV, p. 221).
2. Pellew, *Life of lord Sidmouth*, vol. III, p. 166.
3. Lord Sidmouth à Abbot, 8 décembre 1816 (Pellew, *Life of lord Sidmouth*, vol. III,
p. 161).

presse de Londres autour des événements du 2 décembre lui rendit plus difficile l'administration de l'Irlande, et eût pour unique résultat d'encourager là-bas les fauteurs de désordres [1].

Il disait : « le bruit excessif ». Il traitait de « négligeables » les émeutes de Londres. Et sans doute la majorité de ses collègues partageait son optimisme. Cette réaction spontanée de toute la *gentry* et de toute la bourgeoisie contre les révolutionnaires n'était-elle pas le meilleur remède au mal dont souffrait l'Angleterre? Si le pays faisait lui-même sa police, pourquoi le gouvernement interviendrait-il? Déjà dans le cours de janvier, on pouvait espérer que les troubles allaient s'apaisant. Il y avait encore des cas de luddisme dans le Leicestershire [2], mais ailleurs le calme régnait. Et l'on était en droit, à certains symptômes, de diagnostiquer la fin de la crise. A Londres, quand se réunit, le 23 janvier, la « Convention des Délégués », chargée de concentrer, avant la rentrée du Parlement, les pétitions venues de la capitale et de la province et revêtues de cinq cent mille signatures, les débats révélèrent chez les délégués beaucoup d'indécision, presque de timidité. Le major Cartwright présidait : mais on avait désiré avoir Sir Francis Burdett pour président, et c'est seulement à son défaut qu'on s'était rabattu sur Cartwright. Un vœu favorable au suffrage universel fut adopté, mais non pas sans protestations. Cobbett, changeant une fois de plus de politique, plaida, par déférence pour Burdett, la cause du *household suffrage* : il eut à ce sujet, avec Hunt, une violente altercation. Finalement le meeting décida que les résolutions, telles quelles, seraient communiquées à Burdett, avec prière d'introduire un projet de loi au cours de la prochaine session, et de rédiger ce projet à sa guise en toute liberté [3].

Mais Burdett restait sourd à ces avances. Il chassait dans le Surrey, puis dans le Leicestershire. Il allait voir son fils, officier de la garde, qui était tombé malade à Brighton [4]. Il sentait la cause perdue par les aventuriers qui prétendaient l'accaparer. Il savait qu'à Westminster, Place et son comité se révoltaient contre Hunt et Cobbett; que, dans la Cité, Wood, Waithman et tous les « patriotes » du *Common Council*, ayant en

1. A Gregory, 12 décembre 1816 : ... It will be thought by sensible and moderate men that the government really wishes to magnify a mob into a rebellion, in order that a tub may be thrown to the whale, the public attention diverted from economy, and a pretext made for maintaining the military. — Au Speaker, 25 décembre 1816 : ... If the English papers will not magnify Watson to a Catiline, and represent England to be in a state of confusion, I believe we shall have very little trouble here. (C. S. Parker, *Sir Robert Peel*, vol. I, pp. 236, 237). — Cf. *Ibid.*, pp. 234-5 : Peel à J. Beckett, 5 décembre 1816.
2. *Ann. Reg.*, 1817, Chronicle, 27 janvier.
3. Voir le récit de la réunion, dans Bamford, *Passages in the Life of a Radical...*, éd. 1893, vol. II, pp. 20-1; et *Pol. Reg.*, 22 février 1817 (vol. XXXII, p. 235-6.
4. *Pol. Reg.*, 13 septembre 1817 (vol. XXXII, pp. 744, 755 sqq.).

décembre réussi à exposer enfin au Prince-Régent leurs doléances, se désolidarisaient d'avec les révolutionnaires des meetings, par lesquels en retour ils étaient couverts d'injures. La veille du jour où, le 16 janvier, le *Hampden Club* de Londres tint un meeting préparatoire de la « Convention des Délégués », Waithman et ses amis tinrent un meeting distinct à la « Taverne des Francs-Maçons [1] », et fondèrent en opposition au *Hampden Club* une société à eux, qu'ils appelèrent « les Amis de l'Économie, de l'Ordre Public et de la Réforme ». Le 24, prenant la parole devant le *Common Council*, Waithman répudia le double principe du suffrage universel et des élections annuelles [2].

RÉUNION DES DEUX CHAMBRES. ATTENTAT CONTRE LE PRINCE RÉGENT, ET LOIS DE RÉPRESSION — Le jour fixé pour la convocation des deux Chambres arriva. Rien dans la presse officieuse ne faisait prévoir des mesures d'exception. Le Discours du Trône, préparé pour être lu le 28 janvier à l'ouverture de la session, avouait la crise, le déficit, mais se bornait à compter « sur le loyalisme et le bon sens public pour aider le gouvernement à maintenir l'ordre contre les desseins des mécontents ». Le ministère abordait une session qui s'annonçait comme devant être aussi misérable que la session de 1816 : il allait se débattre, de séance en séance, au milieu des mêmes difficultés financières inextricables que l'an passé. C'est alors qu'un incident inattendu, providentiel, se produisit. Une foule immense s'était assemblée autour du Parlement pour voir entrer et sortir les grands hommes et le Régent lui-même. Celui-ci, accueilli par un silence glacial à son voyage d'aller, fut plus mal reçu encore au retour, fut positivement hué : et, dans le moment où il allait rentrer au Palais, un projectile traversa le carrosse. Deux glaces furent transpercées. L'avaient-elles été par deux balles, ou par une seule? par une balle, ou par un simple caillou? On ne retrouva pas le projectile, et la question ne fut jamais éclaircie. Mais une émotion extrême s'empara des milieux parlementaires; on se souvint de l'année 1795, où George III avait été la victime d'un attentat pareil. Pendant que Hunt, accompagné des délégués provinciaux, descendait de Charing Cross à Palace Yard et venait déposer entre les mains de lord Cochrane le monceau des pétitions réformistes au milieu des acclamations de la foule, les ministres délibéraient à la hâte. Ceux qui avaient été optimistes s'alarmèrent, ceux qui avaient été timides s'enhardirent. Après avoir

1. *Courier*, 14, 23 janvier 1817. — *Examiner*, 19 janvier 1817.
2. *Courier*, 24, 25 janvier 1817.

demandé aux deux Chambres de voter une adresse de sympathie au Prince Régent, ils décidèrent, comme en 1795, de répondre à l'attentat par le renforcement des lois.

L'adresse étant votée, le ministère déposa, le 3 février, sur le bureau des deux Chambres les documents recueillis par lord Sidmouth au sujet des menées révolutionnaires dont l'attentat du 29 janvier avait été la plus récente manifestation, et demanda que l'examen en fût confié par la Chambre des Lords à un comité secret de onze membres, par la Chambre des Communes à un comité secret de vingt et un membres. Les deux comités furent élus, et déposèrent leurs rapports le 18 et le 19 février. Les rapports dénonçaient le complot ourdi pour mettre la main sur la Banque et la Tour, détourner l'armée de son devoir, et opérer, par la force, une révolution jacobine à Londres. Ils dénonçaient le communisme des Spencéens, les attaques dirigées contre la propriété privée. Ils s'appesantissaient sur le caractère irréligieux, blasphématoire, de la propagande révolutionnaire [1]. Huit jours après, lord Castlereagh expliquait à la Chambre des Communes la nature de quatre projets de loi jugés par lui et ses collègues nécessaires pour le rétablissement de l'ordre [2].

Le premier bill édictait la suspension de la loi d'*Habeas Corpus* jusqu'au 1er juillet. Ce fut des quatre celui qui fut le plus contesté : le *Times*, qui n'était pas un organe d'opposition systématique et réclamait des mesures de rigueur, protesta que suspendre la loi d'*Habeas Corpus*, « ce boulevard de notre liberté, de notre bien-être, de notre vie », c'était violer la Constitution elle-même [3]. Mais, justement parce que ce projet de loi était le plus contesté, les ministres en hâtèrent la discussion. Le 24 février, en une seule séance, lord Sidmouth déposa et fit adopter par la Chambre des Lords, à la majorité de cent cinquante voix contre une opposition de trente-cinq, l'*Habeas Corpus Suspension Act*. Le 26, le projet était apporté aux Communes; il était voté le 1er mars [4]. C'est ainsi que, dans l'espace d'une semaine, le pays se trouva mis en face d'un fait accompli.

Les autres projets de loi, plus complexes, étaient présentés par le ministère non comme un essai de législation nouvelle mais comme une simple mise au point de la législation existante. Une loi avait été votée en 1796 pour la sécurité de la personne du roi : il était raisonnable d'en étendre les dispositions au régent. En 1797, des lois avaient été votées en vue de

---

1. Voir le texte des deux rapports, *Ann. Reg.*, 1817, pp. 6 sqq.
2. *H. of C.*, 24 février 1817 : discours de lord Castlereagh (*Parl. Deb.*, vol. XXXV, pp. 590 sqq.).
3. *Times*, 26 février 1817.
4. 57 Geo. III, c. 3.

réprimer toute tentative faite pour détourner l'armée de son devoir : pourquoi les avoir laissées tomber en désuétude? Enfin la loi de 1799 qui interdisait toute fédération d'associations politiques se référait, dans plusieurs de ses articles, à la loi de 1795 qui avait réglementé très sévèrement le droit de réunion. Or la loi de 1795 était une loi temporaire qui avait expiré au moment même où la loi de 1799 entrait en vigueur. Une fois déjà, en 1809, le gouvernement avait demandé à la Chambre des Communes qu'on lui permît de renforcer la loi incomplète de 1799. La Chambre des Communes avait refusé [1] : refuserait-elle aujourd'hui que l'exercice du droit de réunion avait donné naissance à d'aussi graves abus? Tels étaient les trois bills gouvernementaux, en sus de l'*Habeas Corpus Suspension Act*. Le dernier rétablissait toutes les restrictions, très dures, auxquelles la loi de 1795 avait soumis le droit de réunion; frappait d'interdiction, par un article exprès, la secte spencéenne; déclarait illégal l'expédient auquel les clubs avaient recouru depuis six mois pour tourner l'interdiction faite aux associations locales de se fédérer entre elles : l'élection de délégués en réunion publique.

Les trois lois furent votées sans difficultés, avec des amendements insignifiants [2]. L'Opposition ne réussit jamais à grouper plus de cent voix sur ses amendements. Le nombre total des votants, quelquefois, ne dépassa guère la soixantaine. Le duc de Bedford, que le ministère avait trouvé habile de placer au nombre des membres de la commission de la Chambre des Lords afin de donner à l'aristocratie whig une part de responsabilité dans ses mesures, invoqua son état de santé pour ne pas venir : c'est ainsi que, sans se solidariser avec le gouvernement, il évita de prendre ouvertement parti contre lui. A peine si dans le *Morning Chronicle*, le grand journal d'opposition, on peut suivre les débats : le directeur Perry maudissait ces révolutionnaires dont l'activité faisait perdre à l'Opposition tout le bénéfice des victoires parlementaires qu'elle avait remportées il y a un an, et préférait se taire dans l'attente de jours plus favorables [3]. Le 25 mars, le dernier bill gouvernemental, le *Seditious Meetings Bill*, était voté en troisième lecture par les Lords. Deux jours plus tard, lord Sidmouth lançait aux lords lieutenants du royaume une circulaire expli-

---

1. *H. of C.*, 18 mai, 9 juin 1809 (*Parl. Deb.*, vol. XIV, pp. 615 sqq., 987).
2. 57 Geo. III, c. 6, 7, 19.
3. Depuis longtemps, à vrai dire, Perry s'était rendu suspect aux chefs de l'Opposition. Brougham à lord Grey, 14 mars 1816 : ... his vile print... He gives all advantages to the enemy, and makes Castlereagh appear to triumph, while he is lower than you can even fancy. The truth is, we have found that he has a Tory reporter as well as a Whig, and it is a mere chance that the truth is ever told (*Life and Times of lord Brougham*, vol. II, pp. 310-311).

cative de la loi. Il les priait, après avoir consulté les autorités judiciaires, d'informer les Juges de Paix en son nom que chacun d'eux pouvait arrêter, et ne remettre en liberté que sous caution, tout individu convaincu de vendre au public des écrits blasphématoires et séditieux [1]. Il prenait sur lui d'interpréter la loi en un sens qui étendait singulièrement l'autorité des Juges de Paix.

DÉBACLE DU PARTI RÉVOLUTIONNAIRE. DERNIERS TROUBLES ET FIN DE LA CRISE. La terreur contre-révolutionnaire qui sévissait depuis décembre se fit plus intense, et cette fois sous le patronage avoué de lord Sidmouth et de ses collègues. Il ne se tint plus de réunions publiques; les Hampden Clubs disparurent. Les magistrats de la Cité de Londres refusèrent leur autorisation à une *debating society*, « l'objet du gouvernement étant, déclarèrent-ils, de supprimer toute discussion politique ». L'*Union Society* de Cambridge, parce que les débats y portaient sur des questions politiques, et qu'elle se trouvait par hasard avoir le même nom qu'une association jadis fondée par le major Cartwright, dut, après dix années d'activité, suspendre ses séances. Il en fut de même de sociétés purement scientifiques : la *Literary Society* à Manchester, l'*Academical Society* à Oxford, la *City Philosophical Society* à Londres. Un Juge de Paix refusa son autorisation à une société de minéralogie sous le prétexte que l'étude de la minéralogie conduisait à l'athéisme [2]. « Les plaines, ou les hauteurs, je ne sais ce qu'il faut dire, de Waterloo, écrivait Bentham, seront considérées un jour par l'histoire comme ayant été le tombeau des libertés non seulement françaises mais anglaises. Ce n'est pas la France seule, c'est la Grande-Bretagne avec elle, dont la conquête a été consommée aux Pays-Bas. Tout ce qui s'est fait, tout ce qui se fait en France, se fera bientôt en Grande-Bretagne. Lecteur, voulez-vous savoir quel sort vous est réservé? Regardez la France, et voyez [3]. »

A Londres, l'état-major du parti révolutionnaire se désagrégea. Non que Hunt désarmât : il trouva, pour défendre son attitude, un journal hebdomadaire dont le premier numéro parut au lendemain même de la réunion du Parlement et de l'attentat contre le Régent : le *Black Dwarf* de T. J. Wooler. Mais la faveur populaire lui échappait. Il avait donné

1. Pellew, *Life of lord Sidmouth*, vol. III, p. 174.
2. *Ann. Reg.*, 1817, Chron., p. 43. — A. Prentice, *Hist. Sketches... of Manchester*, p. 112. — *H. of C.*, 28 avril 1817 (*Parl. Deb.*, vol. XXXVI, pp. 17 sqq.); 29 avril 1817 (*Parl. Deb.*, vol. XXXVI, pp. 83 sqq.). — Bentham, *Plan of Parliamentary Reform*, 1817, pp. cccxxix, cccxxxv.
3. *Plan of Parliamentary Reform*, 1817, p. iv. Ecrit au mois de mai.

rendez-vous depuis longtemps à ses amis pour un nouveau meeting qui devait se tenir à Spa Fields le 12 février. Le gouvernement prit ses précautions, entoura de troupes le lieu du meeting, fit enfin arrêter les émeutiers de décembre; et tout se passa sans encombre [1]. Hunt n'osa même point paraître à un meeting des électeurs de Westminster qui votèrent des résolutions très modérées [2]. Un dernier meeting ayant été annoncé à Spa-Fields pour le 15 mars, c'est à peine si vingt personnes se trouvèrent réunies sur les lieux. Où étaient les foules de naguère? « Mauvaise nouvelle pour Sainte-Hélène, s'écriait le *Courier* triomphant... De nouveau nous sentons que nous avons un gouvernement [3] ». Hunt était désavoué par le Lord Maire et les politiciens de la Cité, désavoué par Sir Francis Burdett et les politiciens de Westminster, brouillé avec Cobbett [4]. Et la déroute des révolutionnaires apparut enfin comme complète, le jour où l'on apprit que Cobbett lui-même avait disparu.

Presque ruiné un an auparavant, l'incroyable succès de son *Register* l'avait remis à flot. Mais les ministres se préparaient à prendre leur revanche en lui réclamant le paiement de tous les droits de timbre qu'il n'avait pas acquittés sur ses feuilles à 2 d.: on parlait de 18 000 l. C'était la ruine, ou la prison. Cobbett partit en secret pour Liverpool, et, laissant derrière lui une longue « lettre de congé à ses concitoyens [5] », s'embarqua pour l'Amérique. Il allait trouver là-bas le paradis des démocrates, un pays où il n'y avait ni Église d'État ni armée permanente, une république rurale où la vie et le gouvernement étaient à bon marché. « Et pas de Wilberforce, surtout! Pas de Wilberforce [6] | ».

Dans les provinces, même décadence du mouvement réformiste. Deux explosions révolutionnaires marquèrent sans doute le printemps de 1817, mais bien impuissantes, exploitées, et dans un cas au moins, suscitées par le gouvernement pour accroître l'alarme et justifier sa politique de répression.

La première eut le Lancashire pour théâtre. Le 3 mars, à un meeting tenu à Manchester en vue de protester contre la suspension de l'*Habeas Corpus Act*, rendez-vous fut pris pour la semaine suivante. Ceux qui viendraient, viendraient équipés pour un long voyage. Car il s'agissait de se mettre processionnellement en route vers la capitale, et d'arriver à Carlton

---

1. *Times*, 11, 12 février 1817. — *Courier*, 11 février 1817.
2. *Courier*, 15 mars 1817.
3. *Courier*, 24 mars 1817.
4. *Times*, 25 janvier 1817. Voir les attaques du *Black Dwarf* contre Cobbett, 29 janvier 1817 (vol. I, p. 7); 12 mars 1817 (vol. I, p. 112).
5. *Mr. Cobbett's Taking Leave of His Countrymen.*
6. *Pol. Reg.*, 3 octobre 1818 (vol. XXXIV, p. 21).

House en portant le texte d'une pétition réformiste. C'était la reprise de l'idée que, l'année précédente, les pauvres mineurs du Staffordshire avaient commencé de mettre à exécution, excitant alors plus de pitié que d'émoi. Mais les manifestants étaient pourvus à présent d'un programme politique, et il y avait six mois que les vociférations de Hunt avaient jeté l'effroi dans les milieux bourgeois. Le bruit se répandit que ce n'étaient pas seulement quelques ouvriers du Lancashire qui allaient venir, mais toute la population ouvrière du Lancashire, du Yorkshire, des Midlands; que vingt-cinq mille armes à feu étaient tenues prêtes à Birmingham pour leur être livrées sur leur passage.

Le meeting eut lieu. Les « porteurs de couvertures » (*Blanketeers*) se mirent en marche les uns vers Stockport, les autres vers Ashbourne; d'autres arrivèrent jusqu'à Derby. Quelques dragons suffirent à les disperser, et le gouvernement avait pris prétexte de la réunion du 10 pour arrêter les meneurs les plus dangereux. Puis coururent de folles rumeurs. Les tisseurs du Lancashire voulaient, disait-on, s'emparer de Manchester, arrêter les Juges de Paix, ouvrir les prisons, mettre le feu aux fabriques, faire de la ville une nouvelle Moscou [1]. De nombreuses arrestations détruisirent ce qu'il pouvait y avoir dans le Lancashire d'organisations révolutionnaires.

On était au moment précis où le *Seditious Meetings Bill* était voté. Les sociétés démocratiques, auxquelles il était interdit de se montrer au grand jour, se transformèrent en sociétés secrètes, plus accessibles qu'auparavant aux projets de conspirations et de coups de main. Dans les premiers jours de mai, aux confins du Lancashire, du Yorkshire et du Derbyshire, les démocrates délibérèrent en vue d'organiser une nouvelle marche sur Londres. Le projet offrait un caractère plus nettement insurrectionnel que n'avait fait celui des *Blanketeers* : les conspirateurs s'inspiraient des desseins fantastiques que la presse officieuse avait prêtés aux manifestations de mars. La fermentation dura tout le mois de mai; le 6 juin, à Thornhill Lees, près de Huddersfield, eut lieu une réunion de délégués pour arrêter les décisions. Mais la police, qui était au courant de tous les détails de la conspiration, arrêta les principaux meneurs. Lorsque, dans la nuit du 9 juin, les révolutionnaires firent mine de réaliser leurs plans, de soulever le Derbyshire et de marcher sur Nottingham, ce fut, comme deux mois plus tôt dans le Lancashire, un avortement misérable. Déjà le gouvernement avait demandé à la Chambre des Lords la nomination d'une nouvelle commission d'enquête : le 12 juin, cette commission

---

1. Bamford, *Passages in the life of a Radical*, éd. 1893, vol. I, p. 37.

déposa son rapport. Il concluait au maintien, pour un semestre encore, de la suspension de l'*Habeas Corpus* [1].

Le ministère finit par obtenir que la suspension de l'*Habeas Corpus Act* fût prolongée jusqu'au 1er mars 1818 [2]. Mais la chose provoqua cette fois un peu plus de résistance, et des faits se produisirent qui affaiblirent l'autorité gouvernementale. Le 14 juin, le grand journal whig du Yorkshire, le *Leeds Mercury*, révéla à ses lecteurs que la conjuration des premiers jours du mois avait été fomentée par un certain Oliver, se disant l'émissaire des clubs révolutionnaires de la capitale, en réalité un agent provocateur envoyé dans le Nord par lord Sidmouth. Le 17, lord Fitzwilliam, chef du parti whig de la région, appuya les révélations du *Mercury* par une longue lettre ouverte adressée au gouvernement. Quelques jours après, les révolutionnaires de l'échauffourée de décembre comparurent en justice : le jury de Londres était démocrate, et avait déjà embarrassé le gouvernement par un certain nombre d'acquittements [3]. Il fut prouvé, lors des débats, que les accusés avaient été mis en arrestation sur la dénonciation d'un de leurs complices, nommé Castle, qui avait joué jadis, aux gages de la police, le rôle d'informateur. Était-ce un autre Oliver? Le ministère public jugea prudent d'abandonner l'accusation : tous les prévenus furent acquittés [4].

Puis les juges de province se mirent à suivre l'exemple du jury de Londres. En Écosse, le 3 août, acquittement d'Andrew Mackinley [5]. Dans le Yorkshire, le 22 août, acquittement des prévenus du mois de juin [6]. En Irlande, acquittement de Roger O' Connor, contre qui un faux témoin fut convaincu d'avoir fabriqué de toutes pièces une accusation de brigandage [7]. Le procès des émeutiers du Derbyshire fut, pendant ce deuxième semestre de 1817, le seul échec subi par les démocrates. Habilement retardé, cuisiné par le gouvernement, il aboutit en novembre à dix-neuf condamnations capitales et à trois pendaisons effectives. Ce fut le dernier épisode du drame [8]. La crise s'apaisait, les classes dirigeantes se rassuraient.

---

1. Pour le récit de ces mouvements, voir *Report of the Secret Committee... Ann. Reg.*, 1817, pp. 65 sqq. — Bamford, *Passages in the Life of a Radical*, chap. V. — A. Prentice, *Historical Sketches and Personal Recollections of Manchester*, chap. VI et VII. — J. L. and B. Hammond, *The Skilled Labourer*, 1920, chap. XII.

2. 57 Geo. III, c. 55.

3. Voir les plaintes de Southey à lord Liverpool, 19 mars 1817 (C. D. Yonge, *life... of lord Liverpool*, vol. II, p. 299) : ... if juries, either from fear or faction (as in Hooper's case the other day) give their verdict in the very face of facts, I beseech you do not hesitate at using that vigour beyond the law which the exigence requires.

4. *Ann. Reg.*, 1817, Chron., 17 juin.

5. *Examiner*, 3 août 1817. — *Reformist's Register*, 9 août 1817.

6. *Ann. Reg.*, 1817, Chron., p. 72-3.

7. *Ann. Reg.*, 1817, Chron., p. 203.

8. Voir pour le récit détaillé du procès J. L. and B. Hammond, *The Skilled Labourer*, pp. 366 sqq.

Au mois de janvier suivant, le Parlement, à peine réuni, vota l'abrogation de l'*Habeas Corpus Suspension Act* de 1817.

Les causes du mouvement révolutionnaire qui venait, pendant les mois de l'hiver et du printemps précédent, d'alarmer la *gentry* et la bourgeoisie, avaient été, d'abord et fondamentalement, des causes économiques : les ouvriers du Centre et du Nord s'étaient trouvés réduits à la famine par une crise industrielle qui aggravait le haut prix des denrées alimentaires. Or, la crise prit fin dans le cours de l'été. La récolte s'annonçait admirable, elle le fut en effet. Après avoir atteint en juin le cours de 111 s. 6 d., le blé tomba régulièrement pour se trouver en septembre à 75 s.. En même temps, le Lancashire, le Yorkshire, le district de la bonnetterie, celui de la métallurgie, retrouvèrent un marché pour leurs produits, eurent même peine à suffire aux commandes. Le cours de la rente remonta : le 3 p. 100 qui était à 63 en janvier, dépassa en juillet, puis en décembre, le cours de 83. Les ministres pouvaient alléguer que c'étaient leurs mesures répressives qui avaient coupé court à l'insurrection commençante : mais comment s'étonner en vérité que la crise révolutionnaire, provoquée par la crise économique, n'ait pas survécu à cette crise? Si les meneurs ne trouvaient plus d'ouvriers pour assister à leurs meetings, c'est qu'il n'y avait plus de chômeurs.

Quelles avaient d'ailleurs été les revendications des ouvriers mécontents? Ils voulaient mieux vivre, toucher de plus gros salaires, moins dépenser pour se nourrir : on s'attendait donc à les voir réclamer la fixation légale de leurs salaires, ou l'abrogation du *Corn Bill* de 1815. Mais leur programme de revendications n'avait pas été élaboré par eux-mêmes : c'est de Londres qu'ils le recevaient. Que demandaient donc les révolutionnaires de la capitale, qui rêvaient de soulever sous leur direction tout le bas peuple du royaume? La réduction des effectifs de l'armée; et sur ce point leur vœu coïncidait avec le vœu des ouvriers provinciaux. La suppression des sinécures, la guerre aux énormes traitements de la Cour et de la Haute Administration; cette revendication intéressait déjà moins directement la classe ouvrière : ce n'est pas sur eux que pesait, du moins directement, le poids de l'impôt. Enfin la conquête du pouvoir par le suffrage universel. Mais ce programme démocratique n'avait pas encore, à cette date, vraiment séduit l'imagination populaire. C'était le programme des clubs de la capitale, où persistaient les traditions vieillies du xviii siècle, où s'exerçait surtout l'influence toute proche de la France jacobine. Or l'idéologie de ces clubs, précisément en raison de ses origines françaises, ne répondait pas aux exigences morales de la nation.

L'IRRÉLIGION DE L'ÉTAT-MAJOR RÉVOLUTIONNAIRE, CAUSE DE FAIBLESSE POUR LE MOUVEMENT

Quand ils avaient, au mois de janvier, dénoncé le caractère irréligieux du mouvement révolutionnaire, les rapporteurs des commissions d'enquête s'étaient montrés bons psychologues et bons tacticiens. Car les démocrates de Londres étaient imbus d'irréligion à la française : par où ils choquaient le piétisme britannique. Bentham, qui venait d'annoncer, en manière de défi au parti tory triomphant, son adhésion au programme du suffrage universel [1], devint le grand homme du parti démocratique à partir du moment où Cobbett eut pris la fuite. C'était un doctrinaire, moins démagogique que Cobbett, mais aussi moins pénétré de préjugés anglais. Nourri dans les idées du xviiie siècle, disciple d'Helvetius, l'attention qu'il prêtait, depuis quelques années, en collaboration avec James Mill, aux questions d'éducation populaire, l'amenait à accentuer son anticléricalisme. Au moment où le Parlement votait une loi qui, pour réformer les abus de l'Église, renforçait les pouvoirs disciplinaires des évêques, et se préparait à accorder des crédits nécessaires pour l'édification de nouvelles églises afin de réagir dans les grandes villes industrielles contre l'impiété populaire, il consacrait un gros ouvrage, *Church of England Catechism examined*, à la critique de l'Église établie, et traçait son plan de réforme ecclésiastique. Réforme démocratique : les prêtres élus par les paroisses. Réforme économique : les prêtres payés à un tarif très réduit. Affirmation du droit que possède l'État d'exproprier au moins partiellement l'Église. Définition des règles suivant lesquelles l'État devrait procéder à cette expropriation. Puis il abordait l'étude de la Bible, écrivait son *Not Paul but Jesus*, une violente diatribe dirigée contre le fanatisme, le cléricalisme de saint Paul, et son « Analyse de l'Influence de la Religion Naturelle » où il discutait non plus les doctrines de saint Paul, non plus la doctrine chrétienne, mais l'idée religieuse elle-même [2].

Son irréligion le rapprochait à cette date de Robert Owen, autre réformateur qui n'était pas un démocrate, dont les doctrines écomoniques devaient par la suite diverger d'avec les siennes, mais qui se bornait en

---

1. *Plan of Parliamentary Reform, Introduction* (datée du 12 mai 1817). § 8. *Virtual Universality of Suffrage. — Its Undangerousness* (pp. ci sqq.) et Bentham ajoute — (p. cxv) : As to *absolutely universal suffrage*, though, preferably to the other, I do not, nor ever should advocate it — I should nevertheless, as *Earl Grey* did once « prefer it to the present system ». — En 1818, il se rallia, sans la moindre restriction, à la thèse du suffrage universel, et rédigea les vingt-six résolutions que, le 2 juin, Sir Francis Burdett soumit à la Chambre des Communes (*Parl. Deb.*, vol. XXXVIII, pp. 1118 sqq.). Voir notre *Formation du Radicalisme philosophique*, vol. II, pp. 208-9.

2. Voir notre *Formation du Radicalisme Philosophique*, vol. II, pp. 260 sqq.

somme à pousser plus loin que lui l'application d'une philosophie commune
à l'un et l'autre, et qui, pour l'instant, aimait à fraterniser avec lui. Robert
Owen, depuis 1812, travaillait à répandre, par le discours et par le livre [1],
les principes de sa doctrine : la nécessité, pour corriger le mal social,
d'agir sur les circonstances extérieures qui font l'individu ce qu'il est,
de changer le milieu social. La morale, la religion, constituent en quelque
sorte l'erreur fondamentale du genre humain : elles consistent à croire
que l'individu est responsable de ses actes et qu'on peut le corriger par
des exhortations et des blâmes. D'autres révolutionnaires, au même instant, faisaient parade aussi de leur irréligion : bien différents par leur
tempérament de Robert Owen et de Bentham, c'étaient les romantiques
du groupe de Byron. Byron lui-même publiait en 1817 son *Manfred*:
Shelley en 1816 son *Alastor*, en 1818 sa « Révolte de l'Islam », en 1820 son
« Prométhée ». Keats, moins agressif mais tout aussi païen, traversait,
rapide météore, le firmament de la poésie britannique. L'irréligion, chez ces
poètes, devenait une religion, et le mépris de toute moralité, une morale.
Leigh Hunt, à Londres, avait fait de l'*Examiner* l'organe commun de tous
ces ennemis du christianisme. Depuis le vote des lois de répression, il glis-
sait sur la question de la Réforme Parlementaire, mais, chaque samedi,
il guerroyait contre le fanatisme théologique sous toutes ses formes :
fanatisme des catholiques d'Espagne et de France, fanatisme de l'Église
anglicane, fanatisme des illuminés méthodistes qu'il abhorrait.

Plus obscurs, mais non pas moins dignes de retenir notre attention
étaient ces journalistes plébéiens qui propagaient dans les milieux populaires ce qu'ils appelaient la doctrine « déiste ». Le premier à attirer l'attention, ce fut William Hone, avec son *Late John Wilkes' Catechism*, son
Sinecurists' Creed, sa *Political Litany*. Ces pamphlets étaient tout à la fois
des parodies de la liturgie anglicane et des satires dirigées contre les
ministres et le parti ministériel. Hone se défendit lui-même devant
le jury, trois jours de suite, avec tant d'habileté qu'il fut acquitté en
triomphe. D'autres suivirent. Tel Sherwin, un gardien de prison converti
au déisme par la lecture des ouvrages de Thomas Paine, et qui se faisait
en 1817, âgé de moins de dix-huit ans, l'imprimeur, l'éditeur d'un *Political Register* consacré à la propagation du déisme et du républicanisme.
Tel Richard Carlile, tour à tour garçon apothicaire, ouvrier de fabrique,
simple journalier, puis colporteur, et finalement gérant responsable

---

1. Mr. Owen's Speech at a Public Dinner at which he presided, given to Joseph
Lancaster at Glasgow in 1812 (*The Life of Robert Owen, written by himself*, vol. I.
p. 245).— *A New View of Society : or essays on the principle of the formation of the human
character,* ... 1813-14 (*Ibid.*, pp. 253 sqq.).

du journal de Sherwin, devenu le *Carlile's Political Register*. Il fut
le libraire en titre du déisme, réédita les œuvres de Thomas Paine,
les « Principes de la Nature » de son disciple américain Elihu Palmer, du
Voltaire et du Diderot. Par son désintéressement, par son aversion pour les
querelles de personnes, il tranchait sur ceux qui l'entouraient, démagogues
violents, et qui semblaient se détester les uns les autres plus encore qu'ils
ne détestaient le Régent, les ministres et le Parlement.

C'était donc la querelle française qui s'installait à Londres : toute la
tradition religieuse d'un côté, et de l'autre le bloc de la philosophie
moderne. Mais le mouvement, tout bruyant qu'il fût, était en réalité
faible dans la capitale elle-même, plus faible encore dans les provinces.
Le ministère obtenait sans difficulté du Parlement les crédits qu'il demandait pour des constructions d'églises [1]. L'Angleterre restait profondément
religieuse; elle le devenait peut-être davantage de jour en jour; et le parti
démocratique, en offensant indistinctement l'Église et les sectes par un
langage trop explicitement antichrétien, adoptait la plus maladroite
des tactiques. L'opinion faisait aux propagateurs de l'irréligion des
traitements très divers selon les personnes, et dont il est curieux
de définir la diversité. Bentham, Owen, étaient des bourgeois respectables, universellement respectés dans un monde où la philanthropie
était à la mode, pour le zèle qu'ils apportaient, celui-là à la réforme du
régime pénitentiaire, celui-ci à la réforme de la discipline des fabriques.
On ne leur demandait que de taire leurs convictions irréligieuses.
S'ils s'obstinaient à les exprimer, on ignorait leurs incartades. Des
nobles, des princes du sang, patronnaient Robert Owen. Les amis de
Bentham essayaient de le persuader de ne pas publier ses pamphlets
anticléricaux, obtenaient de lui que tout au moins il les publiât sous des
pseudonymes. Le cas de Byron et de Shelley était différent : ils s'étaient
mis au ban de la société par le scandale de leur vie privée. Mais Byron
restait un poète populaire, que le respectable John Murray continuait
d'imprimer sans pour cela donner son approbation au philosophe [2]. Quant
aux libres penseurs plébéiens, ils étaient traités avec moins d'égards.
Ils s'aperçurent bientôt qu'ils s'étaient trompés s'ils se croyaient, par
l'acquittement de Hone, autorisés à imprimer tout ce qu'ils voulaient.

---

1. 58 Geo. III, c. 45. — 59 Geo. III, c. 134. — J. H. Overton, *English Church in* xixth
Century, pp. 150 sqq.

2. La seule vengeance que la justice anglaise tira de Byron, consista en ce qu'elle
refusa de protéger son éditeur contre les contrefaçons : vengeance mal conçue qui, si
elle gêna John Murray, facilita la propagation à bon marché des œuvres de Byron
(E. Jacob, *Reports of Cases argued and determined in Chancery during the time of Lord
Chancellor Eldon*, 1821, 1822, 1828, p. 474 note *).

A partir de 1817, et surtout à partir du mois de janvier 1819, commença la longue guerre de Carlile avec les tribunaux [1]. Et ce ne fut pas toujours le gouvernement qui prit l'initiative des poursuites. En 1819, elles émanèrent de la grande société bourgeoise qui s'était formée « pour la suppression du vice » et dont Wilberforce et ses amis formaient l'état-major. Ils prirent leur revanche des avanies qu'ils avaient subies en 1816 au meeting de la « Taverne de Londres ». Tandis qu'en France une bourgeoisie voltairienne supportait avec impatience le gouvernement des jésuites, c'était la bourgeoisie piétiste qui en Angleterre persécutait Carlile.

QUESTIONS ÉCONOMIQUES. LA DETTE. LA LOI DES PAUVRES. LE RETOUR AU PAIEMENT EN ESPÈCES.

TACTIQUE PRUDENTE DE L'OPPOSITION PARLEMENTAIRE. ÉLECTIONS DE 1818

La crise de 1817, économique et politique, n'était plus qu'une chose du passé. Si en Écosse le peuple et la bourgeoisie protestaient encore contre la constitution scandaleuse des *royal burghs*, en Angleterre et à Londres même le parti démocratique languissait. Aux réunions du *Hampden Club*, à peine un ou deux membres étaient présents [2]. « La Réforme Parlementaire, écrivait Hone, n'est peut-être pas morte, mais elle se meurt [3] ». Et les chefs de l'Opposition, bien que se déclarant favorables, en termes vagues, au principe d'une Réforme « graduelle et modérée », refusaient de considérer que la question offrît un caractère d'urgence. Brougham, qui avait voulu être en 1814 à Westminster le candidat de Bentham et de son groupe, repoussait maintenant toute alliance avec les démocrates [4]. Lord Grey, l'ancien « jacobin » de 1792, s'isolait dans son lointain domaine du Northumberland, défendait la Chambre des Communes contre les attaques dont elle était l'objet, mettait le public anglais en garde contre les périls de la démocratie [5].

---

1. Voir la liste des premiers procès de Carlile, *The Republican*, n° I, 27 août 1819, pp. 14 sqq.

2. *Proceedings of the Hampden Club*, juin 1819. — Cf. *H. of C.*, 27 février 1817 : discours de lord Cochrane (*Parl. Deb.*, vol. XXXV, p. 762).

3. Th. Hodgskin à Francis Place, 20 mai 1819 (*Brit. Mus. Add. Mss.*, 35, 153, f. 62).

4. *Courier*, 18 février 1817. — *Hone's Reformists' Register*, 17 février 1817 (vol. I, p. 114).

5. Discours de Newcastle, 19 septembre 1817 : ... I am still a reformer, but with some modification of my former opinions : with more fear of the effect of sudden and inconsiderate changes, with a most complete conviction that to be successful, reform must be gradual, and must be carefully limited to the necessity which has proved it to be wanting... Of the House of Commons, as it at present exists, I am not unwilling to

Ils voyaient tous le ministère, si ébranlé au cours de la session de 1816, consolidé l'année suivante par la peur de la Révolution. Ils considéraient que, s'ils voulaient le voir affaibli de nouveau, les questions de politique pure devaient être rejetées à l'arrière-plan. D'autres questions furent en conséquence soulevées par les orateurs whigs : la question de la réforme du droit pénal par Romilly [1], la question de l'enseignement primaire par Brougham [2]. Particulièrement embarrassantes étaient pour le ministère les questions économiques et budgétaires. Quand on pouvait, sous prétexte d'économies à réaliser sur le budget, s'en prendre à la famille royale, c'était pour le parti whig double aubaine. La princesse Charlotte, fille du Prince Régent, mourut à la fin de 1817, un an après son mariage avec le prince Léopold de Saxe-Cobourg. Elle laissait la couronne d'Angleterre sans héritier direct; et quatre frères du Prince Régent, célibataires déjà sur le retour, se mariant précipitamment pour faire souche, soulevèrent les protestations du Parlement par les énormes dotations qu'ils demandèrent. Les whigs reçurent, aux élections générales qui eurent lieu en 1818, la récompense de leur prudente tactique. Ce furent des élections extrêmement animées [3], et nettement favorables à l'Opposition modérée. Si la brouille des whigs et des démocrates permit à un ministériel de battre Romilly dans la circonscription de Westminster, les quatre sièges de la Cité de Londres furent en revanche tous conquis par l'Opposition. On estima qu'au total les whigs gagnaient une trentaine de sièges [4].

say, that I think it is, with all its imperfections on its head, one of the best securitie the people of this country ever had for the preservation of their freedom. Even now it is under the control of public opinion, to ensure the success of any wise and legal measures : even now the public voice may do much if it be directed to proper objects (*Courier*, 24 septembre 1817).

1. H. of C., 25 février 1818 (*Parl. Deb.*, vol. XXXVII, p. 610).

2. Pour la campagne de Brougham jusqu'en 1818, voir *H. of C.*, 21 mai 1816 (*Parl. Deb.*, vol. XXXIV, pp. 633 sqq.); 22 mai 1817 (*Parl. Deb.*, vol. XXXVI, pp. 822-3); 8 mai 1818 (*Parl. Deb.*, vol. XXXVIII, pp. 585); 18 mai 1818 (*Parl. Deb.*, vol. XXXVIII, pp. 760 sqq.); 3 juin 1818, *Report from the Select Committee on the Education of the Lower Orders*, et discours de Brougham (*Parl. Deb.*, vol. XXXVIII, pp. 1207 sqq.). — — Voir encore *H. of C.*, 13 avril 1818 (*Parl. Deb.*, vol. XXXVII, pp. 1297-8); 22 avril, 27 avril, 8 juin 1818 (*Parl. Deb.*, vol. XXXVIII, pp. 285, 336, 1294).

3. Sur 380 circonscriptions, 115 élections contestées (Miss Martineau, *Hist. of the Thirty Years, Peace*, Book I, Chap. xiv (éd. Bohn, 1877, vol. I, p. 252). — H. Jephson, *The Platform, its Rise and Progress*, vol. I, p. 441.

4. Ils auraient passé de 140 à 173 (Spencer Walpole, *life of lord John Russell*, vol. I, p. 108).

LA QUESTION FINANCIÈRE : BUDGETS DE 1817, 1818 ET 1819.

C'est sur le budget que porta, par la force des choses, de 1817 à 1819, l'effort de l'Opposition. Le Parlement, le pays, exigeaient la réduction des dépenses. Pour y parvenir, ils avaient adopté, en 1816, un moyen brutal : ils avaient commencé, en supprimant l'impôt sur le revenu, par couper au ministère les ressources nécessaires pour couvrir les dépenses courantes. De sorte qu'à chaque printemps le Chancelier de l'Échiquier se butait à un problème insoluble.

Le Discours du Trône, recommandant en 1817 l'état du Trésor à l'attention « sérieuse » du Parlement, promit « de faire dans les services toutes les réductions compatibles avec le salut de l'empire ». On avait dépensé pour l'armée, en 1816, 15 416 000 l. : on demanda, en 1817, 9 080 000 l.. On avait dépensé pour la marine 9 516 000 l.; on demanda 6 000 000 l.. Pour l'artillerie, on avait dépensé 2 802 000 l.; on demanda 1 221 000 l.[1]. D'autre part, le 7 février, lord Castlereagh demanda à la Chambre des Communes de nommer une commission qui aurait pour tâche d'examiner l'état général des finances publiques, de découvrir toutes les économies réalisables. Le Prince Régent donna l'exemple du civisme en renonçant à la cinquième partie de ses revenus, soit 50 000 l.; et les fonctionnaires étaient prêts, s'il fallait en croire lord Castlereagh, à amputer leurs traitements d'une somme égale à ce qu'ils payaient d'impôt avant l'abolition de l'impôt sur le revenu[2]. Le 5 mai la commission déposa son premier rapport : elle demandait, et obtenait aussitôt, la suppression d'un certain nombre de sinécures importantes[3].

Ces mesures étaient-elles suffisantes pour conjurer la crise budgétaire? En affirmant avec autant d'ostentation leur volonté de pratiquer une politique d'économie à outrance, il semble que les ministres aient voulu surtout prouver combien il était puéril d'y compter[4]. Les deux tiers à peu près des dépenses publiques étant représentés par le service de la Dette, il était absurde d'espérer que l'on pût, sur le tiers restant, économiser assez pour combler le déficit. Les dépenses pour 1817 étaient évaluées à

---

1. *An Account of the total Annual Public Expenditure of Great Britain... for the year ended 5th January 1817. — Account presented to the House of commons respecting, the Public Expenditure of Ireland for the year ended the Fifth of January*, 1817.

2. *H. of C.*, 7 février 1817 (*Parl. Deb.*, vol. XXXV, pp. 252 sqq.).

3. *First Report from the Select Committee appointed to inquire into and state the Income and Expenditure of the United Kingdom...; and also to consider what further measures may be adopted for the Relief of the Country from any part of the said expenditure, without detriment to the Public Interest (Sinecure Offices).*

4. *H. of C.*, 5 mai 1817 : discours de lord Castlereagh (*Parl. Deb.*, vol. XXXVI, p. 135).

6 7818 000 l., les recettes à 52 505 000 l.. Soit un déficit de 15 313 000 l.[1].
C'était à peu près le montant de ce que rapportait précédemment l'impôt
sur le revenu : était-ce la faute du Cabinet si la Chambre des Communes
l'avait privé de cette somme? C'était à peu près le montant du fonds
total d'amortissement : mais il était entendu que le fonds d'amortissement
était sacré. Pour rétablir l'équilibre sans imposer au pays de nouvelles
charges, Vansittart proposait d'émettre des obligations à court terme,
Irish Treasury Bills jusqu'à concurrence de 3 600 000 l., *Exchequer Bills*
jusqu'à concurrence de 9 000 000 l.. Quelques ressources exceptionnelles
permettaient d'atteindre le chiffre du déficit et de boucler le budget,
au prix d'un notable accroissement de la dette flottante.

Le tapage qui se fit autour de l'attentat du 29 janvier, des émeutes
du Lancashire et du Yorkshire, détournèrent l'attention du problème
budgétaire. Il se posa de nouveau en 1818, malgré le rétablissement
des affaires. Le budget de la guerre tombait à 8 970 000 l.. Mais, si les
prévisions des dépenses de la marine et de l'artillerie étaient inférieures
aux dépenses effectives de l'année antérieure, elles étaient supérieures
aux prévisions de 1817 : elles s'élevaient respectivement à 6 456 800 l. et
1 245 000 l. [2]. On payait d'ailleurs à l'Espagne 400 000 l. pour l'indemniser
des pertes que faisait subir à sa marine marchande l'abolition de la
traite, et on affectait 1 000 000 l. à la construction d'églises nouvelles.
Au total, les prévisions de dépenses s'élevaient à 67 350 000 l. environ;
les prévisions de recettes à 52 500 000 l.. C'était toujours le même déficit
de près de 15 000 000 l., égal aux ressources dont on s'était privé quand
on avait sacrifié l'impôt sur le revenu. Le gouvernement combla le
déficit par l'emprunt. Conversion du 3 p. 100 en 3 1/2 p. 100 pour les
détenteurs de 3 p. 100 qui feraient un versement de 11 p. 100 sur la valeur
de leurs titres. Emprunt d'une formule compliquée, et déguisé en emprunt
de consolidation de la Dette flottante jusqu'à concurrence de 27 000 000 l.
d'*Exchequer Bills*. Par une innovation qui souleva des critiques à la
Chambre des Communes, les charges résultant pour le Trésor de cette
opération furent portées au compte du fonds d'amortissement, qui
annula des dettes anciennes pour payer les intérêts de la dette nouvellement contractée. Une année encore se trouvait gagnée par le gouvernement. Mais il apparut, en préparant le budget de 1819, qu'il était impos-

---

1. Voir *Fourth Report from the Selec. Committee on Finance*, 5 juin 1817 (*Parl. Deb.*,
vol. XXXVI, p. cIII n.).
2. *H. of C.*, 20 avril 1818 : discours de Vansittart.—Dépenses effectives en 1817:
Armée : 9 645 000 l. — Marine : 6 473 000 l. — Artillerie : 1 435 000 l. (*Mr. Humes
Statement of the Actual Expenditure of the United Kingdom; as taken from the annual
Finance Accounts...; Ann. Reg.*, App. to Chron. 1821, p. 283).

sible, quatré ans après le retour de la paix, que l'on continuât à vivre d'expédients.

Si Vansittart contracta encore, suivant les formes habituelles, un emprunt de 12 000 000 l., il expliqua, en toute sincérité, qu'il s'agissait seulement de faire face à certaines nécessités exceptionnelles — arrangement avec la Banque, consolidation d'une partie de la Dette flottante. Restait à combler le déficit chronique du budget normal de la nation. Il constata un déficit de 13 500 000 l.. Le fonds d'amortissement s'élevant pour l'année 1819 à 15 500 000 l., la situation pouvait être considérée comme un peu meilleure qu'elle n'avait été au cours des années précédentes : 15 500 000 l. étaient toujours employées à amortir la dette ancienne, pendant que c'était seulement une somme un peu inférieure qui restait à trouver. Il fallait cependant la trouver, à moins de violer les principes posés par Pitt en matière d'amortissement. Déjà, en 1818, on était entré dans cette voie: et Huskisson, prenant la parole au cours des débats, avait laissé entendre qu'il faudrait bientôt aller plus loin [1]. Il insista vivement auprès des ministres, en février, sur ce qu'il y avait d'absurde et d'illusoire dans une politique financière qui consistait à s'endetter pour amortir [2]. Vansittart tint compte de ces observations, et élabora un budget bizarre, qui consacra la faillite de la politique d'amortissement tout en ayant l'apparence de la conserver intacte.

Il affirma d'abord la nécessité d'effectuer un amortissement réel des dettes anciennes, par suite d'affecter à l'amortissement un excédent budgétaire réel, par suite encore de s'imposer la règle de constituer un budget en excédent. Le fonds annuel d'amortissement dépassant de 2 000 000 l. le revenu de 13 500 000 l., qu'il fallait trouver si on voulait combler le déficit, on disposait donc, si l'on en croyait Vansittart, d'un excédent réel de 2 000 000 l.. Il proposa que l'on ne se contentât pas d'un excédent régulier inférieur à 5 000 000 l. : 3 000 000 l. étaient donc à trouver. Les demanderait-on à l'impôt direct? L'impôt sur le revenu était plus impopulaire que jamais : la « Revue d'Édimbourg » venait de déclarer également dangereux pour les libertés publiques « un impôt sur le revenu, une grande armée permanente et une suppression de la Constitution [3] ». Vansittart fit voter par le Parlement des impôts indirects jusqu'à concurrence de 3 000 000 l.; une revision générale des droits de douane, qui comprit en particulier des droits fortement accrus sur la laine; un relèvement des droits sur le tabac, le café, le thé et le cacao,

<hr>

1. H. of C., 20 avril 1818 (*Parl. Deb.*, vol. XXXVIII, pp. 232-3).
2. Huskisson à lord Liverpool (C. D. Yonge, *Life... of lord Liverpool*, vol. II, p. 384).
3. *Ed. Rev.*, juin 1818, art. 7. *State of Parties* (vol. XXX, p. 187).

le poivre, la perception de ces droits étant transférée des douanes à l'*excise*; enfin un relèvement des droits d'*excise* sur le malt et les spiritueux.

Il manquait toujours 13 500 000 l.. Diverses ressources permirent à Vansittart de se contenter de 12 000 000 l.. Il les emprunta au fonds d'amortissement et annonça son intention d'emprunter chaque année au même fonds la somme nécessaire pour combler le déficit, une fois 5 000 000 l. affectées à l'amortissement des dettes anciennes. Et sans doute il constitua immédiatement pour ce nouvel emprunt un fonds d'amortissement très élevé, selon les dispositions de la loi de 1813. Il n'en est pas moins vrai que c'était se payer de mots que d'affirmer, en procédant ainsi, son respect pour les principes jadis posés par Pitt en matière d'amortissement. Le fonds annuel d'amortissement se trouvait dorénavant effectivement réduit à 5 000 000 l.. « Les ministres, écrivait Ricardo, ont considéré les Commissaires de l'Amortissement comme leurs fidéicommissaires, accumulant de l'argent pour leur bénéfice, dont ils savaient qu'ils pourraient disposer toutes les fois où il y aurait besoin urgent. Ils semblent avoir fait un accord tacite avec les Commissaires, en vertu duquel ceux-ci accumuleraient 12 000 000 l. par an à intérêts composés, pendant qu'eux-mêmes accumulaient une dette égale, à intérêts composés également. En vérité les faits ne sont plus niés. Dans la dernière session du Parlement, pour la première fois, la mystification a été avouée par les ministres [1] ».

Il y avait deux ans qu'avaient paru les « Principes de l'Économie Politique et de l'Impôt ». Ricardo était passé chef d'école, sa parole avait un grand poids. Or, s'il dénonçait comme déloyal le procédé employé par les ministres pour affecter le fonds d'amortissement à la création d'une dette nouvelle, ce n'était pas qu'il demandât le retour aux principes de la politique financière de Pitt. Il la considéra désormais comme condamnée [2], essentiellement vicieuse, et se rallia expréssément à la théorie de Hamilton. Des moyens héroïques s'imposaient donc si l'on voulait, comme il semblait désirable, rapprocher la Dette de son chiffre d'avant 1793. Il en était — tels Cobbett le démagogue, et MacCulloch, un jeune publiciste écossais, ami de Ricardo [3] — qui allaient jusqu'à préconiser la répudiation, par

---

1. *Essay on the Funding System* (*Works*, p. 544).

2. Non seulement pour des raisons financières mais pour des raisons politiques. Ricardo à Trower, 25 mars 1822 : Of what use can it be to diminish the debt in time of peace, if you leave in the hands of ministers a fund which experience shows will be used only for the purpose of ultimately further increasing the debt? While ministers have this fund virtually at their disposal, they will on the slightest occasion be disposed for war. To keep them peaceable you must keep them poor.

3. *An Essay on the Question of reducing the Interest of the National Debt; in which the justice and expediency of that measure are fully established*, 1816.

l'État de tout ou partie de sa Dette. Ricardo proposa une mesure qui revenait en somme à rétablir, sous une forme très alourdie, cette « taxe sur la propriété », dont tout le pays avait en 1816 joyeusement salué la disparition. Il s'agissait cette fois, dans son esprit, d'un impôt non sur le revenu mais sur le capital, et payable soit tout entier d'un seul coup, soit en quelques échéances, pour l'extinction rapide de la Dette [1].

LA RÉFORME DE LA « LOI DES PAUVRES » Le problème de la Loi des Pauvres était encore un problème qui intéressait l'opinion du Parlement et des classes dirigeantes. Il posait aussi une question d'impôt : l'impôt des pauvres, pour n'être qu'un impôt local, non inscrit au budget, n'en était pas moins écrasant. Par le fait du malaise dont souffrait la classe ouvrière, il allait chaque année croissant. Il avait passé de 5 418 846 l. en 1815 à 5 724 839 l. en 1816, à 6 910 925 l. en 1817, à 7 870 801 l. en 1818. Il pesait sur la propriété foncière : la *gentry* rurale qui remplissait les bancs de la Chambre des Communes devait aspirer à s'en décharger. Or Malthus fournissait à ceux qui étaient mécontents de la Loi des Pauvres une doctrine toute prête. Vouloir garantir aux ouvriers un salaire normal, c'est, à en croire Malthus, aller contre la nature des choses, promettre aux travailleurs ce qu'il n'est pas au pouvoir de la collectivité de leur donner. C'est, en fin de compte, les appauvrir. Car c'est encourager les ouvriers à une multiplication inconsidérée de l'espèce, et par suite, du moment où le nombre des consommateurs croît hors de toute proportion avec le fonds de subsistance, provoquer une baisse des salaires par le fait même qu'on a voulu les relever artificiellement. A quoi bon les lois de répression policière, si on ne détruit pas le désordre à sa source, qui est la misère, et la misère elle-même à sa source, qui n'est pas, comme disent les tribuns populaires, l'excès des dépenses militaires et administratives, ni même le poids de la Dette, mais la mauvaise économie de la loi d'assistance publique? La littérature malthusienne, en ces premières années de paix, devenait plus abondante. Livre de Curwen sur les *Poor Laws* [2]. Réédition de la « dissertation », vieille de

---

1. *Principles of Political Economy and Taxation*, chap. xvii (*Works*, p. 149); *Essay on the Funding System* (*Works*, p. 545) et *H. of C.*, 16, 24 décembre 1819 (*Parl. Deb.*, vol. XLI, pp. 1206 sqq., 1576 sqq.). — Cf. les réflexions critiques du *Morning Chronicle*, 18, 20, 21 décembre 1819; v. encore Richard Heath field, *Elements of a Plan for the liquidation of the Public Debt of the United Kingdom*, 1820.

2. *Sketch of a plan... for bettering the condition of the labouring classes of the community, and for equalizing and reducing the amount of the present parochial assessments...*, 1817. Cf. son discours, *H. of C.*, 28 mai 1816 (*Parl. Deb.*, vol. XXXIV, pp. 871 sqq.).

trente ans, dans laquelle Townshend avait devancé Malthus [1]. Deux grands et retentissants articles de Chalmers dans la « Revue d'Edimbourg » [2]. Cinquième édition enfin du « Principe de Population », précédée d'une préface triomphante et augmentée d'un chapitre sur les *Poor Laws*, où Malthus, prenant à partie Cobbett et ses amis, les traitait d' « empoisonneurs publics » [3].

Et voici, aux yeux des ministres tories, une raison additionnelle, une raison de tactique parlementaire, pour aborder la réforme des lois d'assistance publique. La doctrine de Malthus, c'était aussi la doctrine de Ricardo, adoptée par Bentham, James Mill, et tous les démocrates du groupe utilitaire : Ricardo lui-même était un démocrate. En même temps donc que ceux-ci dénonçaient avec virulence le fiscalisme gouvernemental et réclamaient un Parlement élu au suffrage universel pour réduire au minimum les dépenses publiques, ils se trouvaient d'accord avec Malthus l'antidémocrate pour déclarer que le mal dont souffrait le pays n'était pas dû à l'impôt; que, si par impossible tous les impôts étaient abolis d'un seul coup, la misère populaire subsisterait, à moins que la classe ouvrière n'apprît à réagir contre cette cause naturelle de la misère, qui consiste dans l'accroissement désordonné du nombre des hommes sur une terre limitée sous le double rapport de la superficie et de la fertilité. Ne serait-il pas habile, au point de vue gouvernemental, de mettre les démocrates malthusiens en contradiction avec eux-mêmes? de les brouiller en outre avec Cobbett et avec Hunt?

Dès 1816, par l'organe du *Board of Agriculture*, les propriétaires fonciers avaient commencé à se plaindre. Les *poor rates* pesaient exclusivement sur la terre, et les gros industriels qui, en mettant leurs ouvriers sur le pavé, rendaient plus lourdes les charges de l'assistance publique, restaient indemnes [4]. Le Parlement, se conformant au vœu de la *gentry*, avait nommé une commission parlementaire, chargée de faire une enquête sur les Lois des Pauvres et sur la possibilité de les reviser. Curwen, en introduisant la motion qui conduisit à la nomination de la commission, avait suggéré le remplacement des *poor rates*, qui pesaient exclusivement sur la propriété foncière, par une taxe paroissiale sur tous les revenus sans excep-

---

1. *A Dissertation on the Poor Laws. By a Well Wisher to Mankind*, 1817.
2. *Edinburgh Review*, mars 1817, art. I. *Causes and Cure of Pauperism* (vol. XXVIII, pp. 1 sqq.). — Février 1818, art. I, même titre (vol. XXIX, pp. 261 sqq.).
3. *An Essay on the Principle of Population... in three volumes, the fifth edition, with important additions*, 1817.
4. *Agricultural State of the Kingdom, being the Substance of the Replies to a Circular Letter sent by the Board of Agriculture* (Ann. Reg., 1816, pp. 459 sqq., en particulier pp. 467 sqq.).

tion — 12 p. 100 sur les revenus fonciers, 10 p. 100 sur les revenus mobiliers, y compris les revenus des fonds publics, 2 1/2 p. 100 sur les salaires [1] : c'est ainsi que, peu de semaines après la suppression de l'impôt sur la « propriété », l'agrarien Curwen, en vue de subvenir aux frais de l'assistance publique, et l'industrialiste Ricardo, en vue d'éteindre la Dette, se trouvaient d'accord pour demander l'institution d'un nouvel impôt du même genre. Bien entendu, Curwen ne fut pas écouté sur ce point. Mais Curwen dans sa motion initiale, lord Castlereagh dans la réponse qu'il lui fit en 1817 [2], Sturges Bourne, président de la commission, dans le rapport qui fut la conclusion des travaux de cette commission [3], avaient tous émis l'opinion qu'il fallait sinon supprimer radicalement la Loi des Pauvres selon le vœu utopique de Malthus, du moins revenir à la lettre du Statut d'Elisabeth, et ne plus accorder de secours à l'indulgent valide ans avoir découvert un moyen légal de s'assurer que l'indigent valide n'était pas un oisif volontaire.

Trois projets de loi furent rédigés par le parlementaire Sturges Bourne, et votés par la Chambre des Communes [4]. Ils avaient pour objet : 1º de diminuer les pouvoirs discrétionnaires qu'une législation récente avait donnés aux Juges de Paix d'accorder des secours d'urgence; 2º de renforcer le contrôle des propriétaires sur l'administration des *Poor Laws*. C'est pour cela qu'on substitua dans les *Parish Vestries* le vote plural, réglé sur le montant des impositions acquittées, au vote par têtes; qu'on encouragea la substitution aux *open vestries*, où s'exerçait le gouvernement direct du peuple par le peuple, de *select vestries*, corps représentatifs élus au vote plural par les contribuables; et que, pour un certain accroissement des dépenses, on exigea le consentement d'une proportion d'électeurs représentant les deux tiers de la matière imposable. On tendit à rendre l'administration des lois plus régulière en édictant des règles pour la tenue des procès-verbaux de séances et des livres de comptabilité, et en encourageant la nomination par les *vestries* ou par les Juges de

1. *H. of C.*, 28 mai 1816 *Parl. Deb.*, vol. XXXIV, pp. 881-5). Dans son discours de 1817, Curwen reprend la même idée, mais sous une forme atténuée et facultative : *H. of C.*, 21 février 1817 (*Parl. Deb.*, vol. XXXV, pp. 522 sqq.).

2. *H. of C.*, 21 février 1817 (*Parl. Deb.*, vol. XXXV, pp. 522 sqq.).

3. *Report of the Select Committee of the House of Commons appointed to consider of the Poor Laws...*, 1817 (reproduit intégralement *Ann. Reg.*, 1817, pp. 263 sqq. — V. en particulier pp. 279 sqq.).

4. 58 Geo. III, c. 69 (*Parish Vestry Act*); 59 Geo. III, c. 12 (*Select Vestry Act*); plus une loi « to amend the Laws respecting the Settlement of the Poor, so far as regards renting Settlement » (59 Geo. III, c. 50).—Le nom de Sturges Bourne resta attaché à ces lois, en particulier à la seconde. — Pour plus de détails sur les lois de Sturges Bourne, v. S. and B. Webb, *English Local Government from the Revolution to the Municipal Corporations Act.* vol. I. *The Parish and the County.* pp. 152 sqq.

Paix d'*assistants overseers* qui seraient des fonctionnaires rétribués. Enfin les conditions d' « établissement » (*settlement*), qui accordaient aux indigents le bénéfice de l'assistance paroissiale, furent rendues plus sévères.

LA CRITIQUE ANTIMALTHUSIENNE ET LA POLITIQUE SOCIALE DE ROBERT OWEN

C'était peu de chose pour donner satisfaction au parti malthusien. Il est pourtant certain que, soit par l'effet des lois de Sturges Bourne, soit parce que les conditions économiques de la classe ouvrière devinrent meilleures, les charges de la Loi des Pauvres allèrent constamment diminuant de 1819 à 1824[1]. Aussi bien était-il possible que du premier coup l'on fît davantage? Était-il prudent, après avoir fait voter les lois répressives de 1817, de venir demander au Parlement une réforme de l'assistance publique, qui apparaîtrait à l'opinion populaire comme une dernière loi de répression, dirigée non plus seulement contre les ennemis avoués de la monarchie, de l'Église et de la propriété, mais contre la classe laborieuse tout entière? Les adversaires de la doctrine malthusienne restaient influents : chrétiens aux yeux de qui elle constituait un scandale moral[2], démocrates à qui elle apparaissait comme une doctrine d'égoïste férocité[3]. Les antimalthusiens firent à cette date une recrue importante dans la personne de Robert Owen qui, à l'occasion de la crise économique de 1817, prit conscience de la différence profonde qui, sur deux points, le séparait d'avec Bentham et son groupe.

Il n'avait jamais eu de goût pour la démocratie politique; mais il déclara hautement l'aversion que lui inspiraient les démagogues de l'école de Cobbett, fut en retour violemment pris à partie par eux[4], et voua dès

---

1. C'est en 1818 que la somme dépensée pour venir en assistance aux indigents atteignit ce que Sir George Nicholls appelle son « premier maximum », de 7.870.801 l.; en 1824, elle tomba à son « premier minimum », de 5.736.900 l. (*Hist. of the English Poor Law*, vol. II, p. 466).

2. John Weyland, *The Principles of Population and Production, as they are affected by the Progress of Society...*, 1816. — James Grahame, *An Inquiry into the Principle of Population : including an exposition of the causes and the advantages of a tendency to exuberance of numbers in society, a defence of poor laws, and a critical and historical view of the doctrines and projects of the most celebrated legislators and writers relative to population, the poor, and charitable establishments*, 1816.

3. G. Ensor, *An Inquiry concerning the Population of Nations; containing a refutation of Mr. Malthus's Essay on Population*, 1818. — Cf. *Gorgon*, 6 juin 1818, et *Pol. Reg.*, 8 mai 1819, le numéro intitulé : To Parson Malthus. On the Rights of the Poor, and on the cruelty recommended by him to be exercised towards the Poor, et 11 septembre 1819 : To Henry Hunt esq.. On the Workings of the Boroughmongers, relative to the Poor Laws (vol. XXXIV, pp. 1019 sqq.; vol. XXXIV, pp. 97 sqq.).

4. *Examiner*, 4 août 1816. — *Ibid.*, 1er septembre 1816 : Does « Z » found his particular hopes on the interview between Mr. Owen and the Emperor Alexander? We

lors une haine implacable à tout le parti démocratique. Il comprit en
même temps, comme par une illumination soudaine, que son économie
politique n'avait rien de commun avec celle des démocrates, plus modérés
et plus positifs, qui reconnaissaient Bentham pour leur chef. Une première
fois, en réunion publique, puis dans un mémoire qu'il adressa en 1818 aux
souverains réunis à Aix-la-Chapelle, il réfuta la thèse malthusienne [1]. Loin
que la misère régnante pût être expliquée par l'excès de la population sur le
fonds de consommation, il arguait des grandes inventions mécaniques de la
fin du XVIII⁰ siècle et de la naissance du système des fabriques pour démontrer que le pouvoir productif du genre humain avait augmenté beaucoup
plus vite que la population : ce pouvoir était en Angleterre, s'il en fallait
croire ses calculs, près de quinze fois égal à ce qu'il était avant la guerre,
pendant que la population avait augmenté d'un cinquième seulement. La
misère tenait à ce que l'ouvrier ne pouvait consommer, sur son salaire, tout
le produit de son travail appliqué aux machines. La différence allait au chef
d'industrie, qui écoulait le surplus sur les marchés étrangers. Vînt un
engorgement des marchés étrangers, la crise éclatait, le chef d'industrie
faisait faillite, et l'ouvrier réduit au chômage mourait de faim, par le fait
non d'une insuffisance de la production, mais d'une mauvaise distribution
de la richesse. Il soumit au *Poor Law Committee* tout un plan d'utilisation
des *workhouses* pour la réforme du système des fabriques. Les *workhouses* ne
seraient plus des machines inventées pour rendre difficile aux indigents, par
l'obligation de fournir un travail pénible, l'obtention de l'assistance publique.
Ce seraient, pour employer la formule de Robert Owen, des « villages d'unité
et de coopération mutuelle », où, sous le contrôle de l'État et avec son assis-

differ with him in our idea of both these great men, and augur as little from the want
of power in the Manager of New Lanark as from the want of will in the Autocrat of
all the Russias. — *Black Dwarf*, 20 août 1817 : Mr. Owen's plan for the growth of
paupers : ... This land of « prosperity, wisdom and freedom » is now occupied in the
consideration of a plan, which at first glance would seem better adapted for the meri-
dian of Japan... While the two Evans's are lingering in the doom of a dungeon for
being Spenceans, and although poor old Spence was persecuted until the hour of his
death for his Spencean doctrines, behold, my friend, the vicissitudes of fortune. Mr.
Owen, with his Spencean Plan, advertises it through the country, convenes a public
meeting to discuss it, and proposes the Ministers upon the committee to carry it into
effect!!! — Cf. *Pol. Reg.*, 10 janvier 1818 : We have been amused with a good natured
scheme of Mr. Owen for the relief of the poor. It seems to have been regarded, by
some at least of our great folks, as a kind of Tub for the Whale; and in this way only
can I account for the imposing manner in which he was enabled to bring it forward
(vol. XXXIII, p. 40).
    1. Address delivered at the City of London Tavern, aug. 21, 1817 (*Life of Robert
Owen written by himself*, vol. I A, pp. 110-111). — Et : *Mémoire de M. Robert Owen, de
New Lanark, en Écosse, adressé aux Souverains alliés, assemblés à Aix-la-Chapelle,
dans l'intérêt des Classes Ouvrières*, Francfort, 1818 (l'opuscule parut à la fois dans les
trois langues française, anglaise et allemande). Il est reproduit dans *Life of Robert
Owen written by himself*, Supplementary Appendix, pp. 209 sqq.

tance financière, on aurait tout l'avantage du régime des fabriques sans les
vices du salariat [1]. Southey et Wordsworth, qu'il alla voir à Keswick,
l'écoutèrent avec sympathie [2]. Même après que, par ses démonstrations
irréligieuses, il eut effrayé les tories, nous voyons son utopie faire encore, à
la fin de 1819, l'objet d'une discussion courtoise à la Chambre des Communes [3]. La même année, le Parlement votait enfin le *Factory Bill* introduit
en 1815 par Sir Robert Peel sur les instances de Robert Owen. Il avait fallu
quatre ans d'efforts, les lents travaux d'une commission d'enquête, un
premier échec à la Chambre des Lords, pour obtenir, avec l'appui du parti
évangélique, un résultat assez maigre. Car le travail des enfants se trouva
réduit, par la loi de 1819, à douze heures et non pas à dix; la loi s'appliqua
seulement aux filatures de coton et non pas à tout le textile; l'idée de constituer un corps d'inspecteurs rétribués fut abandonnée [4]. Pourtant, si
timide qu'elle fût, la loi gardait son importance. L'économie politique du
laisser faire subissait un échec, l'année même où, en ce qui concerne la
réforme de la Loi des Pauvres, le Parlement semblait donner un commencement d'adhésion à cette économie politique.

LE PROBLÈME DE LA CIRCULATION FIDUCIAIRE. THÈSES RIVALES D'ATTWOOD ET DE RICARDO

Bref, le ministère avait, dans la longue crise
qui suivit le rétablissement de la paix, le
choix entre deux politiques. Il pouvait s'entendre avec la bourgeoisie manufacturière
sur un programme d'économies fiscales et
d'individualisme économique, parler le langage
de la liberté, et, sous prétexte de ne pas vouloir mettre la classe ouvrière
en tutelle, refuser de la protéger. Il n'y avait pas cependant identité
d'intérêts entre les propriétaires ruraux, qui formaient le gros de la majorité
gouvernementale, et la bourgeoisie manufacturière. Les propriétaires
avaient voté le *Corn Bill* de 1815, obligeant les manufacturiers à relever
les salaires de leurs ouvriers. Ils votaient en 1819, au grand détriment des
fabricants de drap du Yorkshire, le relèvement des droits sur l'importation des laines. Le Parlement pouvait donc adopter une autre atti-

---

1. *Report to the Committee of the Association for the Relief of the Manufacturing and Labouring Poor, referred to the Committee of the House of Commons on the Poor Laws.* March 1817 (*Life of Robert Owen written by himself*, Supplementary Appendix, pp. 53 sqq.).

2. Francis Place à James Mill, 15 septembre 1816 : He set off to Southey and Words-worth, and bespoke their good works. Southey, as the story goes, is to say all manner of good things in his praise, and Wordsworth is not less captivated than Southey (*Brit. Mus. Add. Mss.*, 35,152 f. 214.).

3. *H. of C.*, 16 décembre 1819 *Parl. deb.*, vol. XLI, pp. 1189 sqq.).

4. 59 Geo. III, c. 66. — Cf. notre premier volume, pp. 271-2.

tude : se résigner à faire les frais de la Loi des Pauvres, insister sur les éléments de paternalisme gouvernemental qui se trouvaient implicitement contenus dans la doctrine tory, et se poser en protecteur de la classe ouvrière contre la ploutocratie des fabriques. En fait, il oscillait entre ces deux politiques : mais la première parut décidément l'emporter quand en 1819 la reprise des paiements en espèces par la Banque marqua un succès indéniable pour l'école de Ricardo, au moment même où, à prix d'argent, ce dernier entrait à la Chambre des Communes.

Cette grosse question qui demeurait en suspens depuis 1812 avait, à vrai dire, changé de caractère avec le rétablissement de la paix. A deux reprises — en 1814, puis en 1815 — sans que la circulation eût subi de changement appréciable, on avait vu le prix de l'or et de l'argent s'abaisser presque au niveau du prix légal. Comment soutenir, avec Ricardo et Horner, que la dépréciation du billet de banque était la cause du haut prix des métaux précieux? Ricardo, puis Horner, durent reconnaître qu'ils avaient sur ce point forcé la vérité [1]. D'ailleurs la Banque ne cessait de déclarer que la suspension des paiements en espèces était provisoire : elle prenait les mesures nécessaires pour rendre possible l'abandon du cours forcé, et limitait autant qu'il était en elle, conformément aux vœux des *bullionists*, le nombre des billets en circulation. Par où elle faisait, dans un autre camp, d'autres mécontents. Tous ceux — les agriculteurs surtout —qui, en temps de crise, souffraient de la baisse des prix, étaient disposés à expliquer cette baisse, et conséquemment la crise elle-même, par le resserrement de la circulation financière. Il en résultait, alléguaient-ils, une violation de tous les contrats. Tout créancier dont la créance remontait plus haut que 1814 recevait plus qu'il ne s'était primitivement attendu à recevoir. Le rentier, notamment, recevait du gouvernement plus qu'il ne s'était attendu à recevoir quand il avait primitivement avancé son argent. Le resserrement de la circulation nuisait, de la sorte, aux producteurs, ne constituait un bénéfice que pour les fonctionnaires et les rentiers. Sir John Sinclair se fit, en cette matière, l'avocat des agriculteurs. Un excentrique, un banquier tory de Birmingham, Thomas Attwood, alla plus loin. Partant de ce fait que la baisse des prix favorisait les consommateurs oisifs au détriment des producteurs, il aboutit à cette conclusion absurde qu'une hausse générale des prix favoriserait les producteurs dans une société qui serait, par hypothèse, tout entière composée de producteurs. La population anglaise, toujours plus nombreuse et industriellement plus active, éclatait dans le cadre d'une circulation

1. *Proposals for an economical and secure currency*, 1816 (*Works*, p 402). — Cf. Ricardo à Trower, 25 décembre 1815; à Malthus, 24 avril 1816.

monétaire qui ne s'accroissait pas, ou ne s'accroissait pas dans la mesure
nécessaire. Que l'État lançât dans le public une quantité de papier-
monnaie suffisante pour ramener les prix d'il y a dix ans, s'arrêtant
dans ces émissions quand les salaires seraient à dix-huit shillings par
semaine et le loyer de l'argent à 5 p. 100, il n'en fallait pas davantage pour
conjurer la crise. Thomas Attwood écrivait dans un style net et vigou-
reux qui dissimulait le caractère perpétuellement sophistique de son
argumentation. Ses opuscules, en 1816, en 1817, en 1818, attirèrent
l'attention [1].

Puisque la situation avait changé depuis 1812, il fallait, pour s'attaquer
à la Banque, trouver une tactique nouvelle. Ricardo le comprit. Il tenait
toujours, bien entendu, que ses arguments de 1809 étaient irréfutables
et que la dépréciation du billet de banque était sinon la cause unique,
tout au moins une des causes du mauvais état des changes. Dans un
opuscule qu'il fit paraître au début de 1816 [2], il indiqua quels moyens
pratiques il convenait d'employer pour assainir la circulation. Ne pas
imposer à la Banque l'obligation de payer en argent monnayé : — ce serait
maladroitement perdre le seul bénéfice que l'on eût retiré de la suspension, — et faire désapprendre au public les avantages que présente une
circulation de papier, à condition qu'elle ne soit pas déréglée, sur une
circulation de numéraire. Obliger seulement la Banque à payer en lingots
d'or et d'argent, à un prix déterminé qui pourrait être par exemple, pour
le lingot d'or, de 3 l. 17 s. par once. En même temps, par une infraction
réfléchie au principe de la liberté commerciale et afin d'éviter le renouvellement des désordres récemment causés par les émissions excessives des banques provinciales, exiger de toute banque privée qu'elle déposât entre les
mains du gouvernement, pour ses opérations, une quantité déterminée de
titres de rente et de bons du trésor. Mais tel n'était pas l'objet fondamental
de sa publication. En réalité, pour qui sait la lire, elle marque un changement de front depuis le jour où, en 1809, il développait, pour réclamer le
rétablissement du paiement en espèces, sa théorie des changes internationaux. Alors il accusait l'État d'avoir établi sa mainmise sur la Banque,
et de s'être servi de celle-ci comme d'un moyen pour exploiter le public.
Maintenant un membre du Parlement, Pascoe Grenfell, ouvrait une

1. *The Remedy, or Thoughts on the Present Distresses*, 1816; 2d ed., 1817. — *Prosperity
Restored; or Reflections on the Cause of the Public Distresses and the only means of relieving them*, 1817. — *A Letter to the right honourable Nicholas Vansittart, on the creation of
money, and on its action upon national prosperity*, 1817. — *Observations on Currency,
Population and Pauperism, in two letters to Arthur Young*, 1818. — Cf. C. M. Wake-
field, *Life of Thomas Attwood*, 1885.

2. *Proposals for an economical and secure currency, with observations on the profits
of the Bank of England*, 1816. (Works, pp. 391 sqq.).

campagne très vive contre les bénéfices exorbitants que faisait la Banque au détriment non seulement du public mais de l'État sous le couvert de la loi de suspension du paiement en espèces [1]. Au sein de la Banque elle-même un certain nombre d'actionnaires menaient campagne contre l'attitude arrogante des directeurs à leur égard, contre le mystère dont, systématiquement, forts de leur honorabilité incontestée, ils réussissaient à envelopper leur gestion [2]. Ricardo prêtait à cette double campagne l'autorité de son nom.

La Banque est une société par actions. Elle a le monopole de l'émission des billets sur la place de Londres. Ses profits croissent avec le nombre des billets. Elle a donc un intérêt immédiat à l'accroissement du nombre de ces billets. Peut-on compter sur l'honorabilité des directeurs suffisamment pour être sûr que, contrairement à leur intérêt immédiat, ils maintiendront la circulation dans des limites raisonnables? Elle est l'organe par l'intermédiaire duquel l'État émet ses bons du trésor, ses titres de rente; à chacune de ces émissions correspond une émission de billets, et un accroissement de profit pour la Banque; il est donc de l'intérêt de la Banque que la Dette publique aille croissant, elle prospère pendant que la nation pâtit. D'ailleurs elle administre le service de la Dette : plus donc ce service gagne en importance avec l'accroissement de la Dette, et plus la Banque s'enrichit : une fois encore l'intérêt de cette corporation privilégiée se trouve en conflit avec l'intérêt public. Pourquoi donc confier tout ce travail, et d'abord l'émission des billets de banque, à une compagnie privée, pourvue par le gouvernement d'un monopole? Pourquoi ne pas s'en remettre à un service administratif, à des fonctionnaires rétribués? La chose n'est pas faisable immédiatement parce que, profitant des difficultés financières au milieu desquelles le gouvernement se débattait pendant la guerre, la Banque a fait prolonger jusqu'en 1833 son privilège. Du moins peut-on, par une propagande incessante, faire en sorte qu'à l'échéance le public soit familiarisé avec l'idée d'un système nouveau. D'ailleurs, même pendant que le contrat court, il n'est pas impossible d'obtenir de la Banque certains avantages secondaires. Les directeurs de la Banque sentent trop que leurs bénéfices sont énormes, que le public a conscience de cette énormité, qu'il y a péril à braver l'opinion, pour ne pas consentir de temps en temps certaines concessions au Cabinet et aux Chambres. En 1808, prêt

1. *H. of C.*, 13 février 1816 (*Parl. Deb.*, vol. XXXII, p. 458); 14 mars 1816 (*Parl. Deb.* vol. XXXIII, p. 264). Sur la collaboration de Ricardo avec Grenfell, voir : Ricardo à Malthus, 10 septembre 1815, et autre lettre non datée, septembre ou octobre 1815; à Trower, 9 mars 1816.

2. *Proposals for an economical and secure currency*, 1816 (*Works*, p. 429). — Ricardo à Trower, 5 février 1816; Ricardo à Malthus, 7 février 1816.

de 3 000 000 l. sans intérêt qui devait courir jusqu'à six mois après le rétablissement de la paix. Puis, en 1815, signature d'une convention nouvelle,
en vertu de laquelle l'échéance devait être reportée au mois d'avril 1816.
Rien n'empêche, à l'expiration de ce nouveau contrat, de réclamer
des conditions plus favorables.

C'est sur ces points que portaient les dénonciations de Grenfell, appuyé
par Ricardo. Ces dénonciations frappaient suffisamment l'attention du
public pour que le Cabinet sentît la nécessité de donner quelque satisfaction à l'opinion. Mais d'autres forces agissaient sur lui en sens contraire.
La *gentry* rurale était, comme nous venons de voir, disposée à se plaindre
du resserrement de la circulation fiduciaire. Les directeurs de la Banque
exerçaient sur le Chancelier de l'Échiquier une sorte de terrorisme, l'écra-
saient du poids de leur compétence et de leur honorabilité. Le Cabinet
fut vacillant en cette matière comme en toute autre. Il prit demi-mesure
sur demi-mesure; et personne ne lui sut gré de ce qu'il faisait, tout le
monde lui tint rancune de ce qu'il ne faisait pas.

VERS LA REPRISE DU PAIEMENT EN ESPÈCES. LE « BILL DE PEEL ». — En 1816 Ricardo croyait, ou affectait de croire, que le Parlement dont la session allait s'ouvrir fixerait une date pour la reprise des paiements en espèces [1]. Mais le ministère, une fois le Parlement réuni, demanda au Parlement de prolonger la restriction jusqu'au 5 juillet 1818; et il eut gain de cause.
Horner n'obtint même pas l'introduction dans la loi d'un article spécifiant
que toutes mesures devraient obligatoirement être prises par la Banque
pour le retour au paiement en espèces à l'expiration de ce nouveau
délai [2]. Nous avons vu comment, à court de ressources par le fait de
l'abolition de l'impôt sur le revenu, le ministère, loin de pouvoir donner
des ordres à la Banque, était obligé de lui demander encore de l'argent,
et, malgré les récriminations de Grenfell, d'accepter des conditions plus
défavorables qu'en 1808 : 6 000 000 l. à 4 p. 100. D'ailleurs, les
ministres et les directeurs de la Banque se défendaient de viser à rendre
perpétuelle la suspension des paiements en espèces. Une vieille disposition
légale permettait à la Banque de préparer la cessation du cours forcé par
le remboursement en espèces des billets de banque dont la valeur était
inférieure à 5 l., après en avoir avisé le *Speaker* : elle se prévalut, en
janvier 1817, de cette disposition.

En 1818, il sembla de nouveau que la question dût être résolue. C'est à

1. *Proposals for an economical and secure currency (Works*, p. 404).
2. *H. of C.*, 3 mai 1816 (*Parl. Deb.*, vol. XXXIV, pp. 243 sqq.).

cette date que, faute d'une prolongation nouvelle, le cours forcé allait expirer légalement; à cette date aussi que l'emprunt de 6 000 000 l. devenait remboursable. Le pays avait maintenant trois années de paix derrière lui : les orateurs de l'Opposition parlèrent un langage pressant. Le ministère demanda cependant, et obtint, que la reprise des paiements en espèces fût encore renvoyée à un an[1]. Les directeurs lui avaient expliqué les périls de cette mesure. Encouragés par le succès de l'expérience qu'ils avaient faite en janvier 1817, ils en avaient, au mois d'octobre, risqué une nouvelle, et offert de rembourser tous les billets émis antérieurement au 1er janvier 1817. Mais cette fois l'expérience avait, disaient-ils, mal tourné. Une mauvaise récolte. les besoins d'argent de tous les riches Anglais établis en France et en Italie, les emprunts étrangers faits sur le marché de Londres, plus particulièrement les emprunts français de 1816 et 1817, avaient eu ce résultat que presque tout l'argent monnayé sorti de la Banque — environ 2 600 000 l. — avait quitté l'Angleterre. Fallait-il encourager ce drainage de l'or anglais? D'ailleurs, afin de prouver qu'en dépit de sa timidité il aspirait toujours à la reprise des paiements en espèces, le ministère annonça l'intention de déposer un projet de loi sur les banques privées, inspiré des idées de Ricardo, et qui devait entrer en vigueur en 1820, un an après le rétablissement présumé du paiement en espèces. Le bill spécifiait que tout banquier devrait déposer entre les mains des Commissaires de l'Amortissement des fonds d'État dont la valeur serait double du montant des billets émis par eux, ou des bons du trésor dont la valeur serait égale au montant de leurs émissions[2]. Il ne paraît pas, cependant, que le bill soit même venu en discussion.

Mais quand, aux premiers jours de la session de 1819, le ministère annonça l'intention de prolonger encore jusqu'au 20 mars 1820 la suspension des paiements en espèces, ce fut une véritable explosion de mécontentement dans le public. Le Cabinet battit en retraite, et promit qu'une commission parlementaire ferait préalablement une enquête. Et peut-être, par la nomination de cette commission, espérait-il encore gagner du temps, louvoyer entre les exigences des directeurs et celles de l'opinion. Il fit élire la commission au scrutin secret, s'assurant le choix effectif des membres qui en feraient partie[3]. Il obtint que l'objet des travaux de la commission fût défini en termes plus vagues que ne l'aurait voulu l'Opposition.

1. 58 Geo. III, c. 37.
2. *H. of C.*, 9 avril 1818, discours de Vansittart (*Parl. Deb.*, vol XXXVII, pp. 1238 sqq.). — Cf. *H. of C.*, 1er mai 1818, discours de Tierney (*Parl. Deb.*, vol. XXXVIII, pp. 453 sqq.).
3. *H. of C.*, 25 janvier 1819 (*Parl. Deb.*, vol. XXXIX, pp. 104-5); 27 janvier 1819 (*Parl. Deb.*, vol. XXXIX, pp. 132-3); 2 février 1819 (*Parl. Deb.*, vol. XXXIX, pp. 228-9).

Mais il se faisait illusion si vraiment il croyait pouvoir éluder encore la solution de cette question.

La commission choisit Robert Peel pour présider à ses travaux. Très jeune encore — il était né en 1788 —, Peel était secrétaire d'état pour l'Irlande au rétablissement de la paix : mais il venait en 1818 de donner sa démission, et se trouvait pour ainsi dire être un ministre en vacances, tout désigné pour l'exercice de ces fonctions exceptionnelles. Il était ambitieux, et encouragé dans son ambition par la haute opinion qu'avaient de sa culture, de sa connaissance du monde des affaires, de sa capacité de travail, tous ceux qui l'approchaient, par les propos, couramment tenus autour de lui, qui le désignaient comme devant être, quand il serait mûri par l'âge, le premier ministre d'un futur cabinet tory. Son prestige parlementaire était accru par le fait que, depuis sa démission, l'Université d'Oxford l'avait choisi pour être un de ses deux représentants, en récompense de son attitude intransigeante sur la question de l'émancipation catholique. Il se déclarait dépourvu de préjugés sur la question du paiement en espèces [1] : s'il en avait, c'étaient ceux du parti tory, hostile à la thèse des *bullionists* [2]. Mais plus les travaux de la commission avançaient, et plus il devenait manifeste que les partisans du *statu quo* étaient vaincus. Les directeurs, comparaissant devant la commission, se défendaient faiblement. Les arguments de leurs adversaires restaient sans réponse. Peel accepta, prit hautement la responsabilité de cette victoire des partisans du paiement en espèces. N'y était-il pas encouragé par la publication d'un opuscule « sur les effets pernicieux d'un étalon variable de la valeur » que lui dédiait « un de ses électeurs », son ancien *tutor* de Christ Church, Copleston [3]? Signe que, s'il optait pour la thèse de Horner et de Ricardo, Oxford ne le désavouerait pas. L'année 1819 fut une année décisive dans la carrière politique de Robert Peel, et, par suite, à bien des égards, dans l'histoire parlementaire de l'Angleterre moderne. Il éprouva la sensation délicieuse d'une popularité qui présentait un caractère rare. Il ne parla pas le langage d'un homme d'État tory. Il n'apparut pas davantage comme un transfuge, passant dans le camp de l'Opposition. Il fut l'arbitre, accepté par la nation, pour trancher impartialement le débat qui divisait les partis.

1. Peel au Rev. C. Lloyd (C. S. Parker, *Sir Robert Peel*, vol. I, p. 292).

2. Peel au Rev. C. Lloyd (C. S. Parker, *Sir Robert Peel*, vol. I, p. 293) : I voted with Van [Vansittart] in 1811; therefore if I was biassed at all it was naturally in favour of a former opinion.

3. *A Letter to the Right Hon. Robert Peel... on the pernicious effects of a variable standard of value, especially as it regards the condition of the lower orders and of the poor laws.* By one of his constituents, 1819. — Le titre porte pour épigraphe les mots français : Laissez-nous faire.

Sur un premier rapport de Peel [1], un bill fut introduit et voté pour interdire le remboursement des petits billets en espèces [2]. Mesure provisoirement nécessaire si l'on voulait, au jour de la reprise générale du paiement en espèces, disposer de l'encaisse suffisante pour faire face à tous les besoins du public. Puis fut déposé par lui un second rapport [3] qui conseilla un nouvel ajournement de la reprise du paiement en espèces, mais dans des conditions toutes nouvelles : il s'agissait uniquement, quoi qu'en pussent penser certains sceptiques, de préparer plus sûrement le retour à l'état normal. Le « Bill de Peel [4] », qui fut voté par les deux Chambres, décida que, pour commencer, la Banque serait obligée de rembourser les billets en lingots d'or à quiconque en ferait la demande, au prix de 4 l. 1 s. par once à partir du 1er février 1820, au prix de 3 l. 17 s. 10 1/2 d. par once à partir du 1er mai 1821 : deux ans au moins, trois ans au plus après cette dernière date, devrait être repris le paiement en espèces monnayées. Ce n'était pas tout à fait le plan de Ricardo, malgré ce qu'on lui empruntait ; et Ricardo déplora le rétablissement final du paiement en argent monnayé, au lieu du paiement en lingots qu'il préconisait. Il pensait néanmoins avoir le droit de célébrer le vote du « Bill de Peel » comme étant sa victoire, « le triomphe de la science et de la vérité sur le préjugé et l'erreur » [5]. Cobbett, à sa manière, lui rendait hommage de son côté. « Je vois, écrivait-il, qu'on adopte le plan d'un certain Ricardo (je me demande quelle est sa patrie), qui est, je crois, un Juif converti. En tous cas, voilà quinze ou vingt ans qu'il opère dans Change Alley. Si le vieux Lord Chatham vivait encore, il apprendrait à parler avec respect de la *Vermine*, comme il appelait les gens de Change Alley. Ma parole! ces gens-là ont tout envahi aujourd'hui! Baring prend part au Congrès des Souverains, et Ricardo dirige notre politique intérieure [6]. »

1. *First Report of the Secret Committee on the Expediency of the Bank resuming Cash Payments*, 5 avril 1819.
2. 59 Geo. III, c. 23.
3. *Second Report from the Select Committee on the Expediency of the Bank resuming Cash Payments*, 6 mai 1819.
4. 59 Geo. III, c. 49.
5. Ricardo à Trower, 28 mai 1819.
6. *Pol. Reg.*, 4 septembre 1819 (vol. XXXV, p. 80) : The Muckworm is no longer a creeping thing : it rears its head aloft, and makes the haughty Borough Lords sneak about in holes and corners.

NOUVELLE CRISE. NOUVELLE AGITATION DÉMOCRATIQUE. LES « SIX ACTS » DE 1819

DÉSARROI DES DEUX PARTIS AU PARLEMENT

L'Opposition pouvait revendiquer le vote du bill de Peel comme une victoire remportée sur la résistance ministérielle : fallait-il donc prévoir le moment où elle serait appelée à prendre le pouvoir? Elle restait faible en vérité, et avait conscience de sa faiblesse. Le suicide de Romilly, la mort de Horner, constituèrent pour elle des pertes graves, que ne compensa pas l'entrée de Ricardo au Parlement : car Ricardo était un adepte du radicalisme benthamique, et non un whig. Lorsque Ponsonby mourut au mois de juillet 1818, l'Opposition fut en peine de lui trouver un successeur. Lord John Russell, en dépit de son nom illustre et de ses talents, était trop jeune, n'ayant encore que vingt-sept ans : il était en outre d'une santé délicate, se dérobait aux fatigues de la vie parlementaire, n'apparaissait que de loin en loin à Westminster, écrivait en vers et en prose, voyageait sur le continent. Tierney finit par être choisi après dix-huit mois d'interrègne : il était bien vieux, bien timide, pour inquiéter le ministère. Et le fait qu'il eût été choisi exprimait à merveille l'état d'esprit du parti, embarrassé par la peur que lui inspirait son propre programme politique : l'émancipation catholique, dont l'impossibilité était toujours la même, et la réforme parlementaire, moins séduisante que jamais pour les chefs du whiggisme depuis les violences démagogiques de 1817.

Ce malaise du parti whig avait-il donc pour effet, comme on serait porté à le croire, de réconforter le parti ministériel? En aucune façon, et c'était toujours la même étrange situation : deux partis rivaux, également faibles, et ayant une conscience égale de leur faiblesse. Les ministres étaient en proie à un profond découragement, escomptaient une chute que leurs adversaires whigs hésitaient à prévoir, qu'ils osaient à peine désirer. Robert Peel, aussitôt après les élections générales de 1818, s'était retiré, comme il avait, depuis plusieurs mois, averti ses collègues que c'était son intention de le faire : et cette défection était un mauvais symptôme [1]. Il est vrai qu'à la fin de 1818, l'armée anglaise ayant définitivement évacué le territoire français, Wellington entra dans le Cabinet avec le titre de *Master General of the Ordnance*; et cette accession fit plus que compenser, pour un instant, le mauvais effet produit par la retraite de Peel. Mais Welling-

1. Croker à Peel, 3 juillet 1818 (C. S. Parker, *Sir Robert Peel*, vol. I, p. 268).

ton avait soin d'avertir ses collègues, que, si le ministère tombait, .
blâmait par avance toute attitude d' « opposition factieuse » au nouveau
gouvernement [1]. Lord Liverpool, chef d'un Cabinet qui se bornait à
administrer le pays au jour le jour sans être capable d'adopter une ligne
de conduite ferme sur aucune des questions maîtresses de la politique
intérieure, se demandait expressément s'il convenait que les ministres
demeurassent au pouvoir : ils se discréditaient personnellement en ne
prenant pas le parti de la retraite, étaient chaque jour plus incapables de
rendre aucun service réel à la nation [2]. Brusquement les ministres se
trouvèrent, comme deux ans plus tôt, aux prises avec de nouvelles difficultés économiques, accompagnées de nouveaux désordres : et le vieux
parti tory put espérer qu'une fois de plus la peur de la révolution allait
remettre en selle ses deux *leaders*, lord Liverpool et lord Castlereagh.

NOUVELLE CRISE ÉCONOMIQUE   L'année 1818 avait été une année de prospérité
en quelque sorte anormale, de spéculation et de
surproduction. De cette activité excessive, le
chiffre des importations des matières nécessaires à l'industrie textile
donne quelque idée. De 1816 à 1818 les importations de coton brut et de
soie brute doublèrent presque ; les importations de laine brute firent plus
que tripler [3]. Au mois d'octobre, la fièvre durait encore : de mémoire
d'homme on n'avait vu autant de vaisseaux, dans le port de Bristol [4].
Mais avec l'approche de l'hiver la réaction inévitable se produisit : engorgement des marchés, chute des prix, premières faillites à Manchester [5].
Crise moins générale que n'avait été la crise de 1816. Elle n'ébranla que les
industries du textile, n'atteignit ni les mines ni les hauts fourneaux. Elle
tendit vite à s'apaiser : le prix des matières nécessaires à l'industrie,
d'une part, et, d'autre part, des produits manufacturés, se relevait dès
les mois de juillet et d'août [6]. Seulement, si la crise économique fut moins

---

1. Wellington à lord Liverpool, 1er novembre 1818 (C. D. Yonge, *Life... of lord Liverpool*, vol. II, p. 378).

2. Lord Liverpool à lord Eldon, printemps 1819 : « After the defeats we have already experienced during this session, our remaining in office is a *positive* evil. It confounds all ideas of government in the minds of men. It disgraces us *personally*, and renders us less capable every day of being of any real service to the country, either now or here-after. If, therefore, things are to remain as they are, I am quite clear that there is no advantage, in any way, in our being the persons to carry on the public service » (Lord Campbell, *Lives of the Lord Chancellors*, vol. VII, pp. 340-1).

3. T. Tooke, *Hist. of Prices*, vol. II, pp. 61, 77.

4. *Ann. Reg.*, 1818, Chron., p. 139.

5. *Examiner*, 6 décembre 1818.

6. T. Tooke, *Hist. of Prices*, vol. II, pp. 78-9. — Peut-être Tooke force-t-il un peu les choses en parlant de cette reprise rapide des affaires. Voir *H. of L.*, 30 novembre 1819 : discours de lord Lansdowne (*Parl. Deb.*, vol. XLI, pp. 418 sqq.); *H. of*

grave et moins durable, la crise politique que la crise économique déclencha fut plus grave, et non seulement se prolongea mais devint plus aiguë au moment où déjà la crise économiq... s'apaisait. La violence du heurt s'explique par le fait que depuis trois ans révolutionnaires et gouvernants s'étaient, de part et d'autre, préparés au combat.

Que les mineurs, les ouvriers des fonderies, n'aient point pris part au mouvement, la chose est naturelle, plus explicable qu'en 1816 : ces catégories n'étaient pas atteintes par la crise. Il est plus surprenant d'observer que cette fois le mouvement politique n'eut point pour centre le district de la bonneterie : Nottinghamshire, Derbyshire et Leicestershire. Ici, tout le programme ouvrier, ce fut, sans adjonction politique, le vieux programme de la fixation des salaires, soit par un accord libre entre employeurs et employés, soit par l'intervention de la loi. Plusieurs brochures parurent où cette thèse était soutenue : Robert Hall, le grand prédicateur baptiste, intervint dans le débat pour plaider la cause des ouvriers bonnetiers [1]. Toute différente était l'attitude des démocrates. Ils n'aimaient pas ces revendications : car elles faisaient oublier aux ouvriers que le véritable mal dont souffrait la société tout entière sans distinction de classe, c'était l'énormité de la Dette, le poids de l'impôt; que, contre l'oligarchie gouvernementale, seule responsable de ce mal, il fallait faire porter tout l'effort de l'attaque, en réclamant une réforme radicale de la représentation parlementaire.

Ce programme antigouvernemental, antifiscal en même temps que démocratique, c'est maintenant au nord de Nottingham et de Leicester, dans le pays du drap et d'abord et surtout dans le pays de la cotonnade, qu'il trouvait ses propagandistes. Bien loin de Londres comme on voit. Ainsi s'explique que le gouvernement ait pendant quelque temps ignoré la gravité du mouvement : à Londres, tout était calme, le parti démocratique en décomposition. En février, lord Castlereagh et le *Courier* affirmaient encore que le pays était prospère : des meetings furent tenus par les tisseurs du Lancashire pour protester contre ce mensonge, ou, si l'on veut, contre cette ignorance [2]. A Carlisle une grande grève, provoquée par des

C., 1819 : discours de Bennet (*Parl. Deb.*, vol. XLI, pp. 890 sqq.) et la phrase ambiguë du discours du Trône, 23 novembre 1819 : Some depression still continues to exist in certain branches of our manufactures (*Parl. Deb.*, vol. XLI, pp. 2-3).

1. *An Appeal to the public on the subject of the Framework Knitters' fund*, 1819. — Voir une véhémente critique des revendications ouvrières, par Cobbett : *To the Stocking Weavers of Leicestershire, Nottinghamshire, and Derbyshire. On the subject of their present turn out, and on the real causes of their distress* (*Pol. Reg.*, 14 avril 1821; vol. XXXIX, pp. 73 sqq.); et, en retour : Robert Hall, *a Reply to... objections advanced by Cobbett... against the Framework Knitters' Friendly Society*, 1821.

2. *Manchester Observer*, 20 février, 7 mars, 20 mars 1819. D'une manière générale,

réduction: de salaires, retint, en mai et en juin, l'attention du gouvernement et du public [1].

Le mouvement se trouvait préparé, dans le Lancashire, par des troubles qui avaient éclaté au cours de l'été précédent, avant même le début de la crise. Les ouvriers des filatures avaient, deux ans plus tôt, quand l'industrie traversait des temps durs, consenti à leurs patrons des réductions de salaires. Les patrons avaient d'ailleurs promis que, lorsque le prix des filés de coton remonterait, ils rétabliraient le tarif primitif. Ils violèrent cette promesse en 1818; et au mois de juillet leurs ouvriers prirent le parti de leur refuser le travail [2]. La grève dura deux mois [3], attirant par son importance l'attention de la presse de Londres : le *Morning Chronicle* prenait parti pour les grévistes, le *Times et* le *Courier* contre eux. Vers la fin d'août, les tisseurs de la région, dont les salaires avaient subi un léger relèvement, mais très insuffisant à leur gré, se mirent en grève à leur tour [4]. Les mineurs même entrèrent en branle [5]. Il sembla que l'on fût, dans le Lancashire, à la veille d'une grève générale.

Le mouvement avorta. Dès septembre les ouvriers des filatures commencèrent à reprendre le travail, sans conditions [6] : ils durent même signer individuellement une déclaration humiliante, aux termes de laquelle ils s'engageaient à ne jamais entrer dans une coalition dont l'objet serait « de s'opposer aux intérêts des patrons » [7]. Les tisseurs obtinrent, dans certains cas, des relèvements de salaires : mais ces relèvements furent très inférieurs à leurs revendications [8]. De la grève des mineurs, au bout de quelques jours, on n'entendit plus parler. La défaite ouvrière s'accompagna de

sur l'état, vers cette date, de la classe ouvrière, voir l'intéressant discours de Bennet, *H. of C.*, 9 décembre 1819 (*Parl. Deb.*, vol. XLI, pp. 890 sqq.).

1. *Ann. Reg.*, 1819, Chron. 26 mai, 1er juin, 19 juin. — *Examiner*, 14 février, 16 mai, 6 juin 1819. — *H. of C.*, 24 mai 1819 : présentation par Curwen d'une pétition des tisseurs en cotonnades de Carlisle (*Parl. Deb.*, vol. XL., pp. 671-2).

2. Voir *The Cotton Spinners' Address to the Public. Ann. Reg.*, 1818. Chron., 6 août; et les calculs établis dans *the Gorgon*, 12 septembre 1818, p. 134; il resterait, en moyenne, chaque semaine, à chaque filateur de Manchester, tous frais payés, une somme de 18 s. 4 d. — *Examiner*, 20 septembre. 1818 : une lettre, signée H. Hodson, intitulée « The Cotton Spinners and their Employers. » — 17 000 « Spinners and Dyers » en grève au commencement d'août, à Manchester (*Gorgon*, 1er août 1818).

3. *Ann. Reg.*, 1818, Chron., 19 juillet, 6 août, 15 août.

4. *Gorgon*, 5 septembre 1818; 12 septembre 1818 : The Weavers are likewise in array against their masters. Their present earnings are about 17 s. a week; and they demand an advance of 7 s. in the pound, which would raise their weekly wages to the enormous sum of 10 s. 8 d.

5. *Examiner*, 30 août 1818. — *Gorgon*, 5 septembre 1818.

6. *Examiner*, 30 août 1818; 13 septembre 1818.

7. Voir le texte de la déclaration, *Gorgon*, 26 septembre 1818.

8. *Ann. Reg.*, 1818, Chron., 15 septembre, p. 123. — *Gorgon*, 26 septembre 1818, p. 151 : We learn from Manchester that the Weavers have obtained a part of their demands; but immense numbers, twenty or thirty thousand, we are informed, are still standing out against their employers in various parts of Lancashire.

quelques violences. Le 2 septembre, à Manchester, attaque d'une grande
filature par plusieurs milliers d'ouvriers; coups de feu dirigés contre la
foule; plusieurs blessés, et un mort [1]. Le 15 septembre, les autorités de
Burnley ayant jeté le crieur public en prison pour avoir annoncé une
réunion organisée par les tisseurs, la foule s'ameuta et délivra le prisonnier : c'est deux jours plus tard seulement qu'à l'arrivée de la *yeomanry* de Manchester et de Salford, les Juges de Paix osèrent manifester
leur autorité, et rétablirent l'ordre par l'arrestation de sept meneurs [2]. Il
n'y avait d'ailleurs rien dans ces violences qui présentât le caractère d'un
véritable mouvement révolutionnaire. Deux ans seulement après l'effervescence de 1817, le programme de la réforme radicale paraît, pendant
ces trois mois de juillet, août et septembre, avoir laissé indifférents les
ouvriers du coton. En vain quelques meneurs essayèrent d'exploiter, au
bénéfice de leurs idées, la misère et l'indignation populaires : l'un d'entre
eux, Baguley, se fit, le 24 août, huer et malmener par les tisseurs de Manchester [3]. Mais à présent qu'au mois d'octobre les ouvriers étaient si mal
récompensés d'avoir donné à leurs revendications un caractère strictement économique, l'heure n'était-elle pas venue pour les réformateurs
radicaux de reprendre parmi eux l'avantage? A présent qu'au mois de
décembre les temps difficiles de 1816 et de 1817 recommençaient pour
l'industrie du Lancashire, tout le mécontentement accumulé pendant les
mois d'été n'offrait-il pas le terrain voulu pour une nouvelle explosion
révolutionnaire?

NOUVELLE AGITATION RÉVOLUTIONNAIRE — Nous voyons effectivement se tenir en janvier
et février 1819, sur divers points du Lancashire,
à Oldham, à Manchester à Royton, à Stockport,
de grandes réunions populaires où se pressent
des milliers d'auditeurs. Les résolutions qui y sont votées demandent la
Réforme Parlementaire et l'abrogation du *Corn Law* [4]. Ce double programme
définit le double caractère, la double origine du mouvement naissant.

La « Réforme Parlementaire », c'était le programme de 1816, le programme « radical » qui ressuscitait. Comme pour bien marquer la filiation
des deux mouvements, le grand harangueur des réunions de 1816, Henry
Hunt, mécontent de l'accueil que lui faisaient à Westminster les amis

1. *Ann. Reg.*, 1818. Chron., 2 septembre, p. 120.
2. *Ann. Reg.*, 1818, Chron., 22 septembre.
3. *Examiner*, 30 août 1818. Baguley et deux autres meneurs furent poursuivis et
condamnés à deux ans de prison (*Examiner*, 13 septembre 1818; *Medusa*, 24 avril 1819 .
4. *Manchester Observer*, 9 janvier 1819 : meeting d'Oldham. — 23 janvier 1819):
meeting de Manchester. — 20 février 1819 : meeting de Royton et de Stockport.

de Sir Francis Burdett, averti par son instinct de meneur populaire que le centre du mouvement démocratique était désormais dans le Nord, fit, au mois de janvier 1819, son apparition à Manchester, y présida un meeting et provoqua une bagarre au théâtre en refusant de se lever quand l'orchestre joua le *God save the King*[1]. Et, pendant que les orateurs populaires péroraient, un travail silencieux d'organisation s'opérait.

Les *Hampden Clubs* avaient disparu en 1817. Nous voyons, dès 1818, se constituer à leur place des groupes qui prennent le nom de *Political Protestants*. Le premier de ces groupes semble s'être constitué à Hull[2]; on en trouve d'autres, dans le cours de 1819, à York[3], à Newcastle, et dans les villes qui avoisinent Newcastle[4]. Le plan était d'ouvrir des salles où, moyennant le paiement d'une faible cotisation, les membres pouvaient prendre connaissance des derniers journaux parus, et, tout en les lisant, causer politique. Ils se réunissaient, aux termes de leur déclaration initiale, « pour protester contre la violation de leur droit indiscutable à une représentation réelle[5] ». Si d'ailleurs ils définissaient leur « protestantisme » en termes strictement « politiques », ne doutons pas qu'ils aient eu la pensée d'en associer l'idée à l'idée du protestantisme des sectes religieuses : ils voulaient constituer leurs organisations démocratiques sur le type des libres communautés dissidentes.

D'autres groupements se constituèrent à partir de l'automne 1818, et presque exclusivement dans le Lancashire, qui prirent le nom d' « Unions ». La première Union semble s'être formée à Stockport en octobre[6]. Les statuts avaient reçu l'approbation du major Cartwright : le nom d' « Union » n'avait-il pas servi six ans plus tôt à désigner les associations démocratiques fondées par lui? Nous trouvons des sociétés de même type à Manchester, à Wigan, dans l'été de 1819[7]. Des femmes constituèrent à Stockport, à Blackburn, au scandale des classes dirigeantes, des groupes autonomes[8]. Quel était l'objet de ces Unions? C'étaient, comme les groupes des « Protestants Politiques », de petits clubs ouverts pour la lecture et la discussion des feuilles publiques. Des « écoles du dimanche » étaient

1. *Examiner*, 31 janvier 1819. — A. Prentice, *Hist. Sketches... of Manchester*, p. 147.
2. *Gorgon*, 29 août 1818.
3. *Manchester Observer*, 19 juin 1819.
4. *The Briton*, 13 novembre 1819 : *The Loyal and Constitutional Declaration of the Political Protestants of Newcastle upon Tyne, Gateshead, Shields, Sunderland, and Places adjacent.*
5. *Black Dwarf*, 11 août 1819.
6. *Liverpool Courier*, 30 juin 1819.
7. *Manchester Observer*, 26 juin, 31 juillet 1819. Et le discours du Lord Advocate, *H. of C.*, 9 décembre 1819 (*Parl. Deb.*, vol. XLI, pp. 923-4).
8. *Ann. Reg.*, 1819, p. 104. — *Pol. Reg.*, 23 octobre, 29 décembre, 29 décembre 1819. — *Times*, 21 juillet 1819.

souvent annexées à ces salles de réunion[1]. Des « classes » de douze membres, sous la direction d'un *leader* élu, se réunissaient chaque semaine. Les classes elles-mêmes étaient groupées dans chaque ville en « sections », et l'ensemble des sections était dirigé par un comité élu, se réunissant chaque semaine pour encaisser les cotisations touchées par les *class leaders*[2]. En juin des projets de fédération, d' « Union Nationale », furent formés, avec caisse centrale et assemblée de délégués[3]. L'idée de Cartwright avait toujours été d'appliquer à la propagande démocratique les formes de la propagande méthodiste : ici l'imitation était visible. « Qu'est-ce, demandait Wooler dans le *Black Dwarf*, qui a permis aux Méthodistes et aux Dissidents de forcer l'État et l'Église à les tolérer? Rien si ce n'est cette union, dont l'origine était dans leurs *class meetings*, dans leurs associations quotidiennes et hedbomadaires. » Et pour encourager les *reformers* à suivre leur exemple, il rappelait ce qui était arrivé en 1812 quand lord Sidmouth avait voulu entraver le recrutement des prédicateurs nonconformistes. « Sidmouth fut effrayé par l'opposition inattendue qu'il avait soulevée. Comme un enfant environné par un essaim de guêpes, il prit la fuite en hurlant[4] ».

Mais les résolutions dont le texte était adopté dans les réunions publiques du Lancashire ne demandaient pas seulement la réforme parlementaire; elles demandaient en outre que le *Corn Law* de 1815 fût abrogé. Dès le mois d'octobre, un actif mouvement de pétitionnement s'organisait en ce sens dans les districts manufacturiers. On s'efforçait de faire comprendre au peuple de quel poids il était écrasé par les nouvelles dispositions douanières. Pour chaque habitant, 6 d. par jour, soit 9 l. 12 s. 6 d. par an; 54 l. 15 s. pour une famille composée d'un ménage et de quatre enfants; 164 250 000 l. pour une population de dix-huit millions d'habitants[5]. Or la question avait joué un rôle très peu important en 1816; et la différence s'explique par la différence des conjonctures. Si en 1816 le

<hr>

1. Francis Phillips, *An Exposure of the Calumnies circulated by the enemies of social order, and reiterated by their abettors, against the magistrates and the yeomanry cavalry of Manchester and Salford*, 1819, p. 9. — *Notes and Observations, Critical and Explanatory, on the papers relative to the internal state of the country, recently presented to Parliament : To which is appended A Reply to Mr. Francis Philip's Exposure. By a member of the Manchester Committee for relieving the sufferers of the 16th of August 1819* [J. E. Taylor], 1820, pp. 178-9. — *Medusa*, 11 septembre 1819. — V. encore les débats parlementaires, cités plus bas p. 68, et A. Prentice, *Historical Sketches... of Manchester*, pp. 116-7.

2. Voir dans le *Times*, 21 juillet 1819, les statuts de la *Female Union Society* de Stockport.

3. *Manchester Observer*, 26 juin 1819; *Medusa*, 10 juillet 1819.

4. *Black Dwarf*, 26 janvier 1820. — Voir notre vol. I, pp. 406 sqq.

5. *Examiner*, 1er novembre 1818. — Cf. 8 novembre, l'article intitulé « On the Corn Bill, the real cause of the present depravity. »

prix du blé s'était élevé jusqu'à 103 s. le quarter, douze mois plus tôt il était à 52 s. 6 d. seulement. De ces folles oscillations on essayait bien d'alléguer que le *Corn Law* était responsable : seulement ces allégations revenaient à dire que la loi était inefficace, qu'elle n'atteignait pas le but que s'étaient proposé ses auteurs. Tout avait changé maintenant. Depuis l'automne de 1817 le prix du blé s'était fixé aux environs de 80 s : prix que les consommateurs jugeaient excessif , mais qui se trouvait être celui-là même que les propriétaires, en votant le bill de 1815, avaient voulu constituer comme prix normal. Le *Corn Bill* apparaissait donc à présent comme une loi efficace autant que néfaste.

Les manufacturiers libre-échangistes avaient jugé prudent, en 1816 et en 1817, de se tenir cois. En 1818 et au début de 1819, l'occasion parut favorable pour renouveler ce pacte qui une première fois, en 1815, avait conduit ensemble les chefs d'industrie et leurs ouvriers à l'assaut du monopole terrien. Sans doute les manufacturiers avaient, dans le bas peuple, des haines à apaiser. Hier encore les journalistes du parti démocratique invectivaient ces vils parvenus de l'usine, sans culture et sans cœur; ils étaient prêts à appeler la *gentry* au secours contre leur système d'exploitation de la classe ouvrière [1]. Maintenant, au cours de ces réunions publiques qu'ils avaient tout d'abord encouragées, les manufacturiers étaient effrayés par le ton démagogique de beaucoup de discours. N'importe : il est visible qu'au début de 1819 un travail de réconciliation s'opérait entre la fraction la plus bourgeoise de la classe ouvrière et les plus progressifs parmi les industriels [2]. Non seulement dans le Lancashire, mais également dans le Yorkshire, où les nouveaux droits de douane sur les laines indisposaient les fabricants. Un peu partout, on constatait les progrès de la presse indépendante. A Manchester, les réformateurs radicaux disposaient, depuis le mois de janvier 1818, d'un grand organe hebdomadaire, le *Manchester Observer* de Wardle. A Leeds, Baines donnait une direction politique très accentuée à son *Leeds Mercury*. A Londres, Black,

---

1. *Gorgon*, 8 août 1818 : We should consider the cause of Reform very much disgraced by such coadjutors. Independently then, of these upstart, *counterfeit gentlemen*, there would be a sufficiency of respectability, intellect, and number, with the country gentlemen, the productive classes, and if the fundholders be *wise* they will not be excluded, to overwhelm *one* hundred of such contemptible oligarchies as that which tyrannises in this country. — Cf. 15 août : There are in Manchester a set of upstart scoundrels, who, without talents, education, or one gentlemanly quality live in continual war with the lower classes... — 29 août : ... a set of scoundrels domineer in the town of Leeds, in Yorkshire, who, in point of *character*, are exactly on a level with the Manchester *ruffians*. Proud, ignorant, and slavish, destitute of every noble and manly quality. They are a disgrace to human nature, the *mushroom gentry*...
2. A. Prentice, *Hist. Sketches... of Manchester*, pp. 115 sqq.

devenu rédacteur en chef du *Morning Chronicle* en attendant qu'il en
devînt le directeur, secouait la timidité de Perry.

LA CAMPAGNE DES MEETINGS. LA « BA-TAILLE DE PETERLOO». En juin, s'ouvrit la série des grands meetings
qui, de lundi en lundi, allaient se répéter pério-
diquement. 14 juin : meetings de Glasgow,
d'Ashton under-Lyne, de Hunslet Moor près de
Leeds. 21 juin : meeting de Manchester, et deuxième meeting de Hunslet
Moor; autres meetings à Dewsbury et dans plusieurs villes du Lancashire et du Yorkshire. L'objet de ces démonstrations était parfaitement légal : on adressait au Parlement une pétition en faveur de la réforme
de la représentation et de l'abrogation du *Corn Law.* Mais comment
éviter les imprudences, les violences de langage? Au deuxième meeting
de Hunslet Moor, Baines, le respectable directeur du *Leeds Mercury,*
déplorait le ton irréligieux de l'un des orateurs, le ton révolutionnaire
de la plupart; il prédisait, si l'on persistait à adopter ces folles méthodes,
une nouvelle suspension de l'*Habeas Corpus Act,* le renforcement de
l'armée, l'établissement peut-être d'un régime de dictature militaire [1].
Les Dissidents, pasteurs ou simples laïques, se trouvaient dans une situation plus fausse qu'en 1816 et 1817, par ce qu'ils s'étaient compromis
davantage. Ne point protester contre l   des meneurs révolutionnaires, c'était s'aliéner la partie riche, bourgeoise, de leurs congrégations.
Protester, comme ils firent souvent, c'était s'attirer des contre-
protestations : articles de journaux, manifestations dans les chapelles [2].

En vérité, l'indifférence dont le Parlement faisait preuve, au cours de
cette fin de session, à l'égard de la Réforme, semblait justifier le langage
révolutionnaire des orateurs des meetings : à quoi bon adresser des pétitions
à ceux qui ne voulaient pas écouter? Les mécontents de Birmingham —
car le mouvement gagnait du terrain vers le Sud, envahissait le Leicestershire, le Nottinghamshire, le Warwickshire — eurent une idée originale.

1. J. Waddington, *Congregational History, 1800-1850,* pp. 283 sqq.
2. J. Waddington, *Congregational History, 1800-50,* pp. 285-6. Lettre de Mr. Alexander
à son fils, 16 février 1820 : ... I am sorry that many of our good people have been
caught in their traps, and have imbibed and manifested a spirit very opposite to that
of the Gospel... I thought it my duty, without dictating their political creed, to exhort
them to patience and to peace... I thought that I had done it charmingly, and that I
had offended nobody, because I allowed that each had a right to choose his own political principles, only that, as Christians, they ought ever to maintain a Christian spirit.
My hopes were disappointed. Almost all the weavers, the poorer part especially, were
offended. White hats were instantly worn as flags of defiance (Hunt portait toujours un
chapeau blanc). One deacon threatened to resign, and it appears has resigned his
office. Some of the hearers, and one member, have left the chapel; others, who have
not left, are as cross and crooked as they can be.

De quoi se plaignaient les grandes villes du Nord et du Centre, Leeds, Manchester, Birmingham? De n'être pas représentées. Pourquoi donc, passant outre à la résistance des gouvernants, ces grandes villes ne tiendraient-elles pas des comices pour élire des délégués, qui feraient ensuite le voyage de Londres, et seraient là-bas leurs représentants authentiques, selon l'esprit sinon selon la lettre de la Constitution?

Le 12 juillet, une foule immense s'assemblait à Birmingham, sur New Hall Hill; cinquante mille assistants s'il fallait en croire les organisateurs de la réunion, vingt ou vingt cinq mille suivant les évaluations les plus modérées. Tous les orateurs, des gens de peu : George Edmonds, ancien maître d'école, le propriétaire du journal réformiste local; puis un prêteur sur gages, un menuisier, un boucher, deux ouvriers fondeurs. Mais le vieux major Cartwright était venu de Londres, accompagné du journaliste Wooler. Après quelques brèves harangues, un certain Sir Charles Wolseley, un démocrate de bonne famille qui avait pris part antérieurement à la campagne des réunions publiques, fut élu par acclamation « fondé de pouvoirs et représentant législatif » (*legislatorial Attorney and Representative*) de Birmingham. La foule se dispersa sans tumulte, faisant cortège aux orateurs [1].

Lord Sidmouth releva le défi. Le Parlement se séparait le lendemain même du meeting de Birmingham : il n'était donc pas possible, pour l'instant, de faire voter des lois de répression. Mais on pouvait appliquer avec rigueur les lois existantes; et, dès le 7, le ministre de l'intérieur, trop heureux de céder aux instances de la *gentry*, avait, par une circulaire, invité les lords lieutenants des comtés où les désordres se produisaient à prendre d'urgence toutes les mesures nécessaires, à se mettre en communication avec les Juges de Paix, à tenir partout la *yeomanry* prête à entrer en campagne. Sir Charles Wolseley ainsi que les principaux organisateurs du meeting furent poursuivis devant les tribunaux. Le 30 juillet une proclamation dénonça les discours des meetings, la démarche illégale des démocrates de Birmingham, exhorta les sujets à s'abstenir de toute action séditieuse, invita les *sheriffs*, les Juges de Paix, les magistrats des villes à sévir contre les fauteurs de désordres [2].

L'intervention de lord Sidmouth porta ses fruits. Leeds et Manchester se préparaient à suivre l'exemple donné par Birmingham : la proclamation leur fit abandonner ce projet. Mais rien n'empêchait les mécontents de continuer à tenir des réunions publiques, dans le dessein, consacré par l'usage, d'adresser des pétitions au Parlement. Le meeting

---

1. Langford, *A Century of Birmingham Life*, vol. II, pp. 420 sqq.
2. *Ann. Reg.*, 1819, p. 105, et App. to Chron., p. 123.

qui devait se tenir à Manchester, le 9 août, en vue d'élire un représentant, ayant été décommandé, rendez-vous fut pris pour le 16, à l'effet de manifester, sous la présidence de Hunt, en faveur de la réforme parlementaire. Dans l'intervalle, tout le comté fut en fermentation. Les ouvriers se livraient à de mystérieux exercices militaires. Sans armes, affirmaient les journaux réformistes. Avec armes, prétendaient les organes ministériels. Pour s'entraîner, disaient les premiers, à exécuter sans désordre les grands mouvements d'ensemble nécessaires quand, au nombre de plusieurs milliers, de plusieurs dizaines de mille, ils s'assembleraient pour manifester en commun. Pour préparer, répliquaient les ministériels, une révolution violente. Dans les rues de Manchester, des groupes stationnaient : ils bousculaient, insultaient les bourgeois et leurs femmes.

Le grand jour arriva. De toutes les villes environnantes, défilant dans un ordre parfait et sans armes, précédées de bannières, au son du tambour, de véritables phalanges ouvrières affluèrent; et soixante mille individus des deux sexes se trouvaient entassés dans les *Saint Peter's Fields*, quand arrivèrent en voiture, éblouis par un spectacle dont la grandeur dépassait tout ce qu'ils avaient vu jusque-là, Henry Hunt et ses acolytes. Hunt avait tout juste obtenu le silence et commencé à parler lorsqu'on vit un peloton de cavalerie se frayer à travers la foule un chemin vers l'estrade. Cernés, menacés par les piétons au milieu desquels ils avançaient, les cavaliers tirèrent leurs sabres, frappèrent à droite et à gauche. Un détachement de hussards vola à leur secours. La multitude prit la fuite, les uns culbutant les autres. En dix minutes, la place fut nettoyée, les bannières qui ornaient l'estrade furent jetées au ruisseau, les manifestants pourchassés à coups de sabre à travers la ville. Il y eut onze morts, parmi lesquels deux femmes, et plusieurs centaines de blessés [1].

Un cri d'exécration s'éleva dans toute l'Angleterre : lord Sidmouth aggrava le scandale en adressant une lettre de félicitations aux autorités locales de Manchester. Pour désigner l'épisode sanglant du 16 août, les révolutionnaires imaginèrent un sobriquet qui fit fortune. La manifestation avait eu lieu dans un endroit qui s'appelait « Saint Pierre », *Saint Peter*. Si donc Wellington avait remporté jadis sur l'étranger la victoire de Waterloo, lord Sidmouth pouvait se vanter maintenant

---

1. Outre les débats parlementaires, *H. of C.*, 29 novembre 1819 *(Parl. Deb.*, vol. XLI, pp. 357 sqq.), voir les deux ouvrages cités plus haut p. 55, de F. Phillips et J. E. Taylor; voir aussi Prentice, *Historical Sketches... of Manchester*, chap. xi et xii (pp. 159 sqq.) et enfin les ouvrages plus récents de F. A. Bruton, *The Story of Peterloo, written for the centenary,* august 16, 1919 et *Three Accounts of Peterloo by eye-witnesses, Bishop Stanley, Lord Hylton, John Benjamin Smith, with Bishop Stanley's Evidence at the Trial,* 1921.

d'avoir livré à ses concitoyens la bataille de « Peterloo »[1]. Loin de s'apaiser, l'énervement, l'agitation, s'aggravèrent, par un premier effet de cette déclaration de guerre à l'émeute.

Le 17 août, une rumeur ayant couru à Manchester que des hommes armés de piques approchaient, la panique régna dans la ville : la Bourse au coton fut fermée, et toute circulation dans les rues interdite [2]. Le 19, nouveau conflit entre la force armée et la foule : de nombreux blessés et deux tués [3]. Le 23, une explosion qui se produisit chez un armurier créa encore une panique : les bourgeois coururent chez le Juge de Paix le plus proche, demandèrent qu'on lût le *Riot Act*, qu'on fît venir la troupe [4]. A Londres, dès le mois de juillet, nous voyons se tenir dans Smithfield un grand meeting en plein air, présidé par Hunt, pour demander le suffrage universel, des élections annuelles et le scrutin secret [5]. Mais c'est après Peterloo que les mécontents de la capitale secouèrent vraiment leur torpeur. Le *Common Council* de la Cité, bien qu'il se trouvât présidé par un lord maire tory, céda à la pression qu'exerçait sur lui l'opinion, et présenta au Prince Régent une longue adresse de protestation contre les événements du 16 août [6]. Sir Francis Burdett adressa à ses électeurs une lettre violente où, dénonçant le coup de force de Manchester, il menaçait le roi d'Angleterre du sort de Jacques II [7]. Il se réconcilia pour quelque temps avec Cartwright et avec Hunt : celui-ci, arrêté le 16 août, puis remis en liberté sous caution, fit en septembre une entrée triomphale à Londres. Watson, Preston, Thistlewood, allèrent le recevoir dans le faubourg d'Islington, entourés d'une foule qui brandissait des rameaux de chêne et de laurier et que les journaux démocratiques estimèrent à deux cent, à trois cent mille hommes [8]. De nouveaux journaux révolutionnaires virent le jour : au *Black Dwarf*, à la *Medusa*, s'ajoutèrent le *Cap of Liberty*, le *Briton*, le *White Hat*, et le *Republican* de Carlile. Enfin le grand homme du journalisme révolutionnaire, Cobbett, quittant sa retraite américaine, fit dans sa patrie une rentrée théâtrale : il débarqua à Liverpool, rapportant avec lui les cendres de Thomas Paine [9]. Quant aux meetings, ils se multipliaient, ayant maintenant

---

1. Le mot fabriqué « Peter Loo » se trouve déjà dans le *Manchester Observer* du 21 août.
2. [J. E. Taylor], *Notes and Observations... a reply to Mr. Francis*, pp. 188-9.
3. *Ann. Reg.*, 1819, Chron., 21 août.
4. [J. E. Taylor], *Notes and Observations... a reply to Mr. Francis*, p. 189.
5. *Morning Chronicle*, 22 juillet 1819. — Second meeting après Peterloo, *Morning Chronicle*, 26 août 1819.
6. *Ann. Reg.*, 1819, p. 110.
7. On en trouvera le texte, *Ann. Reg.*, 1820, App. to Chron., p. 809.
8. *Cap of Liberty*, 15 septembre 1819.
9. *Pol. Reg.*, 13 novembre 1819 (vol. XXXV, p. 382); 4 décembre 1819 (*Ibid.*, pp. 385 sqq.).

pour objet de protester contre la grave illégalité commise le 16 août
par les magistrats du Lancashire. Ils n'eurent pas lieu seulement dans le
Lancashire et le Yorkshire; le mouvement gagna vers le Sud les Midlands,
vers le Nord le Durham, le Northumberland, et les Lowlands d'Écosse [1].
Meetings organisés sur un plan d'ensemble comme il apparut quand, le
1er novembre, puis le 15 novembre, se tinrent, des « réunions simultanées » où les mêmes résolutions furent votées à la même heure dans tous
les grands centres d'Écosse [2].

*LE GOUVERNEMENT
CONTRE L'ÉMEUTE.
LES « SIX ACTS »*
La panique régna, une fois de plus, dans la
classe gouvernante. Comme en 1817, lord Sidmouth reçut de tous les comtés des lettres par
lesquelles des Juges de Paix demandaient une
répression sévère. Il ne servait à rien de faire observer que les meetings
étaient paisibles (nulle part l'ordre ne fut compromis, si ce n'est une
fois à Paisley où une maladroite intervention des autorités provoqua des
troubles [3]) : le calme même des révolutionnaires signifiait qu'ils obéis-
saient aux ordres de quelque autorité mystérieuse [4]. Les Juges de Paix
dénonçaient des enrôlements secrets, des distributions de piques. Il ne
s'agissait plus, affirmait-on, de réforme parlementaire. Les « radicaux »,
comme on commença de les appeler [5], ne voulaient plus seulement le

1. L'étendue de l'agitation peut être mesurée par la liste des *disturbed counties* qui
sont énumérés à l'art. 8 du 60 Geo. III, c. 2 : Lancashire, Cheshire, West Riding du
Yorkshire, Warwickshire, Staffordshire, Derbyshire, Leicestershire, Nottinghamshire,
Cumberland, Westmoreland, Northumberland, Durham, Renfrew, Lanark, the
Counties of the Towns of Newcastle upon Tyne and Nottingham, and of the City of
Coventry.

2. *Papers relative to the Internal State of the Country : extract of a Letter from Sir
John Byng to lord Sidmouth, dated Pontefract nov. 18, 1819 (Parl. Deb.,* vol. XLI,
pp. 300-1); H. of C., 9 décembre 1819 : discours du lord Advocate *(Parl. Deb.,* vol XLI,
pp. 925-6).

3. *Morning Chronicle,* 17 septembre 1819.

4. H. of C., 9 décembre 1819 : discours du lord Advocate *(Parl. Deb.,* vol. XLI,
pp. 925-6).

5. On disait jusqu'alors *reformers,* ou, si l'on voulait distinguer les réformateurs
avancés d'avec les modérés : *radical reformers.* Bentham avait quelquefois critiqué
l'emploi de l'adjectif « radical », susceptible d'être pris en mauvaise part. « Pull up
a weed by the roots, there is an end of it » *(Mss. Univ. Coll.,* n° 127). L'adjectif com-
mença-t-il à être employé substantivement avant les événements de 1819? Nous trouvons Cartwright écrivant déjà le 18 août 1817 à T. Northmore : « The crisis, in my
judgment, is very favourable for effecting an union with the radicals of the better
among the whigs, and I am meditating on means to promote it. » (F. D. Carwright,
Life and Correspondence of Major Cartwright, vol. II, p. 137). Mais la lettre est-elle
bien datée? et ne faut-il pas lire 1819 au lieu de 1817? Il n'y avait pas de crise au mois
d'août 1817. Le substantif « radical » apparaît pour la première fois dans le *Times* à
la date du 16 août (avant cette date le *Times* dit « Ultra Reformers, » « Reformers »),
dans le *Morning Chronicle* à la date du 27 septembre (citation d'un journal tory, le
British Monitor), dans le *Courier* à la date du 27 août (the Whigs, the Radicals and the

suffrage universel et les parlements annuels; ils voulaient, par ce moyen ou par tout autre, la reprise des terres et l'abolition de la propriété individuelle. Lord Eldon et lord Sidmouth partagèrent leur émotion [1], et finirent, non sans peine [2], par la faire partager à leurs collègues. Le Cabinet se posa de nouveau, comme deux ans plus tôt, en défenseur de l'ordre menacé par l'émeute.

La première mesure que prit le gouvernement fut de renforcer les effectifs de l'armée : ils furent accrus de dix mille hommes. Il décida ensuite de convoquer le Parlement en session extraordinaire. Par cette convocation, il poursuivait un double objet. D'abord obtenir l'approbation des deux Chambres pour cette levée additionnelle de dix mille hommes : et non seulement il l'obtint, mais il obtint que les effectifs de l'infanterie de marine fussent accrus de deux mille hommes encore, afin de pouvoir affecter deux mille hommes d'infanterie en plus pour le service de l'ordre à l'intérieur [3]. En second lieu, faire voter, comme en 1817, une série de lois répressives. Le Parlement se réunit le 23 novembre : il se sépara le 29 décembre. En un peu plus d'un mois, les bills déposés par le gouvernement furent votés. Ils sont restés fameux sous le nom des « Six Lois », *the Six Acts.*

Deux de ces lois avaient pour objet de parer directement au péril

---

Moderates). Il fut d'abord employé par les tories, infligé comme un sobriquet aux démocrates révolutionnaires. Voir Carlile, *The Republican*, 21 avril 1820 : I have often felt astonished at seeing individuals even fond of, and partial to nicknames, such as Ribandmen in Ireland and Radicals in Great Britain. I am certain that the adoption and support of such terms have a tendency to bring a good cause into disrepute, and to prevent more discreet men from joining it. The name of Radical sprung up last year, and I feel astonished to see men embrace it, and adopt it as an anonymous signature to their communications... The word Reformer stripped of its concomitants is all very well, but when we find the words Moderate, Thorough, and Radical, applied to it, it becomes like a dead and useless weight on it, and creates opinions that would not have existed, if those words had been kept out of sight and hearing. » — Cf. *Pol. Reg.*, 25 mars, 15 avril 1820 (vol. XXXVI, pp. 95, 323, 326). — Bentham, dans son *Radicalism not dangerous* qui est de 1820, emploie le mot *radicalists* (*Works*, éd. Bowring, vol. III, pp. 605, 608, 609, 611).

1. Lord Campbell, *Lives of the Lord Chancellors*, vol. VII, p. 347. — Lord Sidmouth à lord Exmouth, 15 août 1819; à lord Lascelles, 15 octobre 1819 (Pellew, *Life of lord Sidmouth*, vol. III, pp. 249, 280).

2. Lord Eldon à Sir William Scott, peu après le 16 août 1819 : Neither the Prince nor most of his Ministers seem to act as you think they should. He came here late on Thursday evening — rather night — and went off again to the Marquess of Hertford's, I believe : — that he went there or elsewhere is certain. 8 out of 14 Ministers, I believe, abroad — in that there is no harm : the other six are full as many as can usefully converse upon any subject. So, at least, I think experience has taught me. Of the six, five are at their villas, and I alone am here. They come, however daily : not that I can see that there is much use in it (Lord Campbell, *Lives of the Lord Chancellors*, vol. VII, pp. 315-6). — Cf. *Letters of Dorothea, princess Lieven, during her residence in London*, p. 42 : lettre du 5 octobre.

3. *H. of C.*, 1er décembre 1819 (*Parl. Deb.*, vol. XLI, pp. 571 sqq.).

d'une révolution armée. La première [1] interdisait toute « réunion ou assemblée » ayant pour objet « un entraînement ou des exercices » de caractère militaire. Ceux qui au cours d'une pareille réunion joueraient le rôle d'instructeurs seraient punis de la déportation, le temps de la déportation pouvant aller jusqu'à sept ans, ou de la prison, le temps de la prison pouvant s'élever à deux ans. Ceux qui recevraient l'instruction militaire seraient passibles de deux ans de prison au maximum. Ce Bill ne pouvait soulever d'objections : le fait qu'il ait été nécessaire de le voter en 1819 prouve combien les vieilles institutions politiques de l'Angleterre étaient libérales, libérales jusqu'à l'anarchie. Plus discutable paraissait le second bill [2], qui violait une des libertés consacrées de tout sujet anglais, le droit de porter des armes. Il donnait aux Juges de Paix, en dehors même des comtés où ils exerçaient normalement leurs fonctions, le droit de saisir « les armes dangereuses pour la paix publique », de mettre en arrestation et de ne relâcher que sous caution les détenteurs de ces armes, d'entrer de jour et de nuit dans les domiciles privés. Cette loi, que les ministres déclaraient nécessaire et qui était l'imitation affaiblie d'une loi semblable votée en 1812 [3] pour réprimer le luddisme, ils reconnaissaient qu'elle présentait le caractère d'une loi d'exception. Ils n'en demandaient le vote qu'à titre de loi locale, « dans certains districts troublés », comme disait le titre du bill, comtés dont le bill donnait la liste, avec faculté pour le roi en conseil d'allonger ou de raccourcir cette liste suivant les besoins du moment. Ils n'en demandaient en outre le vote qu'à titre de loi temporaire : elle ne devait rester en vigueur que jusqu'au 25 mars 1822.

Un autre bill abordait le problème des réunions publiques [4]. La tradition accordait aux sujets anglais la liberté de réunion, sans restriction. Mais cette liberté illimitée, admissible peut-être dans cette petite société qui avait fait la Révolution de 1688, offrait des dangers tout nouveaux, qui depuis trois mois sautaient aux yeux, dans ces vastes agglomérations, nées du régime de la fabrique. Un meneur radical, Thistlewood, avait déclaré, au cours d'un meeting, qu'un millier, dix milliers, cent milliers, un million d'hommes avaient le droit de se réunir avec ou sans drapeaux, avec ou sans armes, et que nul magistrat n'avait le droit de les toucher, tant qu'ils n'auraient pas commis un acte de violence [5]. Était-il besoin d'expli-

---

1. 60 Geo. III, c. 1.
2. 60 Geo. III, c. 2.
3. 52 Geo. III, c. 162. Voir le discours de lord Castlereagh, *H. of C.*, 14 décembre 1819, pour la comparaison des deux bills (*Parl. Deb.*, vol. XLI, pp. 1133-4).
4. 60 Geo. III, c. 6.
5. *H. of C.*, 29 nov. 1819 : discours de lord Castlereagh (*Parl. Deb.*, vol. XLI, p. 384).

quer que, si tel était le droit anglais, il fallait le retoucher dans l'intérêt de la sécurité publique? Limiter le nombre des personnes qui pouvaient dorénavant prendre part à une réunion publique, empêcher en même temps les meneurs de tourner les dispositions légales en recourant au système des « réunions simultanées », fut le double objet que se proposait le gouvernement, et qu'il crut atteindre en faisant voter une vaste loi en quarante articles, qui visait, pour la première fois en Angleterre, à codifier le droit de réunion. Exception faite pour un certain nombre d'assemblées telles que les *county meetings*, les assemblées nécessaires pour élire des représentants parlementaires, et toutes les assemblées tenues à huis clos, il fut dorénavant interdit de prendre part à une réunion publique si l'on n'était pas domicilié dans la paroisse où elle avait lieu, si l'on n'était pas, tout au moins, propriétaire d'un bien-fonds dans le comté. Étaient soumises à cette règle toutes les réunions de plus de cinquante personnes, ayant pour objet, « ou pour prétexte », de délibérer sur une doléance d'ordre public, sur des questions économiques ou professionnelles, ou qui intéressaient soit l'Église, soit l'État. Étaient absolument prohibées les réunions ayant pour objet de modifier l'ordre légal autrement que par l'autorité du Parlement, ou tendant à exciter le peuple à la haine ou au mépris du roi, de ses héritiers, du gouvernement légal ou de la constitution légale du royaume. Pleins pouvoirs étaient donnés aux Juges de Paix pour appliquer la loi, autoriser ou interdire les meetings, faire arrêter les délinquants, passibles de sept années de déportation. Après quoi une série d'articles soumettait à une réglementation sévère tous les locaux où, moyennant argent, les auditeurs viendraient écouter des conférences ou prendre part à des débats. Une caution de 100 l. devrait être déposée. Les Juges de Paix auraient un droit perpétuel d'inspection après avoir accordé la licence. Et la licence serait perdue de droit, dans le cas où des discours auraient été prononcés dont la tendance serait « séditieuse, irréligieuse, ou immorale ».

Les autres Bills restreignaient la liberté de la presse.

L'un était une loi « pour prévenir ou punir d'une manière plus efficace les pamphlets blasphématoires ou séditieux[1] ». Cette loi très courte, en quatre articles, donnait au tribunal, après avoir prononcé une sentence contre un de ces pamphlets, le pouvoir d'ordonner la saisie immédiate de tous les exemplaires, sans attendre que l'affaire eût été tranchée en appel. En cas de récidive, elle permettait au tribunal d'infliger les peines prévues par le droit anglais pour réprimer les délits qualifiés de *high misdemeanours*

____

1. 60 Geo. III, c. 8.

ou, à sa volonté, la peine de bannissement pour un nombre indéterminé
d'années. Il etait d'une tactique habile de confondre ainsi, sous une même
rubrique, le blasphème et la sédition. Car il y avait bien des gens, dans la
bourgeoisie et dans le peuple ouvrier, que le programme de la réforme
parlementaire, même radicale, séduisait, mais qui étaient offusqués
par le caractère antichrétien que les meneurs du radicalisme anglais,
parodiant les révolutionnaires français, donnaient à leur littérature.

Une autre loi [1], d'une extrême importance, avait pour objet de rendre
dorénavant impossible le stratagème auquel les journalistes radicaux
recouraient depuis deux ou trois ans pour éluder les lois sur la presse :
nous avons vu comment Cobbett, en donnant aux numéros de son *Register*
la forme de libres commentaires sur les affaires du jour, adressés sous
forme de lettres ouvertes à tel ou tel grand personnage, avait prétendu
éditer dorénavant des brochures, et non pas les numéros périodiques
d'un journal. D'autres avaient suivi son exemple. La pratique fut dorénavant interdite. Toutes brochures contenant soit des nouvelles politiques, soit des commentaires sur ces nouvelles ou sur toutes questions
intéressant l'Église et l'État, si elles paraissaient à moins de vingt-six
jours d'intervalle, si elles contenaient moins de deux feuilles, si elles se
vendaient pour moins de 6 d., tomberaient sous le coup de toutes les lois
auxquelles les journaux étaient soumis. Du même coup, on imposait à
l' « imprimeur » ou à l' « éditeur » de toute publication périodique, la responsabilité du contenu de cette publication, par le dépôt d'un cautionnement,
qui était fixé à 300 l. pour la capitale, à 200 l. pour la province. Les pouvoirs des Juges de Paix, pour l'exécution de cette loi, étaient définis en
termes exprès et rigoureux.

Enfin, la liberté de la presse était encore limitée par une sixième
loi [2], simple loi de procédure qui fut votée à titre de loi en quelque sorte
auxiliaire des cinq autres : on voulait par elle atteindre les journalistes
révolutionnaires qui, depuis un an, déjouaient tous les efforts de la justice
anglaise pour les atteindre, en utilisant contre les juges l'extrême libéralisme des institutions judiciaires. Carlile, par exemple, avait été poursuivi
en décembre 1818 : mais telle était la complication de la procédure anglaise
que l'affaire n'était venue devant les tribunaux qu'à l'automne de 1819;
et de nouveau Carlile avait obtenu le renvoi de l'affaire [3]. La loi nouvelle
tendait à rendre impossible de pareils délais : dorénavant il serait interdit

1. 60 Geo. III, c. 9.
2. 60 Geo. III, c. 4.
3. *H. of C.*, 30 novembre 1819 : discours de lord Grenville (*Parl. Deb.*, vol. XLI,
pp. 505-6).

à un prévenu d'obtenir automatiquement l'ajournement des poursuites
en demandant une *imparlance,* un arrangement par négociation amiable
avec le requérant.

L'OPPOSITION
ET LES « SIX ACTS »

L'année qui parvenait en ce mois de décembre
à son terme avait été pour les gouvernements
vainqueurs en 1815 une année d'universel malaise.
En Allemagne, les conspirations d'étudiants, l'assassinat de Kotzebue
avaient provoqué la réunion de la Conférence de Carlsbad et le resserrement
du lien fédéral entre tous les princes allemands pour la répression du
désordre. En France, les avances des ministres Dessoles et Decazes
aux libéraux et aux bonapartistes avaient été le sujet d'entretiens à
Londres entre lord Castlereagh et les représentants des puissances
alliées. Enfin l'Angleterre elle-même, comme nous venons de voir, avait
eu sa part, et plus que sa part proportionnelle, du trouble révolutionnaire.
« Vous auriez frémi, écrivait Wellington à Pozzo di Borgo deux jours après
la rentrée des Chambres. Même ceux qui nous connaissent le mieux et
savent que ce qui serait mortel pour les autres ne compte pas pour nous
ont eu terriblement peur. » Il se déclarait sans doute rassuré par l'excellente attitude de la Chambre des Communes. « Notre exemple, concluait-il,
rendra quelque service en France aussi bien qu'en Allemagne; et il faut
espérer que le monde évitera la révolution générale qui paraissait nous
menacer tous [1]. » Le gouvernement anglais était cependant loin, si on
se plaçait au point de vue strictement tory, de remporter à la fin de 1819
une victoire comparable à celle qu'il avait remportée dans les premiers
mois de 1817.

Alors, c'étaient les révolutionnaires qui avaient commis les premières
violences. Cette fois, le premier sang versé, le 16 août, avait été du sang
ouvrier. Alors le gouvernement n'avait eu à dominer qu'une opposition
révolutionnaire, extra-parlementaire : le parti whig, pris en masse, s'était
senti condamné au silence. Cette fois au contraire, l'Opposition whig
avait, sans attendre la convocation du Parlement, joué consciencieuse-
ment le rôle qu'il était dans ses traditions de remplir : un grand nombre
de *county meetings*, assemblés sous les auspices de l'aristocratie locale,
avaient dénoncé la brutalité dont l'armée venait de faire preuve à Manchester. L'un de ces meetings, dans le Yorkshire, avait été tenu sous la
présidence du lord lieutenant, lord Fitzwilliam, qui fut révoqué. Une fois
le Parlement réuni, l'Opposition continua de se montrer combative.

---

1. 25 novembre 1819 (*Despatches, Cont.,* vol. I, pp. 86-7).

Sans même attendre le dépôt des six bills, lord Grey à la Chambre des Lords, Tierney à la Chambre des Communes, demandèrent une enquête sur l'affaire de Manchester; et cent cinquante voix, à la Chambre des Communes, appuyèrent la motion de Tierney [1]. Si l'on considère que la faction de lord Grenville avait fait défection et donné son appui sans réserve à la politique de répression [2], c'était un bloc imposant et qui, de toute la session, ne se désagrégea pas.

Les orateurs de l'Opposition dénoncèrent, comme anticonstitutionnel dans la forme et dangereux dans le fond, l'accroissement des effectifs de l'armée, quelques mois après que l'on avait été obligé de voter quatre millions de livres de taxes nouvelles pour essayer de combler le déficit, au moment où les impôts rentraient mal et où il fallait prévoir, même sans charges nouvelles, une aggravation du déficit. Ils suspectaient que le véritable auteur de cette mesure, ce n'était pas lord Liverpool, ni même aucun de ses coadjuteurs civils, mais Wellington, un soldat devenu homme d'État, et qui rêvait peut-être de changer le gouvernement anglais en un gouvernement militaire [3]. Puis ils discutèrent le détail, et souvent le principe des six bills ministériels. Les souvenirs de la Révolution française servirent de thème à la discussion. Voulait-on, demandaient les tories, en imitant la faiblesse du gouvernement de Louis XVI, voir la monarchie et l'aristocratie finir en Angleterre comme elles avaient fini en France?

---

1. *H. of L.*, 23 novembre 1819; *H. of C.*, 23 novembre 1819 (*Parl. Deb.*, vol. XLI, pp. 4 sqq., pp. 67 sqq.). *Morning Chronicle*, 26 novembre 1819 : A Minority of 150 on an Amendment to the Address on the first day of a Session is unexampled in the annals of Parliament. — *Times*, 26 novembre 1819 : The Ministers themselves never expected that 150 members would have voted for an amendment, which implied an opposition to an Address to the Throne, at the opening of a session of Parliament; and this rebuke, where generally they had form and precedent in their favour, will, we trust, induce them to be moderate in the demands which they mean to make upon public liberty, with the view as they profess to control disaffection — et même journal, 30 novembre : The nature of the new legislative measure... will appear from the proceedings in the two Houses of Parliament last night. We suspect that the division on the Address is the cause that they are less despotic than was intended, and indeed threatened.

2. Voir *H. of L.*, 23 novembre 1819, discours du marquis de Buckingham; 30 novembre 1819, discours de lord Grenville; *H. of C.*, 24 novembre 1819, discours de Wynn (*Parl. Deb.*, vol. XLI, pp. 49-50, 448 sqq., 189 sqq.). — Lord Nugent seul resta fidèle à l'Opposition. Sur sa brouille avec sa famille, voir : Rev. George Scobell, *A Letter to lord Nugent in answer to one from his lordship to the Rev. Sir Geo. Lee, Bart. respecting the Catholic Claims*, 1820.

3. Brougham à lord Grey, 24 octobre 1819 (*Life and Times of Lord Brougham*, vol. II, pp. 347-9). — Sur le militarisme de Wellington, un militarisme purement politique, nullement guerrier, voir la curieuse lettre qu'il adressait le 10 avril 1819 au comte de Cazes : « ... En mon opinion la première affaire, la grande affaire, encore plus la seule affaire en France, est que le Roi forme une armée qui lui soit réellement attachée, et à sa famille royale. S'il s'agissait de guerre, je dirais une bonne armée, mais où est le fou qui pense à la guerre dans les circonstances actuelles de la France et du monde? Non, l'essentiel de l'armée en France en tout temps a toujours été, et l'est surtout dans le moment actuel, qu'elle soit attachée au Roi. » (*Despatches, Cont.*, vol. I, pp. 55-6).

Oubliait-on que c'était l'irréligion et le blasphème qui avaient « brutalisé l'esprit français », et produit les atrocités de la Terreur.[1]? L'ancien régime français, répliquaient les whigs, avait péri non par la faute de sa faiblesse et de sa tolérance, mais par l'effet d'une réaction légitime contre la dureté de ses lois. La liberté de la presse, la liberté de réunion, étaient les soupapes de sûreté qui, depuis plus d'un siècle, avaient empêché, chez les Anglais, l'effervescence populaire de dégénérer en explosion [2]. Et pourquoi des lois contre la littérature irréligieuse? Le piétisme bourgeois et populaire en ferait, en faisait déjà justice : fallait-il, en frappant de lourdes charges toute littérature à caractère périodique, gêner en même temps que la propagande révolutionnaire la contre-propagande évangélique, beaucoup plus efficace [3]? Dans ces écoles du dimanche ouvertes par les « Unions » démocratiques, les livres distribués aux enfants étaient parfaitement orthodoxes, des ministres dissidents leur donnaient l'instruction religieuse, les exercices s'ouvraient par une prière du matin et se terminaient par une prière du soir [4]. A Manchester, sur le théâtre même du grand meeting, de nouvelles chapelles nonconformistes s'élevaient chaque année. Pour la première fois peut-être dans une Chambre très attachée à l'Église anglicane, le méthodisme et les vieilles dénominations elles-mêmes furent présentés par de nombreux orateurs comme la meilleure protection dont la société anglaise disposât contre l'invasion du jacobisme révolutionnaire [5].

AMENDEMENTS AUX PROJETS DE LOI GOUVERNEMENTAUX Il y avait cependant des sceptiques qui suspectaient la sincérité de cette opposition. Les radicaux n'aimaient pas les whigs, les accablaient de leurs sarcasmes. En ce moment même, le jeune Hobhouse, l'ami de Byron, était cité à la barre de la Chambre des Communes et envoyé à Newgate, pour avoir, dans une brochure

1. *H. of L.*, 6 décembre 1819 : discours de lord Liverpool (*Parl. Deb.*, vol. XLI, p. 710).

2. *H. of C.*, 29 novembre 1819 : discours de Tierney (*Parl. Deb.*, vol. XLI, p. 407); 6 décembre 1819 : discours de Perceval (*Parl. Deb.*, vol. XLI, p. 798).

3. *H. of L.*, 6 décembre 1819: discours de lord Erskine (*Parl. Deb.*, vol. XLI, pp. 707-8).

4. *H. of C.*, 22 décembre 1819: discours de Brougham (*Parl. Deb.*, vol. XLI, p. 1508).

5. *H. of C.*, 9 décembre 1819 (*Parl. Deb.*, vol. XLI, p. 920); 21 décembre 1819 (*Parl. Deb.*, vol XLI, p. 1416). — Voir dans le *Times* une série d'articles intéressants, réprouvant la propagande antichrétienne de Carlile, mais déclarant toute loi nouvelle inutile contre cette propagande. Il suffit de la réprobation dont elle est déjà l'objet (2, 5, 6, 9, 10, 17 novembre 1819). C'est immédiatement après cette date que des tories commencent à parler avec quelque sympathie du wesleyanisme. Voir Robert Southey, *The Life of Wesley; and the Rise and Progress of Methodism*, 1820; et sur le livre de Southey, l'article du *Quarterly Review*, octobre 1820 (vol. XXIV, pp. 1 sqq.).

récente, manqué de respect à la majesté du Parlement. Mais quoi? Cette brochure, elle était précisément dirigée tout entière contre l'Opposition whig [1]. Des gens malveillants insinuaient que l'aristocratie whig était heureuse de voir voter des lois nouvelles contre l'émeute, heureuse seulement de voir le gouvernement tory en prendre la responsabilité, heureuse de jouer, avec la certitude de ne pas réussir, le beau rôle d'une Opposition populaire [2]. Accusation qui vaut la peine d'être considérée, mais que nous croyons devoir tenir pour forcée. La preuve que les whigs firent aux bills gouvernementaux quelque chose de plus qu'une opposition de façade réside dans le fait qu'ils obtinrent de nombreux et importants amendements aux projets de loi primitivement déposés. Pour affaiblir la résistance des tories orthodoxes, ils eurent l'appui du groupe des « saints ». Wilberforce et ses amis étaient aussi effrayés, plus scandalisés à certains égards que lord Sidmouth ou lord Castlereagh, par la propagande démocratique et irréligieuse : mais ils étaient soucieux de ménager l'Opposition parlementaire, dont l'assistance leur était indispensable pour assurer le succès de leur politique antiesclavagiste [3].

1. A *Trifling Mistake in Thomas Lord Erskine's recent Preface, shortly noticed and respectfully corrected, in a letter to his lordship.* By the author of the « Defence of the People », 1819. — Cf. la brochure antérieure de Hobhouse : *A Defence of the People, in reply to Lord Erskine's two Defences of the Whigs,* 1819. — Voir pour cet incident, *H. of C.,* 9, 10, 13 décembre 1819 (*Parl. Deb.,* vol. XLI, pp. 917 sqq., 989 sqq., 1010); — *Proceedings in the House of Commons and in the Court of King's Bench, relative to the Author of the Trifling Mistake,* by John C. Hobhouse, Esq., 1820; et lord Broughton (J.-C. Hobhouse), *Recollections of a long life,* vol. II, pp. 113 sqq.

2. Brougham, *Political Philosophy,* vol. III, chap. XXI, p. 184 : In 1819... many friends of popular rights were convinced that some check had become necessary, some regulation at least of such assemblages; and, among others, I well remember my friend lord Hutchinson, when I complained of the Six Acts, saying that he thought the whig party should be thankful they were out of office, and that the odium of passing some such measure was thrown off their shoulders upon those of their adversaries. « For, depend upon it, he said, the right of meeting at all is in jeopardy from such assemblages — so numerous and so crowded. » — Cf. M. de Caraman à M. Pasquier, 7 janvier 1820 : L'opposition ne fut qu'un hommage à la faveur populaire à laquelle ses orateurs eussent, pour la plupart, renoncé, s'ils avaient été assurés d'entraîner la majorité (comte d'Antioche, *Châteaubriand ambassadeur à Londres,* p. 141).

3. *H. of C.,* 6 décembre 1819 : discours de Perceval et de Wilberforce (*Parl. Deb.,* vol. XLI, pp. 798 sqq.). — Cf. lettre de Wilberforce à Stephen, 18 octobre 1819 : I own to you I may say it safely, that I am afraid of alienating the minds of all the. Opposition, and indisposing them to the support of our West India questions (R. I. and S. Wilberforce, *Life of William Wilberforce,* vol. V, p. 36). — Cf. encore son langage embarrassé, au sujet de l'affaire de lord Fitzwilliam. « How shocking, écrit-il à Z. Macaulay le 9 octobre, are the resolutions of some of the meetings in the West Riding of Yorkshire! Yet the cause of the seditious being patronized by men of rank and influence may tend to rescue the multitude out of the hands of the Hunts and Thistlewoods »; et, à S. Roberts le 6 novembre : « I have had no intercourse with government, but really arguments for the removal of Earl Fitzwilliam at once present themselves, though I will not pronounce whether the attendant evils may not be such as to countervail the good » (*Ibid., Id.,* pp. 36, 37).

Sans s'arrêter aux nombreuses atténuations de détail, que lord Castlereagh introduisit dans ces bills pour faire droit aux critiques de l'Opposition, il faut retenir trois amendements qui constituèrent, pour celle-ci, sur trois points fondamentaux, trois victoires. Le bill sur les délits de presse avait édicté d'abord contre les délinquants, en cas de récidive, la peine du bannissement ou de la déportation, au gré des juges. Le gouvernement renonça à édicter la peine de la déportation, sauf dans le cas où le journaliste banni rentrerait dans le royaume sans autorisation. Le bill sur les réunions séditieuses interdisait d'abord toutes les réunions publiques indistinctement : c'est sur la demande de l'Opposition que, sous sa forme définitive, il ne s'appliqua pas aux réunions tenues dans un local fermé [1]. Il avait été présenté par lord Castlereagh comme une mesure d'ordre général et permanent : l'Opposition eût voulu ne le voter, tout au moins, ainsi que la loi sur la saisie des armes, que comme une mesure locale et temporaire ; et, si elle ne réussit pas à obtenir que l'application de la loi fût limitée à un certain nombre de régions, elle obtint qu'elle fût votée seulement à l'essai, et pour un laps de cinq années [2]. Quand vint enfin en discussion, devant la Chambre des Lords, le bill de procédure qui empêchait les prévenus de prolonger abusivement des procès engagés contre eux, lord Holland déclara qu'il se résignerait à voter pour le bill, à condition qu'il fût rendu bilatéral, et que l'on en finît du même coup avec cette pratique scandaleuse qui permettait à l'*Attorney General*, dans le cas des informations dites *ex officio*, de prolonger indéfiniment l'intervalle qui séparait l'information de l'audience. Le Chancelier, lord Eldon, entra dans ses vues, introduisit dans le bill un article qui limitait à douze mois cet intervalle : quand le bill fut voté à la Chambre des Lords, on assista à ce spectacle nouveau d'un échange de congratulations entre lord Eldon et lord Holland [3].

---

1. *H. of C.*, 30 novembre 1819 : discours de Brougham (*Parl. Deb.*, vol. XLI, p. 416); 6 décembre 1819 : discours de lord Castlereagh (*Parl. Deb.*, vol. XLI, p. 758). — Cf. Mackintosh à lord John Russell, 12 janvier 1820 : The exception of meetings within doors is so important a mitigation (not to be found in the Acts of '95 and '99) that it may in time supply the means of defeating the whole restriction (*Early Correspondence of lord John Russell*, vol. I, pp. 210-1).

2. *H. of. C.*, 3 décembre 1819 : discours de Tierney (*Parl. Deb.*, vol. XLI, p. 702); 6 décembre 1819 : discours de lord Castlereagh (*Parl. Deb.*, vol. XLI, p. 759).

3. *H. of L.*, 13 décembre 1819 (*Parl. Deb.*, vol. XLI, pp. 1008-1009).

LA QUESTION DE LA RÉFORME PARLEMENTAIRE PORTÉE A LA CHAMBRE DES COMMUNES

Une autre capitulation des ministres marqua cette courte session parlementaire, que lord Liverpool et ses collègues eussent voulu voir consacrée exclusivement au vote des lois répressives. Capitulation grave, puisqu'elle porta sur cette question même de la réforme parlementaire qui avait été l'objet primitif des grands meetings du Nord. La bourgeoisie des villes industrielles était consternée par la tournure que prenaient les choses depuis le mois d'août, effrayée par le langage que tenaient les radicaux, et cependant mécontente à l'idée que les tories allaient exploiter la situation pour refuser de lui donner au Parlement, par la création de nouvelles circonscriptions électorales, la part de représentation à laquelle elle avait droit. Quelle attitude adopterait à son égard le parti whig? Continuerait-il à éviter, comme il faisait depuis 1817, de se compromettre sur la question de la réforme parlementaire? Nous voyons, avant la réunion des Chambres, le *Morning Chronicle* [1], l'*Edinburgh Review* [2], exhorter le parti à changer de tactique, à faire bloc sur un programme de réforme modérée : donner des représentants aux grandes villes du Nord assurerait, d'une manière plus efficace que n'importe quelle loi répressive, l'apaisement des troubles de là-bas. Et, quand les Chambres furent réunies, il fut visible que ces exhortations répondaient aux besoins profonds du parti. Lord Grosvenor déclara nécessaire une réforme de la représentation [3]. Lambton, un riche propriétaire de mines, gendre de lord Grey et représentant du comté de Durham, annonça son intention de déposer un bill de réforme au cours de la prochaine session [4]. Mais l'intervention décisive se trouva être celle de lord John Russell.

Il avait, dès le mois de juillet, opposé au programme radical de Sir Francis Burdett son propre programme, extrêmement modéré, et annoncé son intention de le soumettre à l'approbation de la Chambre des Communes au cours de la prochaine session [5]. Très irrité d'ailleurs par l'extravagance des revendications démocratiques [6], nous le voyons au mois de septembre assez tiède en matière de réforme parlementaire pour mécontenter le duc de Bedford son père, et ses frères, le marquis de Tavistock et lord William Russell [7]. Il céda cependant aux instances de

1. *Morning Chronicle*, 20 octobre 1819 (qui cite *in extenso* un long article du *Scotsman*).
2. *Ed. Rev.*, octobre 1819, art. II, *State of the Country* (vol. XXXII, p. 304).
3. *H. of L.*, 17 décembre 1819 (*Parl. Deb.*, vol. XLI, pp. 1266, 1276).
4. *H. of C.*, 6 décembre 1819 (*Parl. Deb.*, vol. XLI, p. 757).
5. *H. of C.*, 6 juillet 1819 (*Parl. Deb.*, vol. XL, pp. 1516-7) .
6. *H. of C.*, 1er juillet 1819 (*Parl. Deb.*, vol. XL, p. 1496).
7. *Diary of T. Moore*, 4 septembre 1810 : Talked a good deal of politics. Lord John

ses amis [1], et, sans concevoir beaucoup d'espérances sur l'issue de sa démarche [2], tint au mois de novembre, quand le Parlement se trouva convoqué précipitamment en session extraordinaire, la promesse qu'il avait faite en juillet. Le bourg de Grampound venait d'être convaincu de corruption; et le parlementaire dont l'élection était en question, un financier tory d'origine juive, Sir Manasseh Lopez, avait été condamné à dix mille livres d'amende et deux ans de prison [3]. Lord John Russell, le 14 décembre, demanda en premier lieu que le Parlement privât le bourg de sa franchise électorale; en second lieu, qu'il déclarât indigne d'envoyer des représentants au Parlement tout bourg qui se rendrait à l'avenir coupable des mêmes pratiques, et transférât le droit électoral dont le bourg se trouverait dépouillé soit à une grande ville, soit à un comté populeux. Quand il eut cessé de parler, lord Castlereagh le pria de retirer sa motion, s'engageant en retour à laisser la Chambre libre, si elle voulait, de transférer à une grande ville la représentation dont le bourg de Grampound était jugé indigne [4]. Ainsi, loin que la peur d'une révolution à la française eût produit l'effet décisif qu'elle avait produit en 1817, l'initiative illégale prise en juillet par le peuple de Birmingham, de Leeds, de Manchester, semblait recevoir en décembre un commencement de récompense : et ce n'était pas seulement l'Opposition qui s'ébranlait, c'était lord Castlereagh lui-même qui, en pleine discussion des *Six Acts*, capitulait, sur un point, devant les exigences des meetings démocratiques.

much more moderate in his opposition than the Duke and lord Tavistock (Lord John Russell, *Memoirs... of Thomas Moore*, vol. III, p. 5).

1. Mackintosh à lord John Russell, 14 octobre 1819 (*Early Correspondence*, vol. I, p. 205). — S. Allen à lord John Russell, 17 octobre 1819 (Sp. Walpole, *Life of lord John Russell*, vol. I, p. 116).

2. Lord John Russell à Thomas Moore, 14 décembre 1819 : ... I am going to day to make a little motion for Reform. The violent will not care for it, and the other side will throw it out, and so my public attendance will cease for the present. There can be little doubt that in a few years unless there is a sudden change of public opinion the form of government will be almost entirely changed... (*Early Correspondance of lord John Russell*, vol. I, p. 208).

3. *H. of C.*, 2 avril 1819 (vol. XXXIX, pp. 1390 sqq.); 17 mai 1819 (vol. XL, pp. 460 sqq.).

4. *H. of C.*, 14 décembre 1819 (*Parl. Deb.*, vol. XLI, pp. 1110 sqq., 1118). — John M. Cobbett à James P. Cobbett, 30 décembre 1918 : ... They are in a monstrous stew here. Papa thinks Reform will be given, by next spring, by the Ministers themselves. Castlereagh has pledged himself to support one motion (Lord John Russell's) for Reform and it will be, as they themselves very truly said the winter before last : if they are made to say A, they must say B. (Lewis Melville, *Life and Letters of William Cobbett*, vol. II, p. 125).

CHAPITRE II

L'ÉVEIL DU LIBÉRALISME

L'affaire de la reine Caroline. — La politique de réformes. Avances gouvernementales
aux économistes politiques. — Autres problèmes de politique extérieure et intérieure. Mort de lord Castlereagh.

L'AFFAIRE DE LA REINE CAROLINE

MORT DE GEORGE III.
CONSPIRATION
DE CATO STREET.
RÉVOLUTION
D'ESPAGNE.
ÉLECTIONS
GÉNÉRALES

George III, le vieux roi fou, mourut à Londres
le 29 janvier 1820. Les grands journaux, en même
temps qu'ils énumérèrent les progrès accomplis
par le pays sous son règne, furent unanimes à
pleurer ses malheurs, à louer ses vertus; et
tout ce qu'ils disaient à sa gloire était comme
une satire — volontaire ou involontaire — des
vices de son successeur. Il ne sembla pas
d'ailleurs, tout d'abord, que l'avènement de George IV dût rien
changer à la politique du royaume. De régent, le fils de George III
devenait roi; et le problème, en février, était le même qu'en janvier :
comment allait se poursuivre, ou s'apaiser, le duel engagé, au cours de
l'année précédente, entre le toryisme et le radicalisme révolutionnaire?

Il sembla d'abord qu'en Angleterre comme en Europe la situation
demeurât aussi trouble que jamais. Le 13 février, à Paris, Louvel assassina
le duc de Berry, parce que « les Bourbons sont des tyrans », et parce qu'il
semblait « destiné à perpétuer cette race ennemie de la France ». Dix
jours plus tard, les Anglais apprenaient une nouvelle également sensa-
tionnelle, et qui les touchait de plus près. Dans une maison de Cato
Street qui leur servait de point de ralliement, un petit groupe de conspirateurs furent arrêtés au moment où ils allaient essayer de mettre à
exécution un projet insensé : assassiner en masse tous les membres du

Cabinet, invités à dîner ce soir-là chez l'un d'entre eux, lord Harrowby, puis s'emparer du nombre de canons nécessaires pour intimider la population, occuper la Banque, établir à Mansion House un gouvernement provisoire, et mettre le feu aux quatre coins de Londres. Neuf furent arrêtés sur-le-champ; deux qui avaient pris la fuite, quelques heures plus tard. La chef de la troupe était un nommé Thistlewood qui, jeté en prison à la suite de l'affaire des Spa Fields à la fin de 1816, avait été libéré en août 1819, et que nous avons vu jouer un rôle dans les meetings de l'automne. C'est ainsi que, tout au moins en apparence, l'histoire d'Angleterre s'identifiait avec l'histoire de l'Europe continentale, hésitante entre la révolution et la réaction.

Ces crimes, par l'émotion qu'ils soulevaient, n'étaient pas d'une manière immédiate défavorables au parti de l'ordre. A Paris l'attentat de Louvel fit tomber le ministère Decazes, ramena au pouvoir les ultras. A Londres, la police de lord Sidmouth n'avait rien fait pour décourager les conspirateurs. Un agent provocateur leur avait fourni des armes, leur avait indiqué le temps et le lieu le plus favorables pour commettre l'attentat, les avaient fait tomber dans un véritable guet-apens policier [1]. Mais dans le cours de ce même hiver, au fond de l'Europe méridionale, le parti de la Sainte-Alliance subissait une première et grave défaite. L'armée que le roi Ferdinand voulait embarquer pour aller réprimer dans l'Améque du Sud l'insurrection des colonies, se révolta, demanda le rétablissement de la Constitution démocratique de 1812 : et, dans les premiers jours de mars, capitulant comme jadis Louis XVI devant l'émeute, le roi prêtait serment à la Constitution de Cadix. Il est impossible d'exagérer l'importance morale que présenta, en 1820, la révolution d'Espagne. C'est à elle que Byron songe quand il appelle l'année 1820 « l'an I de la deuxième aurore de la liberté [2] ». Et ce sont les démocrates espagnols qui ont introduit, dans le langage politique de l'Angleterre, de toute l'Europe, un vocable nouveau. Par opposition aux *Serviles*, partisans de la monarchie absolue, ils étaient les *Liberales*. Les polémistes du parti tory prirent l'habitude d'appeler *Liberales* les membres les plus déterminés de l'opposition whig. Libéraux : autant dire partisans de la liberté à la mode de Cadix. Et le sobriquet fut accepté, à la longue, par ceux à qui

1. *H. of C.*, 2, 9 mai 1820 (*Parl. Deb.*, n. s., vol. I, pp. 54 sqq., 242 sqq.) et le compte rendu intégral du procès des conspirateurs, *Ann. Reg.*, 1820, App. to Chronicle, pp. 920 sqq.) — Cf. lord Castlereagh à Metternich, 6 mai 1820 : Wherever the mischief in its labyrinth breaks forth, it presents little real danger, whilst it furnishes the means of making those salutary examples which are so difficult whilst treason works in secrecy, and does not disclose itself in overt acts (*Memoirs and Correspondence of lord Castlereagh*, vol. XII, p. 259).
2. *Vision of Judgment*, VII.

il avait été infligé, jusqu'au jour où il devint la désignation officielle du parti whig régénéré[1].

Après le dramatique incident du 24 février, l'agitation populaire ne se signala, pendant quelques semaines, en Angleterre, par aucun fait notable. Il était de règle que, dans les six mois qui suivaient un changement de règne, le Parlement fût renouvelé. Les ministres, en conséquence, décidèrent de dissoudre, dès le 28 février, le Parlement élu en 1818; et tout le mois de mars fut occupé par les élections à la nouvelle Chambre des Com-

---

1. Le mot ne fit pas brusquement irruption dans la langue politique anglaise, comme ce fut le cas pour le mot « radical » à la fin de 1819. Cela surprend d'abord, étant donné que l'adjectif « libéral » entendu dans un sens laudatif, était d'usage courant (des mesures libérales, une politique libérale, des principes libéraux...). Mais c'est que le substantif avait une apparence exotique, continentale. Le mot espagnol semble avoir fait sa première apparition en Angleterre vers le début de 1816 : voir *H. of C.*, 15 février 1816, discours de lord Castlereagh : The liberales, who, though in a military point of view an Anti-French party, were politically a French party of the very worst description. They had declared that they would not admit Ferdinand's right to the throne, unless he put his seal to the principles which they laid down, and among the rest, to that of the sovereignty being in the people. The Liberales were a perfectly jacobinical party, in point of principle *(Parl. Deb.*, vol. XXXII, p. 602). — La politique française adopta le mot en 1819 (les hommes de l'opposition s'étaient antérieurement qualifiés d' « Indépendants ». Voir De Vaulabelle, *Histoire des Deux Restaurations*, vol. V, p. 53). — En fait les Anglais, quand ils emploient le mot, l'écrivent pendant longtemps avec une orthographe espagnole, italienne, française. Voir *Ed. Rev.*, mars 1817 : The *Liberales* are habitually sneered at (par Southey) (vol. XXVIII, p. 168. — Brougham à lord Grey, Genève, 27 août 1817 : ... My travelling companion (un italien) is a distinguished *Liberale*, of very high birth, who has just refused an archbishopric from principle *(Life and Times of Lord Brougham*, vol. II, p. 325). — Journal de Walter Scott, 20 novembre 1826 : Canning, Huskisson, and a mitigated party of Liberaux (J. G. Lockhart, *Memoirs of the life of Sir Walter Scott*, vol. IV, chap. xi). Parfois il commence à être employé sous la forme anglaise, mais à propos des pays méditerranéens et continentaux (F. Lamb à lord Castlereagh, Munich, 4 janvier 1820; *Memoirs and Corr. of Viscount Castlereagh*, vol. XII, p. 169; et *Ann. Reg.*, 1819, pp. 171, 172, 178; 1820, pp. 221, 239; 1821, Préface). — Nous le trouvons pour la première fois employé par le *Courier* pour désigner un parti anglais, au mois d'août 1819. Voir notamment, 19 août : As we predicted, the *liberals* are beginning to ring their doleful changes upon the transactions that occurred at Manchester on Monday. — 26 août : The *liberals* of course attribute this peaceable and orderly conduct to the lamblike and gentle dispositions of the Reformers themselves. — 30 août : We have too high a respect for the noble qualities of British jurisprudence, to imitate our *liberals*. — Mais c'est un adversaire qui l'emploie, pour compromettre ceux dont il parle. — E. Ward, dans une lettre adressée de Lisbonne à lord Castlereagh, le 28 septembre 1821, écrit (*Mem. and Correspondence of lord Castlereagh*, vol. XII, p. 438) : The Cortes... are... a little afraid of England, and of England only. But they think the liberal Party is so strong amongst us, that the Ministry, however they may love despotism and legitimacy, cannot act against them. — Comme on le voit, Ward, écrivant de Lisbonne, ne fait que traduire en anglais un mot ibérique. — C'est en 1822 que Leigh Hunt publie le périodique intitulé *The Liberal, or Verse and Prose from the South*, et donne ainsi au mot nouveau la consécration quasi-officielle du groupe de Byron. Or le titre de cette publication, dont le ton est très révolutionnaire, où la mémoire de George III et de lord Castlereagh est traînée dans la boue, nous semble caractéristique. « Verse and Prose from the South », cela ne veut pas dire seulement que le *Liberal* publie des articles écrits en Italie par Byron et Shelley : cela veut dire aussi qu'on y respire le souffle des révolutions méditerranéennes. — Sur l'histoire ultérieure du mot « liberal », voir plus bas, vol. III, livre I, chap. iii, *sub finem*.

munes. Or il avait été bien spécifié en novembre par le législateur que les dispositions de la loi nouvelle sur les « meetings séditieux » ne s'appliqueraient pas aux meetings rendus nécessaires pour préparer une élection parlementaire. Les radicaux n'allaient-ils pas s'emparer de cette circonstance pour transformer les réunions électorales en assemblées révolutionnaires? Il ne se produisit rien de semblable : depuis longtemps on n'avait vu d'élections aussi calmes. Le procès de Hunt et des autres radicaux qui avaient été arrêtés en août 1819 à Peterloo, s'ouvrit à York, le 16 mars, trois jours après que la cité eût élu ses deux représentants; et le juge demanda à l'un des témoins quelle différence il voyait entre les scènes populaires dont il avait été témoin à Manchester et celles dont il était maintenant témoin à York. « Tout, répondit le témoin, sentait alors la guerre et le désordre : aujourd'hui, tout est réjouissances [1]. »

Était-ce, si peu de mois après Peterloo, le retour définitif de la paix sociale? Pas tout à fait encore : il régnait un état de malaise confus, et difficile à définir.

Le matin du 5 avril, sur les murs de Glasgow et des villes environnantes était placardée une proclamation, signée par « le comité pour l'organisation d'un gouvernement provisoire », qui invitait le peuple d'Angleterre, d'Écosse et d'Irlande, à faire la révolution, les chefs d'industrie à fermer toutes les fabriques en attendant la constitution du gouvernement révolutionnaire, et les soldats à suivre l'exemple de l'armée espagnole [2]. Était-ce une nouvelle période de troubles qui s'ouvrait? Mais la grève générale qui s'ensuivit ne dégénéra pas en insurrection véritable : ou bien faut-il tenir pour un commencement d'insurrection la ridicule échauffourée de Bonnymuir? Un groupe de radicaux se heurtant, en pleine campagne, à dix hussards et dix cavaliers de la *Yeomanry* du Stirlingshire. Coups de feu échangés. Fuite des rebelles qui abandonnèrent à la troupe dix-neuf prisonniers, cinq fusils de chasse et dix-huit piques [3].

---

1. « The one looked like war and disturbance, and the other like merriment and rejoicing » (The Trial of Henry Hunt... at the York Lent Assizes, 1820. — *Ann. Reg.*, 1820, p. 852). — Quels furent les résultats des élections? Ils furent, suivant Yonge (*Life of lord Liverpool*, vol. III, pp. 48-9) défavorables, et suivant miss Martineau (*A History of the Thirty Years' Peace*, livre II, chap. III, éd. 1877, vol. I, p. 349) favorables au ministère. Les témoignages contemporains ne permettent guère de trancher le débat. Le *Courier*, organe ministériel, revendiquait pour les ministres un gain de 18 ou 20 voix, et le *Morning Chronicle*, organe de l'Opposition, un gain de 15 voix pour son propre parti (*Morning Chronicle*, 4, 12 avril 1820; *Courier*, 11 avril 1820). — Voir les renseignements, également indécis, fournis à Charles Abbot (lord Colchester) par ses correspondants (*Diary of lord Colchester*, vol. III, pp. 124-6).

2. Voir le texte de la proclamation, *Pol. Reg.*, 15 avril 1820 (vol. XXXVI, pp. 357 sqq.).

3. *Ann. Reg.*, 1820, Chron., pp. 103 sqq.

Cependant la condamnation de Henry Hunt à deux ans de prison, l'exécution capitale de Thistlewood et de ses complices — ils étonnèrent la bourgeoisie par leur courage et par le refus qu'ils firent, tous sauf un, de recevoir les secours de la religion — semblaient confirmer la victoire du parti de l'ordre. Visiblement le bas peuple avait peur, ne trouvait pas de chefs pour le conduire, se défiait des manœuvres policières. Mais on continuait d'autre part à signaler, dans le Lancashire, des rixes entre soldats et ouvriers [1]. Dans le Yorkshire, le bruit courait que le peuple, armé de piques et de pistolets, préparait un coup de main [2]. Pouvait-on être sûr que l'apaisement n'était pas de surface, et que les *Six Acts* suffiraient pour empêcher le recommencement d'une agitation, pareille aux agitations de 1816 et de 1819?

L'AFFAIRE DE LA REINE (1814-1820) Brusquement un incident inattendu vint accroître, mais en lui donnant une forme nouvelle, la fermentation populaire.

Lorsqu'en 1814 le régent avait fait interdire à la princesse de Galles l'accès de la Cour, elle s'était vengée en lui lançant une flèche empoisonnée. « Soit, lui avait-elle écrit, aujourd'hui je dois m'incliner. Mais vous ne pourrez pas toujours vous défaire de moi à si bon compte. Un jour viendra où notre fille, la princesse Charlotte, se mariera; un jour viendra où vous serez roi d'Angleterre, et couronné comme tel. Ce jour-là, je réclamerai à vos côtés la place qui m'est due [3]. » Depuis lors, une idée s'était emparée de l'esprit du régent : rendre impossible par un divorce la réapparition d'une femme odieuse.

Au grand ennui de ses ministres : car ce divorce royal ne pouvait aller sans scandale. Impopulaire comme il était, il fallait l'incurable légèreté d'esprit du régent pour aller, et conduire avec lui tout le régime, au-devant d'un tel péril. Si on obtenait que la princesse s'éloignât une fois de plus et se fît oublier sur le continent, le péril ne serait-il pas écarté, ou pour le moins ajourné? Pour négocier avec elle, les ministres recoururent à Canning, très soucieux alors de se réconcilier avec le parti tory. En fait Canning n'éprouva guère de peine à persuader la princesse. La nécessité où elle se trouvait, vivant à Londres, de perpétuellement surveiller ses paroles et ses actes, pesait à cette extravagante. Et c'est précisément la peur des imprudences qu'elle allait commettre dont s'alarmèrent ses conseillers habituels, Brougham en tête. Mais ils combatti-

---

1. *Ann. Reg.*, 1820, Chron., p. 126.
2. *Ann. Reg.*, 1820, Chron., p. 128.
3. Brougham à lord Grey, mai 1814 (*Life and times of lord Brougham*, vol. II, p. 223),

rent en vain le projet suggéré par Canning. Tout ce que Brougham put obtenir, c'est que son absence, lorsqu'elle partit au mois de novembre 1814, fût présentée au public comme devant être courte, qu'elle conservât intact à Kensington Palace tout son train de maison en prévision d'un prochain retour [1]. Concessions inutiles. En Italie, où elle se transporta, elle trouva la liberté, le bonheur. Elle oublia l'Angleterre; et, sur sa vie privée, coururent tout de suite des bruits étranges.

Trois ans s'écoulèrent. Quand la princesse Charlotte épousa en 1816 le prince Léopold de Saxe-Cobourg, on négligea d'en informer sa mère; quand la jeune femme mourut un an plus tard, on ne l'en informa pas davantage. Mais on ne pourrait pas faire pour la mort de George III, pour le couronnement de George IV, ce qu'on avait fait pour le mariage et la mort de la princesse Charlotte, et tenir la femme du Prince Régent, devenue reine d'Angleterre, dans l'ignorance de son changement de situation pendant assez de temps pour éviter sa rentrée en scène. Le régent demanda à ses ministres, plus instamment que jamais, de lui accorder la grâce d'un divorce.

Ceux-ci continuèrent à lui recommander la prudence : nul n'était plus effrayé par la perspective d'un divorce que lord Eldon, le Chancelier, « gardien de la conscience royale ». Mais d'autres travaillaient en sous-main à contrecarrer leur action en flattant le caprice du régent. Sir John Leach, le Vice-Chancelier, semble avoir espéré, en jouant ce rôle, supplanter peut-être un jour son supérieur hiérarchique : il alla jusqu'à faire courir dans les journaux le bruit de la démission de lord Eldon [2]. Lord Liverpool finit par capituler, permit au régent d'envoyer secrètement en Italie une commission officielle d'enquête. D'ailleurs, une fois la mission terminée et si accablante que pussent être éventuellement les témoignages recueillis, le Cabinet obtenait du régent l'engagement de considérer la question des poursuites à engager, ou à ne pas engager contre la reine, comme une question ouverte : l'envoi de la mission, en tout état de cause, ne liait pas les ministres.

L'enquête dura six mois environ, et le 10 juillet 1819 les enquêteurs envoyaient à Londres, sur l'inconduite de la princesse Caroline, un rapport

1. Brougham à la princesse de Galles, 30 juillet 1814; à lord Grey, 9 août 1814 (*Life and times of lord Brougham*, vol. II, pp. 253 sqq., 257-9). Après avoir publié ces lettres, qui le montrent s'efforçant, en 1814, de combattre dans l'esprit de la princesse l'influence de Canning, il écrit (*Ibid.*, p. 352-3) : ... among the advisers of her going abroad was Canning. This he owned in the House of Commons, in the debate of 1820, upon her return. *Neither Whitbread nor I were at all aware of it.* — On voit quel fond il faut faire sur les déclarations de Brougham, quand il n'apporte pas de documents contemporains à l'appui de son dire.

2. Lord Campbell, *Lives of the Lord Chancellors*, vol. VII, p. 330.

qui comblait les vœux du régent [1]. Or, quand le rapport fut expédié, il y avait déjà un mois que l'alarme régnait à Londres dans le petit cercle de ceux qui connaissaient la marche des choses, secrète encore pour le grand public. Brougham, dès le 14 juin, s'était abouché avec lord Hutchinson, ancien ami de la Princesse et ami intime du régent, pour suggérer un compromis. Il y aurait entre les deux époux séparation à l'amiable. La reine renoncerait à être couronnée; elle recevrait, avec un traitement viager, un titre honorable, celui de duchesse de Cornouailles par exemple [2]. Les ministres appuyèrent les propositions de Brougham, firent valoir au régent combien il était difficile d'engager une action judiciaire. S'agissait-il de l'engager devant les Cours ecclésiastiques? La procédure durerait des années. Voulait-on s'adresser directement au Parlement? C'était une démarche juridiquement discutable, politiquement dangereuse. Ou encore instruire un procès de haute trahison? Le droit anglais exigeait alors, en raison de la gravité de l'accusation, des preuves accablantes : était-on sûr d'en disposer [3]?

LES MINISTRES DE GEORGE IV CHERCHENT UNE FORMULE DE CONCILIATION

Mais le régent demeurait intraitable. Par surcroît de malheur, la princesse manifestait de nouveau son désir de revoir l'Angleterre. Elle en informait lord Liverpool et Brougham. Celui-ci, très alarmé, réussit à lui faire différer l'exécution de son projet. Quand le bruit de la mort imminente du vieux roi se répandit en Europe, elle n'y tint plus, vint jusqu'à Marseille. Il fallut encore une lettre de Brougham pour la décider à rebrousser chemin et regagner l'Italie, profondément irritée par le mauvais vouloir que lui avaient marqué les autorités françaises [4].

George III mourut le 29 janvier. Le régent souffrait, depuis plusieurs jours, d'un gros rhume. Les fatigues du 30 et du 31 janvier firent dégénérer le rhume en fluxion de poitrine. Le soir du 31, il était en danger de mort; le 10 février seulement, les médecins le considérèrent comme hors d'affaire. Pendant sa maladie, la haine invétérée qu'il nourrissait à l'égard de sa femme devint une obsession. Il ne voulait pas que le nom de la reine figurât dans la liturgie anglicane à côté du sien. Il ne voulait pas qu'elle fût couronnée à ses côtés. Il voulait le divorce tout de suite, à tout prix. Dans les circonstances graves que traversaient l'Europe et l'Angleterre, les

---

1. Voir les documents cités dans C. D. Yonge, *Life... of lord Liverpool*, vol. III, p. 11, n.
2. C. D. Yonge, *Life... of lord Liverpool*, vol. III, pp. 15-16.
3. Minutes of Cabinet, 17 juin, 24 juillet 1819 (C.-D. Yonge, *Life... of lord Liverpool*, vol. III, pp. 17, 19 sqq.).
4. Lettre de la princesse Caroline, 16 mars 1820 (*Ann. Reg.*, 1820, p. 131).

membres du Cabinet devaient passer toutes les heures du jour à discuter avec leur souverain cette absurde et malpropre histoire de ménage.

Dès le 11 février, le Cabinet présentait au roi une longue note dont les termes avaient été arrêtés la veille en conseil. Les ministres se fondaient sur l'avis des *law officers* de la Couronne pour expliquer au roi combien il était difficile d'engager une action judiciaire. En admettant même qu'on pût l'engager devant la Chambre des Lords sans avoir consulté d'abord les autorités ecclésiastiques, l'épouse gardait le droit, en pareil cas, de faire la preuve qu'elle avait été ou négligée, ou maltraitée, par l'époux : si la reine décidait de se prévaloir de ce droit, qui ne savait quel usage accablant elle en pourrait faire? La procédure devait en outre être publique. Obtiendrait-on, pour une fois, en invoquant la raison d'État, que le procès fût instruit à huis clos? Interdirait-on, tout au moins avant la fin des débats, la publication des témoignages? Mais cette décision ne serait-elle pas, par elle-même, d'un effet détestable? Empêcherait-on les discours, les motions, les pétitions, d'aller leur train à la Chambre des Communes et dans le pays, avec un effet plus détestable encore sur l'opinion? Ne serait-il pas plus sage de renoncer au divorce? Puisque l'annuité accordée à la princesse de Galles par l'arrangement de 1814 expirait avec la mort de George III, ne serait-il pas possible de lui en assurer le maintien pour sa vie entière, à condition qu'elle consentît à résider à l'étranger, et même à voir son nom rayé de la liturgie [1] ? Les avances faites par Brougham en 1819 permettaient d'espérer que la reine accepterait un accommodement de ce genre. Si elle se révoltait, alors, et alors seulement, il serait temps d'aviser au divorce.

Le roi, poussé par son médecin Knighton, conseillé par Sir John Leach, ne voulait pas d'une transaction. Que le Conseil privé, le 12, prît une décision en vertu de laquelle dorénavant les fidèles prieraient, dans l'Église d'État, non plus « pour le roi et pour la reine » mais « pour le roi et pour toute la famille royale, » il n'était pas satisfait encore, et répondait à la note de ses ministres par une autre note, habilement rédigée. Il discutait la thèse juridique de lord Eldon, de l'*Attorney* et du *Solicitor General*. Il se déclarait prêt à braver, pour obtenir raison, l'hostilité de l'opinion. Il critiquait les termes de l'arrangement proposé. S'y rallier, c'était renoncer à l'occasion qui se présentait de prouver irréfragablement la faute de la reine; c'était laisser suspendue à perpétuité sur la tête du roi la menace de sa brusque réapparition, si une faction politique trouvait jamais son intérêt à se servir d'elle. George IV informait en même temps verbalement

1. Minute of Cabinet, 10 février 1820 (C. D. Yonge, *Life... of lord Liverpool*, vol. III, pp. 25 sqq.).

lord Liverpool que, si ses ministres ne se conformaient pas à sa volonté, il changerait de gouvernement: que, s'il ne trouvait pas en Angleterre de ministres obéissants, il se retirerait au Hanôvre [1]. Ceux qui, le 30 janvier, n'avaient attribué aucune importance politique à l'avènement de George IV, s'étaient trompés. Pendant vingt-quatre heures, les ministres se crurent, congédiés; et les journaux envisagèrent la formation d'un nouveau Cabinet [2].

Mais le roi eut vite fait de se rendre compte qu'il ne trouverait nulle part de ministres prêts à se faire les exécuteurs de ses fantaisies. Quant à la menace de se retirer au Hanôvre, ce n'était qu'une bouffonnerie. Le 14, les ministres, restés en place, maintinrent dans une nouvelle note la thèse qu'ils avaient soutenue le 11 : étant bien entendu que, si « la Princesse » persistait à revenir en Angleterre, il y aurait lieu de prendre une décision nouvelle pour répondre à une situation nouvelle [3]. Le 17, le roi céda aux instances de ses ministres. Sans doute, pour prendre sa revanche, il comptait, non sans raison, sur l'étourderie de sa femme.

Les funérailles de George III avaient lieu ce jour-là; et, le lendemain, le Parlement se réunit. Ce fut seulement pour expédier les affaires urgentes, et recevoir l'avis de sa dissolution immédiate. La question de la reine fut cependant soulevée. Joseph Hume le radical demanda si l'on continuerait à la reine le traitement de 35 000 l. qui lui avait été garanti jusqu'à la mort de George III; et lord Castlereagh, en peu de mots, l'assura que les intérêts de la reine seraient pris en considération. Le 21, Joseph Hume intervint encore pour déplorer la manière dont la reine était traitée : pourquoi ne lui avait-on pas voté, comme au roi, une adresse de condoléances et de congratulations? Allait-elle continuer à vivre sur le continent en mendiante? Est-ce qu'il n'appartenait pas au Parlement de s'inquiéter de son sort? Tierney, au nom du parti whig, adopta une attitude de parfaite neutralité entre le roi et la reine, soit que, partageant sur ce point les vues de certains membres de l'aristocratie whig, il aspirât à voir éclater un scandale dont la cour et le parti tory pâtiraient [4], soit

---

1. C. D. Yonge, *Life of ... lord Liverpool*, vol. III, p. 24. — Lord Castlereagh à lord Stewart, 13 février 1820 (*Mem. and Corr. of lord Castlereagh*, vol. XII, pp. 210 sqq.).

2. *Star*, 16 février 1820; *Greville Memoirs*, 20 février 1820.

3. Minute of Cabinet, 14 février 1820 (C. D. Yonge, *Life... of lord Liverpool*, vol. III, pp. 38 sqq.).

4. Lord Grey à Brougham, 25 août 1819 : I have always doubted the reality of the Princess's intention to come home, and what you say confirms me in the opinion of its being a mere bravado. Her business, which in any circumstances must be disagreeable enough to all who cannot avoid taking some part in it, would have become much more so by her arrival in England. I should, however, have felt some hesitation in taking upon myself the responsibility of advising her not to come; for if she had done so, and played all her game, I am convinced she would have beaten the Prince

plutôt qu'il voulût se ménager en cas de crise ministérielle la faveur
royale [1]. Tant que la reine ne serait pas lavée du crime dont la rumeur
publique l'accusait, il n'appartenait pas au Parlement, déclara Tierney,
de lui assigner une portion quelconque des revenus de la nation. Mais
pourquoi laisser le pays incertain de la réalité des faits qu'on lui imputait?
La suppression, dans la liturgie, de toute mention de la reine ne suffisait
pas: il fallait une enquête publique [2]. Brougham prit la parole après Tierney,
et tint un langage beaucoup plus circonspect. Il ne voulait rien savoir
des rumeurs qui couraient, des enquêtes qui pouvaient avoir été faites :
jamais la prudence et la modération n'avaient été plus nécessaires, la
voix des partis devait se taire [3]. Puis le Parlement se sépara; et, pendant
quelques jours, la conspiration de Cato Street détourna de la reine l'attention publique.

LA REINE ANNONCE SON RETOUR EN ANGLETERRE. LES POURPARLERS DE SAINT-OMER

Ce fut maintenant au tour de la reine de
prendre l'offensive. Les journaux de Londres,
en avril, publièrent une lettre ouverte qu'elle
adressait au peuple anglais. Elle dénonçait les
humiliations que toutes les Cours d'Europe lui
avaient infligées pendant des années, à l'insti-
gation de la Cour d'Angleterre. Elle demandait à lord Liverpool et à lord
Castlereagh de lui assurer les honneurs dûs à une reine d'Angleterre.
Elle ordonnait qu'un palais fût mis à sa disposition, à Londres. Car elle
allait venir. « L'Angleterre est ma patrie. J'accours... [4] » Le bruit se
répandit que déjà elle était en route, qu'elle serait à Douvres le soir
même. Le Cabinet se vit obligé de prendre rapidement un parti.

Les ministres, en ce moment, se trouvaient de nouveau aux prises avec
le roi. Ils n'avaient, à vrai dire, jamais cessé de se quereller avec lui
depuis son avènement. Ils se demandaient s'il n'était pas affligé d'une
tare congénitale, atteint de folie comme son père. George IV avait, en montant sur le trône, mis la main sur toute la fortune personnelle du défunt
roi, sur ses bijoux, sur ceux de la reine Charlotte, sur ceux de la reine
Caroline; et lord Liverpool et ses collègues, redoutant son irascibilité,
n'avaient rien osé dire. Il réclamait maintenant une augmentation de sa

---

and his foolish adviser Leach out of the field (*Life and Times of lord Brougham*, vol. III,
pp. 341-2).

1. Wilberforce's Diary, 27 avril 1820 : There has been a flirtation between Tierney
and the King (R. I. and S. Wilberforce, *Life of William Wilberforce*, vol. V, p. 54).

2. *H. of C.*, 21 février 1820 (*Parl. Deb.*, vol. XLI, pp. 1623 sqq.).

3. *H. of C.*, 21 février 1820 (*Parl. Deb.*, vol. XLI, pp. 1627-8).

4. *Ann. Reg.*, 1820, pp. 129 sqq.

liste civile, trouvant insuffisantes, bien que conformes à tous les précédents, les propositions que le Cabinet avait l'intention de soumettre au Parlement. Cette fois la peur de la Chambre des Communes l'emporta, dans l'esprit des ministres, sur la peur de la colère royale : ils tinrent bon, et le roi s'inclina [1]. Mais voici maintenant que le manifeste de la reine soulevait de nouveau la question du divorce. Les ministres, après avoir longtemps tardé, prirent le parti de s'aboucher avec Brougham.

Le 15 avril, lord Liverpool le pria de transmettre à la reine une série de propositions. Elle recevrait sa vie durant une annuité de 50 000 l. à condition de ne point mettre les pieds en Angleterre, de prendre un autre titre que celui de reine d'Angleterre et de renoncer à exercer aucun des droits d'une reine [2]. Brougham accepta la mission, sans avouer qu'il avait sur la reine moins d'influence encore que n'en avaient sur le roi lord Liverpool ou lord Eldon : la lettre qu'il avait écrite il y a un an à lord Hutchinson, les ministres eussent été bien surpris s'ils avaient su que jamais il n'en avait fait prendre connaissance à la reine. Or il y avait bien des raisons de croire que celle-ci serait plus difficile à manier maintenant qu'en 1819. L'alderman Wood, politicien radical de la Cité, marchand drapier et fournisseur attitré de la reine, venait d'être violemment combattu aux élections par les candidats de la Cour. Il se vengeait en correspondant avec la reine, en la poussant à la révolte. Brougham eut peur de la reine et de l'alderman Wood. Il garda la lettre de lord Liverpool dans sa poche, laissa venir les événements.

La reine se mit en route. Le 9 mai, elle était à Genève. Elle y fut jointe par James Brougham, que son frère lui avait dépêché pour essayer de s'éclairer sur les témoignages recueillis deux ans plus tôt par la commission d'enquête, et exhorter la reine à la prudence. Mais elle voulait voir Brougham lui-même, et lui envoya un courrier pour réclamer un rendez-vous. Brougham demanda que le rendez-vous fût pris dans une ville française aussi proche d'Angleterre que possible : car les travaux parlementaires l'absorbaient. La reine lui donna rendez-vous à Saint-Omer pour le 30, et poursuivit sur-le-champ son voyage. A Montbard en Bourgogne elle vit venir à sa rencontre l'alderman Wood, accompagné de lady Anne Hamilton, son ancienne dame d'honneur. Allait-elle passer le détroit? Les paris étaient ouverts à Londres [3]. Le roi attendait sa venue sans

---

1. C. D. Yonge, *Life... of lord Liverpool*, vol. III, pp. 48-9. — *Greville Memoirs*, début de 1823.

2. Lord Hutchinson à Brougham, 4 juin 1820 (*Life and Times of lord Brougham*, vol. II, pp. 359-360); C. D. Yonge, *Life... of lord Liverpool*, vol. III, p. 53.

3. Lord Eldon à sa fille, 29 mai 1820 (Lord Campbell, *Lives of the Lord Chancellors*, vol. VII, p. 360).

déplaisir : elle en Angleterre, il tiendrait son divorce. Il ne songeait, pour l'instant, qu'à régler, jusque dans ses plus menus détails, la fastueuse cérémonie de son couronnement. Si les pairesses ne prenaient point part à la cérémonie, la fête perdrait beaucoup de son éclat; mais d'autre part comment justifier leur présence, si la reine n'était pas couronnée en même temps que le roi? George IV et ses ministres débattaient cette grave question.

Le courrier de la reine, donnant rendez-vous à Brougham pour le 30, n'arriva que le 31 à Londres; et, le même jour, lord Liverpool recevait un message de la reine, demandant qu'un yacht royal fût tenu prêt à la conduire de Calais à Douvres le 3 juin. Lord Liverpool écrivit sur-le-champ à Brougham, le pressa d'exécuter ses engagements. Brougham ne pouvait plus se dérober. Le 2 juin il partit pour la France. Lord Hutchinson l'accompagnait à titre de représentant du roi et de ses ministres.

Le 3 juin, Brougham et lord Hutchinson arrivaient à Saint-Omer. A tous deux la reine donna l'impression qu'elle était résolue, coûte que coûte, à venir à Londres. Brougham n'osa pas lui dire qu'on lui demandait de renoncer à son titre de reine. Il obtint de lord Hutchinson qu'il ne parlât pas tout de suite un langage menaçant; de la reine, qu'elle attendît un jour ou deux avant de prendre un parti. Puis, lord Hutchinson s'impatientant, Brougham trouva prudent de le laisser parler à sa place. Tout se passa par lettres dans l'après-midi du 3 juin. Lord Hutchinson écrivit à quatre heures : une heure plus tard, la reine répondait en trois lignes « qu'il était tout à fait impossible à Sa Majesté de prendre en considération cette proposition », et partit immédiatement pour Calais [1]. Elle s'embarqua le soir même à onze heures, débarqua à Douvres le lendemain à une heure de l'après-midi. Le « comte » Bergami, son chambellan et, selon la rumeur publique, son amant, l'avait quittée à Saint-Omer; l'alderman Wood l'accompagnait.

<table>
<tr><td>LA REINE
EN ANGLETERRE.
DERNIÈRES
TENTATIVES
DE CONCILIATION</td><td>Alors se déchaîna en Angleterre la crise extraordinaire de folie collective qui allait se prolonger pendant des mois. Quand la reine mit pied à terre, les canons de la forteresse tonnèrent en son honneur, les cris de joie de</td></tr>
</table>

toute la population l'accueillirent. On détela les chevaux de sa voiture : on la traîna en triomphe jusqu'à l'auberge où elle devait descendre, pré-

----

1. Sur les négociations de lord Liverpool avec Brougham et l'entrevue de Saint-Omer, voir les documents publiés par C. D. Yonge, *Life... of lord Liverpool*, vol. III, pp. 54 sqq.

cédée par des drapeaux et une fanfare. Le lendemain matin, départ triomphal, et le soir réception triomphale à Canterbury. Puis, jusqu'à Londres,
ce fut partout le même accueil : jeunes gens à cheval escortant la voiture,
cloches des églises sonnant à toute volée. A Canterbury, des officiers du
régiment de cavalerie vinrent la saluer en uniforme. A Chatham, elle fut
reçue par des *clergymen* en surplis. Quand elle entra dans les faubourgs
de la capitale, le temps, jusqu'alors pluvieux, devint beau. La voiture
fut ouverte, et la reine, accompagnée de l'alderman Wood, fit son entrée,
saluant la foule innombrable. Lorsqu'elle eut passé la Tamise et se
fut engagée dans Westminster, le peuple s'ébranla, faisant à la reine un
immense cortège. La procession passa devant Carlton House, et la sentinelle présenta les armes à la reine. Elle s'arrêta dans Mayfair, à la porte
de la maison dont l'alderman Wood était propriétaire et qu'il avait mise
à la disposition de la Reine. Sous les fenêtres, la foule resta assemblée,
bousculant et couvrant de boue les passants qui refusaient de saluer. Des
affiches, collées sur tous les murs de la ville, enjoignirent aux habitants
d'illuminer en l'honneur de la reine; et la populace, parcourant les rues
du West End, brisa les fenêtres des maisons non illuminées, la maison de
lord Sidmouth, celle du marquis de Hertford, et bien d'autres.

Le gouvernement, après deux conseils de Cabinet, lut au Parlement un
message du roi qui mettait à la disposition des représentants de la nation
« certains documents relatifs à la conduite de Sa Majesté, depuis son
départ du royaume », et demanda la constitution d'un comité secret de la
Chambre des Lords pour examiner s'il y avait lieu d'engager contre la
reine une action judiciaire, et, dans le cas où la réponse serait positive,
quelle action judiciaire [1]. Il semblait bien tard maintenant pour empêcher
le procès d'avoir lieu. Il fut fait encore, cependant, deux essais de conciliation.

Le premier eut un caractère en quelque sorte secret et privé. Autour
du roi comme autour de la reine, le désarroi continuait de régner. Les
ministres, qui, se conformant à leurs engagements antérieurs, demandaient maintenant une enquête parlementaire, aspiraient toujours à un
accommodement : ils se savaient haïs par le roi, que Leach ne cessait
d'exciter contre eux, et qui les menaçait toujours d'exiger leur retraite.
Brougham, d'autre part, était convaincu d'avoir dissimulé à la reine la
mission dont, le 15 avril, le Cabinet l'avait chargé : et la reine, encouragée

---

1. *H. of L.*, 6 juin 1820; *H. of C.*, 6 juin 1820 (*Parl. Deb.*, n. s., vol. I, pp. 870-1);
H. of L., 7 juin 1820 (*Parl. Deb.*, n. s., vol. I, pp. 886 sqq.). Le gouvernement demanda
à la Chambre des Communes en même temps qu'à la Chambre des Lords la constitution d'un comité secret; mais la proposition avorta pendant qu'avaient lieu les
suprêmes tentatives de conciliation.

par Wood, l'accablait de reproches. Il arriva que le duc de Wellington et lord Castlereagh d'une part, et, d'autre part, Brougham et l'avocat Denman, réussirent à se rencontrer, une fois encore, le 15 juin, pour chercher les bases d'un arrangement acceptable pour les deux parties. Mais les représentants de la reine commencèrent par exiger le rétablissement de son nom dans la liturgie, et son introduction officielle auprès des cours étrangères par les agents diplomatiques du roi d'Angleterre. Sur le second point seulement le roi offrit une transaction, qui fut déclarée inadmissible par la reine; et les négociations furent rompues [1].

Le second essai de conciliation eut un caractère plus solennel. Wilberforce eut le naïf orgueil de croire, après entente avec les avocats de la reine, que son autorité morale lui permettait d'arbitrer la querelle. Le 14 juin, quatre délégués de la Chambre des Communes se présentèrent en habits de cour au domicile de la reine : c'étaient Wilberforce, Stuart Wortley, Sir J. Acland et Bankes. Elle les reçut avec courtoisie, mais avec beaucoup de hauteur. Elle écouta la lecture d'une adresse par laquelle on l'assurait qu'en évitant le scandale d'une enquête elle ne serait considérée par personne comme faisant l'aveu implicite de sa culpabilité, mais seulement comme prenant le parti le plus propre à épargner sa pudeur, la dignité de la Couronne, les intérêts du royaume. La lecture terminée, elle se tourna vers Brougham, qui avait favorisé cette entrevue [2], qui avait, pour cela, été désavoué par elle, abreuvé d'insultes, dénoncé comme un traître par la presse radicale, et qui maintenant s'exécuta lui-même en lisant la réponse de la reine. Cette réponse était brève, et nettement négative. En sortant, Wilberforce et ses trois collègues durent monter précipitamment, tous ensemble, dans la première des voitures qui les avait amenés, pour échapper à la grêle de pierres qui les accueillit [3].

1. *Ann. Reg.*, 1820, p. 127. — Cf. C. D. Yonge, *Life... of lord Liverpool,* vol. III, p. 53.
2. Wilberforce à Sam. Roberts; juin ou juillet 1820 : ... In fact I had every reason to believe her Majesty would have acquiesced, but for circumstances which I would rather state to you in person than by letter. Give me credit however for not assuring you on light grounds that the Queen's chief law officer recommended that acquiescence (R. I. and S. Wilberforce, *The Life of William Wilberforce,* vol. V, p. 64).
3. Pour cette intervention de Wilberforce, voir *H. of C.,* 22 juin 1820 (*Parl. Deb.,* n. s., vol. I, pp. 1213 sqq.). — Wilberforce avait été entraîné par le mouvement général de sympathie en faveur de la Reine. Voir son journal, à la date du 6 juin : She approaches wisely, because boldly... How deeply interested all are indeed, I feel it myself, about her! One can't help admiring her spirit, though I fear she has been very profligate (R. I. and S. Wilberforce, *The Life of William Wilberforce,* vol. V, p. 55).

Tout accommodement étant impossible, le comité secret de la Chambre des Lords se mit à l'œuvre, passant outre à une protestation de la reine qui réclamait une enquête publique. Le 4 juillet, il déposait son rapport, admettant que l'accusation, portée contre la reine, d'adultère avec un étranger de basse extraction s'appuyait sur « les témoignages concordants d'un grand nombre de gens, appartenant à diverses situations sociales », et le lendemain lord Liverpool déposa un projet de loi, dit *of Pains and Penalties* [1], en vue de priver la Reine Caroline de son titre royal et de dissoudre son mariage. Un entr'acte de six semaines suivit, pendant lesquelles la présence de la reine continua de provoquer dans les rues de Londres le même tumulte qu'aux premiers jours. Dans Portland Street, où maintenant elle s'était transportée, stationnait en permanence une foule oisive. De temps en temps, des cris de « Queen! Queen! » éclataient; et parfois on avait l'honneur de voir la reine se présenter au balcon, flanquée de l'alderman Wood, saluer, et se retirer [2]. Si le carrosse de la reine s'arrêtait à la porte, la foule devenait plus dense. La reine sortait, entre deux haies de spectateurs : et, pendant qu'elle faisait le tour de Hyde Park, c'étaient des encombrements de voitures, des bousculades, des acclamations à son adresse, des huées à l'adresse du roi [3]. Le gouvernement finit par mettre à sa disposition une maison de campagne, Brandenburgh House, sur les bords de la Tamise, dans la banlieue de Londres; et le jour où, le 3 août, dans une voiture attelée de quatre chevaux, elle alla de Londres à sa résidence nouvelle, fut encore un jour de triomphe [4]. Pendant ce temps le roi était obligé de décommander les fêtes de son couronnement : « pour diverses raisons d'un grand poids », déclarait l'avis officiel [5].

Vint enfin la date fixée pour le commencement du procès. Une solide barrière qu'il fallut encore renforcer pendant les débats pour résister aux poussées de la foule, transformait les abords du palais de Westminster

---

1. Blackstone, IV Comm. 256 : The high court of *parliament...* is the supreme court in the kingdom, not only for the making, but also for the execution, of laws, by the trial of great and enormous offenders, whether lords or commoners, in the method of parliamentary impeachment. As for acts of parliament to attain particular persons of treason or felony, or to inflict pains and penalties, beyond or contrary to the common law, to serve a special purpose, I speak not of them: being to all intents and purposes new laws, made *pro re nata*, and by no means an execution of such as are already in being.

2. Wilberforce à Hannah More, 21 juillet 1820 (R. I. and S. Wilberforce, *The Life of William Wilberforce*, vol. V, p. 72).

3. *Ann. Reg.*, 1820, Chron., 3, 9 juillet.

4. *Ann. Reg.*, 1820, Chron., 3 août.

5. « For divers weighty reasons » (*Ann. Reg.*, 1820, Chron., 12 juillet).

en une sorte de camp retranché où, non content de la sécurité assurée par les troupes des casernes voisines, on avait depuis plusieurs jours amené en grand nombre des régiments provinciaux. Dans l'enceinte, au bord de la Tamise, étaient logés les témoins à charge que l'accusation avait fait venir d'Italie : leur arrivée à Douvres, à Londres, un mois plus tôt, avait été l'occasion de manifestations si violentes qu'on avait usé de stratagèmes compliqués pour les faire disparaître, puis reparaître au jour voulu. La reine était, de son côté, venue loger dans Saint James Square, à proximité du Parlement. Entre Saint James Square et Westminster, la foule commença de s'entasser, dès les premières heures de la matinée du 17 juillet. Sur le passage des pairs, les huées ou les applaudissements éclataient, suivant qu'ils appartenaient au parti populaire ou au parti impopulaire : Wellington, pour la première mais non pour la dernière fois, fut sifflé par la foule [1].

Vers dix heures du matin, la reine quitta Saint James Square, traînée par six chevaux, au petit pas, très acclamée. Elle entendit, ce jour-là et le suivant, les discours de ses deux avocats, Brougham et Denman. Simples escarmouches d'avant-garde. Ils avertirent l'accusation qu'il avaient un droit de « récrimination » contre le plaignant, et qu'ils se réservaient éventuellement la liberté d'en user, si l'intérêt de leur cliente l'exigeait. Le 19 août, l'*Attorney General*, Sir Robert Gifford, commença son réquisitoire.

Il raconta la vie privée de la reine depuis le moment où, en 1814, elle avait cessé de vivre en Angleterre. C'est à Milan, en octobre 1814, qu'elle avait engagé pour lui servir de courrier l'Italien Bergami, ancien valet de pied du général Pino. Le lendemain de son arrivée à Naples, le 8 novembre, elle avait fait changer la disposition habituelle de ses appartements. Elle avait congédié de sa chambre à coucher le jeune William Austin dont jadis, en 1806, on avait déjà trop parlé, et installé Bergami dans une chambre contiguë à la sienne. L'*Attorney General* fixait au soir du 9 novembre le début du commerce adultère de la reine avec Bergami : car la princesse, à l'en croire, n'avait point passé cette nuit-là dans son lit ; et le lit de Bergami portait, le 10 au matin, la marque « de deux corps humains, non d'un seul ». Suivait le tableau de l'existence errante que la reine avait menée en Italie, en Allemagne, en Tunisie, en Palestine. Bergami, son compagnon de plus en plus inséparable, dormant soit dans une chambre contiguë à la sienne, soit, en mer, sous le même abri. Si par hasard la disposition des lieux ne permettait pas une telle cohabita-

---

1. *Creevey Papers*, vol. I, pp. 306-7.

tion, l'accusation se prétendait en état de prouver qu'à telle date la Princesse avait été aperçue le matin, sortant de la chambre lointaine où logeait Bergami, en chemise, un oreiller sous son bras. Bergami prenant tous ses repas avec elle; l'accompagnant au bal où elle scandalisait un pays peu scandalisable par l'indécence de son costume, se faisait expulser parfois; se livrant, en compagnie de la reine et d'un eunuque ramené d'Orient, à des passe-temps obscènes. Bergami mettant peu à peu en fuite toute la société anglaise de la reine; installant autour d'elle sa sœur, affublée du titre de comtesse Oldi, dame d'honneur, sans compter sa mère, « Donna Livia », sa fille, la « princesse » Victorine, au total dix membres de sa famille. Lui-même, chambellan de la reine, sous la dénomination éclatante de chevalier de Malte, grand maître de l'ordre de Sainte-Caroline, et baron della Francina.

L'*Attorney General* achevait, le lundi 21, son réquisitoire, quand le son des tambours et des trompettes annonça l'arrivée de la reine. Brougham et Denman, ses avocats, avaient bien calculé le moment où il lui conviendrait de faire son entrée : elle avait échappé à l'humiliation de subir, face à face, le discours de l'*Attorney General*. Mais, si ce discours était accablant par l'accumulation des témoignages, que vaudraient ces témoignages, discutés un à un par la défense quand le défilé des témoins à charge commencerait? Les lords virent passer devant eux des Suisses, des Allemands, des Italiens surtout, hommes et femmes de toutes professions, des marins, un maçon, un écrivain public, des domestiques en grand nombre, servantes d'hôtel, valets congédiés par la reine. Il fut question de seins plus ou moins découverts, de lits plus ou moins défaits, de trous de serrure, de vases de nuit. De jour en jour il était visible que l'accusation ne gagnait pas de terrain. La presse suivait passionnément les débats : pendant quinze jours, tout le peuple anglais fut obscène. Les journaux favorables à la reine — c'est-à-dire l'immense majorité des journaux, le *Times* en tête — dénonçaient cette racaille d'espions à gages, leur jargon italien, leurs défaillances de mémoire, leurs mensonges, leurs trahisons. Sans doute le cas de la reine demeurait suspect : mais au fond qu'importait au pays? Il en voulait à un roi odieux, bien mal venu, quand on savait les scandales de sa vie privée, à étaler en public toutes ces histoires d'alcôve, pour le simple plaisir d'être débarrassé de sa femme.

Le 7 septembre, le *Solicitor General* résuma l'accusation. Le 8, la Chambre des Lords accorda aux avocats de la reine trois semaines de délai pour citer les témoins à décharge qu'il leur plairait. Pendant ce nouvel entr'acte le carnaval populaire continua. Le 7 septembre, promenade triomphale de la reine, en bateau, à travers tout le port de Londres [1]. Le 13, procession de cinq mille marins, venant lui rendre hommage [2]. Le 30, réception solennelle, à Douvres et à Londres, de vingt Italiens, cités pour déposer en faveur de la reine [3]. Le 3 octobre, reprise des débats.

Ils furent ouverts par un long plaidoyer de Brougham qui dura deux audiences. Non seulement il discuta dans le détail les témoignages, mais il fit sensation en lisant la lettre adressée en 1796 par le prince de Galles à sa femme, rendant à celle-ci son entière liberté, s'engageant à ne pas exiger de relations conjugales avec elle, même au cas où la mort de leur fille rendrait l'avenir du trône incertain. Après avoir écrit cette lettre, et par la suite usé lui-même comme chacun savait de sa propre liberté, était-il bien venu, au bout de vingt-cinq ans, à demander un divorce? Et Brougham terminait par un appel éloquent au patriotisme, à la prudence, à la pitié des pairs d'Angleterre. Suivit le défilé des témoins à décharge. Il fut dans l'ensemble fastidieux et peu convaincant. Mais quoi? Le roi restait impardonnable. Dans le plaidoyer final, c'est au roi que s'en prit Denman, racontant l'histoire de Néron et d'Octavie. Celle-ci une première fois acquittée, acclamée par un peuple généreux; Néron obtenant sa condamnation en instituant contre elle un deuxième procès; et Octavie, bannie, s'en allant mystérieusement périr par le poignard ou le poison [4]. Pendant ce temps les manifestations en l'honneur de la reine redoublaient d'intensité et témoignaient d'une organisation plus savante. Il ne se passait pas de semaine que l'on ne vît défiler dans Piccadilly quarante mille, cinquante mille hommes, militairement alignés, bannières déployées, musique en tête [5].

Lorsque, après une réplique de l'*Attorney General,* on invita les pairs à donner individuellement leur avis avant de passer au vote du bill en deuxième lecture, nul ne s'étonna de voir les chefs de l'Opposition, lord Grey en tête, déclarer soit qu'ils croyaient la reine innocente, soit qu'ils ne tenaient pas sa culpabilité comme suffisamment établie par les témoi-

---

1. *Ann. Reg.,* 1820, Chron., p. 403.
2. *Ann. Reg.,* 1820, Chron., pp. 414-5.
3. *Ann. Reg.,* 1820, Chron., pp. 414-5.
4. *H. of L.,* 24 octobre 1820 (*Parl. Deb.,* n. s., vol. III, pp. 1087-8). — La diatribe de Denman obtint un grand succès, et servit de thème à des caricatures satiriques. *Nero Vindicated, with a wood Engraving by Brawston, depicting the Tyrant « arrayed in all his glory ».* — *Nero Vanquished. Embellished with an elegant wood Engraving, pourtraying the fallen condition of the Modern Nero.* — *State Caterpillars, with Eighteen correct wood Engravings, coloured, with appropriate Mottoes selected for each, and original descriptive Poetry, comprising King Nero, Sneaking Derry, Doctor Circular, Lord Liveapuddle, Old Bags, Duke of Villainton, etc.*
5. Creevey à miss Ord, 24, 26, 30 octobre 1820 (*Creevey Papers,* vol. I, pp. 332, 334). — *Pol. Reg.,* 11 novembre 1820 (vol. XXXVII, p. 1135).

gnages qu'on avait pesés devant eux. Mais plus frappantes furent d'autres
déclarations, venues de pairs qui étaient moins directement engagés dans
la lutte des partis. Lord Harewood exprima le regret « de n'être pas aussi
sûr de la parfaite innocence de la reine qu'il l'était de la mauvaise politique poursuivie par ceux qui désiraient le vote de ce bill [1] ». « Nul pair,
déclara lord Ellenborough, ne pouvait voter pour ce bill qui ne tenait
pas la reine pour coupable; mais il fallait ajouter que beaucoup pourraient
voter contre le bill qui ne la croyaient pas innocente [2]. » Lord de Clifford
considérait la reine comme coupable sinon d'adultère, tout au moins
d'actions bien légères : mais il ne pouvait oublier que la conduite de la reine
eût peut-être été différente si l'attitude du souverain à son égard eût été
autre, et voterait contre la seconde lecture [3]. La reine sentit que sa victoire était prochaine.

Le 25 octobre, elle avait informé le public qu'à dater du 30 elle cesserait de recevoir des adresses [4]; elle s'était dérobée de la sorte à l'enthousiasme populaire, et avait été récompensée de cette démarche par les
visites que lui firent le duc de Sussex, le prince Léopold de Saxe-Cobourg,
lord et lady Fitzwilliam [5]. Le 2 novembre, des bruits défavorables ayant
couru, elle annonçait l'intention de se présenter devant la Chambre des
Lords pour y lire une protestation. Elle renonçait le 3 à ce dessein sous un
prétexte oiseux, sans doute parce que ses amis se reprenaient à espérer
une victoire immédiate; puis, le bill ayant été voté en deuxième lecture
à la majorité, médiocre mais suffisante, de vingt-huit voix, elle faisait
lire par lord Dacre le texte de cette protestation, qui affirmait son entière
innocence. Car le moment critique était venu de la discussion des articles
et du vote en troisième lecture. Faire voter le divorce en première instance par la Chambre des Lords, et non par les Cours ecclésiastiques,
c'était une usurpation du temporel sur le spirituel à laquelle l'archevêque
d'York déclara qu'il ne pouvait pas consentir. Il avait voté contre la
deuxième lecture; il demanda, si l'on ne voulait point se passer de sa voix
pour la troisième lecture, que l'on rayât du bill l'article par lequel était
proclamée la dissolution du mariage. Les évêques l'appuyèrent, mais non
pas les membres de l'Opposition qui comprirent que voter avec lui reviendrait à rendre plus facile le passage du bill. La *divorce clause* passa en
conséquence, à la forte majorité de cent vingt-neuf contre soixante-douze

1. *H. of L.*, 3 novembre 1820 (*Parl. Deb.*, n. s., vol. III, p. 1539).
2. *H. of L.*, 4 novembre 1820 (*Parl. Deb.*, n. s., vol. III, p. 1621).
3. *H. of L.*, 6 novembre 1820 (*Parl. Deb.*, n. s., vol. III, pp. 1675-6).
4. *Pol. Reg.*, 11 novembre 1820 (vol. XXXVII, p. 1138).
5. *Times*, 27, 28 octobre 1820. — *Letters of Dorothea, Princess Lieven, during her residence in London*, p. 48.

voix tories ; et le résultat fut que, deux jours plus tard, le bill fut adopté en troisième lecture par une majorité de neuf voix seulement : cent huit contre quatre-vingt-dix-neuf. Alors lord Liverpool, se leva, constata, la majorité étant si faible, qu'il était impossible de soumettre le bill, voté par la Chambre des Lords, à l'approbation de la Chambre des Communes, et demanda le renvoi de la discussion à six mois : c'était dire, en langage parlementaire, que l'affaire était enterrée. Le même jour, en toute hâte, et afin d'éviter des débats gênants, notification fut faite aux deux Chambres, que le Parlement était prorogé au 23 janvier : la Chambre des Communes se sépara au milieu d'un tumulte sans nom.

AVORTEMENT DES POURSUITES. LES PARTIS ET L'AFFAIRE DE LA REINE

La reine, en quittant Westminster, fut acclamée non seulement par la foule mais par les soldats qui déposèrent leurs armes pour battre des mains. Trois nuits de suite Londres fut illuminée : on brûla en effigie les témoins indignes, Rastelli, Majocchi, la Demont. Lord Grey, qui avait parlé pour la reine, eut en rentrant sur ses terres une réception triomphale ; le marquis de Buckingham, l'évêque de Llandaff furent au contraire sérieusement bousculés par une populace hostile, pour avoir voté contre la reine. Le 29 novembre, au milieu d'un grand concours de spectateurs, la reine vint à Saint-Paul rendre publiquement grâce au Seigneur, et quelques jours plus tard le roi reçut une adresse de la Cité demandant « le renvoi immédiat des ministres indignes qui avaient conçu et conduit cette indigne conspiration [1] ». C'était bien se méprendre sur leur rôle. Malgré eux, ils avaient engagé cette affaire ; et maintenant que, selon leurs prévisions, elle avait avorté, les relations étaient plus mauvaises que jamais entre le roi et ses ministres. Ceux-ci exprimaient ouvertement le mépris que celui-là leur inspirait. Celui-là considérait ceux-ci comme des traîtres, aspirait à leur chute. Le Parlement ne leur savait d'ailleurs nul gré d'encourir la colère du roi après avoir pendant de si longs mois cédé à ses caprices. Le calcul de lord Grey, lorsqu'en 1819 il désirait le retour de la reine, semblait se vérifier : ce retour avait été funeste pour le parti tory [2]. Le ministère parut condamné : une défection grave l'affaiblit. Depuis un an, Canning, parmi ses collègues, faisait bande à part. Quand le nom de la reine avait été rayé de la liturgie, il avait spécifié qu'il considérait cette décision comme écartant l'idée d'un procès public. Après le retour

---

1. *Ann. Reg.*, 1820, Chron., 10 décembre.
2. *Pol. Reg.*, 30 décembre 1820 (vol. XXXVII, p. 1634) : no man now calls himself a Tory.

de la reine, il avait déclaré à la Chambre des Communes que, personnellement, il ne se poserait jamais en accusateur de la reine, et appuyé
de toute son influence la tentative de conciliation de Wilberforce. Quand
le procès était devenu inévitable, il avait offert sa démission, ne l'avait
retirée que sur la demande du roi, et à condition de ne prendre aucune
part à l'affaire : pendant tout le temps qu'avait duré le procès il avait
voyagé sur le continent. En décembre, il donna sa démission; et cette
retraite, tant par elle-même que par le fait des circonstances où elle se produisait, fut pour le Cabinet un coup beaucoup plus grave que n'avait été
deux ans auparavant la retraite de Robert Peel.

Mais était-ce bien seulement d'une crise ministérielle qu'il s'agissait?
Les événements des derniers mois n'avaient-ils pas présenté l'allure d'une
révolution qui commence? La reine, en répondant aux innombrables
adresses qui affluaient chez elle de Londres et de la province, avait commencé par parler un langage circonspect et se défendre de vouloir
transformer en question politique la défense de son honneur. Puis elle
avait tenu des propos plus audacieux, confondu sa cause avec la cause
de la liberté menacée : et tout le monde savait que Cobbett rédigeait ses
réponses [1]. Chaque jour la presse de Londres faisait ce qui était en son
pouvoir pour exciter à la haine et au mépris du roi : et le gouvernement
n'osait se prévaloir des lois contre la presse, renforcées en 1819, pour citer
les journalistes devant les tribunaux. Il n'osait pas davantage faire usage
de la loi sur les assemblées séditieuses : et pourtant Londres avait donné,
pendant tout l'été, le spectacle de scènes populaires comparables à celles
dont Manchester, le 16 août 1819, avait été le théâtre [2]. Même affluence, et
même discipline militaire. Pouvait-on compter sur la troupe pour réprimer
une insurrection? L'état moral de l'armée inquiétait Wellington [3] : le

<hr>

1. Jusqu'au 15 juillet, Cobbett critique avec véhémence les adresses de la reine :
il les attribue à Brougham, il en trouve l'allure trop timide. Le ton change ensuite.
C'est qu'il les rédige. V. par exemple *Pol. Reg.*, 24 juin 1820 (vol. XXXVI, pp. 1034-
6), et 8 juillet 1820 (vol. XXXVI, pp. 1115-6). — Cf. Lewis Melville, *Life and Letters
of William Cobbett*, vol. I, p. 148 sqq., 163 sqq.

2. Creevey à miss Ord, 26 octobre 1820 (*Creevey Papers*, vol. I, p. 332). — Cf. 11 novembre 1820 (*Ibid*, vol. II, p. 341).

3. *Memorandum to the Earl of Liverpool respecting the state of the guards*, juin 1820
(*Despatches. Cont.*, vol. I, pp. 127 sqq.). — Voir une lettre plus rassurée, le 31 juillet : il est
heureux des nouvelles qu'il reçoit des troupes régulières. « It is upon them I have every
reason to believe that the Queen and her advisers have principally relied. It was a
great point to get the king to the review with his arm in a sling » (*ibid.*, vol. II, p. 141).
Mais voir encore la lettre alarmée que Sir Herbert Taylor adresse à Wellington, le
19 septembre : ... Whether from a sense of his own increased importance which the
soldier has acquired during the late war, or from being influenced to a certain extent
by the latitude of opinion and observation upon public questions which has been
assumed by the lower classes : grievances, whether real or supposed, are brought forward
and urged in a more decided tone than heretofore... What was formerly a representation,

15 juin un commencement de rébellion dans une caserne, à Charing Cross, avait provoqué une émeute de sympathie. Pouvait-on espérer que le nonconformisme exercerait, comme d'habitude, sur le bas peuple anglais, son influence assagissante? Les évangéliques des sectes avaient eux-mêmes perdu la tête : dans les églises wesleyennes, si respectueuses de l'ordre établi, et où l'on avait retenu les formes de la liturgie anglicane, les ministres, malgré les injonctions des chefs de la hiérarchie, continuaient de prier pour la reine [1]. L'anxiété régna dans bien des grandes familles, qui n'appartenaient pas toutes au camp tory. Le duc de Bedford, un des chefs les plus déterminés de l'opposition whig, disait à son fils le marquis de Tavistock, en juillet, que « la monarchie britannique était finie [2] ». Chez les tories, l'anxiété persista longtemps. A Chateaubriand, nommé un peu plus tard ambassadeur de France à Londres et qui faisait à lord Liverpool l'éloge de la solidité des institutions anglaises, le premier ministre répondait : « Qu'y a-t-il de solide avec ces villes énormes? Une insurrection sérieuse à Londres, et tout est perdu [3] ».

D'autres cependant étaient plus sceptiques. Brougham, l'équivoque défenseur de la reine, exaspérait un libéral de ses amis en lui déclarant qu'il ne s'agissait que d'une fermentation transitoire, qu'il en serait comme du scandale du duc d'York et de Mrs. Clarke, si vite oublié en son temps [4] : et bien des symptômes confirmaient ce pronostic rassurant. Sans doute Cobbett conseillait la reine, écrivait ses adresses; mais il devait bien reconnaître que, par l'effet de la loi du timbre, son *Register* n'avait presque plus de lecteurs [5]. Hunt était en prison depuis le prin-

made respectfully with a view to obtain explanation, has in many instances become a remonstrance or complaint of injustice done, often tumultuously urged. To what this may lead in time, God knows (*ibid.*, vol. I, pp. 146-7). — Cf. Croker à lord Melville, 16 juin 1820 (*Croker Papers*, vol. I, pp. 175-6). — Wilberforce's Diary, 9 juin ,22 juin 1820 (R. I. and S. Wilberforce, *Life of William Wilberforce*, vol. V, p. 56, 60) et le document reproduit *Pol. Reg.*, 8 juillet 1820 (vol. XXXVI, pp. 1246 sqq.).

1. *Times*, 28 février, 2 mars 1821; T. P. Bunting, *The Life of Jabez Bunting, D. D., with notices of contemporary persons and events*, vol. I, pp. 178-9.

2. Diary of C. J. Hobhouse, 25 juillet 1820 (*Lord Broughton's Recollections of a long life*, vol. II, p. 129).

3. *Mémoires d'Outre-Tombe*, 2e partie, livre IX (éd. Biré, vol. IV, p. 279).

4. Creevey à miss Ord, 17 janvier 1820 (*Creevey Papers*, vol. II, p. 2). — Lord Eldon, d'ailleurs hostile au procès, ne s'alarme jamais. Voir sa lettre à sa fille, juin 1820 : The lower orders here are all Queen's folks; few of the middling or higher orders, except the profligate, or those who are endeavouring to acquire power through mischief... There is certainly an inclination to disquiet among the lower orders : but it is so well watched, that there is no great cause for uneasiness on that account (H. Twiss, *The public and private Life of Lord Chancellor Eldon*, vol. II, pp. 372-3).

5. *An Account of all the Weekly Newspapers published in London on Saturdays and Sundays* :... The most violent of the Opposition Press stand higher in 1819 than in 1820... The Champion, which in 1819 in 1817 consumed 64 100 of stamps, in 1820 takes only 36 934. Cobbett's Register disappears from the list; Duckett's Dispatch drops from a duty of 300 l. to 2 l. 5 s. 6 d.; the Englishman decreases from 199 525

temps. Le 3 août, dans le Warwickshire, les juges d'assises condamnaient tout un lot de radicaux, parmi lesquels Cartwright et le journaliste radical Wooller [1] : et le public, son attention tout entière occupée par l'approche du procès de la reine, remarquait à peine cette condamnation. Le 16 août, pendant qu'une immense procession, qui se prolongeait sans un intervalle de Hyde Park Corner à Hammersmith, allait rendre hommage à la reine [2], c'est tout juste si un millier de manifestants célébraient à Manchester, au milieu de l'indifférence générale, l'anniversaire de Peterloo [3]. L'effervescence de 1820 masquait le déclin de l'opinion radicale ; et le public anglais, instinctivement royaliste alors même qu'il manifestait contre George IV, oubliait de s'intéresser à la conquête du droit de suffrage pour plaindre une reine persécutée, comme il avait pleuré la mort de la princesse Charlotte, pleuré la mort de George III. Les meneurs radicaux relégués au second plan, c'étaient les whigs qui de nouveau se faisaient acclamer par la foule : lord John Russell, plus clairvoyant que le duc de Bedford son père, considérait l'affaire de la reine comme ayant eu « cet effet bienfaisant de renouveler la vieille alliance naturelle entre les whigs et le peuple, et d'affaiblir l'influence des radicaux [4] ».

<table>
<tr><td>DERNIERS INCIDENTS.
DÉNOUEMENT
DE LA CRISE</td><td>Quand le Parlement se réunit en janvier 1821, la question de savoir si, l'accusation contre la reine ayant été abandonnée, son nom devrait être rétabli dans la liturgie, fut soulevée par de</td></tr>
</table>

nombreuses pétitions et discutée à trois reprises par la Chambre des Communes. La première fois les ministres l'emportèrent par trois cent dix voix contre deux cent neuf, la deuxième fois, par trois cent vingt-quatre voix contre cent soixante-dix-huit, la troisième fois par deux cent quatre-vingt dix-huit voix contre cent soixante-dix-huit, malgré un discours de Wilberforce favorable à la reine. Alors la reine, qui en novembre avait solennellement déclaré qu'elle repousserait toute offre d'argent tant qu'on ne prierait pas pour elle dans les églises, capitula en acceptant une annuité de 50 000 l. votée par les deux Chambres : parlementairement l'affaire de la reine était close.

---

to 173 800; the Examiner differs from 205 000 to 194 500; the Independent Whig, from 50 405 to 4 694; and Wooller's Gazette from 101 415 in 1819 to 77 850 in the following year (*Ann. Reg.*, 1821, Antiquités, etc., pp. 720-1).

1. *Ann. Reg.*, 1820, App. to Chron., pp. 958 sqq.
2. *Ann. Reg.*, 1820, Chron., 16 août.
3. *Ann. Reg.*, 1820, Chron., 16 août.
4. *Tom Moore's Diary*, 24 novembre 1820 (*Mem... of Thomas Moore*, vol. III, p. 172).

Elle parut close devant l'opinion populaire elle-même quand eut lieu, au mois de juillet, le fastueux couronnement de George IV, si longtemps différé. Lorsque la reine, en carrosse, se présenta devant l'abbaye de Westminster, demandant aux côtés du roi la place qui lui était due, elle fut renvoyée de porte en porte, finalement éconduite, au milieu d'une foule où les applaudissements étaient rares, où elle entendit beaucoup de cris hostiles à son adresse, où l'indifférence dominait.

Puis elle mourut au mois d'août, emportée, pour le grand soulagement du roi, par une rapide maladie; et ses funérailles donnèrent encore lieu à un tumulte. Il avait été arrangé que le cortège, en quittant Hammersmith, contournerait la capitale par les faubourgs du Nord avant d'atteindre le port de Harwich où le corps serait embarqué pour l'Allemagne. Mais on ne réussit pas à éviter ainsi les manifestations séditieuses qu'on redoutait. La foule força le cortège à changer de direction. En vain, dans Hyde Park, les cavaliers de l'escorte mirent sabre au clair, les fantassins déchargèrent leurs armes, faisant deux morts et des blessés : il fallut consacrer le triomphe de la population londonienne sur la Cour en faisant passer le corbillard à travers la Cité tout entière.

Ce fut le dernier incident. Croker, revenant le 1er septembre d'Irlande, où George IV qu'il accompagnait s'était fait acclamer, déclarait trouver la capitale « plus tranquille, *en fait*, qu'elle n'en a l'air *dans les journaux* »[1]. « La tranquillité qui règne à Londres et en Angleterre, écrivait de son côté en octobre le chargé d'affaires français M. de Caraman, permet de classer l'époque actuelle parmi celles dont les souvenirs, heureusement nuls pour l'histoire, deviennent par cela même plus précieux pour l'humanité[2] ». L'Angleterre retrouvait son équilibre moral. La dénomination wesleyenne qui, pour la première fois dans son histoire, avait au cours de 1820 subi un mouvement de recul, perdu près de cinq mille fidèles en Grande-Bretagne[3], répara et fit mieux que réparer ses pertes en 1821[4]. L'enthousiasme populaire reprit ses formes désormais traditionnelles, religieuses, non révolutionnaires. Dans le Lancashire, le Cumberland, les Cornouailles, il y eut de grands élans de « réveil » religieux[5] : aux Cornouailles, en 1823, on enregistra jusqu'à deux mille « conversions » en deux semaines[6].

1. *Croker Papers*, vol. I, p. 203.
2. Caraman à Pasquier, 2 octobre 1821 (comte d'Antioche, *Chateaubriand ambassadeur à Londres*, p. 189).
3. *Minutes of Methodist Conferences*, vol. V, p. 126 : 191 217 membres en Grande-Bretagne, soit un déclin de 4 688 par rapport à l'année précédente.
4. *Minutes of Methodist Conferences*, vol. V, p. 230 : 200 354 membres. Gain : 9 137.
5. G. Smith, *History of Wesleyan Methodism*, vol. III, pp. 65, 72-3.
6. A. Stevens, *History of... Methodism*, vol. III, pp. 225-6.

Pourquoi ce calme, après les agitations de 1819 et de 1820? Il tient visiblement au rétablissement des affaires. La crise économique avait dégénéré en crise politique; et la farce bruyante de 1820 avait masqué le déclin de l'agitation politique, consécutif à l'apaisement de la crise manufacturière. Dès le mois de mai, un industriel de Glasgow, Kirkman Finlay, se réjouissait au Parlement de constater l'état florissant du commerce et des manufacture ; de voir les salaires se relever, et les ouvriers « renoncer graduellement aux illusions où les avait plongés leur folie, et qui, s'ils y avaient persévéré, les auraient conduits à leur perte [1] ». La crise avait été une crise de surproduction : un jour devait venir où l'équilibre se rétablirait entre l'offre et la demande : et il vint en effet, et la venue en fut hâtée par la découverte de nouveaux débouchés. Sauf dans les régions métallurgiques et à Birmingham, où la crise commença pendant qu'elle s'apaisait ailleurs [2], il n'y eut plus de chômeurs, et les ouvriers se trouvèrent à l'abri de la misère : le prix de toutes choses baissa sauf le prix du travail, les rentrées d'impôts dépassèrent en 1820 et en 1821 les prévisions budgétaires. Le chiffre des exportations s'éleva pareillement. De 42 702 000 l. (valeur officielle) en 1818, il était tombé en 1819 à 33 534 000 l.; il remonta en 1820 à 38 394 000 l., en 1821, à 40 832 000 l., en 1822 à 41 243 000 l.. L'Angleterre courait-elle au devant d'une crise nouvelle, comme il était arrivé après la hausse de 1818? On se plaisait à croire que non, à espérer que les économistes avaient raison quand ils considéraient les crises de 1817 et de 1819 comme des désordres temporaires, dûs au passage de l'état de guerre à l'état de paix, et qu'après cinq années de paix les pires difficultés se trouvaient surmontées. De sorte que, plus on s'éloignait de 1815, plus le péril révolutionnaire allait croissant sur le continent où il tenait à des causes morales, et plus il diminuait en Angleterre où il tenait à des causes matérielles. Non que, par ce déclin du radicalisme révolutionnaire, le ministère parût consolidé. On pouvait soutenir qu'il y perdait sa raison d'être. Et comme d'ailleurs les ministres étaient impopulaires auprès des basses classes depuis 1817 et 1819, discrédités par leurs tergiversations et leur reculade finale de 1820, brouillés en outre avec la Cour, les whigs leur livrèrent des assauts répétés, avec un redoublement d'allégresse et d'espérance : le problème fut, pour les ministres, de savoir par quelle tactique appropriée aux circonstances ils répondraient à ces assauts.

---

1. *H. of C.*, 16 mai 1820 (*Parl. Deb.*, n. s., vol. XLI, p. 428).
2. *Ann. Reg.*, 1821, p. 69. — Tooke, *Hist. of Prices*, vol. II, p. 78 n. — *H. of C.*, 8 février 1821. Trade of Birmingham. Petition of the Merchants (*Parl. Deb.*, n. s., vol. IV, pp. 523 sqq.).

LA POLITIQUE DE RÉFORMES. AVANCES GOUVERNEMENTALES AUX ÉCONOMISTES POLITIQUES.

BROUGHAM,
MACKINTOSH,
ROBERT PEEL

Brougham, le 28 juin 1820, dans un entr'acte du procès de la reine, proposa tout un plan d'enseignement primaire. L'organisation qu'il proposait se fondait d'une part sur les Juges de Paix. C'est eux qui, siégeant en *Quarter Sessions*, auraient faculté de décider, sur requête de deux Juges de Paix ou d'un certain nombre défini de *householders*, qu'il y avait lieu, dans une paroisse, de bâtir une école. Les frais d'achat du terrain et de construction de l'école incomberaient en dernière instance à l'État : Brougham ne croyait pas qu'ils dépasseraient 850 000 l. pour l'Angleterre entière. L'enseignement ne serait d'ailleurs pas gratuit : on exigerait des enfants le paiement de 2 d. au minimum, 4 d. au maximum par semaine. Mais ces versements ne subviendraient pas aux frais d'entretien, et les Juges de Paix pourraient ajouter un *school rate* aux autres *rates* déjà payés par les contribuables des comtés. L'organisation conçue par Brougham reposait d'autre part sur le clergé de l'Église établie. Pour que la candidature d'un maître d'école fût agréée, il faudrait qu'il fût recommandé par un *parson*, et fût membre de l'Église. Après quoi il serait soumis à l'élection par l'assemblée des contribuables : mais l'élection, pour être valable, devrait être ratifiée par le *clergyman* local. Celui-ci conserverait sur l'école un droit permanent d'inspection. De même l'évêque du diocèse, qui recevrait en outre le droit de révoquer le maître. L'enseignement dans ces écoles devrait être religieux sans être dogmatique. Cette dernière disposition inspira des défiances au clergé anglican, qui ne concevait pas comment un enseignement religieux pourrait être efficace s'il n'était pas dogmatique, dans le même moment où tous les non-conformistes se déchaînaient contre le projet élaboré par Brougham : ils voyaient, à la faveur de ce projet, l'Église anglicane acquérant, au détriment des Dissidents, le monopole de l'enseignement primaire. Le projet ne vint pas en discussion : le procès de la reine retenait toute l'attention du public, demandait tout le temps de Brougham lui-même. Il est douteux que Brougham ait poursuivi d'autre but, en introduisant sa motion, que de prononcer un discours sensationnel. Du moins, le problème d'un enseignement primaire à organiser par l'État pour le bénéfice des enfants pauvres était posé pour la première fois devant le Parlement, et dans toute son ampleur [1].

1. *H. of C.*, 28 juin 1820 (*Parl. Deb.*, n. s., vol. II, pp. 49 sqq.). — Voir, das l'*Edin-*

Mackintosh, prenant la succession de Romilly, demanda l'adoucissement du droit pénal. A vrai dire ses premières tentatives, heureuses tout de suite, datent de 1819. C'est alors qu'il avait obtenu de la Chambre des Communes la nomination d'une commission « pour l'examen de tout ce qui, dans le droit criminel, concerne l'application de la peine capitale aux *félonies* [1] ». En 1820, la commission ayant déposé son premier rapport, Mackintosh, conformément aux conclusions de ce rapport, introduisit à la Chambre des Communes six projets de loi dont trois finirent par être adoptés par la Chambre des Lords [2]. La première de ces trois lois abrogeait la loi qui frappait de la peine de mort tout vol d'une valeur supérieure à 5 s. [3], commis dans une boutique. La seconde abrogeait un certain nombre de lois archaïques qui frappaient de la peine de mort une série d'actes absolument inoffensifs [4]. La troisième substituait la peine de la déportation à la peine de mort dans le cas de certains délits graves [5]. Ainsi le Chancelier, lord Eldon, qui avait opposé une résistance intransigeante aux bills de Romilly, donnait pour la première fois des signes de lassitude, capitulait sur quelques points. En 1821, Mackintosh fut moins heureux : les trois bills qui avaient été rejetés en 1820 échouèrent une fois de plus soit devant la Chambre des Lords soit devant la Chambre des Communes [6]. Il semble que l'opinion parlementaire se soit laissée ébranler, pour un temps, par certains arguments opposés en 1819 aux réformateurs du droit pénal par lord Castlereagh et par lord Sidmouth [7]. Ne convenait-il pas, avaient demandé ceux-ci, qu'avant de réduire le nombre des « félonies capitales », on s'inquiétât de reviser tout le système des « peines secondaires », et d'imaginer quelque châtiment, autre que la peine de mort, qui fût capable d'intimider les coupables? Car la peine de déportation en Australie avait perdu tout effet de terreur. Être déporté, c'était purement et simplement émigrer aux frais du gouvernement sous un heureux climat : et l'émigration était de plus en plus à la mode dans la classe ouvrière.

burgh *Review*, août 1820, art. xi. *The New Plan of Education for England* (vol. XXXIV, pp. 214 sqq.) une défense du plan de Brougham contre les critiques des Dissidents; et la protestation des Dissidents, *Eclectic Review*, mars 1821, art. i. *Observations on Mr. Brougham's Bill* (vol. XV, pp. 193 sqq.)

1. *H. of C.*, 2 mars 1819 (*Parl. Deb.*, vol. XXXIX, pp. 777 sqq.).
2. *H. of C.*, 9 mai 1820 (*Parl. Deb.*, n. s., vol. I, pp. 227 sqq.).
3. 1 Geo. IV, c. 117.
4. 1 Geo. IV, c. 116.
5. 1 Geo. IV, c. 115.
6. Une loi fut cependant votée, supprimant la peine capitale, en Irlande, dans certains cas de banqueroute frauduleuse. 1 and 2 Geo. IV, c. 40.
7. *H. of L.*, 25 février 1819, discours de lord Sidmouth (*Parl. Deb.*, vol. XXXIX, pp. 615 sqq.); *H. of C.*, 1ᵉʳ mars 1819, discours de lord Castlereagh (*Parl. Deb.*, vol. XXXIX, pp. 740 sqq.).

Peel, rentré dans le Cabinet avec le titre de ministre de l'intérieur avant le début de la session de 1822, montra qu'il considérait les objections de lord Castlereagh et de lord Sidmouth comme des objections sérieuses et non comme de simples arguments dilatoires. Il fit l'expérience d'envoyer un certain nombre de condamnés non pas en Australie mais aux Bermudes pour y exécuter des travaux publics urgents [1]. Il annonça l'intention d'entreprendre immédiatement la réforme du régime pénitentiaire, mise au point par les travaux antérieurs de trois commissions parlementaires [2]. Pour réprimer les délits à coup sûr, pour les prévenir si possible, il se proposa de donner à l'Angleterre, et d'abord à la métropole, cette police qui lui faisait totalement défaut : il expliquait, sur un ton d'évidente sincérité, qu'il ne poursuivait, en suggérant l'institution de cette police, aucune arrière-pensée de réaction gouvernementale [3]. Il déclara de plus que si, en 1823, Mackintosh déposait des projets de loi tendant à réduire le nombre des félonies capitales, il ne refuserait pas de les examiner avec sympathie. Mackintosh ne se contenta d'ailleurs point de ces démarches, si encourageantes fussent-elles. Il obtint que, par cent-dix-sept voix contre cent une, la Chambre des Communes s'engageât formellement, « dès le début de la session suivante, à prendre en considération sérieuse les mesures propres à accroître l'efficacité du droit criminel, tout en en diminuant la rigueur [4] ».

DOLÉANCES DES AGRICULTEURS — C'étaient, d'autre part, comme toujours, les questions économiques qui vraiment retenaient l'attention du Parlement et du public. Au moment même où les affaires reprenaient, le perpétuel conflit d'intérêts qui séparait le producteur industriel d'avec le producteur agricole se

---

1. *H. of C.*, 4 juin 1822 (*Parl. Deb.*, n. s., vol. VII, 803-4); S. and B. Webb, *English Local Government*, vol. vi, *English Prisons under local Government*, p. 45 n.

2. *H. of C.*, 4 juin 1822 (*Parl. Deb.*, n. s., vol. VII, pp. 803-4). — Voir *Report from the Select Committee appointed to consider the expediency of erecting a Penitentiary House or Penitentiary Houses, under Acts 34 and 19 Geo. 3... and who were instructed to inquire into the effects which have been produced by the punishment of Transportation to New South Wales, and of Emprisonment on board the Hulks, 1810-11.* — *Second Report...,* 1810-11. — *Third Report...,* 1812.

3. *Ibid.* : « God forbid that he should mean to countenance a system of espionage; but a vigorous preventive police, consistent with the free principles of our free constitution, was an object which he did not despair of seeing accomplished (*Parl. Deb.*, n. s., vol. VII, p. 803). — Cf. *H. of C.*, 14 mars 1822 : son but est d'obtenir pour la métropole « as perfect a system of police as was consistent with the character of a free country » (*Parl. Deb.*, n. s., vol. VI, p. 1166).

4. *H. of C.*, 4 juin 1822 (*Parl. Deb.*, n. s., vol. VII, p. 790 sqq.). — Il convient d'ajouter que, dans le cours de cette session, sur la motion d'un whig avancé, fut votée une loi qui renforçait le droit pénal dans certains cas jusqu'alors négligés par la loi. 2 and 3 Geo. IV, c. 38.

manifestait avec une acuité nouvelle. Si la condition des classes laborieuses, à partir de 1820, se trouva plus heureuse qu'elle n'avait été depuis de longues années, ce fut en partie à cause de la baisse subite et rapide du prix des denrées alimentaires. Les cours du blé, qui dépassaient 80 s. au mois de janvier 1819, avaient lentement fléchi pendant l'année. Il était de 65 s. 10 d. en décembre, descendait à 63 s. 2 d. au milieu de janvier 1820, remontait en avril jusqu'à se rapprocher de 74 s.; et c'est ensuite que commença l'effondrement. Le cours était de 54 s. en décembre, tombait au-dessous de 54 s. pendant les premiers mois de l'année 1821, au dessous de 52 s. en mai et en juillet, à 46 s. 2 d. le 29 décembre 1821; au-dessous de 46 s. en janvier 1822 : il était de 43 s. 10 d. le 22 juin. Le 29 juin, le 6 juillet, il était de 42 s. 6 d.. Une fois de plus, ce qui faisait le bonheur de la classe ouvrière faisait la ruine des fermiers et des propriétaires fonciers, classe habituée à croire que sa prépondérance, économique et politique, était nécessaire au bien de l'État; puissamment organisée depuis trois ans en « Association Agricole » pour la défense de ses intérêts. Un certain George Webb Hall, se servait de cette « association » pour créer, à travers les campagnes anglaises, une agitation redoutable, selon les rites anciens, par *county meetings* et signatures de pétitions, de plus en plus intense à mesure que baissait le prix du blé [1]. Quel était le programme des *country gentlemen* mécontents?

Ils demandaient, en premier lieu, à être soulagés d'impôts. Ils prétendaient que, lorsqu'il s'agissait de subvenir aux charges de l'État, l'industriel et le rentier étaient favorisés à leurs dépens : tous surchargés, mais inégalement surchargés. Un orateur parlementaire prétendit établir en 1820 qu'un tiers de ce que dépensait un Anglais moyen, non propriétaire d'une terre, était absorbé par l'impôt, tandis qu'un propriétaire foncier affectait au paiement de l'impôt les huit quinzièmes, plus de la moitié, de ses revenus [2]. Si cet orateur employait le mot *taxes* au sens étroit, l'assertion était discutable; mais peut-être ne l'était-elle pas si on englobait sous cette dénomination l'ensemble des dépenses fiscales. Car la dîme, qui subvenait à l'entretien du clergé officiel, pesait tout entière sur la terre : les *country gentlemen*, si attachés qu'ils fussent à l'Église établie, soulevèrent la question de la dîme, à la grande joie des radicaux. Les

---

1. *Times*, 8 novembre 1819. — *H. of C.*, 30 mai 1820, discours de Robinson et de Baring (*Parl. Deb.*, n. s., vol. I, pp. 612, 659). — *Pol. Reg.*, 15 décembre 1821 (vol. XL, pp. 1409 sqq.); 4 décembre 1824 (vol. LII, p. 589). — On trouvera le texte de la pétition dans les *Observations on the Report from the Select Committee of the House of Commons to whom the several petitions complaining of the depressed state of the Agriculture of the United Kingdom were referred in the session of 1821, by George Webb Hall, chairman of the general Committee of management for the petitioners, 1821.*

2. *H. of L.*, 16 mai 1820, discours de lord Stanhope (*Parl. Deb.*, n. s., vol. I, p. 405).

frais d'application de la Loi des Pauvres pesaient de même sur la propriété foncière, bien que les industriels, en créant un prolétariat des fabriques, fussent responsables de l'énorme accroissement de la misère populaire : Curwen reprit son idée d'un impôt général sur tous les revenus, mobiliers aussi bien qu'immobiliers, pour remplacer le vieux *poor rate* [1]. D'ailleurs, chaque fois que le budget venait en discussion, les *country gentlemen* demandaient bruyamment la réduction des taxes proprement dites, de celles en particulier qui pesaient directement sur l'agriculture : droit sur le malt, droit sur les chevaux employés dans l'agriculture. En vain les ministères protestaient contre l'étourderie de ces méthodes. Supprimer les impôts au hasard sur une simple sommation des contribuables, n'était-ce pas détourner l'attention publique de ce problème financier vraiment grave qu'était le problème de la Dette? La paix durait depuis cinq ans; mais nul ne croyait qu'elle pût se prolonger beaucoup, le recommencement des révolutions continentales autorisait à prévoir un nouveau cycle de guerres [2]. Or comment, une guerre éclatant, l'Angleterre pourrait-elle en affronter les dépenses si dès l'abord elle avait à supporter le poids d'une Dette de plus de huit cent millions de livres? Les mécontents répondaient que, sans toucher au fonds d'amortissement, on pouvait réduire les dépenses militaires et civiles jusqu'à concurrence, affirmaient certains, de quatre millions de livres [3]. La *gentry*, qui dans les derniers mois de 1819 avait voté en hâte un relèvement des effectifs de l'armée par peur de la révolution, se mit, dès 1820, à réclamer la réduction du budget de la guerre, par peur de la ruine imminente.

Mais la réduction des impôts, comme le faisait observer Ricardo, n'atteignait pas le mal à sa source. Jamais elle n'empêcherait le cours des céréales de s'affaisser; et si d'ailleurs les seules causes de cet affaissement c'étaient la prodigieuse récolte de 1820, supérieure d'un tiers à la normale, et le subit accroissement des importations irlandaises, nulles en 1818, supérieures en 1821 à un million de *quarters* [4], on ne voyait pas quelle dis-

---

1. *H. of C.*, 30 mai 1820 : discours de Curwen (*Parl. Deb.*, n. s., vol. I, p. 670).
2. *H. of C.*, 2 juillet 1821 : discours de lord Grosvenor : We were now in the seventh year of peace; and, allowing for the common chances of war, we might not be farther than as many more from renewed hostilities (*Parl. Deb.*, n. s., vol. V, p. 1471). — *Times*, 19 novembre 1821 : With 875 millions st. of debt, bearing an interest between 30 and 40 millions per annum, it would be ridiculous to take pains about proving the necessity of retrenchment. That debt or interest, at the present amount of the sinking fund, would receive no very sensible diminution within less than twenty years. Yet who can promise us a general peace of half or one quarter of twenty years and, taxed as we now are even beyond what we can bear, by what miracle can the means of encountering an enemy be provided?
3. *H. of C.*, 27 juin 1821 : discours de Joseph Hume (*Parl. Deb.*, n. s., vol. V, p. 1351).
4. Tooke, *Hist. of Prices*, vol. II, pp. 82-4.

position législative y pourrait apporter un remède. Les agriculteurs croyaient cependant qu'il était possible au législateur de relever le cours des céréales. Le législateur, pour opérer ce relèvement, avait, à les en croire, le choix entre deux méthodes.

Il pouvait d'une part agir directement sur le prix du blé par de nouvelles dispositions douanières. On comprend mal en vérité, à cette date de 1821, que les agriculteurs aient cru trouver dans des modifications au régime douanier un remède à leurs maux. Car la loi de 1815 avait, en matière d'importations de céréales, institué un double régime : de prohibition absolue tant que les cours n'atteignaient pas un certain chiffre (c'était le chiffre de 80 s. pour le blé), de libre importation au-dessus de ce niveau : c'était donc sous un régime de prohibition absolue que le producteur de blé, depuis le début de 1820, assistait à la chûte des cours. Les agriculteurs critiquèrent cependant la loi de 1815. Ils prétendirent que ce brusque passage de la prohibition pure et simple à la liberté absolue d'importation favorisant les spéculations, provoquait des oscillations artificielles dans les cours aux environs de 80 s., et demandèrent l'établissement d'une échelle mobile (*sliding scale*) selon laquelle le blé serait admis, même au-dessous de 80 s., moyennant un droit d'importation élevé, et n'entrerait, même au-dessus de 80 s., que moyennant un droit plus léger. Ils réclamèrent en même temps d'autres mesures plus immédiatement utiles. Ils demandèrent le relèvement des droits sur l'importation des avoines[2]. Ils critiquèrent les cours officiels, les déclarèrent établis selon de mauvaises méthodes, supérieurs aux cours réels, et donnant, si bas qu'ils fussent, une idée trop favorable encore de leur situation économique. Ils critiquèrent le système en vertu duquel le producteur étranger avait le droit, en tout temps, sinon d'importer, tout au moins d'entreposer son blé en Angleterre. Ce blé entreposé, disaient-ils, pesait sur les cours; peut-être, insinuait-on, des fuites se produisaient. Ils voulurent que l'État leur accordât des avances d'argent, contre dépôt du produit de leurs récoltes : plus tard, quand la période de surproduction et de mévente serait passée, ils reprendraient leurs céréales et rembourseraient à l'État le capital et l'intérêt de ses avances. Ils demandèrent aussi, afin de dégorger le marché intérieur, des primes à l'exportation des céréales.

1. Pour le *corn law* de 1815 comme pour toutes les lois postérieures de même ordre, un tarif était fixé pour chacune des six céréales : blé, avoine, orge, seigle, pois, haricots. Pour la simplicité de l'exposition, nous ne tiendrons compte ici, comme dans la suite du volume toutes les fois où il sera question des *corn laws*, que du tarif édicté pour le blé. C'est sur le cours du blé que toujours effectivement la discussion fut ardente.

2. *H. of C.*, 7 mars 1821 : discours de Sir E. Knatchbull (*Parl. Deb.*, n. s., vol. IV, p. 1144).

Le législateur disposait d'un autre moyen encore, plus indirect, pour relever le cours des céréales, et, d'une manière générale, la baisse de tous les prix, en avilissant la valeur de l'argent. La Banque d'Angleterre, renonçant au bénéfice des deux années de délai qui lui avait été accordées par la loi de 1815, rétablissait en mai 1821, sans aucune restriction, le paiement en espèces[1]. Or les ennemis du cours forcé avaient toujours prétendu qu'il avait pour effet la dépréciation du billet de banque : ils escomptaient donc, après le rétablissement du paiement en espèces, un resserrement de la circulation. Si donc on observait, au moment même où reparaissaient les pièces d'or, un abaissement du prix de tous les produits, manufacturés aussi bien qu'agricoles, il semblait logique d'expliquer cet abaissement par la raréfaction de la monnaie circulante (papier-monnaie, or et argent monnayé). Les *country gentlemen* furent séduits par la théorie d'Attwood, et demandèrent que la Banque d'Angleterre procédât à une inflation fiduciaire, dont la limite serait atteinte le jour où le blé aurait retrouvé son cours de 80 s.. Ils furent séduits par un autre projet, qui fut introduit à la Chambre des Lords par lord Stanhope. Celui-ci demandait ce qu'il appelait l' « ajustement équitable de toutes les dettes » : toute dette, contractée sous le régime du cours forcé — à commencer par la Dette de l'État — devrait être, selon cette théorie, réduite dans la mesure exacte où, dans l'intervalle, la valeur de l'argent avait augmenté[2]. Les plus modérés, sans demander que la loi de 1819 fût abrogée, proposaient qu'un amendement fût apporté à l'une de ses clauses, et que les banques provinciales conservassent, après 1823, le privilège d'émettre de petites coupures inférieures à 5 l.. Enfin Baring, qui n'appartenait pas en vérité à la classe des *country gentlemen*, émit une opinion qui parut de nature à leur donner une satisfaction partielle. Il reprocha au gouvernement d'avoir abandonné pour un étalon d'or l'ancien double étalon : l'établissement d'un régime bimétalliste, aurait, selon lui, donné une base plus large à la circulation[3].

---

1. 1 and 2 Geo. IV, c. 26, 27.

2. *H. of L.*, 21 février 1822 (*Parl. Deb.*, n. s., vol. VI, pp. 555-6). Ellice revendique la paternité de l'idée (*H. of C.*, 3 avril 1822; *Parl. Deb.*, n. s., vol. VI, p. 1439 sqq.). — Cf. *H. of C.*, 5 février, 7 mai 1822 : discours de Sir Francis Burdett (*Parl Deb.*, n, s., vol. VI, pp. 28-9, 407 sqq.).

3. *H. of C.*, 19, 20 mars 1821 (*Parl Deb.*, n. s., vol. IV, pp. 1327-8, pp. 1516-7).

Telles étaient les revendications, confuses mais pressantes, des agriculteurs. Il ne convient pas de se figurer ceux-ci comme constituant, au sens propre du mot, un groupe parlementaire : ils étaient seulement, à la Chambre des Communes, une foule très nombreuse, qui comprenait, outre beaucoup de représentants des bourgs, toute la représentation des comtés. Il ne convient pas non plus de les identifier avec l'un ou l'autre des deux vieux partis historiques. L'aristocratie whig était, au même titre que l'aristocratie tory, une aristocratie de grands propriétaires; et il y avait une *gentry* whig comme il y avait une *gentry* tory. Dans le camp des *country gentlemen*, de ceux que leurs adversaires appelaient les *Jotterheads*, les « lourdauds », Sir Edward Knatchbull et Sir Thomas Lethbridge étaient des tories, mais Coke et Western étaient des whigs. Peut-être même, à bien considérer les deux états-majors, serait-on amené à penser que l'état-major whig était, vers 1820, plus favorable aux revendications agrariennes que ne l'était l'état-major ministériel.

Lord Liverpool, à la Chambre des Lords, déclara nettement que le législateur était impuissant à guérir les maux dont les agriculteurs se plaignaient [1]; que d'ailleurs le bas prix des denrées alimentaires, si l'agriculture en souffrait, était pour les classes laborieuses un bienfait [2]. A la Chambre des Communes, lord Castlereagh parla dans le même sens [3], et, se tournant vers Ricardo, lui demanda de vouloir bien donner aux *country gentlemen* la leçon d'économie politique dont ils avaient besoin [4]. En dehors du Cabinet, Huskisson se dépensa en discours pour réfuter les arguments des agriculteurs [5]; et Robert Peel, en butte à leurs attaques depuis le vote de cette loi de 1819 à laquelle son nom restait attaché, rentra à la fin de décembre 1821 dans le ministère. Au contraire, du côté whig, des hommes comme lord Grey étaient partisans déterminés d'une protection efficace à accorder au producteur des champs. Brougham, au cours de ces deux ou trois sessions, calcula toutes ses démarches, tous ses propos,

---

1. *H. of L.*, 16 mai 1820 (*Parl. Deb.*, n. s., vol. I, pp. 417 sqq.); cf. même date (*Ibid.*, p. 394) : In political economy far more danger was to be apprehended from doing too much than from not interfering at all.

2. *H. of L.*, 2 juillet 1821 (*Parl. Deb.*, n. s., vol. V, p. 1469). — V. pour l'exposition complète des vues économiques de lord Liverpool, son grand discours du 26 février 1822 (*Parl. Deb.*, n. s., vol. VI, pp. 682 sqq.).

3. *H. of C.*, 31 mai 1820 (*Parl. Deb.*, n. s., vol. I, p. 729); 5 février 1821 (*Parl. Deb.*, n. s., vol. IV, p. 361).

4. *H. of C.*, 3 avril 1822 (*Parl. Deb.*, n. s., vol. VI, p. 1453). — Lord Castlereagh cite encore Ricardo au cours de la même séance (*Ibid.*, p. 1457).

5. Voir notamment *H. of C.*, 15 février 1822 (*Parl. Deb.*, n. s., vol. VI, pp. 417 sqq.).

de manière à se ménager la faveur des *country gentlemen* [1]. Particulièrement significative enfin est une lettre que lord John Russell, le doctrinaire whig par excellence, adressa en janvier 1822 à ses électeurs, les agriculteurs du Huntingdonshire. Après un début qui semblait impliquer, sous une forme plaisante, qu'il se ralliait à la thèse de l'*equitable adjustment*, il dénonçait le parti qui, au nom de la soi-disant science de l'économie politique, « prétendait substituer les céréales de Pologne et de Russie aux céréales anglaises », et ne voyait pas « de différence entre une population agricole et une population manufacturière pour tout ce qui concerne la morale, le bon ordre, l'énergie et la tranquillité de la nation ». Il déconseillait d'ailleurs aux agriculteurs de réclamer une modification de la loi douanière de 1815 : mais c'était par prudence, et pour les empêcher de tomber dans un piège. Car la loi nouvelle qu'ils obtiendraient, étaient-ils sûrs qu'elle serait conforme à leurs vœux? Le Cabinet, à la merci de tous les vents de l'opinion, semblait bien être en collusion avec les économistes politiques. « L'économie politique, concluait lord John Russell, est à la mode : les fermiers anglais, s'ils n'y prennent pas garde, vont être ses victimes [2]. »

DEUX MAIGRES CONCESSIONS EN 1822 Le conflit dura trois sessions. Trois fois les agrariens demandèrent la nomination d'une commission d'enquête, pour établir les causes de leur détresse et proposer des mesures à prendre d'urgence. Trois fois, ils eurent la commission d'enquête qu'ils demandaient. Mais la première année le ministère obtint que le champ de l'enquête fût rigoureusement limité : on discuta seulement la manière dont étaient établis les cours officiels. La deuxième année, la commission d'enquête fut composée de telle sorte que ses travaux aboutirent à la confusion des agrariens. Huskisson et Ricardo en faisaient partie : c'est là qu'ils apprirent à se connaître. Et Huskisson rédigea le rapport final. En 1822 seulement, lors de la constitution de la troisième commission, les ministres sentirent la nécessité de faire quelque chose pour donner satisfaction aux *country gentlemen* [3]. Lorsqu'on cherche à définir les résul-

---

1. *H. of C.*, 30 mai 1820 (*Parl. Deb.*, n. s., vol. I, p. 683); 3 juillet 1821 (*Parl. Deb.*, n. s., vol. V, pp. 1503-4); 8 mai 1822 (*Parl. Deb.*, n. s., vol. VII, pp. 449 sqq.). — Cf. *Ann. Reg.*, 1822, p. 98.

2. *Times*, 18 janvier 1822. — Voir les allusions amères de Ricardo à cette incartade; lettre à Trower, 25 janvier 1822, *sub finem*; et *On Protection to Agriculture*, sect. ix (*Works*, p. 489). — Cf. sur cette attitude du parti whig en général et de lord John Russell en particulier, les débats : *H. of C.*, 14 juin 1822 (*Parl. Deb.*, n. s., vol. VII, p. 1078 sqq.; en particulier, pp. 1081-2, l'altercation entre lord Castlereagh et lord John Russell).

3. Sur les conditions dans lesquelles furent nommées, travaillèrent, déposèrent

tats obtenus par ceux-ci après ces trois années d'efforts, il est aisé de comprendre pourquoi, suivant les cas, leur campagne obtint plus ou moins de succès.

La querelle banquière entre partisans et adversaires du « bill de Peel » offrait un aspect paradoxal pour qui se rappelait la querelle des temps de guerre. Alors les partisans du cours forcé allaient jusqu'à nier contre l'évidence la dépréciation du billet de banque; les *bullionists* au contraire demandaient le retour au paiement en espèces afin de ramener la livre-papier au niveau de la livre-or par le resserrement de la circulation. Maintenant c'étaient les partisans du cours forcé qui expliquaient la chûte des prix par le resserrement de la circulation fiduciaire, consécutif au rétablissement du paiement en espèces, et, retournant contre les *bullionists* leurs anciens arguments, demandaient le retour au cours forcé afin de relever les prix. Les *bullionists* de leur côté niaient que l'entrée en vigueur de la loi de 1819 eût entraîné un resserrement notable de la circulation fiduciaire : Ricardo faisait observer qu'en 1819 la livre-papier ne perdait déjà plus que 5 p. 100 sur la livre-or [1]. En fait, la loi nouvelle n'avait été si facile à appliquer que parce qu'elle avait simplement consacré le retour, en voie déjà de s'effectuer, à un état de choses normal. Peut-être même y avait-il déjà en 1822, comme le soutenait Thomas Tooke, augmentation et non diminution des moyens de circulation [2]. Dans ces conditions, il ne pouvait être sérieusement question de revenir sur le « Bill de Peel » : une concession fut cependant faite en 1822 aux partisans de l'inflationnisme. Une loi décida que les banques provinciales conserveraient jusqu'en 1833 la faculté d'émettre de petites coupures [3].

La question des grains se posait, elle aussi, à cette date, sous une forme paradoxale. Il eût été surprenant que les libre-échangistes eussent choisi ce moment pour demander un allègement de la loi de 1815 : car, en dépit de cette loi, qui prétendait fixer à 80 s. le cours normal des blés, le cours

leurs rapports, les trois commissions de 1820, 1821, 1822, voir l'excellent récit de Spencer Walpole, *Hist. of England*, vol. II, p. 102 suiv. — Sur les travaux de la commission de 1821, et les relations d'amitié qui se nouèrent, pendant ses travaux, entre Huskisson et Ricardo, voir Ricardo, *Letters to Trower*, 21 avril, 4 juillet, 22 août 1821; *to MacCulloch*, 23 mars, 25 avril, 18 juin, 6 juillet 1821. — Le rapport de la commission de 1821 est de Huskisson. — Voir sur les travaux de la deuxième commission, *Quart Rev.*, juillet 1821, art. 9, *Report*. — *On the State of Agriculture* (vol. XXV, p. 466 suiv.).

1. *On Protection to Agriculture*, 1822 (*Works*, p. 467). — *H. of C.*, 11 juin 1823 (*Parl. Deb.*, n. s., vol. IX, p. 851).

2. *History of Prices*, vol. II, p. 95 sqq.

3. 2 and 3 Geo. IV, c. 70. — Le gouvernement essaya, à cette occasion, d'obtenir de la Banque, moyennant une prolongation de son privilège, qu'elle autorisât l'établissement de *Joint Stock Banks* dans les provinces anglaises. Mais les négociations échouèrent. — V. *H. of C.*, 29 avril 1822, discours de lord Castlereagh (*Parl. Deb.*, n. s., vol. VII, p. 160-2); — H. D. Macleod, *Theory and Practice of Banking*, vol. II, p. 228-9.

réel se fixait aux environs de 42 s., et c'étaient les agrariens qui se plaignaient. Il est cependant plus surprenant de voir ces agrariens réclamer
eux-mêmes une aggravation du *corn law* de 1815. Car cette loi, au cours
où le blé se vendait maintenant, prohibait toute importation de céréales
étrangères : les agrariens pouvaient-ils espérer une protection plus efficace
que celle-là? Mais nous avons vu toute à l'heure quelle était la nature de
leurs plaintes; le ministère et la Chambre des Communes s'entendirent
finalement pour abroger la loi de 1815 qui n'admettait autour du cours de
80 s. aucune transition entre un régime de prohibition absolue et un
régime d'absolue liberté des échanges.

L'idée d'un droit fixe à l'importation, à établir soit immédiatement,
soit à une échéance éloignée, soit d'un seul coup, soit par étapes, fut soulevé par quelques parlementaires, les uns protectionnistes, et qui demandaient un droit quasi-prohibitif, les autres libre-échangistes et qui demandaient un droit tout juste suffisant pour compenser les impôts dont l'agri-
culteur anglais était surchargé : Ricardo proposait un droit fixe de 10 s.
seulement[1]. Finalement, conformément aux conclusions de la commission
et au bill gouvernemental, le principe d'une « échelle mobile » (*sliding
scale*) fut tenu pour préférable. La loi nouvelle édicta que, du moment
où le prix intérieur du blé dépasserait 70 s., l'importation deviendrait
libre moyennant paiement d'un droit de 12 s.. Au-dessus de 80 s. le droit
serait de 5 s.. Il tomberait à 1 s., deviendrait en d'autres termes purement nominal à partir du moment où le prix intérieur dépasserait 85 s.[2].
Comment interpréter cette loi? Les libre-échangistes avaient-ils remporté
une victoire en obtenant que le blé pût être importé à partir du moment
où il valait 70 s., au lieu de 80 s., sur le marché? Ou bien cette faculté
d'importation était-elle illusoire au tarif fixé par la loi? Et ce qu'il y avait
de fondamental dans la loi, était-ce le relèvement à 85 s. du cours passé
lequel l'importation deviendrait libre? Bien des années devraient en tous
cas s'écouler avant que la question fût tranchée. Car les premières lignes
du texte de la loi spécifiaient qu'elle entrerait seulement en vigueur à partir du jour où le blé aurait une première fois atteint le cours de 80 s., prévu
par la loi de 1815. Bref le ministère avait donné aux *country gentlemen* de son
parti une satisfaction de pure forme, dont ceux-ci eurent la sagesse de se
contenter : l'indifférence au milieu de laquelle le bill finit par être adopté
au mois de juillet fit contraste avec les débats passionnés dont la question
agraire avait été l'objet dans les premières semaines de la session[3].

1. *On Protection to Agriculture*, 1822 (*Works*, p. 480).
2. 2 and 3 Geo. IV, c. 60.
3. *Times*, 11 juillet 1822 : The Corn Bill was read a third time yesterday in the House

LA QUESTION BUDGÉTAIRE (1820-1822) — Inflationnisme, protectionnisme agraire : sur ces deux points les *country gentlemen* n'obtenaient que de maigres satisfactions. En revanche, quand il s'agissait de réformes purement budgétaires, de diminution des impôts et de diminution des dépenses, leur assaut était irrésistible. Réduction de la liste civile et politique d'économie, ce fut tout le programme des candidats d'opposition aux élections de 1820 [1] : et quel programme plus propre à séduire l'opinion? Joseph Hume, un ami de Bentham et de James Mill, qui s'était fait une spécialité d' « éplucher » le budget annuel article par article, fut l'homme le plus populaire du Parlement après un grand discours, prononcé en 1821 à la Chambre des Communes, dans lequel il passa en revue toutes les dépenses militaires et civiles de la nation et demanda que ces dépenses fussent ramenées au chiffre de l'année 1792, dernière année de paix [2]. Joseph Hume appartenait au groupe infime qu'on appelait à Westminster la « Montagne ». Mais il avait, en cette occasion, l'appui des *country gentlemen*. Il n'y eut plus de majorité stable à la Chambre des Communes. Le Cabinet ou bien était mis en minorité, ou bien ne réussissait à obtenir qu'une majorité de quelques voix. Il ne démissionnait pas cependant, et préférait capituler.

Joseph Hume obtint, en 1821, qu'une enquête fût ouverte sur les moyens à employer pour faire rentrer à moins de frais les impôts [3]; et le Trésor décida de ramener tous les traitements, dans la mesure où la chose serait possible, à leur niveau de 1797 [4]. En 1822, tout le régime des pensions de retraite fut revisé. Un fonds dut être, à l'avenir, constitué par des retenues opérées sur les traitements des fonctionnaires en activité; et les retraites seraient payées sur ce fonds, sans frais pour le contribuable [5]. Les dépenses civiles qui étaient prévues au budget tombèrent de 2 100 000 l. en 1820, à 1 900 000 l. en 1821 et 1 700 000 l. en 1822. Les dé-

of Lords. We mention this merely for the curiosity of the thing — that an expedient which a few months back was regarded with so much silly confidence in one class of men, and which gave rise to such superfluous apprehensions in every other, should now be almost universally forgotten while yet on its road through Parliament. For our part, we rejoice that the bill is what it is — that the principles and intentions are so completely defeated by its practical insignificance, etc., etc.

1. Voir la brochure publiée à cette occasion par Creevey : *A Guide to the Electors of Great Britain upon the Accession of a New King, and the immediate Prospect of a New Parliament*, 1820.

2. *H. of C.*, 27 juin 1821 (*Parl. Deb.*, n. s. vol. V, pp. 134-5 sqq.).

3. *H. of C.*, 23 mars 1821 (*Parl. Deb.*, n. s., vol. IV, pp. 1401 sqq.). Hume avait déjà, mais sans succès présenté la même requête, le 4 juillet 1820 (*Parl. Deb.*, n. s. vol. II, pp. 476 sqq.).

4. *H. of C.*, 12 février 1830 : discours de Dawson (*Parl. Deb.*, n. s., vol. XXII, pp. 452-3).

5. 2 and 3 Geo. IV, c. 113, qui réforma le 50 Geo. III, c. 117. — *H. of C.*, 11 mars 1822 : discours de Vansittart (*Parl. Deb.*, n. s., vol. VI, pp. 1015 sqq.).

penses militaires et navales étaient réduites avec une rapidité égale. Le budget de la guerre, après avoir atteint en 1820 un maximum de 9 422 000 l., tomba à 8 750 000 l., en 1821, à 7 925 000 l. en 1822. Le budget de la marine, ayant atteint pareillement en 1820 le chiffre maximum de 6 586 000 l., tomba en 1821 à 6 177 000 l., en 1822 à 5 480 000 l. [1].

Les dépenses publiques étaient réduites. La situation économique du royaume s'améliorait. En 1821, les rentrées d'impôts dépassèrent les prévisions budgétaires. Les cours des fonds publics suivirent un mouvement d'ascension constante; et, les 5 p. 100 ayant dépassé à partir du mois d'octobre le cours de 110, il fut possible au ministère, au début de 1822, d'opérer la conversion des 5 p. 100 en 4 p. 100 : d'où une économie annuelle pour le Trésor de 1 230 000 l.. Mais le problème de la Dette était aussi loin que jamais de sa solution.

D'une part, le Parlement, pour chaque économie, pour chaque accroissement de recettes, réclamait des réductions correspondantes d'impôts. Peu s'en fallut que Western obtînt en 1821 l'abrogation des droits additionnels sur le malt qui avaient été votés en 1819; et Curwen, avec l'appui de Brougham, obtint, contre les ministres, l'abolition de la taxe sur les chevaux employés dans l'agriculture. En 1822, plutôt que de se faire battre, Vansittart trouva sage d'aller au-devant des vœux exprimés par les *country gentlemen*. Non seulement il abandonna les droits annuels sur le malt : soit un sacrifice de 1 500 000 l.. Mais il abaissa le droit sur le sel de 15 s. à 2 s. le boisseau : le produit de l'impôt tombait en conséquence, sauf accroissement de la consommation, de 1 500 000 l. à 200 000 l. seulement. Il réduisit de moitié la taxe sur le cuir, supprimant le droit qui se percevait sur les bâtiments de la marine marchande proportionnellement à leur tonnage (*tonnage duty*), et la taxe irlandaise sur les fenêtres. Au total Vansittart, en préparant son budget de 1822, renonçait à 3 500 000 l. de recettes.

D'autre part, même si l'on n'avait pas effectué ces abandons d'impôts, il eût été bien difficile d'effectuer une politique d'amortissement réel. Sur quel prodigieux accroissement de recettes fallait-il compter pour combler ce trou de 15 000 000 l. environ qui avait été creusé en 1816 par l'abolition

1. Il s'agit des prévisions de dépenses telles qu'elles furent inscrites au budget. Les dépenses réelles furent : 1819. Armée : 9 451 000 l.. Marine : 6 396 000 l.. Artillerie : 1 538 000 l.. Total : 17 385 000 l. (chiffre maximum). — 1820. Armée : 8 926 000 l.. Marine : 6 388 000 l.. Artillerie : 1 402 000 l.. Total : 16 716 000 l. — 1821 : Armée : 8 933 000 l.. Marine : 5 944 000. l.. Artillerie : 1 338 000 l.. Total : 16 215 000. — 1822 : Armée : 7 699 000 l.. Marine : 5 194 000 l.. Artillerie : 1 008 000 l.. Total : 13 901 000 l.. (*An Account of the Public Expenditure of the United Kingdom... for the Year...*)

de l'impôt sur le revenu? Le Chancelier de l'Échiquier continua de se débattre
au milieu des mêmes difficultés, et de recourir aux mêmes expédients.
Le gouvernement émit en 1820 un emprunt de 5 000 000 l. au taux nominal de 3 p. 100, au taux réel d'environ 4,25 p. 100. En 1820 et 1821,
on demanda 440 000 l. à une loterie. On continua enfin à appliquer cette
formule bizarre de l' « emprunt au fonds d'amortissement » qui, dès 1819,
avait fait au Parlement, en raison de sa complication, l'objet de vives critiques. Le Trésor obtint ainsi 12 000 000 l. en 1820, 13 000 000 l. en 1821,
7 500 000 l. en 1822. Alors Vansittart expliqua formellement que le public
pouvait compter pour la session prochaine sur l'adoption de méthodes
nouvelles, sur ce qu'il appela « une revision générale du fonds d'amortissement [1] ». Il s'agissait manifestement de n'affecter à l'amortissement que
l'excédent réel des recettes sur les dépenses annuelles : cet excédent, le
Trésor avait essayé depuis 1819 de le fixer annuellement à 5 000 000 l. [2].
Vansittart avait donc écouté les conseils de Huskisson, et désirait accomplir une réforme qui était dans les vœux du public. Mais le public ne pouvait guère avoir confiance en lui pour l'accomplir. Son budget de 1922,
prodigieusement compliqué, faisait scandale. Les critiques de Vansittart
s'égaraient seulement lorsqu'ils le taxaient de machiavélisme financier et
l'accusaient d'avoir volontairement embrouillé son budget pour dissimuler
le mauvais état des finances. Sa faiblesse, c'était une conscience troublée.
Pressé par ses collègues de sacrifier le système d'amortissement inauguré
jadis par William Pitt, il faisait gauchement ce qu'il ne faisait qu'à regret.

LA PÉTITION DES MARCHANDS DE LONDRES. LIBÉRATION DU COMMERCE MARITIME: ROBINSON ET WALLACE — Quand ils protégeaient la « loi de Peel » contre les attaques des agriculteurs, quand ils travail-laient à empêcher ceux-ci d'aggraver le *corn law* de 1815, les économistes politiques se trou-vaient rejetés sur la défensive. Contre les dépenses de l'État et les charges fiscales, agriculteurs et économistes politiques participaient à une même offensive. Mais les économistes eurent en outre l'audace d'entre-prendre sans le concours des agriculteurs, contre certains monopoles, une

1. *H. of C.*, 1er juillet 1822 (*Parl. Deb.*, n. s., vol. VII. p. 1417).
2. Voir les discours de Vansittart, *H. of C.*, 21 février 1822 (*Parl. Deb.*, n. s., vol. VI, pp. 606-7); 26 février 1822 (*Parl. Deb.*, n. s., vol. VI, p. 864); et l'approbation que donne Ricardo à ses déclarations, *H. of C.*, 1er juillet 1822 (*Parl. Deb.*, n. s., vol. VII, p. 1428). Certains critiques pensèrent que Vansittart songeait à abandonner les dispositions en vertu desquelles le fonds d'amortissement s'accroissait à intérêts composés (*Parl. Deb.*, n. s., vol. VI, pp. 680, 864, 865); et, si Vansittart protesta explicitement contre cette manière d'interpréter ses paroles, il n'en est pas moins vrai que lord Liverpool avait déclaré cette question ouverte (*H. of C.*, 26 février 1822; *Parl. Deb.*, n. s., vol. VI, p. 713.)

offensive qui réussit, avec la connivence du ministère tory. Avec la connivence? Ce n'est peut-être pas assez dire. On pourrait soutenir, sans
beaucoup forcer les choses, que ce furent les ministres qui prirent l'initiative de l'attaque. Au mois de décembre 1819, pendant que les débats
relatifs aux *Six Acts* se poursuivaient encore, une pétition, signée par quatre-
vingts marchands de Londres, fut déposée sur le bureau de la Chambre
des Communes : elle demandait au Parlement de prendre en considération
les embarras du monde industriel et commercial, et d'ouvrir une enquête
afin d'y chercher un remède. Le nombre des signataires n'était pas grand,
et un orateur parlementaire put, sans être démenti, accuser formellement
lord Castlereagh d'avoir provoqué la pétition afin de détourner vers les problèmes économiques l'opinion populaire dangereusement surexcitée par
la question de la réforme parlementaire [1]. La pétition n'eut pas de suites.
Mais à peine le Parlement se fut-il séparé que Thomas Tooke, un économiste ami de Ricardo, agissant de concert avec lord Liverpool [2], reprit
la même idée, et fit signer par un très grand nombre de marchands de
Londres le texte d'une nouvelle pétition, qui fut présentée à la Chambre
des Communes, le 8 mai 1820, par Baring.

Cette pétition était rédigée en des termes calculés pour frapper l'imagination. C'était un pur et simple exposé de doctrine, en quinze articles.
Il y était affirmé « que la maxime d'acheter au meilleur marché et de
vendre au plus cher, de même qu'elle gouvernait chaque commerçant
dans ses affaires, était rigoureusement applicable au commerce d'une
collectivité nationale »; que, « par l'adoption d'une politique fondée sur
ces principes, le commerce du monde entier se réduirait à un échange
d'avantages réciproques, et qu'il y aurait accroissement de richesse et
de jouissances pour les habitants de tous les pays »; que la meilleure
manière, pour la Grande-Bretagne, de faire abandonner par les autres
nations le système « protecteur ou restrictif », c'était de suivre, la première,
une politique aussi « libérale » que possible [3]. Ricardo se réjouit de voir
les marchands anglais se rallier aux idées d'Adam Smith : il déplora seu-

---

1. Voir les débats, *H. of C.*, 24 décembre 1819 (*Parl. Deb.*, vol. XLI, pp. 1569 sqq.).
2. T. Tooke, *Hist. of Prices*, vol. VI, p. 331 sqq.; *The Petition of the Merchants
of London, in 1820, in favour of free trade; with a statement of some circumstances
connected with its origin and presentation.* — Voir en particulier, pp. 338, 340, et
p. 342 : It will be clear, I think, from the narrative which I have now given, that
whatever effect or success might attend the Merchants' Petition of 1820, was due
principally to the favour with which its doctrines were regarded by Lord Liverpool and
a portion of his Cabinet. There was nothing connected with the preparation or presentation of the Petition which could be construed into pressure on the Government :
and the simple truth is, that the Government were, at that time, far more sincere and
resolute free traders than the Merchant. of London.
3. V. le texte intégral de la pétition, *Ann. Reg.*, 1820, App. to Chron., pp. 770-3.

nement qu'ils eussent mis plus d'un demi-siècle à se convertir[1]. En fait
l'industrie britannique n'avait plus besoin de ces droits et de ces règlements qui peut-être avaient jadis utilement protégé sa naissance : ils
n'étaient plus, pour les industriels, qu'une source d'embarras quand ceux-
ci exhortaient les agriculteurs anglais ou les industriels étrangers à se faire
libre-échangistes. « Pourquoi nous, leur était-il répliqué, et non pas vous? »
D'autres pétitions furent envoyées de Birmingham, de Glasgow, de Manchester, de Liverpool[2].

Aux parlementaires qui présentèrent ou appuyèrent les pétitions, les
ministres répondirent avec empressement : toute cette agitation, n'était-
ce pas eux qui, en premier lieu, l'avaient encouragée, peut-être provoquée?
Robinson, le président du *Board of Trade*, à la Chambre des Communes en
réponse à Baring[3], lord Liverpool à la Chambre des Lords en réponse à lord
Lansdowne[4], se déclarèrent, avec les réserves nécessaires, favorables à la
thèse libre-échangiste : Robinson fut particulièrement explicite[5]. Des commissions d'enquête furent nommées, l'une par la Chambre des Lords en 1820,
l'autre par la Chambre des Communes en 1821. Lorsque le moment vint
de demander aux Communes la nomination de la seconde, ce fut Wallace,
le vice-président du *Board of Trade*, qui introduisit la motion nécessaire.
Il en fit ses excuses à Baring, qui normalement eût dû la présenter.
Mais on avait cru préférable qu'elle fût introduite par un membre du
gouvernement. Car « les ministres désiraient prouver à la Chambre et au
pays que le consentement donné par le gouvernement à la formation de
cette commission ne l'avait pas été par contrainte et à contre-cœur[6] ».

Wallace et ses collègues marquèrent immédiatement par des actes leur
volonté de donner une orientation libérale à la politique du *Board of Trade*.
La lutte, à cette première étape de la réforme économique, fut entre
marchands et armateurs. Si on voulait en effet que l'Angleterre devînt

---

1. *H. of C.*, 8 mai 1820 (*Parl. Deb.*, n. s., vol. I, p. 191).
2. *H. of C.*, 12 mai, 16 mai, 19 mai, 17 octobre 1820 (*Parl. Deb.*, n. s., vol. I, pp. 333,
424, 478, 748 sqq.).
3. *H. of C.*, 8 mai 1820 (*Parl. Deb.*, n. s., vol. I, pp. 182 sqq.).
4. *H. of L.*, 26 mai 1820 (*Parl. Deb.*, n. s., vol. I, pp. 565 sqq.).
5. *H. of C.*, 8 mai 1820 : The hon. member had done him the honour to pay him
some compliments, to which he did not conceive himself entitled; but, he must say,
neither did he conceive himself or his colleagues deserving of the qualification which
was tacked to them, namely, that he and those with whom he had the honour of acting,
had a sort of pathetic feeling, and went on from year to year, looking more to their
offices than to the interests of the people. He might have felt differently on this
question, and he admitted that he did feel differently from some others with whom
he acted, but on questions of this nature, and particularly on that of the transit
duties, he met with more opposition from the other side than from his own side of
the House (*Parl. Deb.*, n. s., vol. I, p. 183).
6. *H. of C.*, 6 février 1821 (*Parl. Deb.*, n. s., vol. IV, p. 425).

le « grand marché du monde commercial tout entier, » « le dépôt de tous les produits du monde [1] », on pouvait être amené, par le désir de faciliter l'accès des ports anglais aux bâtiments de tous pays, à léser les intérêts immédiats des armateurs anglais. Une loi de 1810 [2], pour répondre au blocus continental, avait favorisé, par des droits différentiels très lourds, l'importation des bois de charpente du Canada au détriment des bois de charpente de la Norvège et de la Baltique. Les armateurs bénéficiaient de cette mesure de protectionnisme colonial dans la mesure où le voyage, plus long du Canada à Liverpool qu'il ne l'était de Norvège à Leith ou à Hull, faisait entrer plus d'argent dans leurs poches. Et ils savaient trouver des arguments patriotiques en faveur de ces longues traversées, excellente école de navigation pour les marins anglais [3]. Une loi de 1821, trop timide pour donner satisfaction à Ricardo et à ses amis, mais qui déchaîna la colère des armateurs, diminua les avantages douaniers dont jouissaient jusqu'ici les bois de charpente du Canada [4]. En même temps fut attaqué le vieux système des *Navigation Laws* du xviie siècle qui avait depuis cent cinquante ans placé la marine marchande du pays à l'abri de toute concurrence. Cinq lois importantes [5] furent adoptées en 1822 par le Parlement, presque sans débats, et sans qu'il fût nécessaire d'en mettre aux voix aucune disposition.

Les ministres n'étaient pas des révolutionnaires ; il ne pouvait d'ailleurs être question de détruire, du premier coup, tout le système des Lois de Navigation suivant lequel nulle marchandise ne pouvait être importée en Angleterre si ce n'est sur un navire anglais ou sur un navire appartenant à la nation importatrice. Mais on pouvait, le principe restant sauf, en élargir l'application. D'abord, un grand travail de simplification fut effectué : plus de deux cents vieilles lois, souvent contradictoires entre elles, et dans le dédale desquelles seul pouvait s'aventurer un archiviste, furent abrogées d'un seul coup. Puis l'interdiction absolue qui, depuis le xviie siècle, était faite aux bateaux hollandais de débarquer en Angleterre, fut levée ; et, par l'abrogation simultanée de certaines mesures de protection spéciale qui avaient été prises jadis contre la navigation prussienne et russe, toutes les nations européennes se trouvèrent placées, au point de vue du commerce maritime, sur un pied d'égalité vis-à-vis de l'Angleterre. En troisième lieu toutes les nations d'Europe bénéficièrent en commun du libéralisme qui inspirait la législation nouvelle. Il ne fut plus

---

1. *H. of C.*, 18 juillet 1820 (*Parl. Deb.*, n. s., vol. II, p. 547).
2. 50 Geo. III, c. 77.
3. *H. of C.*, 9 février, 29 mars 1821 : discours de Marryat (*Parl. Deb.*, n. s., vol. IV, p. 550, 1508).
4. 1 and 2 Geo. IV, c. 37, complété et corrigé par : 1 and 2 Geo IV, c. 84, s. 1-4.
5. 3 Geo. IV, c. 41, 42, 43, 44, 45.

dorénavant nécessaire, pour qu'un produit quittât un port européen à
destination de l'Angleterre, qu'il fût originaire du pays même où il était
embarqué : quel que fût son lieu d'origine en Europe ou hors d'Europe,
son transport en Angleterre fut licite, pourvu que le navire importateur eût
le port en question pour port d'attache.

Les États-Unis, par une convention signée en 1816, avaient obtenu
que les bateaux américains dans les ports anglais et les bateaux anglais
dans les ports américains fussent traités sur le pied d'une parfaite réciprocité. Mais ils n'avaient pas obtenu que ce même régime de réciprocité
fût appliqué à leur commerce maritime avec les colonies anglaises d'Amérique : l'importation des produits américains, autorisée depuis 1805, ne
s'y pouvait faire que sur des bateaux anglais. Les États-Unis avaient
répondu par une loi de représailles qui, interdisant l'accès des ports américains aux bateaux anglais venus des colonies, avait totalement paralysé
le commerce américain de ces dernières. Elles se plaignaient. Les ministres firent droit à leurs plaintes : les ports des colonies anglaises d'Amérique furent ouverts aux bateaux américains.

Mais les États-Unis d'Amérique n'étaient pas toute l'Amérique. L'Amérique du Sud, nominalement soumise dans sa majeure partie à l'Espagne,
était depuis plusieurs années en insurrection. La loi de 1805 [1] qui avait
autorisé les importations de cette partie de monde dans les colonies anglaises avait parlé d' « états appartenant à un souverain ou État européen ou étant soumis à sa domination ». Maintenant que la domination
espagnole sur ces régions transaltantiques tendait à n'être plus que nomi- ·
nale, la loi nouvelle, ignorant la souveraineté espagnole, dit simplement :
« tous états étrangers situés en Amérique et aux Indes Occidentales ». Ces
nouveaux états de l'Amérique du Sud, dont on favorisait le commerce
avec les colonies anglaises, l'Angleterre désirait aussi en favoriser le
commerce avec l'Angleterre elle-même. Jadis elles ne pouvaient com-
mercer avec l'Europe qu'en passant par l'entrepôt espagnol. Les produits
de l'Amérique du Sud purent désormais être embarqués directement à
destination de l'Angleterre, soit sur des bateaux anglais, soit sur des
bateaux du pays d'origine.

Enfin cette faculté de commerce avec tous les pays du monde, que les
nations de l'Amérique du Sud venaient de conquérir en s'insurgeant,
dont l'Angleterre, par la législation nouvelle, les encourageait à user lar-
gement, pouvait-on en priver les colonies anglaises elles-mêmes? On ne
leur accorda pas sans doute tous les droits d'une nation indépendante.

---

1. 45 Geo. III, c. 57.

L'Angleterre se réserva le monopole des importations de produits manufacturés; et les exportations des denrées coloniales ne purent se faire, si ce n'est à destination des ports américains, que sur des bateaux anglais. Du moins ces colonies obtinrent-elles pour la première fois le droit d'exporter directement leurs produits en Afrique et en Europe.

AUTRES PROBLÈMES DE POLITIQUE EXTÉRIEURE ET INTÉRIEURE. MORT DE LORD CASTLEREAGH.

POLITIQUE EXTÉRIEURE. RÉVOLUTION EN AMÉRIQUE DU SUD ET DANS LA MÉDITERRANÉE — Les nouvelles dispositions législatives, en ce qui concernait l'Amérique du Sud, revenaient à reconnaître l'indépendance — tout au moins l'indépendance économique en attendant mieux — des colonies espagnoles révoltées[1]. Par où la politique commerciale de l'Angleterre se liait à sa politique proprement diplomatique. Trois républiques démocratiques s'étaient constituées à Buenos-Ayres, au Chili et en Colombie; et sans doute cette renaissance des idées jacobines n'agréait guère au ministère anglais. Il avait cherché, entre l'Espagne et ses colonies, si des arrangements amiables ne seraient pas possibles; et l'idée d'instituer là-bas des monarchies gouvernées par des princes de la maison de Bourbon l'aurait peut-être séduit, si la France n'y avait été trop favorable et s'il n'avait craint, en l'appuyant, de ressusciter le « grand dessein » bourbonien du xviiie siècle. Il était tenu, d'ailleurs, en ces matières, de faire violence à ses préférences politiques et de se conformer à l'opinion britannique qui, sous l'empire de mobiles divers mais convergents, se passionnait pour l'indépendance des nouvelles républiques.

L'Angleterre, depuis 1815, essaimait sur le monde entier. Aristocrates et bourgeois s'en allaient à Paris, en Italie, trouver une vie moins coûteuse, des charges fiscales moins lourdes, un meilleur climat, plus de plaisir. Les ouvriers chômeurs allaient chercher du travail sur les terres vierges de l'Amérique du Nord, de l'Afrique du Sud, et de l'Océanie. A tous ceux que tourmentait l'esprit d'aventure, que le rétablissement de la paix ennuyait, la fermentation révolutionnaire fournissait l'occasion de se faire, un peu partout, les chevaliers de la liberté. Sir Robert Wilson, à Paris, aidait La Valette à s'évader; Byron, à Ravenne, se querellait avec la

1. Sur la politique de lord Castlereagh vis-à-vis des colonies espagnoles, voir C. K. Webster, *Castlereagh and the Spanish Colonies*, Ap. *English Historical Review*, janvier 1912 octobre 1915 (vol. XXVII, pp. 78 sqq ; vol. XXX, pp. 631 sqq.).

police autrichienne; mais c'était l'Amérique du Sud qui offrait à ces aventuriers les plus beaux risques à courir. Lord Cochrane commandait la flotte du Chili; le commodore Browne, devant Buenos-Ayres, la flotte de la république de La Plata; au Venezuela, le général MacGregor allait de bataille en bataille et le général English commandait un corps anglo-allemand de trois cents hommes. On estimait en 1819 que plus de dix mille hommes avaient quitté les ports d'Irlande « pour aller combattre dans l'Amérique du Sud la cause du despotisme », et que dans une seule brigade plus de quinze cents hommes étaient d'anciens combattants de Waterloo [1]. Le gouvernement anglais, pour faire droit aux plaintes de l'Espagne, dut amender le vieux *Foreign Enlistment Act.* Car cette loi, qui interdisait en principe aux Anglais de servir sous les ordres d'un gouvernement étranger, ne s'appliquait pas au cas de colonies révoltées contre la mère-patrie. Mais, si le bill fut voté, la violence de l'opposition parlementaire, dont Mackintosh prit la tête, montra à quel point la cause sud-américaine avait gagné les sympathies anglaises [2].

Ces sympathies allaient à des peuples qui, munis d'institutions représentatives, se révoltaient contre un gouvernement despotique. Instinctivement les Anglais se réjouissaient de voir l'Espagne perdre ses colonies transatlantiques comme ils avaient eux-mêmes perdu la majeure partie de leurs colonies de l'Amérique du Nord. Les antiesclavagistes anglais, à la propagande desquels le parti évangélique avait prêté une force extraordinaire, espéraient beaucoup de l'émancipation des colonies espagnoles. Car les nations qui s'émancipaient, c'étaient les dernières où débarquaient encore des nègres amenés de la côte d'Afrique : elles mettraient sans doute plus de bonne volonté que n'avaient fait l'Espagne et le Portugal à suivre les conseils du gouvernement britannique, à décourager la traite, à supprimer l'esclavage lui-même : Wilberforce, placé comme toujours sur la limite du toryisme orthodoxe et des opinions libérales, devint l'avocat ardent de l'émancipation des colonies espagnoles. Enfin, et peut-être surtout, cette émancipation intéressait le commerce anglais : l'Amérique du Sud offrait providentiellement aux marchandises anglaises un débouché que l'on croyait immense (on parlait de vingt millions d'hommes) au moment où les diverses nations de l'Europe pacifiée se fermaient soit par des tarifs douaniers soit par des prohibitions pures et simples.

Les événements de l'Amérique du Sud ramenaient l'attention du public

---

1. *Examiner,* 23 mai 1819.
2. 59 Geo. III, c. 69. — Voir le discours de Mackintosh, *H. of C.,* 12 mai 1819 (*Parl. Deb.,* vol. XL, pp. 365 sqq.).

anglais sur les questions de politique extérieure. Mais nous avons vu comment, dans les premiers mois de 1820, l'armée de Cadix, au lieu de partir pour l'Amérique du Sud et d'y restaurer l'autorité monarchique, s'était mise en grève, et avait rétabli en Espagne, imposé au roi Ferdinand la « Constitution de 1812 ». Ainsi la question sud-américaine se compliquait d'une question espagnole : de nouveau les idées démocratiques prenaient pied en Europe.

D'Espagne, elles passèrent à Naples où éclata une insurrection militaire, toute pareille à l'insurrection de l'armée de Cadix. Le 7 juillet, le duc de Calabre, fils aîné du roi Ferdinand et investi par celui-ci des fonctions de vicaire-général du royaume, déclara solennellement accepter la « Constitution espagnole ». Puis, à la fin d'août, ce fut l'armée portugaise qui suivit l'exemple donné par l'Espagne. Ici l'insurrection eut une allure particulière : ce fut une insurrection du Portugal contre un gouvernement établi depuis treize ans au Brésil et contre le général anglais, lord Beresford, qui commandait l'armée et administrait le royaume en son nom. En novembre la Junte provisoire adopta, moyennant certains tempéraments, la Constitution espagnole. A Rome, au Piémont, il y eut des commencements de mouvements insurrectionnels. En Grèce, toute la Morée, sous Ypsilanti, s'affranchit de la domination du Sultan [1].

Un an plus tôt, alarmés par le progrès des idées révolutionnaires en Allemagne, les trois grandes puissances absolutistes avaient délibéré à Carlsbad sur les mesures à prendre pour en empêcher la propagation. Mais voici que, par delà les limites de l'empire germanique, toute l'Europe méridionale devenait jacobine. Chose plus grave encore. Le seul instrument dont on pût se servir pour dominer la révolution, c'était l'armée. Or, les révolutions d'Espagne, de Naples et du Portugal, avaient été des révolutions militaires; et dans quel pays d'Europe les gouvernements se sentaient-ils sûrs de la troupe? Au moment où, comme nous avons vu, Wellington se préoccupait de l'esprit d'insubordination qui régnait dans l'armée anglaise, des soldats conspiraient en France [2], une insurrection

---

1. Voir le curieux tableau de la situation européenne tracé par le *Times*, 17 mars 1821: Let us coast the European Continent from Stockholm downwards. Sweden has a representative government; Norway, the same; in England, according to a foreign secretary, « freedom is only a habit »; Flanders has a constitution by solemn compact; in France, monarchy gains strength in form, and democracy in substance every day; Spain is almost unanimous in the love, and now safe, we trust, in the possession of her liberty; Portugal, Piedmont, Naples, three fourths of Europe, are actually free — three fourths of Europe are in that grand and proud condition, which the remaining fourth has attempted to proscribe as rebels to its supreme and self constituted authority.

2. Cobbett écrit, dans son *Political Register*, le 29 juillet 1820 : In order to avoid coming too close, is there any one, in his senses, who thinks that France can remain for a year without a Second Revolution? (vol. XXXVII, p. 76).

militaire éclatait en Russie, et bien des gens prédisaient qu'avant peu l'armée prussienne proclamerait la Constitution[1]. Ne croyons donc pas qu'à cette date les desseins machiavéliques d'Alexandre pour démembrer l'empire ottoman, de Metternich pour annexer l'Italie, des ministres de Louis XVIII pour annexer la Savoie et étendre l'influence française sur l'Espagne, aient joué un très grand rôle dans leurs délibérations communes. Les souvenirs de la guerre générale des peuples contre les rois étaient vieux de vingt ans à peine : il est tout naturel que les chefs d'État aient pris peur. L'empereur de Russie, l'empereur d'Autriche, le prince royal de Prusse, réunis en conférence à Troppau, invitèrent, le 20 novembre 1820, Ferdinand, roi de Naples, à venir s'aboucher avec eux à Laybach. Il s'agissait de soustraire Ferdinand à l'oppression qu'exerçaient sur lui ses sujets révoltés, au péril peut-être d'une exécution capitale : cela fait, une armée autrichienne interviendrait pour rétablir l'ordre dans le royaume de Naples. Les ambassadeurs d'Angleterre et de France auprès de la Cour de Vienne étaient présents à la Conférence de Troppau. Ils furent officiellement chargés d'aviser leurs gouvernements respectifs de la décision prise par les trois puissances alliées, et de solliciter leur appui, sinon militaire, tout au moins diplomatique. Quelle serait la réponse du gouvernement anglais?

L'ANGLETERRE ROMPT AVEC LES GRANDES PUISSANCES ABSOLUTISTES. LE PRINCIPE DE NON-INTERVENTION — Il était visible, depuis 1815, que l'excentricité de la situation géographique de l'Angleterre, jointe à l'originalité de ses institutions politiques, commandait à ses ministres des affaires étrangères une attitude particulière, et qui ne pouvait ressembler à celle d'aucun gouvernement continental. « Dans l'état actuel de l'Europe, écrivait lord Castlereagh, le 28 décembre 1815, à Rose, qui représentait l'Angleterre auprès de l'empereur de Russie, le rôle de l'Angleterrre est d'employer la confiance qu'elle a inspirée au bénéfice de la paix, en exerçant une influence conciliante entre les Puissances, plutôt que de se placer à la tête d'une coalition de certaines Cours pour tenir les autres en échec. »

---

1. *Morning Chronicle*, 1er juillet 1821. — The hon. F. Lamb à lord Castlereagh, 24 mars 1821 (*Memoirs and Correspondence of lord Castlereagh*, vol. XII, pp. 374-5). — Depuis longtemps déjà la Prusse inspirait des inquiétudes au parti de la légitimité. Voir lord Castlereagh à Rose, 28 déc. 1815 : ...With all that partiality and a grateful admiration of the conduct of that nation and its armies in the war, I fairly own that I look with considerable anxiety to the tendency of their politics. There certainly at this moment exists a great fermentation in all orders of the State; very free notions of Government, if not principles actually revolutionary, are prevalent, and the army is by no means subordinate to the civil authorities. It is impossible to say where these impulses may stop, when they find a representative system in which they may develop (*Memoirs and Correspondence of lord Castlereagh*, vol. XI, p. 106).

« L'attitude la plus sûre que vous puissiez adopter, poursuivait-il, c'est de vous tenir tranquille, *to keep quiet.* » Et il concluait, employant déjà la formule qui bientôt allait devenir courante dans le langage des chancelleries : « D'une manière générale, je ne désire pas encourager ce pays à intervenir, sauf cas de nécessité, dans les affaires courantes du Continent », (*to encourage, on the part of this country, an unnecessary interference in the ordinary affairs of the Continent*) [1]. C'est le moment où le Cabinet britannique venait de refuser l'adhésion du Prince Régent au pacte mystique de la Sainte-Alliance, en invoquant cette raison que les institutions parlementaires ne permettaient pas au chef du pouvoir exécutif de signer un traité d'alliance avec un souverain étranger sous sa propre responsabilité [2]. Lord Castlereagh n'était pourtant pas inspiré, quand il recommandait à son agent de pratiquer une politique de quiétisme et de non-intervention, par le souci de ne pas créer de solidarité entre le libéralisme britannique et l'absolutisme des grandes Puissances continentales. Alexandre se querellait avec Metternich, patronnait contre lui les libéraux d'Allemagne et de France. Lord Castlereagh refusait de prendre parti soit pour l'un soit pour l'autre.

Lorsqu'eut lieu, au mois d'octobre 1818, le congrès d'Aix-la-Chapelle, en vue d'évacuer le territoire français, d'admettre le roi de France parmi les Alliés et en même temps de protéger éventuellement sa dynastie contre une insurrection bonapartiste ou républicaine, lord Castlereagh, qui représentait l'Angleterre au congrès, constata que l'empereur d'Autriche et l'empereur de Russie étaient en voie de réconciliation. Très satisfait d'un rapprochement qui lui paraissait favorable au maintien de la paix, il cessa de préconiser une politique d'isolement, souhaita que le système des congrès où les souverains se réunissaient pour délibérer sur les affaires de l'Europe fût, autant que possible, développé, que ces congrès devinssent une institution régulière, qu'ils fussent tenus périodiquement. « On est heureux de voir, écrivait-il à Lord Liverpool, combien il y a peu de difficultés, et combien d'avantages solides à tenir ces réunions qui semblent si terribles à distance. Il me semble qu'il y a là une découverte nouvelle dans le gouvernement de l'Europe. Elles balaient les toiles d'araignée dont la diplomatie se servait pour obscurcir l'horizon; elles placent tout l'édifice du système dans son vrai jour; elles donnent aux conseils des grandes puissances l'efficacité et presque la simplicité d'un seul État [3]. »

1. A Rose, 28 décembre 1815 (*Memoirs and Correspondence of lord Castlereagh,* vol. XI, pp. 104 sqq.).
2. Voir notre volume I, p. 96.
3. A lord Liverpool, 20 octobre 1818 (*Memoirs and Correspondence of lord Castlereagh,* vol. XII, pp. 54-5).

Ce furent ses collègues anglais, très alarmés, qui, de Londres, le rappelèrent à un sentiment plus vrai des préjugés anglais en ces matières [1]. Lord Castlereagh battit en retraite, et recommença de donner à la diplomatie anglaise l'attitude d' « isolement » qui convenait au peuple « insulaire ».

Seulement, par le fait du rapprochement d'Alexandre et de Metternich, la politique anglaise de non-intervention prenait un caractère plus nettement « libéral » que ce n'avait été le cas de 1815 à 1818. La politique continentale à laquelle lord Castlereagh refusait maintenant de se joindre, c'était la politique des deux Empereurs, associés pour intervenir dans la politique intérieure des divers États d'Europe, et réprimer le libéralisme révolutionnaire. C'est cette intervention dont lord Castlereagh désapprouvait le principe non seulement en Allemagne [2] mais encore en France [3], où cependant il semblait que le gouvernement anglais fût lié par des engagements exprès à protéger la dynastie régnante. Pour justifier son attitude, lord Castlereagh invoquait deux arguments. Il faisait observer, d'une part, que cette intervention, en surexcitant l'esprit révolutionnaire, confondu de nouveau comme en 1792 avec le sentiment national, le rendrait plus dangereux et ferait par suite plus de bien que de mal. Il tirait des institutions politiques de son pays un autre argument. Le gouvernement anglais ne pouvait s'associer à la politique de l'Autriche et de la Russie sans faire part de ses démarches au Parlement : sortirait-il vainqueur des débats qui s'engageraient alors? même s'il en sortait vainqueur, ces débats, qui seraient violents, n'exerceraient-ils pas sur l'opinion européenne une influence déplorable [4]?

De sorte que, la question d'Espagne se posant à son tour, les souverains alliés ne durent éprouver aucune surprise lorsque au mois de

1. Lord Bathurst à lord Castlereagh, 20 octobre 1818 *(Memoirs and Correspondence of lord Castlereagh*, vol. XII, pp. 55 sqq.). — W. A. Phillips *(The Confederation of Europe...*, pp. 166 sqq.) atténue à l'excès cette divergence d'opinions entre lord Castlereagh et ses collègues.

2. Lord Castlereagh à Sir Charles Stuart, 4 février 1820 : In the present instance, nothing had passed but a consultation between two of the Allied Powers, *not German*, whether there is any ground *for the Allies* (which would include France) to interfere in German affairs. This Government has discouraged such interference *(Memoirs and Correspondence of lord Castlereagh*, vol. XII, p. 210).

3. Lord Castlereagh à lord Stewart, 14 janvier 1821 *(Memoirs and Correspondence of lord Castlereagh*, vol. XII, pp. 185-6).

4. Lord Castlereagh à lord Stewart, 14 janvier 1820 : ... La forme de notre gouvernement doit nécessairement nous rendre plus circonspects que les autres États dans nos transactions avec les puissances étrangères *(Memoirs and Correspondence of lord Castlereagh*, vol. XII, pp. 189-90). — A George Rose, 15 janvier 1820 : ... Our Allies must recollect that we have a Parliament to manage, and it is essential to their interest not to have angry discussions on continental politics provoked *(Memoirs and Correspondence of lord Castlereagh*, vol. XII, p. 175).

mai 1820 l'Angleterre leur adressa une note confidentielle, désapprouvant par avance tout projet d'intervention collective. Lord Castlereagh se fondait sur le témoignage de Wellington, plus compétent que personne en matière de politique espagnole, sur celui de Sir Henry Wellesley, son représentant à Madrid, pour affirmer que toute intervention rendrait seulement plus dangereux le mouvement révolutionnaire espagnol, et mettrait, bien loin de la protéger, la vie de Ferdinand en péril. La réunion d'un congrès serait déjà par elle-même une manifestation dangereuse, et donnerait à l'Alliance un aspect nouveau, que le gouvernement anglais ne désirait pas lui donner. L'Alliance avait été conclue pour libérer l'Europe de la domination française; elle n'avait jamais voulu être « une union pour le gouvernement du monde, ou pour la surveillance des affaires intérieures d'autres États[1] ». Une conférence eut lieu cependant, à Troppau. Une intervention armée fut décidée. Communication fut faite au gouvernement anglais de cette décision. Le bruit de cette communication se répandit dans la presse continentale. Alors lord Castlereagh jugea nécessaire d'opposer publiquement le point de vue anglais au point de vue des grandes Puissances continentales. Le 19 janvier 1821, un an après avoir paru, en demandant au Parlement le vote des *Six Acts*, se solidariser avec la politique réactionnaire de ces grandes Puissances, il définissait pour la première fois dans un document public le principe de non-intervention. Lord Castlereagh déclarait la décision prise par les trois Souverains « directement contraire aux lois fondamentales du Royaume-Uni », inadmissible au point de vue du droit international. Tout en désapprouvant la manière dont s'était effectuée la Révolution napolitaine, il ne croyait pas qu'il y eût lieu à intervention. Tout en désapprouvant l'intervention autrichienne, il ne prétendait pas intervenir pour l'empêcher, étant bien entendu que les souverains alliés ne visaient pas un agrandissement territorial qui bouleverserait le système européen établi par les traités de 1815[2].

CRITIQUES DE L'OPPOSITION. LA THÉORIE DE L'ÉQUILIBRE DES PUISSANCES — Ces déclarations étaient de nature à contenter dans une large mesure les amis d'une politique libérale. Cependant, lorsque le Parlement se réunit, il apparut que l'Opposition n'était pas encore satisfaite : pendant tout le temps que dura la session, la politique étrangère de lord Castlereagh donna lieu à

1. Voir le texte de la note confidentielle, *Ann. Reg.*, 1823, p. 93*.
2. *Circular Despatch to his Majesty's Missions at Foreign Courts, relative to the Discussions at Troppau and Laybach*; H. of C., 1ᵉʳ février 1821 *(Parl. Deb.,* n. s., vol. IV, pp. 283 sqq.).

de longs et orageux débats. Les orateurs de l'Opposition reprochèrent à la neutralité anglaise de n'être pas sincère. Si elle l'était, pourquoi avoir laissé six semaines s'écouler entre le moment où les congressistes de Troppau avaient fait connaître au gouvernement britannique le résultat de leurs délibérations et le moment où ce gouvernement avait jugé à propos de leur répondre? pourquoi, dans cet intervalle, avoir mis un navire de guerre à la disposition du roi Ferdinand pour quitter Naples et se rendre à l'appel des trois souverains? pourquoi avoir refusé d'agréer l'ambassadeur envoyé à Londres par le nouveau gouvernement napolitain? et pourquoi ce langage équivoque de lord Castlereagh, toujours prêt à excuser, à justifier les actes du gouvernement autrichien, toujours ironique ou sévère à l'égard des *Carbonari* [1]? L'esprit de parti exploitait les bruits qui couraient autour de la conférence de Troppau. Un Anglais, racontaient les ministériels, aurait rapporté à l'empereur Alexandre un mot de Tierney, promettant, quand les whigs reviendraient au pouvoi la mise en liberté de Napoléon. Le récit prenait assez de consistance pour que Tierney jugeât à propos de démentir formellement les paroles qui lui avaient été prêtées [2] ; et la mort de Napoléon vint débarrasser fort opportunément les whigs de la perspective d'avoir à résoudre, s'ils arrivaient au pouvoir, un difficile problème. Eux-mêmes d'ailleurs avaient leurs histoires à raconter sur ce qui s'était passé à Troppau. Les souverains alliés avaient agité la question de savoir ce qu'il faudrait faire si les whigs, ces *liberales*, ces *Carbonari* de l'Angleterre, renversaient le ministère tory : faudrait-il leur déclarer la guerre, ou simplement les mettre en quarantaine comme on ferait d'une nation atteinte de la peste? Les whigs, pour alarmer le patriotisme britannique, prédisaient, en vertu des principes posés à Troppau, un débarquement de troupes étrangères, une armée russe campant dans Hyde-Park [3].

Que voulaient donc les hommes d'État de l'Opposition quand ils critiquaient la politique extérieure de lord Castlereagh? Visiblement ils ne se contentaient pas d'une non-intervention passive : ils voulaient une contre-intervention effective. Depuis le moment où avaient été conclus les traités de 1815, les intellectuels du parti whig, avaient dénoncé ces

---

1. Voir les discours de lord Castlereagh, *H. of C.*, 21 février 1821 (*Parl. Deb.*, n. s., vol. IV, pp. 865 sqq.); 20 mars 1821 (*Parl. Deb.*, n. s., vol. IV, pp. 1355 sqq.); 12 juin 1821 (*Parl. Deb.*, n. s., vol. V, pp. 1240 sqq.).

2. *H. of C.*, 21 février 1821 : discours de Robinson et de Tierney (*Parl. Deb.*, n. s., vol. IV, pp. 889-90).

3. *H. of C.*, 20 mars 1821 : discours de Sir Robert Wilson (*Parl. Deb.*, n. s., vol. IV, pp. 1350 sqq.); *H. of C.*, 21 février 1821 : discours de Mackintosh (*Parl. Deb.*, n. s., vol. IV, pp. 837 sqq.); 4 mai 1821 : discours de Hutchinson (*Parl. Deb.*, n. s., vol. V, pp. 510 sqq.).

traités par lesquels ils considéraient comme trahies les grandes idées au nom desquelles les Alliés avaient prétendu faire la guerre : par l'annexion de la Finlande à la Russie, de la Norvège à la Suède, d'une partie de la Saxe à la Prusse, de Gènes au royaume de Sardaigne, de la Belgique aux Pays-Bas, par un agrandissement du Hanôvre, le principe de l'indépendance nationale avait été violé. Et quelque difficile qu'il fût de revenir sur ce qui avait été si mal fait, ils demandaient que l'Angleterre reprît son rôle traditionnel de protectrice des petites nations contre l'hégémonie des grandes Puissances. En 1819, le jeune lord John Russell, dans une « Lettre à lord Holland sur la politique étrangère », avait essayé de réhabiliter la vieille doctrine whig de « l'équilibre des puissances » *(the Balance of Power)*. Il opposait ce système, qui avait, à l'en croire, « gouverné les guerres et les traités de l'Angleterre depuis le xive siècle jusqu'à l'année 1818 », au système de la « Sainte-Alliance » qu'il définissait comme un système « de garantie générale et réciproque de tous les gouvernements existants ». Il le déclarait préférable au nouveau système, qui ne renfermait aucun « principe de rétablissement automatique de l'équilibre » *(principle of self recovery)*, aucune garantie contre la prépondérance d'un État ni contre la violation des droits d'un peuple. D'autres Puissances peut-être avaient retiré des avantages de l'institution d'un « Conseil amphictyonique »; mais l'Angleterre, qui jadis tenait entre ses mains la balance des Puissances, avait certainement perdu tout son prestige [1].

Or son prestige, à la grande époque du Whiggisme et de la *Balance of Power*, c'est par la guerre que l'Angleterre avait su le préserver intacte; et c'est bien encore comme une doctrine de guerre que lord John Russell l'entendait aujourd'hui. Un des arguments sur lesquels il se fondait pour défendre la vieille doctrine, c'était l'impossibilité de concevoir un tribunal arbitral capable de trancher les différends internationaux [2] : les « libéraux » pouvaient-ils effectivement accepter l'arbitrage du tribunal de rois qui siégeait à Aix-la-Chapelle, à Troppau, à Laybach [3] ? C'est donc

1. *A Letter to the Right Honourable Lord Holland, on foreign politics*, 4th ed., 1831, pp. 2, 46-7.

2. *Memoirs of the Affairs of Europe from the Peace of Utrecht*, 1824, p. 23.

3. Signalons cependant les premiers débuts, extrêmement humbles, du pacifisme dogmatique. Il se constitua, le 14 juin 1816, une *Society for the promotion of permanent and universal peace*, qui publia des brochures, fonda des sociétés auxiliaires. Elle se recrutait, si l'on en juge par la liste des membres, parmi les dissidents orthodoxes, les unitariens (Sir John Bowring), les quakers (William Allen), les libres-penseurs déterminés (Bentham). — Cf. John Sheppard, *An Inquiry on the Duty of Christians with respect to War : including an Examination of the Principle of the London and American Peace Societies. In a series of letters*, 1820. — Voir aussi sur la Société, *Times*, 17 août 1825; et sur le livre de Sheppard, *Eclectic Review*, octobre 1820, art. iii (n. s., vol. XIV, pp. 236 sqq.).

bien entre la paix et la guerre que se posait l'alternative, quand lord
Castlereagh et les orateurs de l'Opposition discutaient à la Chambre des
Communes. L'Opposition ne s'accommodait pas de la politique de non-
intervention qui avait été pratiquée en Italie : elle eût voulu une
« remontrance » adressée à l'Autriche, remontrance qui, venant de
l'Angleterre, aurait eu assez de poids pour empêcher l'intervention
autrichienne de se produire. Si pourtant l'Autriche avait passé outre,
l'Opposition voulait-elle la guerre? Au moment où, réduisant d'année en
année, les dépenses militaires et navales, le ministère croyait répondre
à ses vœux, voulait-elle lui imposer une politique extérieure qui impliquait un accroissement des dépenses militaires et navales[1]? Il était
bien difficile de donner à cette question une réponse satisfaisante. A
la Chambre des Communes, les orateurs de l'Opposition refusaient
d'admettre qu'une diplomatie plus énergique eût pour conséquence nécessaire la guerre. Mais, à la Chambre des Lords, les doctrinaires de la
Balance of Power, moins directement soumis au contrôle de l'opinion,
étaient plus explicites. « Je désire sincèrement, déclarait lord Grey, que
la paix ne soit pas troublée; mais je suis beaucoup plus anxieux de
savoir l'honneur du pays inviolé[2]. » Et lord Holland : « Si les explications
que l'Angleterre devait avoir avec l'Autriche conduisaient à une guerre,
il le déplorait : mais la peur de la guerre ne le ferait pas hésiter à venger
l'honneur du pays[3]. »

ÉCHEC GÉNÉRAL DES MOUVEMENTS RÉVOLUTIONNAIRES. EMBARRAS DE LA POLITIQUE ANGLAISE — Cependant, l'armée autrichienne entrait dans le royaume de Naples, et y rétablissait sans peine, avec la complicité d'une population apathique, le régime absolutiste. Une insurrection militaire ayant éclaté dans le Piémont sur les derrières de l'armée autrichienne et déterminé la proclamation à Turin de la Constitution espagnole, une
armée autrichienne, appuyée par une armée russe, réprimait cette révo-
lution comme avait été réprimée la révolution de Naples. Le 12 mai, les
gouvernements alliés, réunis une fois de plus en congrès, adressèrent de
Laybach à leurs représentants diplomatiques une longue circulaire par
laquelle ils affirmaient que « les changements utiles ou nécessaires dans
la législation et l'administration des états ne doivent émaner que de la
volonté libre, de l'impulsion réfléchie et éclairée de ceux que Dieu a rendus

1. *H. of C.*, 4 mai 1821 : discours de lord Castlereagh (*Parl. Deb.*, n. s., vol. V, pp.
515 sqq.).
2. *H. of C.*, 23 janvier 1821 (*Parl. Deb.*, n. s., vol. IV, p. 10).
3. *H. of L.*, 2 mars 1821 (*Parl. Deb.*, n. s., vol. IV, p. 1063).

responsables du bonheur de leur peuple », et qu'il appartenait aux Alliés d'intervenir pour empêcher toute violation de ce principe [1]. Sans le concours de l'Angleterre, ils avaient remporté la victoire. Démoralisée par cette brusque mise en échec des révolutionnaires méditerranéens, l'Opposition parlementaire garda le silence.

Dans la discussion de l'Adresse qui ouvrit la session de 1822, pas un mot sur la politique étrangère. Au cours de la session, un vif débat au sujet de cet *Alien Act*, que périodiquement il fallait renouveler, et qui donnait au gouvernement anglais un droit de police sur les étrangers domiciliés en Angleterre, et, en particulier, sur les réfugiés politiques [2]. Ils fuyaient, en venant à Londres, la police de Metternich : fallait-il les traquer jusque là, mettre la police anglaise au service de l'Autriche? Quelques protestations véhémentes de Mackintosh, de Hume, de Sir Robert Wilson, de Wilberforce, contre la répression cruelle de l'insurrection grecque par la Porte sous les regards indifférents des diplomates anglais [3]. Mais ces protestations n'eurent point d'écho : l'opinion publique n'osait trop reprocher au ministère d'avoir empêché la guerre d'éclater entre la Russie et la Turquie, fût-ce au prix de l'indépendance grecque. « Toute l'Angleterre, écrivait Châteaubriand, ambassadeur de France à Londres, est turque par haine de la Russie [4] ». En Espagne, à l'autre bout de la Méditerranée, la situation restait trouble; il y avait tout un parti, autour de Louis XVIII, pour suggérer une intervention française; et c'était une question de savoir comment, à l'automne suivant, lorsque se tiendrait à Vérone le prochain congrès des Grandes Puissances, lord Castlereagh réussirait à empêcher cette intervention, dont tous les Anglais sans distinction de parti redoutaient la perspective. Il y avait bien un moyen pour l'Angleterre de prendre sa revanche des humiliations diplomatiques

---

1. Voir le texte complet de la circulaire, *Ann. Reg.*, 1821, App. to Chron., pp. 599 sqq.

2. 2 and 3 Geo. IV, c. 97. — Voir les discours de Robert Peel, 5 juin 1822; Mackintosh, 14 juin 1822; Hobhouse, 1er juillet 1822 (*Parl. Deb.*, n. s., vol. VII, pp. 805 sqq., 1092 sqq., 1433 sqq.). — Cf. 43 Geo. III, c. 155; 54 Geo. III, c. 155; 55 Geo. III, c. 54.; 56 Geo. III, c. 86.; 58 Geo. III, c. 96. — Lord Castlereagh, demandant en 1818 le renouvellement pour deux ans de l'*Alien Act*, faisait observer combien l'application de la loi était peu tyrannique : en six ans, neuf *aliens* seulement avaient été expulsés (*H. of C.*, 5 mai 1818; *Parl. Deb.*, vol. XXXVIII, p. 523). Et le nombre des étrangers résidant en Angleterre, qui dépassait en 1822 le chiffre de 25 000, allait croissant chaque année (*H. of C.*, 5 juin 1822, discours de Robert Peel: *Parl. Deb.*, n. s., vol. VII, p. 806). — A partir du moment où Peel fut ministre de l'Intérieur, il ne se prévalut des dispositions de l'*Alien Act* pour expulser aucun étranger (*H. of. C.*, 20 avril 1826 : discours de Robert Peel, *Parl. Deb.*, n. s., vol. XV, p. 499). Renouvelé une fois encore en 1824 (5 Geo. IV, c. 37), il fut remplacé en 1826 par un simple *Registration Act* permanent (7 Geo. IV, c. 54.)

3. *H. of C.*, 15 juillet 1822 (*Parl. Deb.*, n. s., vol. VII, pp. 1619 sqq.).

4. Châteaubriand à Montmorency, 19 juillet 1822 (comte d'Antioche, *Châteaubriand ambassadeur à Londres*, p. 293).

qu'elle subissait en Europe; et le ministère semblait en avoir le vague sentiment quand, à l'occasion de la réforme des Lois de Navigation, il commençait à reconnaître l'indépendance des colonies espagnoles. Son tort fut de faire la chose sans éclat, en sourdine, et comme s'il se fût agi d'une simple concession accordée par la politique au commerce. Bref, la politique de lord Castlereagh, quoi qu'il fît, était dépourvue de prestige : après avoir été, en 1814 et en 1815, l'arbitre de la paix de l'Europe, l'Angleterre abandonnait aux grandes Puissances continentales le règlement des affaires européennes. Mais ce qui aggravait et rendait en même temps inefficace la mauvaise humeur du pays, c'est qu'on ne voyait pas d'alternative à la politique de non-intervention, telle que l'avait définie lord Castlereagh en janvier 1821.

Nous comprenons donc à présent pourquoi l'Opposition, au cours de la session de 1822, fut amenée, laissant dans l'ombre les problèmes de politique extérieure, à faire porter tout son effort sur les questions économiques. Nous comprenons encore pourquoi, cela fait, elle fut tenue à adopter, en matière de politique extérieure, une attitude plus réservée encore : pouvait-elle, au moment où elle exigeait la réduction des dépenses militaires et navales, pousser le gouvernement vers des aventures guerrières? Enfin, c'est en s'alliant aux *country gentlemen* que les whigs crurent pouvoir, avant la fin de la session, mettre le gouvernement en minorité à la Chambre des Communes, provoquer une crise ministérielle : or il était impossible d'intéresser les ruraux, les *jotterheads*, aux révolutions de Madrid, de Naples et du Piémont. Il ne faudrait d'ailleurs pas croire que la question de la hausse de la valeur de l'argent, de la baisse du prix des céréales, des impôts et du fonds d'amortissement, aient retenu pendant cette session toute l'attention du Parlement. La Chambre des Communes discuta encore la vieille question de l'émancipation catholique, qui, depuis le début du siècle, était pour le Parlement une source d'embarras constants, et la vieille question de la réforme parlementaire, qui avait ressuscité au lendemain du rétablissement de la paix, et pour laquelle, à deux reprises, avaient semblé se passionner les masses populaires. Pendant les années qui suivirent immédiatement la mort de George III, les milieux parlementaires eurent l'illusion, dans le désarroi du parti gouvernemental, que ces questions étaient sur le point de recevoir une solution conforme aux vœux des esprits libéraux.

*LE PROBLÈME
DE L'ÉMANCIPATION
CATHOLIQUE.
ROBERT PEEL ET
LE GOUVERNEMENT
DE L'IRLANDE*

La question de l'émancipation catholique, bien qu'elle intéressât une poignée de catholiques proprement anglais, était essentiellement une question irlandaise; et l'état de l'Irlande restait détestable. Au moment où la paix, après Waterloo, fut une deuxième fois rétablie, Robert Peel, qui gouverna l'Irlande pendant six ans paternellement et durement, venait. pour parer au désordre, de faire voter par le Parlement anglais deux lois d'exception. Un *Police Act*, qui permettait au lord lieutenant de constituer, dans tel ou tel comté particulièrement troublé, une police armée, rétribuée aux frais des contribuables du comté[1]. Un *Insurrection Act*, qui permettait au lord lieutenant de proclamer, dans tel ou tel district, l'établissement d'une sorte d'état de siège, d'interdire en particulier aux habitants de quitter leurs domiciles sans autorisation spéciale après le coucher et avant le lever du soleil [2]. En 1818, Robert Peel jugea l'ordre suffisamment rétabli pour ne pas demander le renouvellement de l'*Insurrection Act*. Mais à la fin de 1819, au moment où le Parlement britannique votait les *Six Acts*, les désordres recommencèrent dans les campagnes irlandaises. Le gouvernement hésita quelque temps à prendre des mesures énergiques, et se borna à envoyer des troupes sans demander au Parlement de nouvelles lois d'exception. Lord Castlereagh avait toujours désiré pratiquer en Irlande une politique de conciliation [3]; et Robert Peel, qui avait depuis deux ans abandonné son poste de secrétaire en chef pour l'Irlande, n'était plus là pour lui forcer la main. Mais à la fin de 1821 les troubles agraires devinrent si graves que le Parlement, au début de la session de 1822, vota un nouvel *Insurrection Act* [4] et la suspension de l'*Habeas Corpus* [5]. Plus que des mesures législatives, la famine qui s'abattit au printemps sur l'Irlande contribua à amener un certain apaisement des troubles. De bandits qu'ils étaient, les paysans irlandais se firent mendiants. Et d'Angleterre la charité privée vint généreusement à leur secours.

Il ne faudrait pas croire, d'ailleurs, que cette agitation du bas peuple

1. 54 Geo. III, c. 31.
2. 54 Geo. III, c. 180.
3. Peel à lord Whitworth, 7 juillet 1814. Il faut que Peel vainque, d'accord avec lord Sidmouth, les résistances de lord Liverpool et de lord Castlereagh (les résistances de lord Liverpool d'ailleurs plus fortes que celles de lord Castlereagh) pour obtenir que le ministère prenne l'initiative de demander au Parlement le vote d'un *Insurrection Act* (C. S. Parker, *Sir Robert Peel*, vol. I, pp. 146-8). — Cf. *H. of C.*, 28 juin 1820 : discours de lord Castlereagh (*Parl. Deb.*, n. s., vol. II, pp. 91 sqq.). « Castlereagh made a Whig Speech », écrit, le soir même, Hobhouse dans son Journal.
4. 3 Geo. IV, c. 1. — Prolongé jusqu'au 1er août 1823, par 3 Geo. IV, c. 80.
5. 3 Geo. IV, c. 2. — Voir aussi les lois 3 Geo. IV, c. 3, 4.

irlandais fût immédiatement liée au problème catholique. Il est vrai que
le bas peuple irlandais était catholique : il devait donc se trouver tout
naturellement porté à écouter les prêtres, quand ceux-ci lui présentaient
ses maux comme un effet des persécutions protestantes. Les dîmes, payées
par les petits tenanciers au clergé protestant, devaient nécessairement
leur être odieuses : le gouvernement anglais s'en rendit si bien compte
qu'en 1822, pour la première fois, il aborda ce problème et fit voter par
le Parlement une loi établissant la commutation facultative des dîmes [1].
Mais on ne saurait dire que la question de la dime fût la cause véritable
des troubles d'Irlande, ni que ces troubles offrissent essentiellement le
caractère d'une guerre de religion. « Ces troubles, déclarait Robert Peel
en 1816, n'ont pas de cause précise ou définie. Ils semblent être l'effet
d'une confédération générale pour le crime,... d'une opposition systématique à toutes les lois [2] ». Ils avaient pour cause profonde la mauvaise
distribution de la propriété. « Si on examine, déclarait lord Liverpool
en 1822, les proclamations, les affiches qui ont été répandues dans les
parties les plus troublées de l'Irlande, on y verra parfois une allusion
(bien légère) aux différences de religion, mais on n'y trouvera presque
jamais d'attaque contre le gouvernement... C'est une insurrection dirigée
contre la propriété, non contre le gouvernement du pays [4]. » Insurrection sans programme défini, sans chefs reconnus. Veut-on une preuve du
peu d'intérêt pris par le bas peuple d'Irlande au problème de l'émancipation? Les catholiques irlandais, privés de l'éligibilité, sont, depuis 1793,
à la différence des catholiques anglais, électeurs; et l'électorat des comtés
irlandais se trouve être beaucoup plus démocratique que l'électorat des
comtés anglais. Rien n'empêcherait donc les catholiques irlandais de
s'entendre, aux jours d'élections, pour élire des défenseurs de leur cause.
Mais ces esclaves, pour être perpétuellement révoltés, n'en restent pas
moins des esclaves, et continuent de voter, en troupeaux, pour les candidats désignés par leurs propriétaires. La question de l'émancipation
catholique, aux moments même où en Irlande la situation est la plus troublée, se débat en quelque sorte au-dessus du niveau du bas peuple irlandais.

Le rétablissement de la paix ne fut pas favorable aux partisans de

1. 3 Geo. IV, c. 125.
2. *H. of C.*, 26 avril 1816 (*Parl. Deb.*, vol. XXXII, p. 27).
3. Voir les réflexions de Robert Peel; lettre à S. Beckett, 5 décembre 1816 : Distress
in this country has a different effect — almost a contrary effect — from what it has in
England. Sheer wickedness and depravity are the chief sources of our crimes and
turbulence, and I am satisfied that severe distress would rather tend to diminish than
to increase them (Parker, *Sir Robert Peel*, vol. I, p. 235).
4. *H. of C.*, 14 juin 1822 (*Parl. Deb.*, n. s., vol. VII, pp. 1060-1).

l'émancipation. Ils s'étaient en général recrutés parmi les ennemis de la guerre, parmi ceux qui croyaient la victoire impossible; le vieux parti tory, ayant été immuablement le parti de la guerre, bénéficia de la victoire. Nous avons vu d'ailleurs l'effet désastreux produit en 1813 sur l'opinion par le désaveu que les ultramontains, c'est-à-dire l'immense majorité des catholiques irlandais, avaient infligé à Grattan, l'infatigable avocat de la cause catholique, au moment même où celui-ci croyait toucher à la victoire [1]. Or ultramontains et cisalpins continuaient de se quereller, s'affaiblissant mutuellement pour la plus grande joie des protestants. Le Parlement de 1812, favorable aux revendications catholiques pendant que la guerre durait encore, leur devint défavorable. Il y eut à la Chambre des Communes contre les catholiques une majorité de trente-une voix en 1816, de vingt-quatre voix en 1817.

Majorité fragile. On observait en outre que tous les hommes d'État de marque, à la Chambre des Communes, sur les bancs ministériels aussi bien que de l'Opposition, étaient favorables à l'émancipation catholique : lord Castlereagh s'était sur ce point toujours trouvé d'accord avec Canning. Seul Robert Peel faisait exception : responsable du gouvernement de l'Irlande, il avait pris les Irlandais en dégoût. Il souhaitait, en 1814, que l'*Insurrection Act* devînt la loi permanente du pays [2]; il se déclarait persuadé, en 1816, qu'un gouvernement « honnête et despotique » était le mieux fait pour l'Irlande [3]; il tenait les Irlandais pour des demi-barbares, et rendait responsable de leur barbarie « l'influence pernicieuse de la religion qu'ils professent [4] ». Ce furent ses interventions personnelles qui, dans les débats parlementaires de 1816 et de 1817, assurèrent à la thèse « protestante » une majorité de quelques voix [5] : l'Université d'Oxford lui en marqua sa reconnaissance en le choisissant pour la représenter dorénavant au Parlement. Il ne s'opposa pas cependant, en 1817, au vote d'une loi qui rendait dorénavant accessibles aux

---

1. Voir notre volume I, pp. 457 sqq.

2. Au speaker Abbott, 30 septembre 1814 (C. S. Parker, *Sir Robert Peel*, vol. I, p. 135).

3. A Gregory, 15 mars 1816 : I believe an honest despotic Government would be by far the fittest government for Ireland (C. S. Parker, *Sir Robert Peel*, vol. I, p. 215).

4. Au Speaker Abbot, 25 décembre 1816 (C. S. Parker, *Sir Robert Peel*, vol. I, p. 236), et ce qui suit : It is quite impossible for anyone to witness the remorselessness with which crimes are committed here, the almost total annihilation of the agency of conscience as a preventive of crime, and the universal contempt in which the obligation of any but an illegal oath is held by the mass of the people, without being satisfied that the prevailing religion of Ireland operates as an impediment rather than an aid to the ends of the Civil Government.

5. Voir les renseignements curieux donnés par Peel lui-même sur ces deux batailles parlementaires : à lord Whitworth, 25 mai 1816 (C. S. Parker, *Sir Robert Peel*, vol. I, p. 226) et 10 mai 1817 (*Ibid.*, p. 247).

catholiques tous les grades de l'armée et de la marine [1]. Cette réforme,
les whigs avaient essayé vainement d'en faire, dix ans plus tôt, accepter
le principe par George III : celui-ci les avait congédiés, et remplacés par
un ministère tory. Maintenant, les tories étant au pouvoir, le bill, introduit à la Chambre des Lords, était voté par la Chambre des Communes
en silence, sans l'ombre d'un débat.

SESSIONS DE 1821 ET 1822 : L'ÉMANCIPATION CATHOLIQUE SEMBLE IMMINENTE — Robert Peel se retira du ministère. Un nou-
veau Parlement fut élu. En 1819, une motion favorable à l'émancipation catholique ne fut rejetée par la Chambre des Communes qu'à l'infime majorité de deux voix [2]. Puis George III
mourut; et le bruit se mit à courir avec persistance que le changement
de règne allait être favorable à l'émancipation catholique. On vit
George IV, à peine monté sur le trône, entrer en négociations avec lord Wellesley, qui de tout temps avait été favorable à l'émancipation. N'était-ce
pas un signe qu'il voulait faire de lui son premier ministre? que, son père
étant mort, il ne se sentait plus obligé en conscience d'exécuter ses vo-
lontés? qu'il revenait aux convictions de sa jeunesse? George IV, uniquement préoccupé d'obtenir son divorce, laissa courir ces rumeurs qui pouvaient lui ménager des sympathies dans les milieux d'Opposition et lui
permettre de secouer la tutelle du ministère : en 1821, visitant l'Irlande,
il y eut une réception triomphale. Ajoutons que les événements dont
vers le même temps l'Europe continentale fut le théâtre, apportaient
des arguments nouveaux aux partisans de l'émancipation. Non seulement ils pouvaient continuer de demander aux tories orthodoxes pourquoi ils montraient tant de défiance à l'égard de l'Église catholique en
Angleterre alors que partout ailleurs ils sympathisaient avec le « parti
prêtre » contre le parti de la révolution. Mais il devenait ridicule d'avoir
peur de l'Église catholique au moment où les jacobins, les *liberales*, les *Carbonari*, semblaient sur le point de triompher dans toute l'Europe latine,
où l'insurrection éclatait jusque dans les États romains. « Nous nous
demandons, écrivait le *Times*, si dans un demi-siècle il y aura encore un
Pape de Rome [3] ».

Ce fut la question de l'émancipation catholique qui rendit plus particulièrement difficile, pendant une année environ, le remaniement ministériel devenu nécessaire après la démission de Canning. Le premier mi

1. 57 Geo. III, c. 92.
2. *H. of C.*, 3 mai 1819 (*Parl. Deb.*, vol. XL, pp. 6 sqq.).
3. *Times*, 2 avril 1821.

nistre eût bien voulu le voir redevenir membre du Cabinet. Mais la résistance du roi fut invincible : celui-ci ne pardonnait pas à Canning son attitude indépendante au cours de l'affaire de la reine; et Canning finit par se résigner à partir pour les Indes, où il exercerait les fonctions de gouverneur général. Pendant ce temps, Robert Peel consentait à prendre au *Home Office* la place que la retraite de lord Sidmouth laissait libre. Personnage à la double figure. Pour tout ce qui touchait aux questions économiques, adepte des idées libérales : en quoi d'ailleurs il ne différait ni de lord Liverpool ni de lord Castlereagh, alliés aux économistes politiques contre la coalition des whigs avec les *country gentlemen*. Pour ce qui concernait au contraire l'émancipation catholique, tory plus orthodoxe que lord Castlereagh. Le départ de Canning pour les Indes, la rentrée de Peel dans le Cabinet, c'était pour le parti protestant une double victoire.

Mais lord Liverpool, bien qu'il fût lui-même hostile à l'émancipation savait trop bien lire les signes des temps pour ne pas comprendre qu'il fallait donner des compensations aux catholiques. Lors du vote des *Six Acts*, lors du procès de la reine, les Grenville avaient rompu avec les whigs, s'étaient prononcés avec éclat en faveur du parti de l'ordre et de la Cour. Ils méritaient et demandaient une rémunération. Effectivement le marquis de Buckingham devint duc de Buckingham; Henry Wynn fut chargé d'aller représenter l'Angleterre auprès des cantons suisses; Charles Wynn prit au *Board of Control* la place jadis occupée par Canning. Or les Grenville avaient toujours été partisans de l'émancipation. Chose plus grave : le marquis de Wellesley, partisan de l'émancipation, devint lord lieutenant d'Irlande. Il refusa de conserver à ses côtés comme *Attorney General*, Saurin, un ultra-protestant; il obtint que Saurin fût remplacé par Plunkett, qui était depuis 1815 l'avocat attitré des catholiques à la Chambre des Communes, et se chargeait d'introduire, chaque année ou peu s'en fallait, la motion favorable à leurs revendications.

Plunkett venait, en 1821, de présenter à la Chambre des Communes, deux bills pour l'émancipation des catholiques. Le premier bill permettait aux catholiques d'accéder à tous les postes du Royaume-Uni sauf ceux de lord chancelier et de lord lieutenant d'Irlande. Ils étaient, aux termes du bill, dispensés de faire la déclaration, jusqu'alors exigée, contre le dogme de la Transsubstantiation; et le vieil *Oath of Supremacy*, qui répudiait toute allégeance, spirituelle ou temporelle, à l'égard d'un souverain étranger, était modifié de manière à calmer leurs scrupules. Le deuxième bill spécifiait en retour un certain nombre de garanties à exiger des membres du clergé catholique, afin de rassurer la conscience nationale : un droit de veto était accordé au gouvernement sur la nomination des évêques, et la prestation d'un serment loyaliste était imposée à tous les prêtres catholiques. Les deux bills avaient été finalement fondus en un seul que la Chambre des Communes avait voté après rejet de tous les amendements. Mais déjà s'était manifestée l'hostilité des ultramontains anglais, dirigés par Milner, et de tout le clergé catholique irlandais, contre ce système de garanties, bien qu'il eût reçu l'approbation de la Cour de Rome. Comment donc défendre un bill désavoué par ceux mêmes en faveur de qui il avait été conçu? La Chambre des Lords avait rejeté le bill.

En 1822, Plunkett, devenu ministre, se montra peu disposé à reprendre son bill de l'an passé, nia qu'il fût tenu de le présenter tous les ans, déclara que les circonstances étaient pour cette année peu favorables [1]. Canning alors, qui n'était pas encore parti pour les Indes, entra en scène, et proposa un bill plus modeste. L'année précédente, les pairs catholiques avaient été admis à prendre part aux fêtes du couronnement. Il proposa qu'ils fussent dorénavant admis à prendre part aux travaux, et non pas seulement au cérémonial, de leur ordre. Ils n'étaient qu'une demi-douzaine : cette petite réforme ne bouleverserait ni l'État ni l'Église. Mais les adversaires de la réforme aperçurent le péril de la manœuvre exécutée par Canning. Du moment où l'on aurait admis que des catholiques pouvaient prendre part aux travaux de l'une des deux assemblées législatives, il serait impossible de les exclure longtemps de l'autre. Or, cette mesure d'émancipation partielle n'était accompagnée, aux termes du bill introduit par Canning, d'aucun système de garanties contre l'intrusion de la Cour de Rome dans les affaires intérieures du pays. Comment faire plus tard pour en reprendre l'idée [2]? Voté par la Chambre des Communes, le bill fut rejeté par la Chambre des Lords.

Problème difficile à résoudre. Il n'en est pas moins vrai que, sur la question de l'émancipation, le conflit était ouvert entre les deux Chambres; et personne ne doutait qu'à brève échéance la volonté de la Chambre des Communes dût l'emporter. Depuis 1819 le plus acharné des anticatholiques, Robert Peel, ne croyait point pouvoir garder bien longtemps l'avantage, jurant « d'opposer à la mesure une résistance, il en avait peur, très inutile, mais sincère et intransigeante » [3]. Lorsqu'en 1821 il prit la parole pour combattre les bills de Plunkett, tout le monde remarqua le

1. *H. of C.*, 29 mars 1822 (*Parl. Deb.*, n. s., vol. VI, pp. 1387-8).
2. *H. of C.*, 30 avril 1822, discours de Robert Peel (*Parl. Deb.*, n. s., vol. VII, p. 25.) : 10 mai 1822, discours de Wetherell (*Parl. Deb.*, n. s., vol. VII, pp. 476 sqq.).
3. A Gregory, 15 février 1819 (Parker, *Sir Robert Peel*, vol. I, p. 297) : lettre écrite au lendemain de la séance où les anticatholiques n'obtinrent à la Chambre des Communes qu'une majorité de deux voix.

ton découragé de son discours. Il reconnaissait que, sur cette question
maudite, on avait seulement « le choix entre deux maux »; il se vantait
d'avoir déconseillé aux protestants d'échauffer les esprits en opposant des
contre-pétitions aux pétitions des catholiques; et promettait, si le bill
devait être adopté par le Parlement, de faire tout ce qui serait en lui
pour empêcher le peuple anglais de se révolter contre la loi [1]. Mêmes
accents désespérés dans son discours de 1822 : il déclara que, « s'il tenait
pour probable, à la longue, le vote du bill, il n'y opposerait point pour
cela une résistance moins décidée. Les membres de cette assemblée ne
faisaient que se conformer au véritable esprit de la Constitution en
défendant leurs opinions jusqu'au bout, même contre des majorités
écrasantes [2] ». Il prévoyait apparemment la chute du ministère, les whigs
prenant le pouvoir, et effectuant l'inévitable émancipation catholique [3].
Robert Peel s'y résignait, leur abandonnant la responsabilité d'une
réforme qu'il jugeait dangereuse, et qui, en dépit de ce que pouvaient
croire les hommes éclairés, continuait d'inspirer de profondes méfiances
à la masse du peuple anglais.

LE PROBLÈME
DE LA RÉFORME
PARLEMENTAIRE

Il en était de la réforme parlementaire comme
de l'émancipation catholique. En 1817, après
un premier soulèvement populaire d'apparence
insurrectionnelle, les deux partis s'étaient mis
d'accord pour repousser toute idée d'une réforme du Parlement. En 1819,
les esprits étaient disposés autrement; et lord Castlereagh lui-même,
répondant à une motion réformiste de lord John Russell, reconnaissait
qu'il était nécessaire de donner, sur ce point, quelque satisfaction à la
bourgeoisie des grandes villes industrielles. Puis vinrent les révolutions
de l'Europe méridionale : il parut, pendant quelques semaines, que le
Portugal, l'Espagne et les divers états dont l'Italie se composait, allaient
devenir des démocraties représentatives. C'était un grand encouragement
pour les radicaux d'Angleterre. « Pourrons-nous résister, demandait
Robert Peel à Croker, je ne dis pas au cours de la prochaine session, ni

1. *H. of C.*, 28 février 1821 (*Parl. Deb.*, n. s., vol. IV, pp. 989-990, 1003-4). « I thought
Peel tame and feeble », écrit Ricardo à Trower, le 2 mars; et au même correspondant, le 21 avril : « ... The catholic bill is lost. I am sorry for it, though I cannot but
think that it is only delayed ».
2. *H. of C.*, 10 mai 1822 (*Parl. Deb.*, n. s., vol. VII, p. 507).
3. C. W. Wynn au duc de Buckingham, 15 mai 1822 (*Mem. of court of George IV*,
vol. I, p. 326). — Cf. ce qu'écrivait Ricardo à Trower, le 26 novembre 1820, au sujet
d'une accession éventuelle des whigs au pouvoir : We may probably find men who
will remove the disabilities from the Roman Catholics, and make some amendments
in our criminal laws, but this will be all.

même de la session suivante, mais pourrons-nous résister pendant sept ans à la réforme du Parlement? Si loin de nous qu'elles se produisent, les récentes affaires d'Espagne ne vont-elles pas diminuer les chances de résistance? ». Et, pour parer au danger radical, il suggérait une coalition des tories et des whigs sur un programme de réforme modérée [1]. Puis les choses prirent un autre tour. C'étaient à présent les *country gentlemen* qui s'insurgeaient. Ils constataient que la Chambre des Communes n'accédait pas à leurs vœux, que la commission d'enquête de 1821 leur avait été hostile, que le rapport de cette commission, rédigé par Huskisson, était infecté d'idées ricardiennes. Maîtres de l'électorat des comtés, qui était universellement reconnu comme étant la partie la plus saine de l'électorat, ils se demandèrent pourquoi les représentants des bourgs leur étaient en majorité hostiles. Ils conclurent que c'était en raison de l'extrême corruption de l'électorat de ces bourgs, sur lequel s'exerçait par suite l'influence des ministres, des gros industriels, des financiers; qu'une réforme parlementaire, en privant de leur franchise les bourgs pourris, serait favorable à leurs intérêts. Les *county meetings* qui furent tenus en très grand nombre au cours des premiers mois de 1822 émirent des vœux favorables non seulement à la protection du *landed interest* ou à quelque mesure de banqueroute partielle, mais à la réforme parlementaire. Au même instant, des pétitions circulaient pour demander la mise en liberté de Henry Hunt, emprisonné depuis deux ans : et les pétitionnaires profitaient de ce qu'ils demandaient la grâce de Hunt pour demander aussi la réforme de la représentation. L'agitation était parfaitement légale, elle ne s'accompagnait d'aucune démonstration violente, elle n'avait point pour programme la revendication du suffrage universel : elle invitait la sympathie des réformateurs modérés.

Dès la session de 1820, lord John Russell, s'emparant des paroles prononcées par lord Castlereagh en décembre, demanda que le bourg cornouaillais de Grampound fût privé de sa franchise, que cette franchise fût transférée au bourg de Leeds, et que le droit de vote fût conféré, dans le nouveau bourg, à quiconque occupait un immeuble d'une valeur locative annuelle de 5 l.. On estimait que le bourg de Leeds, qui comprenait, outre la ville elle-même, une dizaine de villages, comptait soixante-dix mille habitants; que, sur ces soixante-dix mille habitants, vingt-huit mille environ étaient des adultes du sexe masculin; et que sur ces vingt-

---

1. Robert Peel à Croker, 32 mars 1820 (*Croker Papers*, vol. I, p. 170). « Pendant sept ans ». Le nouveau Parlement allait se réunir : sept années constituaient la durée de son existence légale. Peel croyait inévitable que le Parlement élu en 1820 fît la réforme parlementaire.

huit mille, huit mille environ deviendraient électeurs si le bill de lord John Russell était voté [1]. Ainsi se trouverait posé, dans des conditions très nettes, le principe d'une réforme parlementaire « modérée ».

Tout de suite se manifestèrent les résistances du parti tory, lord Castlereagh lui-même battant en retraite. Les tories protestèrent que lord John Russell plaçait trop bas, dans le nouveau bourg, le cens électoral, qu'il fallait le relever à 10 l., à 20 l.. Sur quel principe, d'ailleurs, se placer pour le définir? pourquoi ne pas descendre tout de suite jusqu'au droit de vote de tous les contribuables? et n'était-ce pas justement le vice du système proposé par lord John Russell que l'on se trouvât condamné, par la création d'un bourg nouveau, à la création d'une franchise nouvelle [2]? Ils allèrent jusqu'à alléguer que le Parlement, en créant un bourg électoral nouveau, excédait ses droits constitutionnels, empiétait sur la prérogative royale. Fallait-il donc revenir à la méthode traditionnelle, absorber, comme on disait, le bourg de Grampound « dans le *hundred* adjacent »? C'était la thèse que soutenait Canning [3]. Mais le comté de Cornouailles, où se trouvait Grampound, avait certainement, avec ses vingt et un bourgs, beaucoup plus de représentants qu'il n'eût été équitable de lui accorder. Tant que ces représentants étaient des étrangers, des financiers venus d'ailleurs, qui achetaient ouvertement le droit de siéger à la Chambre des Communes, il n'y avait que demi-mal : la corruption même du régime en corrigeait l'iniquité. Du jour au contraire où, avec un corps électoral élargi, le bourg de Grampound cesserait d'être un bourg pourri, l'inégale répartition des sièges, sous le régime existant, deviendrait trop apparente [4]. Lord Castlereagh suggéra une méthode intermédiaire, dont lord Liverpool fit adopter le principe par la Chambre des Lords : donner les sièges dont on privait Grampound non pas à un bourg nouveau, mais au vaste comté du Yorkshire. Dix-huit mille électeurs avaient voté dans le Yorkshire aux dernières élections. Dorénavant ils éliraient non pas deux, mais quatre représentants [5].

1. *H. of C.*, 9, 19 mai 1820 : discours de lord John Russell (*Parl. Deb.*, n. s., vol. I, pp. 237 sqq., 480 sqq.).

2. Voir les débats, *H. of C.*, 5 mars, 19 mars 1821 (*Parl. Deb.*, n. s., vol. IV, pp. 1077 sqq., 1338 sqq.).

3. *H. of C.*, 19 mai 1820 (*Parl. Deb.*, n. s., vol. I, pp. 504 sqq.). — Les *hundreds* étaient de petites divisions territoriales, qui étaient censées remonter au règne du roi Alfred : théoriquement, dix familles de francs-tenanciers constituaient un *tything*, et dix tythings, un *hundred* (Blackstone I Comm. 115). Les limites du bourg électoral, selon cette procédure, étaient étendues aux limites du *hundred* dans lequel il était contenu; et dans cette circonscription électorale élargie la franchise était conférée, par exemple, aux *forty shillings freeholders*, comme dans les comtés.

4. *H. of L.*, 10 mai 1821 : discours de lord Liverpool (*Parl. Deb.*, n. s., vol. V, pp. 630-1).

5. 1 and 2 Geo. IV, c. 47.

Lord John Russell et ses amis acceptèrent l'amendement, tout en se réservant le droit de réclamer plus tard, pour Leeds ou pour telle autre grande ville, une représentation séparée. Mais visiblement l'opinion demandait quelque chose de plus que de simples corrections de détail à la constitution électorale du royaume. Ce n'étaient pas seulement les radicaux parlementaires, tel Lambton, qui persistaient à présenter des revendications très voisines de celles qui avaient été présentées dans les meetings de 1819 — des parlements triennaux sinon annuels, et le *household suffrage* à défaut du suffrage universel —; c'était l'aristocratie whig qui s'ébranlait en masse, encouragée par le fléchissement des rangs tories, et cherchait à se mettre d'accord sur quelque mesure d'ensemble.

Dans une série de *county meetings* tenus immédiatement après la fin du procès de la reine, nous voyons le duc de Bedford, lord Holland, lord Grey, déclarer nécessaire une réforme parlementaire [2]. De ces trois hommes d'État, c'était le duc de Bedford qui faisait, en réunion publique, les déclarations les plus catégoriques. Mais lord Grey lui-même semblait regretter la timidité dont il avait fait preuve en 1817. Dès le mois de décembre 1819, il se déclarait, dans une lettre à lord Holland, médiocrement satisfait de la motion de lord John Russell : celui-ci enfermait le principe de la réforme dans des limites trop étroites. Et lord Grey affirmait, quelques mois plus tard, au même correspondant, que le temps des demi-mesures était passé si on voulait donner satisfaction au sentiment public [3].

Un an plus tard, les intellectuels du parti entrent en campagne. C'est lord John Russell, cadet de grande famille en même temps que théoricien du droit public, qui demande à la Chambre des Communes d'ouvrir une enquête sur la question de la réforme parlementaire [4]. C'est Mackintosh qui rédige, dans la « Revue d'Édimbourg », tout un plan de réforme

---

1. *H. of C.*, 17 avril 1821 (*Parl. Deb.*, n. s., vol. V, pp. 359 sqq.).

2. Leurs discours sont reproduits par Cobbett dans son *Political Register*, 20 janvier 1821 (vol. XXXVIII, pp. 146 sqq.). — Diary of J. C. Hobhouse, 23 janvier 1821 : Lord Milton ...owned to me that Reform was gaining ground in his mind. Indeed, I never saw so great a change as to Reform in my life (*Lord Broughton's Recollections of a long life*, vol. II, p. 140).

3. Lord Grey à lord Holland, 26 décembre 1819, 23 avril 1820 (G. M. Trevelyan, *Lord Grey of the Reform Bill*, p. 372). Il semble d'ailleurs être demeuré perplexe sur la question de savoir jusqu'à quel point il devrait se considérer comme obligé de déposer un bill de réforme parlementaire, s'il lui arrivait de devenir premier ministre Voir le discours de lord Grey au meeting de Northumberland (*Pol. Reg.*, 20 janvier 1821 ; vol. XXXVIII, p. 151); et Diary of J. C. Hobhouse, 7 décembre 1820 (*Lord Broughton's Recollections of a long life*, vol. II, p. 139).

4. *H. of C.*, 9 mai 1821 (*Parl. Deb.*, n. s., vol. V, p. 604). — La motion fut rejetée par 155 voix seulement contre 124, les ministériels ne se trouvant pas en nombre ce jour-là.

« modérée » pour servir de programme au parti [1]. Dans le discours de lord
John Russell, dans l'article de Mackintosh, l'idée maîtresse est la même :
adopter une procédure plus expéditive pour priver à l'avenir de leur franchise les bourgs dont la corruption est notoire, et transférer leurs franchises à des villes importantes, tant par leur richesse que par le nombre
de leurs habitants. Mackintosh fixait à vingt le total de ces villes. Mais
lord John Russell, au début de la session de 1822, se montra tout à coup
plus audacieux. Il demanda d'emblée l'addition à la Chambre des Communes de cent membres nouveaux. Parmi ces nouveaux membres,
soixante seraient élus par les comtés, et quarante par de grandes villes
manufacturières actuellement non représentées : rien n'obligeait, faisait-il
observer, à pourvoir ces circonscriptions urbaines nouvelles d'une franchise uniforme. Si l'on faisait des objections à ce brusque accroissement
du nombre des sièges, il proposait que les cent bourgs électoraux où sous
le régime actuel le nombre des électeurs était le plus faible fussent
privés d'une moitié de leur représentation et n'envoyassent désormais
à Westminster qu'un membre au lieu de deux [2]. Il ne s'agissait plus
comme on voit, d'une sorte de bill de Grampound généralisé, mais d'une
réforme très vaste, qui, si elle devait être appelée « modérée », puisqu'elle
excluait le principe du suffrage universel, n'en était pas moins « radicale »
par rapport à tous les plans jusqu'alors considérés comme acceptables
par l'ensemble du parti whig.

Pourquoi cette audace soudaine? Les *county meetings*, où les *squires*
ruraux paraissaient se convertir en masse à la cause de la Réforme, en
fournissent l'explication. On comprend, du même coup, pourquoi cette
allure peu démocratique de tout le discours de lord John Russell; pourquoi cet éloge des révolutions faites par des aristocraties, celle qui chassa
les Tarquins, celle qui chassa les Stuarts; pourquoi cet appel non seulement
au parti whig, mais à « l'influence d'une aristocratie unie », et, plus particulièrement, à la fraction tory de la Chambre des Communes; pourquoi cet hommage, très appuyé, à l'électorat des comtés; et pourquoi,
dans le projet lui-même, cette part prépondérante faite aux comtés.
L'occasion semblait favorable pour essayer de grouper, derrière lui, une
sorte de *country party* dressé, sous la direction des grandes familles whigs,

---

1. *Ed. Rev.*, novembre 1820, art. xii. *Parliamentary Reform*; à propos du discours de lord John Russell du 14 décembre 1819 (vol. XXXI, p. 199). — Le numéro,
bien que portant la date de novembre 1820, parut seulement au début de 1821, Mackintosh s'étant fait attendre (lord John Russell à Thomas Moore, 7-8 janvier 1821 : *Early
Correspondence of Lord John Russell*, vol. I, p. 217).

2. *H. of C.*, 25 avril 1822 (*Parl. Deb.*, n. s., vol. VII, pp. 52 sqq.). — « This was a great
step for him », commente J. C. Hobhouse (lord Broughton), dans son journal, à la
date du 25 (*Lord Broughton's Recollections of a long life*, vol. II, p. 183).

contre le parti de la Cour : elle était d'autant plus favorable que le parti
de la Cour se trouvait, pour l'instant, en froid avec la Cour elle-même.
Si telles étaient les espérances de lord John Russell [1], elles furent déçues.
Cent soixante-quatre voix seulement se prononcèrent pour sa motion,
contre deux cent soixante-neuf voix ministérielles : la *gentry* tory était
restée fidèle au ministère. Du moins le parti whig, pour la première fois,
faisait bloc sur un *Reform Bill* défini : et c'était un parti que, d'un jour à
l'autre, les accidents de la lutte parlementaire pouvaient appeler au pouvoir. On s'explique ainsi le ton du grand discours prononcé par Canning
pour combattre la motion de lord John Russell. Comparons ce discours
avec le discours prononcé le lendemain par Robert Peel pour combattre
le bill catholique de ce même Canning. De part et d'autre, en des matières
différentes, même intransigeance et mêmes inquiétudes. « Si le noble lord
persévère, si sa persévérance est couronnée de succès, si le succès de ses
efforts entraîne les conséquences que je ne puis m'empêcher de redouter,
à lui la gloire d'avoir contribué à précipiter la marche des choses, à moi
la consolation d'avoir résisté jusqu'au bout, et de toutes mes forces [2] ».

FIN DE SESSION MALAISE DE L'OPINION. LE SUICIDE DE LORD CASTLEREAGH — Les travaux de la session se prolongèrent jusqu'au 6 août; et, quand le Parlement se sépara, après six mois d'incessantes batailles avec le ministère, il fut visible que la tactique nouvelle de l'Opposition, son alliance avec les *country gentlemen*, n'était pas encore faite pour lui donner la victoire.
En adoptant cette tactique, les chefs de l'Opposition, qui étaient de grands
propriétaires fonciers, avaient-ils considéré les intérêts de leur classe?
Avaient-ils, plus simplement, poursuivi un intérêt politique immédiat,
espéré mettre les ministres en minorité dans une Chambre où les *country
gentlemen* étaient prépondérants? Quoi qu'il en fût, ils avaient échoué.
Les *country gentlemen* restaient, en grande majorité, fidèles au ministère. Les whigs s'étaient d'autre part aliéné les économistes politiques
et les manufacturiers, au moment même où ceux-ci étaient flattés de voir

---

1. Espérait-il beaucoup? Voir l'accent pessimiste de la lettre qu'il adressait à Moore
le 26 février : ... The country is flat and poor and dispirited, the country gentlemen
base and servile, and these ministers have really established themselves in such a
way that it will require King and Country to unite very strongly to turn them out
(*Early Correspondance of lord John Russell*, vol. I, p. 223). L'année précédente, dans son
*Essay on the History of the English Government and Constitution from the Reign of
Henry VII to the Present Time*, il présentait, sur la question de la Réforme, des observations extrêmement circonspectes, et qui ne pouvaient faire deviner son projet audacieux
de 1822.

2. *H. of C.*, 25 avril 1822 (*Parl. Deb.*, n. s., vol. VII, p. 136).

lord Liverpool, Robinson et Wallace orienter conformément à leurs vœux la politique commerciale du royaume. Cette session de 1822, sur laquelle les whigs avaient fondé tant d'espérances, était, en fin de compte, aussi décevante pour eux que l'avaient été les sessions précédentes.

Ils avaient cru, en 1820, que le procès de la reine allait provoquer sinon des changements révolutionnaires, tout au moins une crise ministérielle. Or, les ministres étaient toujours en place; on en venait à se demander s'ils n'étaient pas en place pour toute la durée de leurs vies. Quant à l'affaire de la reine, elle était, conformément au pronostic de Brougham, aussi oubliée que le vieux scandale du duc d'York et de sa maîtresse. En 1821, les whigs avaient espéré exploiter contre le ministère les révolutions du Midi. Or, en 1822, ils semblaient reconnaître, par leur silence, que la politique de non-intervention qui avait été adoptée par lord Castlereagh était la plus sage. Pouvait-on croire que maintenant, l'alliance avec les *country gentlemen* n'ayant porté aucun fruit, la question de l'émancipation catholique ou la question de la réforme parlementaire allait bientôt permettre aux whigs de renverser le ministère? La chose paraissait douteuse.

Tous les orateurs parlementaires étaient d'accord pour reconnaître que ces questions se discutaient devant une opinion parfaitement calme, certains disaient même : apathique. En Irlande, le *Catholic Board*, dirigé jadis par le jeune O'Connell, avait cessé depuis 1814 de faire parler de lui; et les crimes atroces qui se commettaient dans les campagnes irlandaises n'avaient rien à voir avec la question catholique. Quant à l'agitation qui se faisait dans les *county meetings* ruraux sur la question de la réforme parlementaire, elle avait quelque chose de superficiel et de factice, n'étant pas soutenue, depuis que le chômage avait cessé dans les usines et que les denrées alimentaires étaient à bon marché, par une vague de mécontentement populaire, pareille à celles qui avaient soulevé le prolétariat des grandes villes en 1816 et en 1819. Les mois de printemps n'étaient pas écoulés, que déjà on n'en entendait plus parler. « Saisissez, disaient les partisans des réformes, une occasion si favorable pour résoudre deux graves problèmes avec le sang-froid qui convient, sans attendre le moment où il faudra les résoudre à la hâte, sous la menace d'une révolution ». « A quoi bon, répliquaient leurs adversaires, voter des réformes pour lesquelles il n'y a pas de demande urgente? » Le second argument était moins probant que le premier, mais il était mieux fait pour persuader une assemblée parlementaire.

De ce que l'Opposition fût aussi éloignée que jamais du pouvoir, faut-il conclure que le ministère avait gagné en prestige? En aucune manière.

« Point de crainte sérieuse et sincère des révolutions, écrivait un obser-
vateur étranger en termes excellents, ni les chefs ni le public n'y croient.
Avec cela la conscience que les vieux principes, tant du gouvernement
que de l'Opposition, sont usés, et qu'il en faut d'autres, qu'on ne tient pas
encore, que chacun cherche de son côté : ce qui fait que le ministère est
très fort, l'Opposition parlementaire très faible, et cependant le ministère
très décrié, l'Opposition nationale très forte. » Le Cabinet était, plus que
jamais, impopulaire; nul, parmi les membres de ce ministère, ne l'était
plus que le *leader* de la Chambre des Communes, lord Castlereagh : et cette
impopularité de lord Castlereagh, mystérieuse à certains égards, n'en est
que plus caractéristique.

Elle nous apparaît d'abord comme mystérieuse, parce que lord Castlereagh était loin d'être le plus réactionnaire parmi les membres du Cabinet.
C'étaient lord Eldon, lord Sidmouth, et, depuis 1818, Wellington,
qui constituaient à l'intérieur du Cabinet, le clan des tories vraiment
orthodoxes : quand ils réclamaient des mesures de répression contre
l'émeute, lord Castlereagh ne faisait que se rendre, et souvent après des
hésitations, à leurs conseils. Si on voulait le rendre responsable des mala-
dresses de Vansittart, ne fallait-il pas lui tenir compte en revanche d'avoir
appuyé toujours au Parlement le libéralisme économique de Robinson
et de Wallace? Pour ce qui touchait le règlement de la question catholique et le gouvernement de l'Irlande, il était, depuis la retraite de
Canning, le chef de la fraction libérale du ministère. Pour ce qui touchait
la réforme parlementaire, il était un défenseur moins entêté que Canning
du régime électoral existant. Enfin l'Opposition était obligée de reconnaître qu'il avait désolidarisé la politique extérieure d'avec la politique
des Puissances absolutistes. Pourquoi donc cette impopularité?

C'est d'abord que les plus illibéraux des ministres siègeaient à la Chambre
des Lords. Là, sous la présidence du sage lord Liverpool, dont personne
ne se souciait guère, ils ne se trouvaient exposés qu'aux critiques modérées
et courtoises de lord Lansdowne. A la Chambre des Communes, c'était
lord Castlereagh qui, en sa qualité de *leader*, devait recevoir tous les coups
dirigés contre la politique ministérielle par les membres les plus remuants
de l'Opposition, lord John Russell, et Mackintosh, et Brougham, et Hobhouse, et Sir Francis Burdett. Ajoutons qu'à tous les congrès où, depuis
1814, les souverains se réunissaient pour délibérer sur les affaires de l'Europe, c'est lui qui représentait l'Angleterre en face de l'empereur de Russie,

1. Guizot à madame Guizot, 17 juin 1822 (*Lettres de M. Guizot à sa famille et à ses
amis*, p. 41). Guizot traduit les impressions du jeune Victor de Broglie qui vient de
visiter l'Angleterre.

de l'empereur d'Autriche et du roi de Prusse. Trop peu cynique, trop soucieux du maintien de la paix, pour rompre brutalement avec ceux dont il était le collaborateur régulier, flatté peut-être aussi d'avoir pénétré dans l'intimité de ces princes, il ne parlait sans doute pas, quand la politique extérieure de l'Angleterre était en jeu, le langage énergique qu'il eût fallu pour émouvoir et flatter l'opinion. C'était d'ailleurs un orateur médiocre, l'amphigouri de ses périodes était devenu légendaire, les parlementaires et les journalistes s'en amusaient ouvertement[1]; et il répondait aux attaques et aux plaisanteries par une affectation de silencieuse indifférence qui passait pour de la hauteur[2], alors qu'elle n'avait peut-être d'autre cause qu'une sorte de timidité. Mais en vérité ses adversaires étaient-ils sincères quand ils le taxaient d'orgueil? Ils le savaient inoffensif : c'est pour cela qu'ils fonçaient sur lui. Son impopularité était donc à la fois imméritée et méritée : il faut juger sévèrement un homme d'État qui ne sait ni se faire craindre ni se faire aimer.

Abreuvé de dégoût, il aspirait à la retraite. Il le disait à ses amis. Il menaça une fois ouvertement le Parlement de donner sa démission. Au moment où le Parlement fut prorogé, ses collègues et le roi lui-même s'alarmèrent d'une tristesse qui tournait à une mélancolie pathologique. Il était distrait, absorbé; il tressaillait au moindre bruit. Les continentaux, au xviiie siècle, appelaient « mal anglais » cette forme grave de la mélancolie qui aboutit si souvent au suicide; et depuis le commencement du siècle le « mal anglais » avait fait, dans le monde politique anglais, deux victimes notables : Whitbread en 1815, Romilly en 1818. Il allait en faire une plus notable encore. Le 12 août, dans sa

1. *Times*, 18 février 1822 : Lord Londonderry's speech of Friday night presented one of the most singular specimens of eloquence ever heard within the walls of the House of Commons, or read out of them : — « Principles of relief vivifying and fructifying » « A company making new strides, and taking fresh dimensions of prosperity ». « The proposal to repeal taxes to a great extent went to contradict the great causes of nature ». « It was delusive and dangerous to say that distress arose from taxation, and not from Providence and the great principles of nature. » And « there was no distress in this country that could not be removed by a due application of the principles of resurrection ». These and many other expressions excited bursts of laughter, so that if the subject itself was painful in an extraordinary degree, the manner in which it was treated by his Lordship excited much merriment. — Cf. Byron, *Don Juan*, Canto IX, xlviii, xlix. — N. B. Nous avons continué de dire « lord Castlereagh » pour la commodité du récit. Mais lord Catlereagh était devenu, le 31 mai 1821, par la mort de son père, marquis de Londonderry.

2. *H. of C.*, 21 février 1821, discours de Mackintosh : ... The noble lord, whose peculiar character it was to remain calm and undisturbed through every discussion, however it might personally or politically relate to him, would not induce him (Sir J. M.) to suppose that he felt uninterested at that moment, for he rather thought that this silence was the result of agitation on the part of the noble lord... (*Parl. Deb.*, n. s., vol. IV, p. 845).

maison de campagne, à North Cray, lord Castlereagh se coupa la gorge d'un coup de canif.

Tout ce qu'il y avait, non seulement en Angleterre mais sur le Continent, de libéraux et de révolutionnaires, apprit la mort de cet administrateur consciencieux, de ce diplomate prudent et pacifique, comme s'il se fût agi de la mort d'un tyran. La fin violente de celui qui avait été un des principaux signataires des traités de 1815 apparut comme une date presque plus importante dans l'histoire des libertés de l'Europe que ne l'avaient été, deux ans plus tôt, les révolutions d'Espagne et d'Italie. Il eut des funérailles nationales, ainsi qu'il convenait à son rang; mais, au moment où son cercueil, porté à bras, allait entrer dans l'abbaye de Westminster, un groupe, parmi les curieux qui se pressaient en foule, salua la disparition du premier ministre par de bruyants applaudissements.

LIVRE II

LA DÉCOMPOSITION DU PARTI TORY

(1822-1830)

CHAPITRE PREMIER

LE PRESTIGE DE CANNING

Canning et son système. — Les problèmes de la politique extérieure. Espagne et Amérique du Sud. — Activité réformatrice du ministère. — La question des esclaves et la question catholique. — La crise économique de 1825 et le triomphe du libéralisme ministériel.

CANNING ET SON SYSTÈME

PASSÉ POLITIQUE DE CANNING. IL SUCCÈDE A LORD CASTLEREAGH — Pour remplacer lord Castlereagh, un homme s'imposait par l'éclat de son génie. C'était Canning. Mais il était en butte aux défiances, aux rancunes de tous.

Les plus vieux parmi les whigs, ceux qui appartenaient à la génération de lord Grey, se rappelaient qu'il avait, tout jeune encore, fait ses débuts politiques sous le patronage de leur parti; qu'il les avait trahis ensuite, avait mis tout son talent d'écrivain au service du parti tory, les avait accablés de sarcasmes dans son *Anti-Jacobin*. C'est ainsi qu'il avait gagné la confiance de Pitt : celui-ci lui avait fait faire un riche mariage, et avait paru le désigner pour être un jour l'héritier de sa politique. Les tories, de leur côté, n'oubliaient pas qu'après la mort de Pitt il les avait trahis eux-mêmes, et, de 1809 à 1812, devenu homme d'opposition, avait conspiré avec les whigs pour les chasser du pouvoir. Puis il avait licencié sa faction, avait accepté du ministère, après la défaite napoléonienne, une ambassade somptueusement payée, et avait fini par rentrer dans le Cabinet comme Président du *Board of Control*, autrement dit ministre pour les Indes Orientales. Trop remuant d'ailleurs pour se cantonner dans l'exercice des fonctions administratives qui lui étaient échues, il avait pris une part éclatante aux débats parlementaires, blessant par ses sarcasmes, lors du passage des *Six Acts*, les démocrates et les whigs. Après quoi, il avait, pour la deuxième fois, faussé compagnie au ministère, refusé de se solidariser avec ses collègues dans l'affaire du procès de la reine, donné sa démission. Non qu'il eût passé dans le camp de l'Opposition : il continua d'irriter les whigs par le zèle qu'il mit à défendre la politique tory. Hobhouse, le 17 avril 1821, atteint lui-même par une allusion insultante de Canning, se chargea de venger tous ceux qui avaient été comme lui outragés. Dans une longue diatribe, écoutée par une Chambre silencieuse et ravie, il l'avait traité de sophiste, de rhéteur, d'aventurier politique, tolérable peut-être dans une assemblée corrompue : mais son temps serait révolu quand, le régime électoral ayant été réformé, il n'y aurait plus de place dans une Chambre des Communes régénérée pour « le talent dépourvu de moralité [1] ». Alors, Canning, sentant tout lui manquer, la faveur publique aussi bien que la faveur royale, avait renoncé à toute ambition personnelle, et accepté de s'en aller exercer aux Indes Orientales les fonctions de gouverneur. Là sans doute s'achèverait, comme en exil, sa carrière déjà longue, et qui semblait manquée : il avait cinquante-deux ans. « Il aura donc, écrivait lord John Russell, s'inspirant des paroles de Hobhouse, pris tant de peine pour nous enseigner qu'il faut de la moralité dans ce pays pour réussir [2] ». Et sur les bancs du parti tory lord Eldon lui avait souhaité « bon voyage dans quelque partie du monde qu'il lui plût de se transporter [3] ».

Quand lord Castlereagh eut inopinément disparu, Canning n'était pas

1. *Parl. Deb.*, n. s., vol. V, pp. 425-6.
2. Lord John Russell à Thomas Moore, janvier 1822 : « Canning is, I suppose, to bury himself in India : he is a fool for his pains, but it is a fine moral on the value of character in this country » (Sp. Walpole, *Life of lord John Russell,* vol. I, p. 127 n.). Et Sp. Walpole rapproche ce passage d'un autre passage qui se trouve dans les *Memoirs of the Affairs of Europe* de lord John Russell : « It is the character of party, especially in England, to ask for the assistance of a man of talent, but to follow the guidance of a man of character. » Mais c'est du discours de Hobhouse, antérieur à la lettre de lord John Russell, qu'il convenait de rapprocher les deux phrases.
3. *H. of L.*, 21 juin 1822 (*Parl. Deb.*, n. s., vol. VII, p. 1232). — Il est probable que ces souhaits de « bon voyage » étaient la plaisanterie à la mode dans les cercles

encore parti pour les Indes. Il comprit tout de suite que les ministres ne
sauraient guère se passer de son assistance, et laissa clairement entendre
qu'il n'entrerait pas dans le Cabinet si on ne lui donnait la succession
de lord Castlereagh tout entière : le ministère des affaires étrangères
avec la direction de la Chambre des Communes[1]. De son côté le roi,
appuyé par lord Eldon et plusieurs autres tories orthodoxes, ne voulait
de Canning ni comme ministre des affaires étrangères ni comme *leader*
de la Chambre des Communes. Il proposa à Robert Peel le poste de
leader; Wellington, à la Chambre Haute, aurait les affaires étrangères[2].
Robert Peel offrait, sur la question de l'émancipation catholique, les
garanties que ne donnait pas Canning : c'est pour cela que l'Université
d'Oxford avait voulu être représentée non par Canning mais par lui.
D'ailleurs, la manière dont il avait pendant six ans gouverné l'Irlande,
le rôle qu'il avait joué dans le retour au paiement en espèces, les talents
dont il faisait preuve depuis quelques mois au ministère de l'intérieur,
le désignaient aux yeux de bien des gens, en dépit de sa jeunesse (il
avait trente-quatre ans seulement), pour être un jour premier ministre.
Lord Liverpool, très favorable à Canning, aurait peut-être dû céder à la
pression tory si Robert Peel avait voulu entrer dans le complot. Mais
celui-ci eut la modestie, ou la sagesse, de se dérober : il refusa de se considérer comme lésé si on plaçait au-dessus de lui Canning, son aîné de
presque vingt ans[3]. Quant à Wellington, il était de son côté persuadé,
et depuis longtemps, qu'il fallait à tout prix, pour fortifier le ministère,
obtenir la collaboration de Canning[4].

Le roi, dont les répugnances étaient fortes — car il n'avait pas oublié

tory; car, une semaine plus tôt, lord Manners, le 14 juin, écrivait à Peel : « I trust
the House of Lords will deal with the measure as it deserves, and give the author of
the Bill a good dressing for not suffering the country, for one year at least, to be
exempt from the fever. He is a terribly restless, ambitious, and treacherous fellow, and
I heartily wish him a prosperous voyage, and a permanent residence in India. » (C. S.
Parker, *Sir Robert Peel*, vol. I, p. 314).

1. Canning à Morley, 26 août 1822 (A. G. Stapleton, *George Canning and his times*,
p. 362.

2. C. D. Yonge, *Life... of lord Liverpool*, vol. III, p. 195 sqq. — C. S. Parker, *Sir
Robert Peel*, vol. I, pp. 320, 327 sqq.

3. Peel à lord Liverpool, 20 août 1822 (C. S. Parker, *Sir Robert Peel*, vol. I, p. 320);
au Speaker (Manners Sutton), 2 septembre 1822 (C. S. Parker, *Sir Robert Peel*, vol. I,
p. 332). — Cf. *H. of C.*, 1er mai 1827 : discours de Peel (*Parl. Deb.*, n. s., vol. XVII,
p. 403).

4. C. Wynn au duc de Buckingham, 15 juillet 1822 (Duke of Buckingham, *Mem. of
the Court of George IV*, vol. I, p. 350); C.-W. Wynn au duc de Buckingham, 20 août 1822
(*Ibid.*, p. 365); le même au même, 3 septembre 1822 (*Ibid.*, p. 372). — Wellington
au Roi, 7 septembre 1822 (*Dispatches, Cont. own.*, vol. I, pp. 274-6); *Memorandum
shown to lady Londonderry upon appointing Mr. Canning to office*, 7 septembre 1822
(vol. I, *Ibid.*, pp. 277-8.) — Cf. Sir Henry Lytton Bulwer (*Historical Characters*, p. 324),
le récit de l'entretien décisif qui eut lieu entre Wellington et le roi.

l'affaire du procès de la reine — capitula le 8 septembre. C'était, déclarait-il dans la lettre qu'il adressa à lord Liverpool pour être communiquée à Canning, « le plus bel ornement de la couronne que le pouvoir d'accorder sa grâce et sa faveur à un individu qui avait encouru son déplaisir ». Et d'abord Canning regimba : il n'admettait pas qu'il eût besoin d'être pardonné. On lui fit cependant entendre raison : n'obtenait-il pas d'un seul coup, conformément à son désir, les affaires étrangères avec la direction de la Chambre des Communes[1]? Il accepta, et bientôt, habile courtisan, se réconcilia avec George IV en choisissant pour secrétaire privé lord Francis Conyngham, fils de la maîtresse du Roi, qui, brouillée avec Peel, avait fait beaucoup, dans les premiers jours de septembre, pour soutenir contre ce dernier la candidature de Canning[2].

Il ne s'agissait pas, dans l'espèce, d'un remaniement ministériel au sens propre du mot : Canning, complètement isolé, n'était pas entouré d'un état-major dont les appétits eussent besoin d'être satisfaits. Les Grenville essayèrent bien de se faire récompenser, pour avoir appuyé fortement sa candidature à la succession de lord Castlereagh : mais Canning lui-même découragea leurs intrigues[3]. Il y avait un homme seulement pour qui Canning désirait de l'avancement : il demandait pour Huskisson le *Board of Control*, en d'autres termes le ministère des Indes Orientales, avec une place dans le Cabinet. Mais, si Huskisson avait acquis beaucoup d'autorité au Parlement depuis deux ou trois ans, il avait aussi encouru l'animosité des *country gentlemen* par la résistance qu'il avait opposée à leurs revendications. Il n'eut pas le *Board of Control*. Même au mois de janvier suivant, quand lord Liverpool jugea sage d'éliminer Vansittart, notoirement incapable, et de le remplacer à l'Échiquier par Robinson, Huskisson n'obtint pas tout de suite la succession de celui-ci au *Board of Trade*. Lorsqu'il l'obtint au mois d'avril, il n'eut pas accès au Cabinet. L'influence de Canning n'était pas encore assez forte pour lui donner satisfaction, et braver, à la Chambre des Communes, l'opposition de la *gentry* tory.

Il se trouvait en vérité, au moment où il occupa son nouveau poste, dans une situation difficile. Les tories subissaient sa collaboration, mais ce n'était pas sans mauvaise humeur. Ils rendaient hommage à ces dons

---

1. *Greville Memoirs*, 16 novembre 1822. — C. S. Yonge, *Life... of lord Liverpoo* vol. III, p. 200.

2. Lord Broughton, *Recollections of a long life* vol. II, p. 13. — Miss Maria Copley à Creevey, 12 janvier 1823 : Lord F. Conyngham's appointment gives great disgust, and I don't wonder at it. Lord Alvanley calls him *Canningham.* The King is quite delighted with his Secretary of State, and was seen the other day at the Pavilion walking about with his arm rou Canning's neck *(Creevey Papers*, vol. II, p. 59).

3. Duke of Buckingham, *Memoirs of the Court of George IV* (vol. I, pp. 379-sqq.).

oratoires, « qui partout, et surtout dans les gouvernements libres,
servent à couvrir bien des péchés [1] »; mais ils doutaient qu'il fût de taille à
remplacer, comme homme d'État, lord Castlereagh. Quant aux whigs et
aux « libéraux », ils avaient pris depuis longtemps l'habitude de le haïr; et
leurs sentiments s'exprimèrent d'abord librement dans la presse. La « Revue
d'Édimbourg » protesta contre l'affront de cette nouvelle « expérience » que
l'on faisait subir à la patience du pays [2], Leigh Hunt, dans son *Examiner*,
le déclara « vaniteux, intrigant, agité, bas, sans foi et sans principes [3] ».
Le *Times* refusait de voir en lui autre chose qu'un orateur, un diseur de
bons mots, dépourvu de toutes les qualités qui font le véritable homme
d'État [4]. Mais, si les défiances du parti tory étaient destinées à aller toujours s'aggravant, l'hostilité de l'Opposition, par contre, s'apaisa très vite.
Quelques semaines, quelques journées à peine s'étaient écoulées depuis la
nomination de Canning, et le bruit se répandit, habilement mis en circulation par son entourage, que le remplacement de lord Castlereagh par
Canning équivalait à un véritable changement d'administration [5]. Dès
le 2 octobre, le *Morning Chronicle*, dans un article d'ailleurs équivoque
et qui renfermait encore bien des réserves [6], alla jusqu'à promettre à
Canning le « titre glorieux de libérateur de l'Europe » s'il avait le courage de tenir tête à l'empereur de Russie, comme jadis il avait tenu
tête à la tyrannie napoléonienne. L'appui énergique donné dès le même
mois d'octobre par le *Foreign Office* à John Bowring, un ami de Bentham, persécuté à Boulogne par la police de Louis XVIII, justifia les
espérances du *Morning Chronicle*, fut un avertissement à l'opinion libérale des deux côtés de la Manche [7]. Bien vite Canning devint un objet
d'exécration à Paris pour le faubourg Saint-Germain, à Vienne pour les

1. *Ann. Reg.*, 1822, p. 183.
2. *Ed. Rev.*, novembre 1822, art. V, *Mr. Canning and Reform* (vol. XXXVII, p. 407).
3. *Examiner*, 15 septembre 1822.
4. 2 septembre, 6 septembre, 13 septembre, 16 septembre : ... a hired advocate,
retained to palliate the weaknesses and transgressions of a party, the great majority
of whose members he excels in the use of speech,... the apologist of bad measures, not
the author of good ones... Mr. Canning is indeed a fit agent or associate for the Holy
Alliance... The unfortunate Country Gentlemen, reduced as they are to beggary,
must expect from that rooted foe to innovation no shadow of relief or assistance.
5. *Greville Memoirs*, 24 novembre 1822.
6. Mr. Canning is no favourite of ours. We like him less than many of his political
coadjutors, perhaps because his personal talents point him out as the *Champion* of
principles which we abhor... Mr Canning has some character... He does not blink an
awkward question but glories in his own shame... He is downright in the expression
of his miserable opinions, and pursues his rash resolves with inveterate obstinacy... —
Et, après avoir suggéré à Canning la tâche qu'il pourrait se proposer d'accomplir
comme libérateur de l'Europe : ... In sober sadness we fear that he is not equal to the
task.
7. Voir sur cette affaire, *H. of C.*, 27 février 1823 (*Parl. Deb.*, n. s., vol. VIII,
pp. 289 sqq.).

bureaux de Metternich. A Milan, les *carbonari* crurent qu'un « radical » dirigeait maintenant la diplomatie anglaise [1].

VUES POLITIQUES DE CANNING

Quel était donc en vérité le système politique de Canning? Celui-ci n'avait jamais été, n'était rien moins qu'un radical. Il avait fréquemment développé, soit devant la Chambre des Communes, soit devant ses électeurs de Liverpool [2], les raisons pour lesquelles il était hostile à toute réforme — radicale ou modérée — du régime électoral anglais. Non qu'il en ignorât les anomalies, les corruptions. Mais valait-il la peine, pour corriger ces défauts, de détruire peut-être ce bel équilibre, grâce auquel la constitution du royaume avait été protégée tour à tour contre l'excès absolutiste et l'excès jacobin, grâce auquel elle demeurait encore, après avoir subi l'épreuve de plus d'un siècle d'histoire, le prototype de toute constitution libre? Si la Chambre des Communes était tombée en discrédit, si le radicalisme révolutionnaire avait paru faire quelquefois des progrès, c'est que des ministres maladroits avaient perdu le contact de l'opinion, et l'avaient fait perdre du même coup au Parlement dont ils étaient les interprètes. « Le véritable moyen, écrivait en 1819 l'*Edinburgh Review*, d'imposer silence à ceux qui réclament des parlements annuels, c'est que les parlements septennaux fassent leur devoir; le vrai antidote contre la rage du suffrage universel, c'est que les élus d'une classe restreinte agissent comme s'ils se tenaient pour chargés de veiller également aux intérêts de tous [3]. » Au moment où parurent ces lignes, Canning était bien loin de suivre de tels conseils. Aspirant peut-être à quelque promotion dans la hiérarchie ministérielle [4], il s'était jeté à fond dans la réaction à outrance. Mais il y avait trois ans de cela, et depuis 1819 les circonstances avaient changé : Canning était persuadé qu'il était possible maintenant, en pratiquant une politique de liberté, de réconcilier le pays

1. *H. of C.*, 28 avril 1823 : discours de Hobhouse (*Parl. Deb.*, n. s., vol. VIII, p. 1345).
2. Voir le discours de Canning à ses électeurs de Liverpool, le 18 mars 1820, après sa réélection (*Speeches*, vol. VI, pp. 369 sqq). V. en particulier, pp. 387-8 : I will take away a franchise because it has been practically abused, not because I am at all prepared to inquire into the origin or to discuss the utility of all such franchises, any more than I mean to inquire, Gentlemen, into your titles to your estates. Disfranchising Grampound (if that is to be so), I mean to save Old Sarum ;— et son discours du 30 août 1822, adressé au même public au moment où il se prépare encore à partir pour les Indes (*Speeches*, vol. VI, pp. 393 sqq.).
3. *Ed. Rev.*, octobre 1819, art. II. *State of the Country* (vol. XXXII, p. 299).
4. Quelques mois avant le vote des *Six Acts*, Greville écrit le 31 janvier 1819 : She (lady Bathurst) said that Canning's conduct had been so good towards them (the Ministers), they were anxious to put him in some more considerable office.

avec le Parlement, d'être en même temps homme populaire et *leader* de la Chambre des Communes.

Cette politique de liberté, reste à la définir. S'agissait-il de demander l'émancipation catholique? C'est un point sur lequel Canning, immuablement, s'était séparé d'avec le gros de son parti. Mais c'est un point sur lequel le gros du parti tory prétendait, non sans raison, être d'accord avec le gros du pays. Allait-il, en rentrant dans le ministère, insister sur la nécessité d'aborder tout de suite cette question difficile? Dans le grand discours prononcé par lui à Liverpool, le 30 août, quinze jours après le suicide de lord Castlereagh, il s'attachait à rassurer le parti tory en se déclarant prêt à se contenter de ce qu'il appelait « un compromis libéral[1] ». Ministre des affaires étrangères, c'est sur la diplomatie anglaise qu'il avait un droit de contrôle immédiat : et il savait que c'était par leur politique extérieure que les deux Pitt avaient acquis leur renom de grands hommes d'État. Notons donc les paroles par lesquelles, dans ce même discours du 30 août, il définissait les principes futurs de sa politique extérieure. Ne pas intervenir dans la lutte universellement engagée entre la démocratie d'une part, la monarchie et l'aristocratie d'autre part : grâce à l'excellence de ses institutions, l'Angleterre, « Dieu en soit loué », n'est pas intéressée dans ces querelles. N'exciter aucun des partis, se borner à être les spectateurs, éventuellement peutêtre les arbitres, du combat. Mais cette politique de non-intervention, d'isolement vis-à-vis des grands pays continentaux, n'est-ce pas celle que pratiquait le ministère tory, ouvertement, depuis deux ans? et les libéraux, dont Canning allait conquérir les faveurs, n'attendaient-ils pas de lui une politique plus active?

Ce sont des questions auxquelles il est difficile de faire une réponse catégorique : nous nous réservons d'y répondre, en quelque sorte progressivement, par le cours même de notre récit. Essayons seulement de voir dans quelle mesure, en cet automne de 1822, le passé de Canning permettait de deviner quelle serait sa politique. Au temps où il avait rompu avec les tories et conspiré contre eux avec les whigs, c'était pour réclamer une politique plus active en Espagne, au nom des libertés nationales violées. Il s'agissait de parler sans peur, dans l'intérêt de l'Angleterre et contre la France, le langage de la liberté, alors que les ministres, obsédés par le souvenir de 1793, s'obstinaient à parler le langage de la légitimité; de renouer en somme la grande tradition du whiggisme guerrier du XVIIIe siècle. Rien n'interdisait de penser que Canning essaierait de reprendre en

---

1. *Speeches*, vol. VI, p. 398.

1822 contre la Sainte-Alliance la politique qu'il avait voulu pratiquer en 1809 contre Napoléon. Mais dans l'intervalle il s'était rallié au parti tory, et, intempérant comme tant de grands orateurs, avait tenu de bien autres propos. Il avait, en 1819, protesté avec véhémence contre l'idée, préconisée par les whigs, d'abroger le *Foreign Enlistment Bill*[1]. En mars 1821, n'étant plus ministre, il était venu au secours de ses anciens collègues pour se déclarer, en réponse aux critiques de Sir Robert Wilson, solidaire de leur politique napolitaine. A ceux qui demandaient que l'Angleterre pratiquât de nouveau le système de la reine Elisabeth, et prît parti, dans toute l'Europe, pour les démocrates contre la Sainte-Alliance, comme Elisabeth jadis prenait parti pour les protestants contre l'Église catholique, il avait rappelé, cyniquement, qu'Elisabeth ne prenait ce parti que lorsque l'intérêt de l'Angleterre le voulait, qu'elle signait le traité de Blois en même temps qu'elle encourageait les huguenots, et, peu de mois après la Saint-Barthélemy, acceptait d'être la marraine d'un enfant de Charles IX [2]. Or, ce langage orgueilleusement et patriotiquement égoïste, nous verrons que Canning ne devait jamais cesser de le tenir.

D'ailleurs, au mois de mars 1821, le ministère de lord Liverpool avait déjà rompu avec les grandes puissances continentales : il est vraiment bien difficile de dire, quand on se borne au récit des démarches diplomatiques prises en elles-mêmes, sur quel point il y eut, après le suicide de lord Castlereagh, solution de continuité dans l'histoire de la politique extérieure du royaume. Mais cette attitude d'isolement par rapport à la Sainte-Alliance, lord Castlereagh l'adoptait en quelque sorte à regret et comme en s'excusant, sous la pression de l'opinion anglaise. Canning sut mettre la politique nouvelle en valeur, la pratiquer avec ostentation. Elle impliquait un commencement de solidarité, fût-elle seulement passive, avec les partis démocratiques auxquels la Sainte-Alliance déclarait la guerre dans les pays où ils s'étaient emparés du pouvoir : Canning s'effrayait moins que lord Castlereagh de cette demi-solidarité, de cette assistance par l'inertie, parce qu'il avait plus de confiance que celui-ci dans la force de résistance des institutions anglaises, moins peur, pour son pays, d'une contagion du jacobinisme continental. Ajoutons que, pour empêcher la discorde d'éclater ouvertement au sein du Cabinet,

---

1. *H. of C.*, 10 juin 1819 (*Parl. Deb.*, vol. XI., pp. 1103 sqq). — Le discours de Canning n'eut qu'un succès médiocre s'il en faut croire Greville, 14 juin 1819.

2. *H. of C.*, 20 mars 1821 (*Parl. Deb.*, n. s., vol. IV, p. 1372). — Voir *Ibid.*, p. 1376, les protestations de Mackintosh contre le discours par lequel Canning venait d' « amuser » la Chambre. « It would really seem as if he occasionally retired from the government, in order to have an opportunity of eulogizing its councils with a greater appearance of disinterested impartiality. »

il était obligé de déclarer sans cesse — en toute sincérité mais parfois plus
haut peut-être qu'il ne l'eût souhaité — à quel point il tenait l'idée démocratique en mépris. « Il me semble, disait-il, marcher sur le tranchant
d'un rasoir. » Il sut, pendant le cours de quatre sessions parlementaires,
garder son équilibre : ne pas faire la guerre et cependant recueillir quelque
chose du prestige dont avaient joui les grands ministres guerriers, le premier et le second Pitt; donner aux libéraux d'Angleterre et du monde
entier l'impression qu'un esprit nouveau animait sa politique, et démontrer aux tories l'identité de cette politique avec celle dont lord Castlereagh
avait formulé les principes. Lord Castlereagh avait été incapable d'accomplir de pareils prodiges : un poète prenait la succession d'un pro-
sateur [1].

LES PROBLÈMES DE LA POLITIQUE EXTÉRIEURE.
ESPAGNE ET AMÉRIQUE DU SUD

*LE CONGRÈS
DE VÉRONE*   Ce n'est pas dans les délibérations du congrès
de Vérone qu'il faut chercher à voir se dessiner,
aussitôt après son entrée au ministère des affaires
étrangères, la politique de Canning. S'il eût eu le loisir et le pouvoir d'ar-

---

1. Certains apologistes de Canning ont essayé de s'y prendre autrement pour grandir
leur héros : c'est Canning qui aurait été responsable de la nouvelle orientation donnée
à la politique extérieure de l'Angleterre à partir de 1818 et surtout à partir de 1820.
Or, nous ne disconvenons pas que Canning, au moment du congrès d'Aix-la-Chapelle,
se soit distingué entre tous ses collègues par l'énergie avec laquelle il demanda que
l'Angleterre se désolidarisât d'avec la Sainte-Alliance (voir lord Bathurst à lord Castlereagh, 20 octobre 1818; *Letters... of lord Castlereagh*, vol. XII, pp. 55 sqq.). Et, sans
aller jusqu'à insinuer avec Stapleton (*Pol. Life of Mr. Canning*, vol. I, p. 301 ; cf., p. 141)
et H. W. V. Temperley (*Life of Canning*, p. 140 n.) que Canning rédigea lui-même, en
partie ou peut-être en totalité, la note confidentielle du 5 mai 1820, nous sommes
prêt à admettre que, de 1818 à 1820, Canning collabora étroitement avec le ministère
des affaires étrangères. Mais les conseils de Canning se heurtaient-ils à la résistance
de ses collègues, de lord Castlereagh lui-même? La lettre même de lord Bathurst,
à laquelle nous avons fait allusion plus haut, prouve qu'il était, en 1818, d'accord en
ces matières avec un tory aussi intransigeant que l'était lord Sidmouth. Voir d'autre
part la lettre désolée que lui écrit lord Castlereagh à la fin de 1820, quand il quitte le
ministère : « ... The unanimity of sentiment which has prevailed in the Cabinet upon
our general policy internal and external, makes it additionally painful that a single
question should have led to a result so prejudicial as your leaving the Government
must be, under any circumstances, to the public service.... As the individual member
of the Government who must feel your loss the most seriously, both in the House of
Commons and in the business of the Foreign Office, I will not refrain from expressing
my disappointment » (19 décembre 1820. — A. G. Stapleton, *George Canning and his
times*, p. 310). Canning continua-t-il, après sa retraite, à collaborer officieusement
avec Castlereagh? Peut-être. Ainsi s'expliquerait l'ardeur mise par Canning à défendre,
dans l'esprit que nous avons vu, la politique napolitaine de Castlereagh contre la
critique des whigs. Mais cet argument se retourne contre les apologistes libéraux de la
politique de Canning : pourquoi les whigs critiquaient-ils si fort, en 1821, la politique de
lord Castlereagh et le discours même de Canning?

ranger les choses à son gré, l'Angleterre n'eût pas même été représentée à Vérone. Depuis plusieurs semaines déjà, lorsque Canning devint ministre, Wellington avait été désigné pour prendre au congrès la place laissée libre par la mort de lord Castlereagh. Les instructions qu'il emportait avec lui étaient signées par lord Bathurst, non par Canning[1]; et Wellington était un trop gros personnage, Canning était trop nouvellement installé pour qu'il fût possible de considérer le premier, à Vérone, comme un simple agent du second.

Trois questions occupèrent le congrès de Vérone.

Ce fut d'abord la liquidation des affaires d'Italie. Le représentant britannique avait pour mission de s'en désintéresser. Elle s'opéra cependant selon ses vœux. Le gouvernement autrichien réduisit de moitié le corps d'occupation qu'il entretenait à Naples, et commença l'évacuation du Piémont, qui dut être achevée dans un délai de neuf mois. La crainte de voir le gouvernement français répondre à l'occupation autrichienne du Piémont par une occupation française de la Savoie détermina sans doute la politique de Metternich. L'intervention de la France dans les congrès de la Sainte-Alliance faisait plus pour l'affaiblissement de celle-ci que ne faisait la nouvelle attitude d'isolement adoptée par le gouvernement britannique.

Ce fut d'autre part la question d'Orient. L'insurrection grecque faisait des progrès, et les relations diplomatiques n'étaient pas rétablies entre la Russie et la Porte. La querelle portait, en cet instant précis, sur une mesure prise récemment par le Sultan pour empêcher les marins grecs de trafiquer avec les ports russes de la Mer Noire, sous le pavillon des puissances auxquelles le droit de passage des Dardanelles était accordé par traité. Canning donna l'ordre à Wellington d'appuyer le Sultan contre l'Empereur : Wellington refusa d'obéir, et lord Liverpool donna raison à Wellington. Si Canning avait eu gain de cause, si l'Angleterre s'était solidarisée avec le Sultan et détachée sur ce point d'avec les autres puissances, un grand dommage eût été fait à la cause de l'indépendance grecque[2].

Ce fut enfin la question d'Espagne. Sur ce point l'entente était parfaite entre lord Liverpool, Canning et Wellington, parfaite entre eux et l'opi-

1. H. W. V. Temperley, *Life of Canning*, p. 153.
2. Wellington à Canning, 4 octobre 1822 (Wellington, *Despatches, Cont.*, vol. I, p. 353) et les lettres de lord Liverpool à Canning, 21, 24 octobre 1822 (C. D, Yonge, *Life... of lord Liverpool*, vol. III, pp. 246-7). — Stapleton (*Pol. Life of Mr. Canning*, vol. I, p. 205) passe rapidement sur l'erreur (?) commise par Canning, en rend responsable l'ambassadeur d'Angleterre à Constantinople, lord Strangford, et raconte les faits postérieurs comme si Wellington n'avait fait que suivre les instructions de Canning, au lieu de les rectifier (*Pol. Life of Mr. Canning*, vol. II, pp. 377-8). Temperley (*Life of Canning*, p. 208) aggrave, sur ce point, la confusion du récit de Stapleton.

nion anglaise. L'Angleterre était unanime à ne pas vouloir que le gouvernement français, sous prétexte de protéger le roi Ferdinand prisonnier d'un gouvernement révolutionnaire, reprît le grand dessein de Louis XIV et de Napoléon : l'annexion déguisée de l'Espagne, et l'absorption dans une seule grande monarchie latine de la France, de l'Espagne et de toutes les colonies espagnoles du Nouveau-Monde. La tâche de Wellington fut rendue plus facile à Vérone par le fait que Metternich partageait ses défiances à l'égard du dessein français. L'empereur de Russie faisait preuve, il est vrai, de dispositions moins rassurantes : il offrait à Louis XVIII le concours d'une armée de cent cinquante mille Russes. Mais c'était alors le gouvernement français qui s'alarmait d'une assistance humiliante pour son prestige. Wellington abandonna les puissances continentales à leurs dissensions. Quand il eut été entendu que leur action collective se bornerait en Espagne au dépôt de notes de protestation, éventuellement suivi du rappel des ministres, il avertit que l'Angleterre ne se joindrait même pas à cette intervention diplomatique : son ministre ne déposerait pas de note, et resterait à Madrid pour servir par tous les moyens possibles, après leur départ, la cause de la paix.

C'est à Paris que la politique anglaise remporta, quelques jours plus tard, sa vraie victoire. L'armée constitutionnelle, en Espagne, venait de prendre l'avantage sur les insurgés des provinces du Nord; l'opinion française était de plus en plus hostile à la guerre, le Cabinet lui-même divisé, et le premier ministre, M. de Villèle, partisan de la paix. Après avoir reçu la visite de Wellington qui rentrait de Vérone à Londres, M. de Villèle congédia son ministre des affaires étrangères, M. de Montmorency, partisan de la guerre. Il le remplaça par M. de Châteaubriand qui, avant d'aller représenter la France à Vérone, avait été ambassadeur à Londres, qui était l'ami de Canning, et semblait devoir rétablir la bonne entente, un instant compromise, de la France avec l'Angleterre. Ainsi paraissait écarté, dans les derniers jours de décembre, le péril d'une intervention militaire en Espagne. De sorte que tout le monde à Londres, le gouvernement aussi bien que le grand public, fut déconcerté, à la fin de janvier, en prenant connaissance du discours belliqueux par lequel Louis XVIII venait d'ouvrir la session. Il y avait « peu d'espoir de conserver la paix ». « Cent mille Français, commandés par un prince de sa famille » étaient « prêts à marcher ». « Que Ferdinand VII fût libre de donner à ses peuples des institutions qu'ils ne pouvaient tenir que de lui », « dès ce moment les hostilités cesseraient ».

Le Parlement britannique fut ouvert le 4 février, huit jours exactement après les Chambres françaises. Le Discours du Trône était déjà rédigé quand Louis XVIII prononça son propre discours : on jugea devoir en reviser le texte, supprimer une phrase par laquelle le roi affirmait son parti pris de neutralité [1]; et la formule par laquelle il se déclarait hostile à toute intervention en Espagne, prêt toujours à offrir ses bons offices « en vue de prévenir la calamité d'une guerre entre la France et l'Espagne », parut si nette que le gouvernement rallia tout de suite l'unanimité du Parlement. Lord Liverpool, à la Chambre Haute, prit la Constitution espagnole sous le patronage de l'Angleterre, tint un langage belliqueux [2]. A la Chambre des Communes, Brougham, renonçant à proposer un amendement à l'adresse, prononça, contre la Sainte-Alliance et les Bourbons, une longue et véhémente diatribe, qui fut acclamée [3]. Canning n'était pas là : soumis à réélection par le fait de son entrée au ministère, il n'avait pas encore été réélu. Mais nous savons, par la lettre joyeuse qu'il écrivit à son ami Sir Charles Bagot, ce qu'il pensait des derniers événements. « Villèle est un ministre d'il y a trente ans. Ce n'est pas une canaille révolutionnaire. Sa haine de l'Angleterre est affaire de tempérament. Il nous hait comme nous haïssaient Choiseul et Vergennes. Et, c'est ainsi que les choses reviennent à leur état normal. Chacun pour soi, et Dieu pour tous... Le temps des Aréopages est passé [4] ».

La Chambre des Communes offrit jusqu'aux vacances de Pâques un spectacle nouveau d'apparente unanimité. Les vieux tories gardaient rigueur à Canning [5], affectaient de considérer Robert Peel comme leur véritable chef [6]; mais ils étaient réduits au silence par l'exaltation des

---

1. *H. of C.*, 28 avril 1823, discours de Hobhouse : Rumour said that the foreign secretary had prevailed over his brother ministers in procuring the omission of the words « strict neutrality » in H. M's speech (*Parl. Deb.*, n. s., vol. VIII, p. 1346).

2. *H. of L.*, 4 février 1823 (*Parl. Deb.*, n. s., vol. VIII, pp. 29 sqq.).

3. *H. of C.*, 4 février 1823 (*Parl. Deb.*, n. s., vol. VIII, pp. 45 sqq.).

4. Canning à Sir Charles Bagot, 3 janvier 1823 : ... Every nation for itself, and God for us all. Only bid your Emperor (l'Empereur de Russie) be quiet, for the time for Areopagus, and the like of that, is gone by (A. G. Stapleton, *George Canning and his times*, pp. 369-370). — Il écrivait, sept mois plus tard, à J. H. Frere (8 août) : I do not deny that I had an itch for war with France, and that a little provocation might have scratched it into an eruption... (G. Festing, *John Hookham Frere and his friends*, p. 257).

5. Creevey à miss Ord, 14 février 1823 : People in office are in loud and undisguised hostility to him... I never saw such a contrast as between the manners of ministerial men even to him, and what it used to be to Castlereagh (*Creevey Papers*, vol. II, p. 63).

6. Creevey à miss Ord, 28 avril 1823 : Ward met me... yesterday... his talk was... that Canning, with all his talents and superiority, had no support — that Peel had all the Tories, and Canning no one of any party with him (*Creevey Papers*, vol. II, pp. 68-9).

sentiments antibourboniens. Le vieux parti whig se tenait pareillement sur la réserve : mais les jeunes libéraux, heureux de se trouver enfin d'accord avec le sentiment national, affectaient d'approuver bruyamment le ministère et de confisquer en quelque sorte à leur profit la popularité de Canning. Brougham s'institua *leader* officieux de l'Opposition; réconcilié avec Canning, il prêcha la prudence à ceux qui, derrière lui, pouvaient embarrasser le ministère ou lui-même par des motions intempestives [1]. Le 21 février, comme le ministère demandait que les effectifs de la flotte fussent portés de 21 000 à 25 000 hommes, il déclara insuffisant ce relèvement d'effectifs, et assura les ministres que, s'ils jugeaient un plus grand effort nécessaire, ils auraient l'approbation tout à la fois de la Chambre et du pays. Il fallut que Canning apaisât ce zèle excessif, de même que trois jours après il lui fallut décliner les compliments gênants dont l'accablèrent Sir Robert Wilson et Hobhouse, s'attachant à distinguer entre la politique actuellement suivie et ce qu'ils appelaient la politique du « dernier ministère [3] ». Canning protesta que la politique tory n'avait subi aucune modification depuis la mort de Castlereagh; il tint cependant à dire, avant de se rasseoir, que les ministres avaient été grandement aidés, dans la conduite des affaires, « par l'indulgence — il ne voulait pas dire : l'indulgence inattendue — dont la Chambre faisait preuve à leur égard ». Pendant deux mois, la Chambre des Communes évita d'embarrasser les ministres en abordant la discussion directe de la question d'Espagne. Lorsque le moment vint de se séparer pour les vacances, deux parlementaires, qui n'étaient pas les chefs de l'Opposition régulière, demandèrent en vain aux deux Chambres de refuser leur confiance au ministère [4]. Ils ne furent pas

1. *H. of C.*, 12 février 1823 (*Parl. Deb.*, n. s., vol. VIII, pp. 115-116). — Cf. Miss Maria Copley à Creevey, 6 mars 1823 : « A still more difficult riddle for me to solve is your friend Mr. Brougham. Why does he make such love to Canning? — Why is he in none of your divisions? — Why is he in astonishment at the small demand of Ministers? — Is it catalepsy? All your good humour and civility make the debates very flat »; et la réponse de Creevey, 11 mars. Suivant lui, Brougham veut devenir ministre (*Creevey Papers*, vol. II, pp. 64 sqq.).

2. *H. of C.*, 21 février 1823 : The present state of Europe is one, in which the discussions in this House can produce no greater effect than has been already produced by preceding discussions, but on which they may possibly do harm (*Parl. Deb.*, n. s. vol. VIII, p. 193).

3. *H. of C.*, 24 février 1823, discours de Hobhouse : He would be understood to speak of the present, and not the late ministry; for if the same language had been held at Troppau and Laybach as he had reason to believe had been held at Verona, we should not now have been placed in the emergency of having to choose between the consideration of those difficulties and dangers which beset them at home, and the maintenance of the independence of Europe and the liberties of mankind at large (*Parl. Deb.*, n. s., vol. VIII, p. 240).

4. *H. of L.*, 24 avril 1823 : motion de lord Ellenborough (*Parl. Deb.*, n. s., vol. VIII,

écoutés : le Parlement comptait sur les ministres pour empêcher l'armée française d'entrer en Espagne.

Les choses avaient changé d'aspect lorsque, le 19 avril, les Chambres se réunirent de nouveau. Depuis trois jours, l'armée française, passant la Bidassoa, avait commencé sa marche sur Madrid : la diplomatie de Canning venait donc de subir un échec. Mais quelle avait été, en réalité, depuis six mois, cette diplomatie? Les documents justificatifs que publia le ministère indisposèrent les libéraux. On vit que, dès le mois de septembre, Canning avait prescrit à Wellington de déclarer, « franchement et péremptoirement », qu'à toute intervention, « quoi qu'il advînt » (*come what may*), l'Angleterre ne participerait pas : c'était faire, dès le début, une déclaration, rassurante pour la France, de neutralité systématique, de paix à tout prix, *come what may* [1]. On y vit que Wellington avait, en décembre, offert à la France la médiation de l'Angleterre, et qu'il avait subi un refus, que néanmoins en janvier un émissaire anglais, un tory, ami de Wellington, avait été à Madrid, avec l'assentiment du gouvernement français, conseiller aux Cortès d'apporter à la constitution espagnole des amendements qui fussent de nature à satisfaire et rassurer la Cour de France, et qu'il avait, lui aussi, subi un refus [2]. On y lut la lettre adressée par Canning à A'Court le 11 janvier : « Nous désirons la paix pour l'Europe, mais la paix pour nous-mêmes, nous sommes résolus à la conserver en tous cas. Si nos efforts pour la maintenir entre la France et l'Espagne devaient échouer, nous aurons la consolation d'avoir rempli, vis-à-vis de l'une et de l'autre, les devoirs d'un allié fidèle et désintéressé, et nous nous renfermerons désormais dans les limites d'une stricte neutralité [3] ». Canning continuait en invitant A'Court à insister sur ce dernier point, et à dissiper les espérances, que nourrissait le parti constitutionnel en Espagne, d'un appui militaire éventuel. Ce n'était pas le langage que Brougham, Hobhouse et Sir Robert Wilson croyaient avoir été tenu par celui dont ils se sentaient tout à coup disposés à faire leur héros.

pp. 1175 sqq.); *H. of C.*, 28, 29, 30 avril 1823 : motion Macdonald (*Parl. Deb.*, n. s., vol. VIII, pp. 1301 sqq., 1365 sqq., 1442 sqq.).

1. Canning à Wellington, 27 septembre 1822 (*Diplomatic Correspondence relative to the Relations between France and Spain*; *Ann. Reg.*, 1823, Public Documents, p. 97*).

2. Canning à Wellington, 6 décembre 1822; le duc de Montmorency à Wellington 26 décembre 1822 (*Diplomatic Correspondence relative to the Relations between France and Spain*; *Ann. Reg.*, Public Documents, pp. 103*, 106*).

3. Canning à Sir William A'Court, 11 janvier 1823 (*Diplomatic Correspondence relative to the Relations between France and Spain*; *Ann. Reg.*, 1823, Public Documents, p. 120*.

*CANNING
ET LES PARTIS*

Canning se trouva donc de nouveau exposé aux critiques de l'Opposition. Une violente querelle, qui est demeurée célèbre dans l'histoire du Parlement Britannique, éclata le 17 avril entre Brougham et lui [1]. Il est vrai qu'il s'agissait de l'émancipation catholique, non de la question d'Espagne, et que l'incident fut aggravé par la violente susceptibilité de Canning; et, si d'ailleurs on lit avec attention les discours de l'Opposition, en particulier les discours de Brougham, il est manifeste que, malgré les apparences, il y avait toujours collusion entre eux deux. Brougham, lorsqu'il traitait des affaires d'Espagne, persistait à rendre hommage aux sentiments exprimés par Canning, «sentiments qui faisaient le plus grand honneur à son caractère »; considérait que, si Canning jouait un triste rôle, la faute en retombait «non sur lui, mais sur la mauvaise cause qu'il avait à défendre »; et après avoir loué encore le «libéralisme » de ses sentiments, souhaitait que « ces sentiments fussent partagés par ses collègues et par ses amis politiques [2] ». La veille du jour où, à la fin d'avril, s'engagea sur la question espagnole le débat décisif, Dudley Ward, un confident de Canning, abordait Creevey dans la rue, lui représentait le complet isolement de Canning, conjurait l'Opposition de venir à son aide [3]. Dudley Ward n'était pas le seul, sans doute, à risquer de pareilles démarches; et elles n'étaient pas sans effet. Lorsque Canning eut prononcé, pour défendre la politique ministérielle, un discours qui fut un triomphe oratoire, Brougham lui répondit au nom de l'Opposition; et ses critiques eurent, en apparence, toute la véhémence désirable. Mais il termina en demandant à l'Opposition de ne pas se compter sur une motion de blâme au ministère, afin de ne pas compromettre, par un « vote inintelligible », l'impression d'unanimité qu'il était essentiel de produire au dehors [4]. Ce fut Canning qui exigea que la motion fût mise aux voix; elle fut rejetée par trois cent soixante-douze voix contre vingt seulement.

Comment expliquer cette unanimité persistante? Et de quels arguments se servait Canning pour assumer triomphalement, devant le pays, la responsabilité d'une politique de systématique inaction? La philosophie à laquelle Canning, en se détachant de la Sainte-Alliance, semblait donner son adhésion, c'était la vieille formule de l' « équilibre des puissances » (*balance of power*), « seule sauvegarde des nations, protection des faibles contre les forts, principe en vertu duquel les petits États prospéraient

1. *H. of C.*, 17 avril 1823 (*Parl. Deb.*, n. s., vol. VIII, pp. 1091 sqq.).
2. *H of C.*, 14 avril 1823 (*Parl. Deb.*, n. s., vol. VIII, pp. 897 sqq.).
3. Creevey à Miss Ord, 28 avril 1823 (*Creevey Papers*, vol. II, p. 66).
4. *H. of C.*, 30 avril 1823 (*Parl. Deb.*, n. s., vol. VIII, pp. 1345-6).

dans le voisinage des grands états [1] ». Mais cette doctrine, chère à Mackintosh et à lord John Russell, ne devait-elle pas, en bonne logique, conduire à la guerre, et plus particulièrement, comme au xviiie siècle, à la guerre avec la monarchie française? Pour sortir de difficulté, Canning parlait un langage tout différent de celui qu'il parlait en janvier, quand il écrivait à son ami Charles Bagot. Il reprenait le thème qu'il avait, en août 1822, développé dans son discours de Liverpool. La guerre en Europe n'était plus au xixe siècle, comme elle avait été au xviiie siècle, une guerre de nations : c'était une guerre d'opinions. Il ne s'agissait plus — Canning, « enthousiaste de l'indépendance nationale », aurait été prêt à le faire — de prendre parti pour l'Espagne contre la France. Il s'agissait de prendre parti pour le principe révolutionnaire contre le principe monarchique. Canning s'y refusait. L'Angleterre, dotée d'institutions libres, protégée par ces institutions aussi bien contre le péril absolutiste que contre le péril jacobin, ne pouvait que rester neutre entre ces deux opinions, et offrir aux deux partis qui divisaient l'opinion européenne sa médiation pacifique. A la Sainte-Alliance, à la France, qui, par leurs interventions militaires, déchaînaient sur le continent la guerre de principes, l'Angleterre opposait un programme non de contre-intervention, mais de non-intervention et de paix. « Nous décidâmes, déclarait Canning, que notre devoir était de conserver la paix, s'il était possible, au monde entier; puis de faire nos efforts pour conserver la paix entre les nations dont les relations pacifiques paraissaient le plus menacées; enfin de conserver, en tous cas, la paix pour l'Angleterre [2] ».

Qui donc, en vérité, voulait la guerre en Angleterre? Ce n'étaient pas les tories, assurément. La déclaration de guerre de la France aux Cortès les consternait, en tant que tories, pour la cause de l'ordre dans tous les pays du monde. Ils croyaient, comme tous les Anglais, à une guerre prolongée : pouvait-on oublier en effet les leçons du passé et croire que le duc d'Angoulême réussirait là où Napoléon avait échoué? Mais de cette guerre prolongée, quelles ne seraient pas les répercussions? Si l'armée russe et l'armée prussienne — « les Scythes et les Teutons modernes [3] » — venaient au secours de la France, comment réagirait l'opinion française? Quelle serait l'attitude de l'armée elle-même, infectée de bonapartisme et de libéralisme? Les révolutions de Portugal, d'Espagne et de Naples, avaient débuté par des séditions militaires; et des bruits alarmants avaient couru en mars sur l'état d'esprit du quartier général

---

1. *H. of C.*, 29 avril 1823 : discours de Mackintosh (*Parl. Deb.*, n. s., vol. VIII, p. 1407).
2. *H. of C.*, 30 avril 1823 (*Parl. Deb.*, n. s., vol. VIII, p. 1 480).
3. *H. of C.*, 4 février 1823 : discours de Brougham (*Parl. Deb.*, n. s., vol. VIII, p. 61).

français, alors que l'armée de Louis XVIII campait encore sur la rive droite de la Bidassoa. Et qui savait même si l'armée russe, l'armée prussienne, resteraient indemnes de la contagion révolutionnaire? Cette guerre était une folle imprudence qui pouvait ouvrir un nouveau cycle de désordres et de massacres, après huit années de repos. Lord Eldon, exprimant le 31 mars à un ami son anxiété, déplorait de voir les hommes oublier si facilement les misères de la guerre, tant de sang et d'argent dépensé. « Ils s'abandonnent à l'illusion de croire qu'une guerre consiste tout entière dans une déclaration, une bataille, une victoire, un triomphe. Les survivants ne pensent pas aux veuves et aux orphelins, dont les maris et les parents sont restés sur le champ de bataille [1]? »

Les whigs eux-mêmes, les libéraux, désiraient-ils partir en guerre? L'aristocratie whig, le monde des affaires, multipliaient les manifestations de sympathie à l'Espagne constitutionnelle : réceptions, bals et banquets. Mais les organisateurs de ces manifestations semblaient toujours avoir peur d'être entraînés à prendre une attitude compromettante [2] : le « bal espagnol », organisé pour venir en aide à la cause de l'Espagne, dégénéra en un simple bal de charité, pour assister les blessés de la guerre [3]. Certains orateurs du parti whig — tel lord Althorp — se déclaraient absolument hostiles à toute intervention militaire [4]. D'autres, qui avaient l'air de parler un langage guerrier, se bornaient, quand on savait les comprendre, à faire un grief au gouvernement de n'avoir point su, en parlant lui-même un langage guerrier, intimider le gouvernement français, l'empêcher ainsi d'intervenir en Espagne, et finalement éviter que l'Angleterre se trouvât dans la nécessité d'entrer en campagne à son tour : pourrait-elle se dérober à cette nécessité si les hostilités se prolongeaient? Sir Francis Burdett, le seul parlementaire dont les propos guerriers ne prêtassent pas à équivoque, était contraint d'avouer que « la majorité de la Chambre était pour la paix à tout prix, *peace come what may* [5] ». Ce qu'il

---

1. Lord Eldon à lord Encombe, 31 mars 1823 (H. Twiss, *The Public and Private Life of Lord Chancellor Eldon*, vol. II, p. 472).

2. *Diary of Thomas Moore*, 12 juin 1823 : ... Had a note from Hobhouse, saying it was the wish of the committee for the Spanish meeting to morrow, that I should move or second one of the resolutions to be proposed... The time too short now to prepare myself as I ought. It is not so much what one is to say, as what one is *not* to say, that requires consideration (*Mem... of Thomas Moore*, vol. IV, p. 81). — Wilberforce écrit dans son journal en mars 1823 : I gave my name yesterday as a steward to the great dinner to the Spanish and Portuguese ministers, but did not attend, because I found some violent things might be said, which I could not then contradict, yet should not like to acquiesce in, for we must not go to war (R. I. and S. Wilberforce, *Life of William Wilberforce*, vol. V, pp. 167-8).

3. *Quart. Rev.*, janvier 1823 : art. xiii, *Affairs of Spain* (vol. XXVIII, p. 538 n.). .

4. *H. of C.*, 16 avril 1823 (*Parl. Deb.*, n. s., vol. VIII, p. 1019).

5. *H. of C.*, 29 avril 1823 (*Parl. Deb.*, n. s., vol. VIII, p 1434).

disait de la majorité de la Chambre, il aurait pu le dire de la majorité, de la grande majorité du pays; et Canning le savait bien. Écrasée d'impôts, l'Angleterre avait besoin d'assainir ses finances, de s'enrichir par le travail et le négoce, avant de se payer le luxe d'une politique agressive [1].

Les véritables interprètes du monde des affaires, avec lequel Canning, alors qu'il représentait au Parlement la circonscription de Liverpool, avait été pendant de longues années en contact, ce n'étaient pas Mackintosh et lord John Russell, des intellectuels qui vivaient sur les souvenirs historiques d'un autre siècle, c'était Joseph Hume, l'âpre critique des dépenses publiques, et Ricardo, écouté sur tous les bancs de la Chambre comme un oracle, en dépit de son radicalisme politique, chaque fois qu'une question économique était débattue : or Ricardo et Joseph Hume pouvaient-ils ne point préconiser une politique pacifique? D'où un thème nouveau à développer pour Canning, lorsqu'il voulait justifier une politique de stricte non-intervention. « A vous la gloire militaire, disait-il en souriant à l'ambassadeur de France, suivie de désastres et de ruines; à nous les transactions prosaïques de l'industrie et une prospérité croissante. *Trahit sua quemque voluptas [2]!* » Aux whigs qui semblaient demander, sans s'expliquer très clairement, une intervention plus active dans les affaires d'Espagne, il rappelait l'attitude toute contraire du parti whig lors de la guerre péninsulaire. « L'âge de la chevalerie, disait Burke, est passé; l'âge des économistes et des calculateurs lui a succédé. » Canning citait les paroles de celui qui, à bien des égards, avait été son maître politique : mais il constatait sans déplaisir ce qui jadis était pour Burke un sujet de tristesse; et il s'étonnait ironiquement de voir renaître l'esprit chevaleresque, à la Chambre des Communes, sur les bancs mêmes où siégeaient les économistes et les calculateurs [3].

1. La princesse Lieven au général Benckendorff, 15, 27 avril 1823 : The English public is beginning to display a little common sense; what is more to the point, an appreciation of its own interest, the first consideration with the English. They will not spend a shilling on those interesting Spaniards, the objects of their good wishes *(Letters of Dorothea, Princess Lieven during her Residence in London*, 1821-1834, pp. 110-1).

2. M. de Marcellus à M. de Châteaubriand, 30 novembre 1822 (comte d'Antioche *Châteaubriand ambassadeur à Londres*, p. 380).

3. H. of C., 30 avril 1823 (*Parl. Deb.*, n. s., vol. VIII, p. 1 512).

La guerre d'Espagne déjoua les pronostics anglais. Ce ne fut pas une guerre, ce fut une promenade militaire. La même chouannerie qui s'était déchaînée en 1807 contre l'armée napoléonienne à l'appel de l'armée anglaise se déchaîna contre les Cortès à l'appel de l'armée bourbonienne. Celle-ci, entrée le 7 avril en Espagne, arrivait le 23 mai à Madrid, le 21 juin à Séville, le 24 devant Cadix, où les Cortès s'étaient retirés, emmenant leur roi prisonnier : le 30 septembre, Cadix capitulait. L'ambassadeur d'Angleterre, réfugié à Gibraltar, offrant une médiation dont personne ne voulait, avait joué pendant tout l'été un rôle réduit et ridicule. Instinctivement, toute l'Angleterre se sentit d'abord humiliée avec lui, mécontente de voir la France échapper, pour parler comme le *Quarterly Review*, à cette « espèce de contrôle que, depuis longtemps, avec un succès variable, nous nous sommes efforcés d'exercer sur elle [1] ». Pour les libéraux, c'était la déroute de toutes les espérances qu'on avait conçues, le triomphe de la Sainte-Alliance. Enfin bien des financiers, bien des simples particuliers, avaient souscrit aux emprunts ouverts par les Cortès : leur argent s'en allait en fumée.

Mais, toute réflexion faite, l'opinion anglaise s'adapta au nouvel état de choses créé par la victoire française. On voyait la France, et la France gouvernementale elle-même, profondément divisée sur la question de la guerre d'Espagne, embarrassée par sa victoire, et obligée de réfréner les excès de la réaction ferdinandienne à Madrid. On constatait d'ailleurs que la brièveté même de la guerre avait tranché la question de savoir si l'Angleterre ne serait pas obligée d'intervenir; et, comme personne ne voulait la guerre, on se réjouissait que Canning eût empêché la diplomatie britannique de se compromettre par quelque démarche imprudente. Canning, bien qu'en réalité il fût loin d'avoir prévu ce dénoûment rapide [2], cria très fort que l'événement justifiait sa politique. Il mit en garde son public contre les périls d'une politique à la Don Quichotte, et remporta à la Chambre des Communes, aux dépens de lord Nugent et de Sir Robert Wilson qui s'en étaient allés jouer dans Cadix aux paladins, un immense succès de fou rire [3]. Il demandait cependant aux libéraux de continuer à

---

1. *Quart. Rev.*, janvier 1823, art. xiii. *Affairs of Spain* (vol. XXVIII, p. 537).
2. W. H. Fremantle au duc de Buckingham, 27 juillet 1823 (Duke of Buckingham, *Mem. of the Court of George IV*, vol. I, p. 483).
3. *H. of C.*, 18 mars 1824 (*Parl. Deb.*, n. s., vol. X, pp. 1265 sqq.; en particulier pp. 1273 sqq.). — Cf. R. I. and S. Wilberforce, *The life of William Wilberforce*, vol. V, p. 217. — « Donquichottisme » : voir discours de Plymouth, octobre 1823 (*Speeches*, vol. VI, p. 423).

voter contre lui en nombre raisonnable, afin d'entretenir sur le continent l'impression, utile à sa diplomatie, qu'il y avait en Angleterre un parti de la guerre[1]. Bientôt recommencèrent à la Chambre des Communes les échanges de compliments entre Canning et Sir Robert Wilson.

« Vous connaissez suffisamment ma politique, écrivait Canning à un ami peu de semaines après son entrée au *Foreign Office*, pour me comprendre quand je déclare que, là où on lisait le mot *Europe*, je désire que dorénavant on lise le mot *Angleterre*[2]. » Cette attitude d'isolement moral et diplomatique par rapport au reste du monde, il ne devait jamais s'en départir : son art fut, tout en ralliant à sa politique les libéraux humanitaires, d'y rallier, en même temps et surtout, la masse énorme de ceux qui voulaient, sans plus, desserrer le lien par lequel, depuis 1815, l'Angleterre était rattachée à la Sainte-Alliance, et voir le gouvernement britannique se désintéresser des querelles du Continent. Dans un grand discours prononcé à Plymouth au mois d'octobre 1823, et dont la péroraison de nouveau belliqueuse, ou presque belliqueuse, est demeurée classique, il affirmait, tout en rendant hommage à cette philosophie moderne qui « poursuit la perfection de l'espèce et l'amélioration du genre humain », qu'il ne visait, quant à lui, d'autre but que « l'intérêt de l'Angleterre[3] ». Quelques mois plus tard, défendant contre les attaques de l'Opposition cet *Alien Bill*, en vertu duquel tout étranger résidant en Angleterre était soumis au contrôle de la police, il parlait encore le même langage. Il se refusait à prendre en considération « les vœux d'un autre souverain, les sentiments d'un autre gouvernement, les intérêts d'un autre peuple, si ce n'est dans la mesure où ces désirs, ces sentiments, ces intérêts coïncidaient avec les justes intérêts de l'Angleterre[4] ». Or les intérêts anglais avaient été lésés certainement par les progrès que l'influence française faisait en Espagne. Mais on pouvait en prendre son parti si l'on considérait que le problème important, pour le commerce anglais, c'était le problème non de l'Espagne mais des colonies espagnoles de l'Amérique du Sud.

« Ces insulaires marchands, écrivait M. de Villèle le 5 décembre 1822, jouent un nouveau rôle à Madrid : ils veulent s'y faire croire plus mal vus

1. Sir D. Le Marchant, *Memoir of ...Viscount Althorp*, p. 211.
2. A Sir Charles Bagot, 5 novembre 1822 (A. G. Stapleton, *George Canning and his times*, p. 364). — Cf. lettre à Frere, 8 août 1823 : The Allies lament themselves heavily at our separation from them... The history of all I could tell them in two words — or rather in the substitution of one word for another — for « Alliance » read « England », and you have the clue of my policy (G. Festing, *John Hookham Frere and his friends*, pp. 257 sqq.).
3. *Speeches*, vol. VI, p. 421.
4. *H. of C.*, 2 avril 1824 (*Parl. Deb.*, n. s., vol. XI, p. 119).

et plus maltraités que les autres, à cause de leur armement contre Cuba. Mais n'en croyez rien : ils tireront profit de leur expédition, et ensuite de l'état désespéré de la Péninsule pour se faire payer plus cher les secours qu'ils consentiront à donner [1] ». Effectivement Sir William A'Court, à peine arrivé à Madrid, sut tirer parti de la situation exceptionnelle qu'il occupait, seul protecteur du gouvernement des Cortès contre les représentants de toutes les autres monarchies. A la faveur de l'anarchie qui régnait en Amérique, un véritable système de piraterie dont souffrait particulièrement la marine marchande anglaise s'était organisé dans les mers des Antilles. Sir William A'Court exigea et obtint des Cortès qu'une indemnité de 500 000 l. fût allouée à l'Angleterre en dédommagement des pertes déjà subies, et que l'Angleterre fût autorisée à débarquer des troupes à Cuba pour atteindre les pirates dans leurs repaires [2]. Il obtint encore des Cortès que des négociations seraient ouvertes entre le gouvernement espagnol et les gouvernements coloniaux, en vue de la reconnaissance de ceux-ci comme gouvernements indépendants [3]. En attendant cette reconnaissance, Canning notifia au gouvernement espagnol que l'indépendance commerciale des États espagnols de l'Amérique du Sud et de l'Amérique Centrale, depuis plusieurs années établie en fait, serait consacrée par l'envoi prochain, vers ces États, de consuls anglais [4]. C'est ainsi que Canning faisait payer aux Cortès l'appui, purement moral, qu'il se disposait à leur donner : la condescendance dont les Cortès furent obligés de faire preuve à l'égard du gouvernement britannique contribua sans doute à leur discrédit, et facilita quelques mois plus tard la victoire française [5].

Canning prit, au mois d'avril, une nouvelle décision en faveur des colonies espagnoles révoltées. L'Angleterre s'était déclarée neutre entre la

1. Châteaubriand, *Congrès de Vérone*, vol. I, p. 161.
2. *Ann. Reg.*, 1823, p. 21. — Cf. A. G. Stapleton, *The Political Life of Mr. Canning*, vol. I, pp. 166 sqq.
3. A. G. Stapleton, *The Political Life of Mr. Canning*, vol. II, p. 17.
4. A. G. Stapleton, *The Political Life of Mr. Canning*, vol. II, p. 18.
5. Rôle de Canning en cette affaire. Il est, sur la question de la reconnaissance de l'indépendance des colonies espagnoles, en relation avec lord Holland et Sir Robert Wilson dès la première moitié d'octobre 1822 (v. lettre de lord Holland, 7 octobre, de Sir Robert Wilson, 4 octobre; Wellington, *Despatches, Cont.* vol. I. pp. 413, 416); et force la main de Wellington qui ne se fait à Vérone qu'à contre-cœur le porte-parole de Canning (v. Wellington à Canning, 18 octobre 1822 : Canning à Wellington, 29 octobre 1822; Wellington à Canning, 5 novembre 1822; Wellington à Canning, 10 novembre 1822; Wellington à Canning, 29 novembre 1822 (Wellington, *Despatches, Cont.*, vol. I, pp. 384, 463, 491, 516, 616). — V. en particulier, p. 516, la lettre du 10 novembre : I confess I should be ashamed of showing my face... if the piracy did not give me something to say besides the arguments of commercial advantage and the clamours of our people.

France et les constitutionnels espagnols : ce qui semblait vouloir dire qu'elle interdisait à ses nationaux de prêter assistance à l'un ou l'autre des belligérants. Mais Canning proposa une formule nouvelle de la neutralité britannique. S'il refusa d'abroger le *Foreign Enlistment Act*, et interdit aux Anglais de s'enrôler pour servir dans cette guerre, il déclara en revanche que le trafic des munitions serait libre. Les commerçants anglais purent donc s'enrichir en vendant des armes, indistinctement, au gouvernement des Cortès, au gouvernement des Bourbons, enfin et surtout aux gouvernements des colonies révoltées [1].

Puis l'envoi des consuls, annoncé en novembre 1822 mais différé pendant quelques mois, fut effectué précipitamment dès que la victoire française, dont on avait douté d'abord, apparut comme devant être décisive. « Lord Liverpool et Canning, écrivait en septembre un homme politique, s'abandonnent aux rêves les plus ambitieux en ce qui concerne l'Amérique du Sud; et peut-être n'ont-ils pas tort, car une décision est beaucoup plus facile à prendre aujourd'hui qu'elle ne le sera quand le roi d'Espagne sera rétabli sur son trône [2] ». Si la France, en déclarant la guerre aux Cortès, avait cru embarrasser la politique américaine du cabinet britannique, elle avait commis une erreur; et M. de Villèle qui, tout en assumant la responsabilité de la déclaration de guerre, ne l'avait jamais approuvée, s'en rendait compte. Mais les hommes d'État français, même lorsqu'ils comprenaient le but véritable, américain et non continental, que poursuivait la politique espagnole du ministère anglais, commettaient encore une erreur. Ils croyaient que les Anglais voulaient débarquer des troupes et fonder des colonies sur le territoire de l'Amérique du Sud. En réalité les Anglais avaient pris en dégoût toute politique coloniale. Quand, en 1816, lord Exmouth avait, par le bombardement d'Alger, forcé le Dey à mettre en liberté tous ses esclaves chrétiens, il n'avait pas songé un instant — et le gouvernement anglais n'y avait pas songé davantage — à tirer prétexte de cette victoire navale pour s'établir à poste fixe sur la côte barbaresque. Le souvenir de la guerre de l'Indépendance américaine était vivant encore dans la mémoire de bien des gens; maintenant que l'empire espagnol s'écroulait à son tour, ce n'était pas la peine, en aspirant à prendre, sur ces lointains rivages, la succession de la couronne espagnole, de courir à de nouveaux désastres. Les Anglais cherchaient dans l'Amérique espagnole des débouchés, et non des colonies [3].

1. *Ann. Reg.*, 1823, p. 178.
2. Fremantle au duc de Buckingham, 29 septembre 1823 (Duke of Buckingham, *Mem. of the Court of George IV*, vol. II, p. 7).
3. Sauf peut-être à Cuba où le gouvernement anglais envisagea la possibilité d'une occupation militaire (C.-W. Wynn au duc de Buckingham, fin 1822 : Duke of Bucking-

LA RECONNAISSANCE
DES RÉPUBLIQUES
HISPANO-
AMÉRICAINES

Canning, fort de ce désintéressement sincère, prit une initiative hardie. Il proposa au gouvernement des États-Unis, par l'intermédiaire de Rush, ministre américain à Londres, la conclusion d'un accord en vertu duquel le gouvernement de Londres et le gouvernement de Washington garantiraient l'indépendance des États de l'Amérique espagnole contre toute intervention militaire de l'Espagne, de la France ou de la Sainte-Alliance agissant solidairement [1]. L'opinion anglaise fut en quelque sorte préparée à l'idée des négociations que Canning se proposait d'ouvrir, lorsque celui-ci, fêtant à Liverpool un diplomate américain, se déclara heureux, d'accord en cela avec « les hommes intelligents et libéraux des deux pays », de voir s'améliorer les relations entre « deux nations unies par un langage commun, un commun esprit d'entreprise commerciale, un commun respect pour la liberté bien réglée ». Et il voyait venir le jour où, les vieilles brouilles étant oubliées, « la mère et la fille s'uniraient pour faire face au monde [2] ». Si Canning avait réalisé son projet et opposé au système de la Sainte-Alliance un système diplomatique contraire, fondé sur l'alliance de l'Angleterre avec la démocratie américaine, on se demande si le parti tory aurait toléré le scandale [3]. Mais ce fut de Washington que vinrent les résistances. Le 2 décembre, le président Monroe promulgua sa fameuse doctrine [4]. Au lieu d'un pacte en vertu duquel l'Angleterre et les États-Unis se seraient mutuellement engagés à défendre l'Amérique espagnole contre toute intervention étrangère, il y eut une déclaration du gouvernement des États-Unis, prenant, seul, l'engagement de protéger le continent des deux Amériques contre toute intervention européenne.

La presse officieuse, à Londres, reçut le mot d'ordre de présenter le message du président Monroe comme constituant une adhésion à la politique de Canning, un succès pour cette politique ; et l'opinion continentale—

ham, *Mem. of the Court of George IV*, vol. I, p. 398), et même d'une annexion (Canning à lord Liverpool, 6 octobre 1826 ; E. J. Stapleton, *Some official correspondence of Canning*, vol. II, p. 144), afin d'éviter à tout prix une annexion par les États-Unis.

1. A. G. Stapleton, *The Political Life of Mr. Canning*, vol. II, p. 23. — H. W. V. Temperley, *Life of Canning*, pp. 179, 181.

2. Voir le texte du discours, *Pol. Reg.*, 20 septembre 1823 (vol. XLVII, pp. 711-2).

3. Voir l'appel de Metternich à Wellington, 11 février 1824 : Le Gouvernement Britannique semble se vouer à un système d'isolement complet... L'Angleterre peut-elle un seul instant vouloir lier sa marche politique à celle des États-Unis d'Amérique ? Le coup d'œil politique le plus ordinaire suffit pour démontrer l'impossibilité d'une entreprise pareille !... Nous désirons que l'Amérique ne soit pas mise par la faute des puissances à même de faire la loi à l'Europe (Wellington, *Despatches, Cont.*, vol. II, p. 207).

4. Voir le texte du message, *Ann. Reg.*, 1823, Public Documents, pp. 183* sqq.

l'opinion française en particulier — fut dupe de ce langage. Mais Canning savait qu'il venait de subir un échec : il lui restait à faire son possible pour gagner les États-Unis de vitesse [1]. Car les États-Unis avaient, depuis 1822, reconnu l'indépendance totale, politique et non pas seulement commerciale, des nouveaux états d'Amérique. Des ministres plénipotentiaires avaient été nommés de part et d'autre dans le courant de 1823. Des traités de commerce pouvaient être signés, favoriser le commerce yankee au détriment du commerce anglais. Les États-Unis envisageaient peut-être l'annexion du Mexique ou de Cuba. Et c'était pour prévenir ces initiatives américaines dans ce qu'elles auraient de dangereux pour le prestige et les intérêts britanniques, que Canning avait essayé de se mettre d'accord avec le gouvernement de Washington sur les principes d'une politique commune. Cette tentative ayant échoué, pourquoi ne pas se hâter de suivre l'exemple donné par les États-Unis, et consacrer l'indépendance politique qu'avaient conquise, en fait, les colonies espagnoles? Le monde des affaires le demandait avec instance, manifestait, pétitionnait. Les orateurs libéraux se faisaient ses avocats [2]. Lord Liverpool était favorable. Il s'agissait en fin de compte de peu de chose : envoyer des « ministres » là où jusqu'à présent on n'avait envoyé que des « consuls ». Il fallut cependant douze mois d'efforts, avant que fût prise la décision désirée par Canning.

C'est que sa situation politique restait précaire. Canning tenait la Chambre des Communes en respect par le prestige de son éloquence, par la popularité dont il jouissait dans le pays, par le bruit qu'il faisait dans le monde. Mais il n'y était pas aimé. Il le savait, et, pour ne pas rendre plus vives les défiances dont il se sentait entouré, il s'effaçait, en dépit de son titre de *leader*, quand se débattaient au Parlement des questions qui n'intéressaient pas directement le ministère des affaires étrangères, laissant prendre le premier rang à Robert Peel ou à Robinson [3]. Il visait mani-

---

1. Voir un peu plus tard, quand sa politique a réussi, les cris de triomphe que pousse Canning écrivant à lord Granville le 17 décembre 1824 : Spanish America is free; and, if we do not mismanage our matters greatly, she is English (A. G. Stapleton, *George Canning and his times*, p. 411). — A J. H. Frere, 8 janvier 1825 : The Yankees will shout in triumph; but it is they who lose most by our decision (G. Festing, *John Hookham Frere and his friends*, pp. 264 sqq.).

2. Pétition signée par 113 maisons commerciales de Londres, présentée le 15 juin à la Chambre des Communes par Sir James Mackintosh. — Pétition de Manchester, présentée le 21 juin par le même (*Parl. Deb.*, n. s., vol. XI, pp. 1344, 1475).

3. W. H. Fremantle au duc de Buckingham, 25 juin 1823 : Canning does nothing in the House, and I think suffers Peel to take completely the lead... I think Canning loses ground greatly : he is anything but a leader of the House of Commons (Duke of Buckingham, *Mem. of the Court of George IV*, vol. I, p. 469). — Le même au même, 9 juillet 1823 : ... We should have done just as well without Canning as a leader as with him. He has taken upon himself no authority, either by putting down or assisting questions doubtful or difficult. Robinson and Peel have both risen much beyond him in estimation as general speakers and men of business (*Id. Ibid.*, vol. I,

festement à créer en sa faveur, par la dissolution des vieux partis, une sorte de dictature de l'opinion : quoi d'étonnant si ces partis le tenaient pour un intrigant et un traitre, s'inquiétaient de savoir ce qui se passerait après la mort ou la retraite de lord Liverpool? Car en ce moment même lord Liverpool tomba gravement malade, et cessa pendant quelques mois d'exercer d'une manière effective les fonctions de premier ministre. Si Canning voulait devenir premier ministre à sa place [1], comme il était devenu *leader* de la Chambre des Communes à la place de lord Castlereagh, il lui faudrait obtenir l'agrément de George IV. Mais sur cette question de la reconnaissance des républiques sud-américaines George IV était buté : il tenait cette reconnaissance pour une atteinte inadmissible au principe monarchique. On conçoit donc que Wellington, brouillé depuis plusieurs mois avec Canning [2], ait choisi ce moment pour l'empêcher de devenir premier ministre. On conçoit aussi que Canning ait été contraint à se montrer circonspect. Quand, en avril, il avait, accompagné d'un seul de ses collègues, pris part au banquet du lord-maire, le radical Waithman, côte à côte avec les chefs de l'Opposition et plusieurs hispano-américains, le roi avait protesté contre cette manifestation [3]. Canning savait que maintenant le roi conspirait contre lui avec madame de Lieven, femme de l'ambassadeur de Russie et notoire intrigante, avec le prince Esterhazy, ambassadeur d'Autriche. Visiblement, Canning avait de nouveau perdu la faveur de la Cour.

Il commença donc par temporiser, se bornant à repousser la proposition française, agréée par l'Espagne, d'une conférence qui se tiendrait à Paris pour régler la question de l'Amérique du Sud [4]. C'eût été soumettre le cas des états sud-américains à l'arbitrage collectif de la Sainte-Alliance : et Canning était aussi hostile à cette solution que pouvait l'être le président Monroe. Il pressa l'Espagne de reconnaître spontanément cette

p. 475). — Le même au même, 27 juillet 1823 : The complete ascendency which both Robinson and Peel have acquired over him in the House of Commons, but more particularly the former *(Id., Ibid.,* vol. I, p. 481). — Canning explique à Frere le 23 août 1823 pourquoi il s'est volontairement effacé (G. Festing, *John Hookham Frere and his friends,* p. 260).

1. Ou, tout au moins, si la chose était possible, servir comme *leader* de la Chambre des Communes sous les ordres d'un premier ministre de son choix. Quand il alla, en septembre, visiter lord Wellesley à Dublin, le bruit courut qu'il allait négocier avec lui un arrangement de ce genre (Duke of Buckingham, *Mem. of the Court of George IV,* vol. II, pp. 110, 132, 156, 157).

2. Fremantle au duc de Buckingham, 31 mai 1823 (Duke of Buckingham, *Mem. of the Court of George IV,* vol. I, pp. 457-8).

3. C. D. Yonge, *Life of lord Liverpool,* vol. III, pp. 278 sqq. — Duke of Buckingham, *Mem. of the Court of George IV,* vol. II, p. 65. — Wellington, *Despatches, Cont.,* vol. II, pp. 261-2.

4. A. G. Stapleton, *The Political Life of George Canning,* vol. II, pp. 26 sqq.

indépendance, dont il faudrait bien, tôt ou tard, admettre l'existence.
L'Espagne s'obstinant, la question fut soumise au Cabinet, après la prorogation du Parlement, dans les premiers jours de juillet [1]. Wellington eut
gain de cause, Canning jugeant sage de temporiser encore. Il y avait cependant un État sud-américain, l'État de Buenos-Ayres, dont l'indépendance
effective remontait à quinze ans déjà : Canning obtint que l'on donnât
au consul anglais le droit de négocier avec Buenos-Ayres un traité de commerce. C'était passer insensiblement, dans un cas isolé, de la reconnaissance commerciale à la reconnaissance politique.

Puis les ministres, comme le dit un plaisant, « mirent leurs différends
dans leurs malles », et partirent en vacances [2]. Après les vacances, la situation politique avait changé. Lord Liverpool, rétabli, ne songeait plus à la
retraite. Canning, renforcé depuis un an déjà par l'entrée de Huskisson
dans le Cabinet, le fut encore par la retraite de lord Sidmouth. Sir Charles
Stuart, un tory, qui jusqu'alors avait représenté l'Angleterre à Paris,
fut remplacé par lord Gran·'lle, qui était en pleine communion d'idées
avec Canning. Les dispositions de George IV restaient assurément aussi
mauvaises : il envoyait un tory du Cabinet, lord Westmoreland, s'aboucher directement en son nom avec Charles X, récemment monté sur le
trône [3]. Mais ces intrigues engagées par le roi avec les puissances étrangères froissaient le patriotisme britannique, et, dans la mesure où elles
s'ébruitaient, faisaient plus de tort à sa politique qu'elles n'en faisaient
à celle de Canning. Les plus intransigeants parmi les membres du Cabinet
finirent par comprendre que, s'il était une question sur laquelle le pays
était unanime, et sur laquelle il était absurde de vouloir tenir tête à
Canning, c'était bien cette question sud-américaine.

Pour Buenos-Ayres, le problème était pratiquement résolu. De Colombie et du Mexique, deux commissions d'enquête, envoyées par Canning
en 1823, revenaient avec des rapports favorables. Au Mexique, l'exécu-

---

1. A. G. Stapleton, *The Political Life of Mr. Canning*, vol. II, pp. 60-1. — Duke of
Buckingham, *Mem. of the Court. of George IV*, vol. II, pp. 101, 109, 113.

2. R. P. Ward au duc de Buckingham, 28 septembre 1824 : His Majesty's Ministers,
to use the expression of one of them, *packed up* their differences for the remainder of
the summer, and flew off in their tangents (Duke of Buckingham, *Mem. of the Court of
George IV*, vol. II, pp. 125-6).

3. A. G. Stapleton, *George Canning and his times*, p. 427. — Canning conçut même
le projet d'aller à Paris lui-même pour s'éclairer sur les dispositions de Villèle, et faire
ainsi contre-poids à la visite de lord Westmoreland. Sur cet incident (octobre 1824),
voir Wellington, *Despatches, Cont.*, vol. II, pp. 313 sqq. — Voir les objections de lord
Liverpool, 18 octobre 1824 : ... My opinion is not so much founded on the jealousy which
would be excited in the allies... as on the jealousy of the French nation of any separate
understanding between their own government and that of Great Britain. If we are to
have such understanding, it must be without *appearing* to have it, or at least, to *seek*
it by any *unusual means* (Wellington, *Despatches, Cont.*, vol. II, pp. 315-6).

tion capitale d'Iturbide qui aspirait à se faire empereur parut affermir définitivement les institutions républicaines. Au Pérou, la dernière armée royaliste qui fût capable de tenir encore la campagne avait été écrasée par Bolivar en août à la bataille d'Ayacucho. Lord Liverpool et Canning mirent le roi en demeure d'accepter leur démission s'il ne se résignait pas à reconnaître les républiques sud-américaines : et tous les ministres, y compris Wellington, se solidarisèrent avec eux. Le roi capitula, mais de si mauvaise grâce que Canning crut devoir, une fois encore, parler un lan-gage menaçant [1]. Enfin, le 3 février 1825, le Discours du Trône annonça que « Sa Majesté avait pris des mesures pour confirmer par des traités les relations commerciales déjà existantes entre l'Angleterre et les nations d'Amérique qui apparaissaient comme ayant consommé leur séparation d'avec l'Espagne ». C'étaient Buenos-Ayres, le Mexique, la Colombie. Vers ces trois états furent dirigés non plus des « consuls » mais des « chargés d'affaires ». Tout ce dont l'Opposition put se plaindre au cours de la discussion, ce fut qu'on eût perdu autant de temps : mais le reproche ne s'adressait pas à Canning.

AUTRES PROBLÈMES. BRÉSIL. GRÈCE — D'autres problèmes cependant sollicitaient celui-ci : et d'abord, dans l'Amérique du Sud, le problème des anciennes colonies portugaises, pareil au problème des anciennes colonies espagnoles. Le problème sem-blait simplifié par le fait qu'il s'agissait, au Brésil, non d'une république mais d'une monarchie, et que la femme du souverain était fille de l'empe-reur d'Autriche : de sorte que, parmi les membres de la Sainte-Alliance, un au moins se trouvait appuyer les démarches de Canning. D'ailleurs, l'Angleterre, alliée et protectrice du Portugal, semblait mieux placée que toute autre puissance pour imposer sa médiation au Portugal et au Brésil. Il y fallut cependant de longues et subtiles négociations; et les trois répu-bliques espagnoles étaient reconnues depuis plus de six mois quand fut signé le traité par lequel le roi Jean reconnaissait son fils Pedro comme empereur du Brésil. Un « empire », aux yeux des Brésiliens, c'était une

---

1. Sur ces incidents, voir Wellington, *Despatches, Cont.*, vol. II, pp. 364 sqq., 368, 401-2; — A. G. Stapleton, *The Political Life of Mr. Canning*, vol. II, pp. 33-4; — A. G. Stapleton, *George Canning and his times*, pp. 405-6; — *Greville Memoirs*, 9 août 1827. — C. D. Yonge, *Life... of lord Liverpool*, vol. III, pp. 297 sqq.; Duke of Buc-kingham, *Mem. of the Court of George IV*, vol. II, pp. 140, 144, 149, 163, 181-2. — Dans les premiers jours de janvier, la décision étant prise depuis le 14 décembre, le roi qu'appuyait Wellington, souleva encore des objections. On poursuivait en justice O'Connell pour avoir réclamé un Bolivar irlandais : était-ce le moment de recon-naître Bolivar? (C. S. Parker, *Sir Robert Peel*, vol. I. pp. 367-8 — et surtout Wellington, *Despatches, Cont.*, vol. II, pp. 377, 383, 384, 394).

monarchie démocratique, « par la grâce de Dieu et l'acclamation unanime du peuple ». Mais le diplomate tory, Sir Charles Stuart, qui d'abord à Lisbonne, puis à Rio-Janeiro, fut, au service du gouvernement anglais, l'agent de liaison entre les deux capitales, s'effraya de cette formule démocratique. Dans le texte définitif, Pedro fut empereur « par la grâce de Dieu et selon la constitution de l'État [1] ».

A l'autre bout du monde, au fond de la Méditerranée, la guerre se prolongeait, avec des vicissitudes diverses, sur terre et sur mer, entre les Turcs et les Grecs révoltés, atroce de part et d'autre. Mais la question de l'indépendance grecque était plus grave que la question de l'indépendance du Mexique ou du Brésil, à cause des répercussions qu'elle pouvait avoir sur les intérêts autrichiens et russes. La politique grecque de Canning fut longtemps ambiguë.

Il voyait d'une part l'opinion anglaise s'échauffer pour la Grèce. Byron allait mourir sous les murs de Missolonghi. Lord Frederic North parcourait la Morée, déguisé en Grec des temps antiques. A Londres, le *Greek Committee*, où siégeaient tous les grands hommes du parti radical, Joseph Hume, John Bowring, les Ricardo, le lieutenant Blaquière, le colonel Stanhope, recueillait des fonds, s'offrait à gérer ceux qui étaient le produit des emprunts contractés à Londres par le gouvernement grec. Lord Cochrane, revenu du Pérou, accepta en 1825, moyennant versement d'une grosse somme, d'aller prendre le commandement d'une petite flottille, construite aux frais du *Committee*, et combattre dans l'Archipel les flottes turque et égyptienne. Or, tous ces hommes, c'étaient ceux en collusion avec qui Canning conduisait toute sa politique étrangère. Le gouvernement britannique prenait donc l'initiative de mesures favorables aux Grecs, et notamment était le premier à reconnaître les Grecs comme « belligérants », à se déclarer neutre entre les deux forces en présence comme entre deux armées régulières [2].

Mais, d'autre part, il voyait l'agitation hellénique trop souvent fomentée par des agents russes, l'empereur Alexandre rêvant d'annexer à son empire moscovite, par la destruction de la Turquie, un nouvel empire de Byzance. Il fallait donc protéger vers le Nord, contre la Russie, l'inté-

1. Stapleton, *The Political Life of Mr. Canning*, vol. II, p. 358. — Sur ce titre d'empereur, cf. *Id., ibid.*, vol. II, pp. 198, 305. — Canning eût été, en principe, désireux de voir les nouveaux états se donner des constitutions monarchiques. Voir sa lettre à Sir William A'Court, 31 décembre 1823 : ... I have no objection to Monarchy in Mexico... Monarchy in Mexico, and Monarchy in Brazil would cure the evils of universal democracy, and prevent the drawing of the line of demarcation which I most dread, — America *versus* Europe (A. G. Stapleton, *George Canning and his times*, pp. 394-5).

2. A. G. Stapleton, *The Political Life of Mr. Canning*, vol. II, pp. 408 sqq.

grité de l'empire ottoman : Canning partageait sur ce point les craintes de tous les tories. Il était aussi résolu que tous ses collègues à ne pas se laisser entraîner dans une guerre engagée « pour l'amour d'Aristide ou de Saint-Paul [1] ». Et, comme le philhellénisme londonien était moins exalté que le philhellénisme parisien [2], moins pur peut-être aussi et mêlé de combinaisons financières assez louches dans lesquelles les grands hommes du parti populaire furent compromis [3], il trouva passablement facile d'entraver l'émancipation grecque, au moment même où, par certains de ses actes, il paraissait l'encourager.

Il repoussait toute proposition russe qui impliquait la possibilité d'une intervention militaire : allait même parfois, contrairement à ses principes, jusqu'à admettre qu'il se tînt à Saint-Pétersbourg une conférence des ambassadeurs, véritable congrès de la Sainte-Alliance, si cette conférence devait paralyser la volonté de guerre de la Russie [4]. Quand l'intervention du pacha d'Egypte sembla menacer la nation grecque naissante d'un anéantissement rapide, et que des délégués grecs vinrent à Londres pour demander à se placer sous le protectorat britannique, Canning les éconduisit durement. Il leur expliqua combien de pareilles démarches nuisaient à la cause de la Grèce au lieu de la servir : car le gouvernement britannique, lié à la Turquie par un traité d'alliance, était obligé de répondre par une déclaration de neutralité. Et Canning, en cette occasion, ne se borna pas à une déclaration de neutralité. Deux proclamations furent lancées : l'une interdisant aux sujets anglais de servir dans cette guerre, l'autre prohibant pendant six mois l'exportation de munitions de guerre. Des navires qui sortirent du port de Londres, chargés d'armes à destination de la Grèce, furent effectivement saisis par les agents du gouvernement.

1. Canning à Stratford Canning, 5 septembre 1826 : Every engine short of war (which no minister of England in his senses would dream of incurring in these times out of reverence to Aristides or St-Paul) is to be applied to beat down Turkish obstinacy (S. L. Poole, *life of Stratford Canning*, vol. I, p. 430). — Et, le même au même, 9 janvier 1826 : ... a new mode of speaking *if not* of acting... which I confess I like the better because it has nothing to do with Epaminondas nor (with reverence be it spoken) with Saint-Paul (*Id., ibid.*, vol. I, p. 395).

2. *Diary of Thomas Moore*, 21 juin 1823 : ... Went to the Greek Committee : Hume in the chair; hardly any answers to the 2 000 letters they have sent about to solicit subscriptions; no feeling in the country on the subject *(Mem.... of Thomas Moore*, vol. IV, p. 88).

3. Sur le *Greek Committee* et les scandales liés à ses opérations, voir une notice très détaillée, *Ann. Reg.*, 1826, pp. 371 sqq.; et, dans le *Westminster Review*, juillet 1826, art. vi. *Greek Committee*, un article apologétique mais, dans le détail, souvent embarrassé (vol. VI, pp. 113 sqq.).

4. A. G. Stapleton, *The Political life of Mr. Canning*, vol. II, pp. 411 sqq.

Ainsi se développait la diplomatie de Canning, souple et parfois presque tortueuse. Ne nous le représentons pas bravant de face les grandes puissances continentales : s'il refusait de reconnaître leur Alliance comme un bloc, il s'appliquait à conserver des relations courtoises avec chacun des membres de l'Alliance, résolvant autant qu'il était possible les questions internationales d'accord avec celui-ci ou celui-là, sans les autres, contre les autres, divisant ainsi les puissances et maintenant, dans chaque tractation, l'Angleterre à la première place. Cette politique lui était commandée par les circonstances : *leader* d'une Chambre des Communes tory, il n'avait pas la liberté de ses allures. Mais elle était aussi conforme à son génie compliqué, et il était encouragé à la poursuivre par l'approbation que lui donnait le pays. Les libéraux mettaient sur le compte de ses collègues, non de lui-même, les vacillations de sa diplomatie. Les industriels et les commerçants lui pardonnaient ces vacillations si elles empêchaient la nation de verser dans la guerre. L'opinion l'avait choisi pour grand homme. Elle lui faisait aveuglément confiance, supposant des raisons profondes là où n'apparaissaient pas à première vue les mobiles de ses actions.

Ni lord Grey ni lord Althorp du côté whig, ni Wellington ni lord Eldon du côté tory, ne s'inclinaient devant son génie. Mais, habile courtisan en même temps que grand meneur de foules, Canning sut regagner la faveur du roi après la brouille de 1824. La difficile question sud-américaine était réglée; et, pour ce qui concernait l'indépendance grecque, Canning pratiquait une politique tory. Il rendit au roi un important service privé : il le débarrassa de lord Ponsonby, qui avait jadis été l'amant de sa maîtresse, en envoyant celui-ci représenter l'Angleterre à Buenos-Ayres [1]. Sir William Knighton, médecin et secrétaire privé du roi, acheva la réconciliation [2]. Canning était d'ailleurs aimé des hommes de lettres, qui voyaient en lui un des leurs, quelque chose de mieux qu'un homme politique : Walter Scott était son ami, Byron l'admirait de loin. Aux Communes, les intellectuels, les hommes de mouvement, les ambitieux se tournaient vers lui : Mackintosh, lord John Russell, Hobhouse, Sir Robert Wilson, Brougham. Il fascinait les jeunes gens. Disraëli, âgé de vingt ans à peine, écrivait son premier roman dont le héros visible, c'était Vivian Grey, mais le héros invisible, Canning. Et, comme Canning, comme Vivian Grey, Dis-

---

1. Sir Henry Lytton Bulwer, *Historical Characters*, vol. I, p. 369.
2. Voir le mémorandum du 27 avril 1825 (A. G. Stapleton, *Canning and his times*, pp. 439 sqq.). — Cf. la note du 21 décembre 1825 (A. G. Stapleton, *George Canning and his times*, pp. 443 sqq.).

raëli rêvait d'un jour lointain où, sans famille, sans fortune personnelle, il pourrait réussir à « faire du monde son huître, et l'ouvrir avec son couteau ».

Sans doute le radicalisme, écrasé en 1819, renaissait, mais sous une forme nouvelle. Ce n'était plus le radicalisme rural, tout à la fois réactionnaire et révolutionnaire, de William Cobbett : furieux de voir mourir cette agitation de 1822, sur laquelle il avait fondé tant d'espérances, et Canning donner une sorte de prestige oratoire à cet industrialisme qu'il détestait, Cobbett ne décolérait pas, tout en se sentant parfois obligé de rendre un hommage involontaire aux talents du ministre. Ce n'était pas davantage le radicalisme byronien, pessimiste, romantique et aristocratique : Byron mourait en 1824 sans laisser après lui, dans son pays natal, de postérité spirituelle. C'était le radicalisme bourgeois, prosaïque et calculateur, de Bentham et de son groupe. En 1823, John Stuart Mill, le fils de James Mill, savant comme un vieillard, enthousiaste et naïf comme il convenait à un adolescent de dix-sept ans, assemblait autour de lui quelques jeunes gens de son âge, et adoptait pour lui et pour ses camarades la dénomination nouvelle d' « utilitaires ». En 1824, Bentham, avec l'assistance de Bowring, fondait la « Revue de Westminster », qui devait être pour le parti radical ce que la « Revue d'Édimbourg » et le *Quarterly Review* étaient respectivement pour les libéraux et pour les tories : en peu de mois, la nouvelle revue atteignit un tirage de trois mille. En 1825, les Benthamites fondaient à Londres une Université, ouverte à des étudiants de toutes les confessions, pour donner aux jeunes gens de la bourgeoisie commerçante un enseignement moins étroit et moins dispendieux qu'ils n'en pouvaient recevoir à Oxford et à Cambridge [1]. Les Benthamites jouaient un grand rôle encore dans la fondation du *Mechanics' Institute* de Londres, gouverné par un comité dont la majorité était ouvrière, et qui avait pour but de fournir à l'élite des classes laborieuses, par des cours du soir, une sorte d'enseignement technique et populaire : toute la province imita aussitôt le modèle londonien, et il y eut peu de villes, au bout de deux ou trois ans, qui n'eussent leur *Mechanics' Institute* [2]. Et sans doute encore ce radicalisme benthamique était différent du nouveau libéralisme qui était en train de s'infiltrer dans le parti gouvernemental. Ni l'irréligion, ni le républicanisme, ni le dogmatisme abstrait, des Benthamites, n'étaient faits pour plaire à Canning et à ses amis. Pourtant des affinités, des convergences se laissent discerner.

1. Voir notre *Formation du Radicalisme philosophique*, vol. III, pp. 311 sqq. et passim.
2. Voir notre *Thomas Hodgskin*, pp. 80 sqq.

Sur quel point le contraste est-il plus profond, entre la doctrine de Canning et celle des Benthamites, qu'en matière de droit constitutionnel? Ceux-ci demandaient un régime électoral fondé sur le suffrage universel ; celui-là était hostile à toute réforme parlementaire, même modérée. De sorte que le premier effet de la popularité de Canning, c'était de faire décliner les revendications radicales : ni en 1824 ni en 1825 la question de la réforme parlementaire ne fut même discutée à la Chambre des Communes [1]. Sans doute; mais en revanche le triomphe remporté par la diplomatie de Canning donnait aux idées radicales un dérivatif, disons, pour parler comme les économistes, un « débouché », dans les pays de langue espagnole et portugaise, en Europe et en Amérique.

Les « patriotes » de ces pays lointains étaient également bien reçus dans les bureaux de Canning et dans la maison de Bentham. Dans Downing Street ils étaient accueillis par un ministre qui n'avait au fond du cœur que dédain pour leurs grossières expériences politiques [2], mais qui n'éprouvait pas, comme Alexandre ou Metternich, des sentiments de haine ou d'effroi à leur égard, et se montrait disposé à chercher tous les points d'accord possibles entre les intérêts de ces jeunes démocraties et ceux du vieux peuple britannique. Dans Queen Square Place, ils étaient les hôtes d'un vieillard maniaque et enthousiaste, heureux d'avoir enfin des admirateurs après tant d'années d'isolement, et de trouver des terres vierges pour l'expérimentation de ses idées. A Buenos-Ayres, le sage Ridavavia était le disciple de Bentham et son propagandiste [3]. Au Guatemala José del Vallé travaillait à substituer ses codes aux codes espagnols [4]. En Colombie, les « Traités de Législation » étaient tout à tour adoptés et rejetés comme livres de classe selon que les libéraux ou les réactionnaires parvenaient au pouvoir [5]. Bossange, l'éditeur français de Bentham,

---

1. Deux interventions seulement au discours de la session de 1824 : un discours de Hobhouse, présentant, le 17 mars, à propos d'une pétition sans importance, quelques propositions très modestes; un discours de lord John Russell, présentant le 17 mai, une pétition de la Corporation de Londres, et promettant une motion pour la session suivante. Mais il ne tint pas sa promesse. — Les radicaux n'avaient d'ailleurs jamais aimé les whigs, et leur préféraient un tory indépendant qui brisait les cadres des vieux partis. Voir la curieuse lettre de James Mill à Napier, 18 septembre 1819 : ... I would undertake to make Mr. Canning a convert to the principles of good government sooner than your lord Grey and your Sir James Mackintosh; and I have now an opportunity of speaking with some knowledge of Canning (Bain, *James Mill*, p. 188).

2. On est amusé de voir dans l'*Anti-Jacobin*, Canning au temps de sa jeunesse, se servir du nom du Pérou pour ridiculiser les cosmopolites :

> No narrow bigot *he* — his reasoned view
> Thy interests, England! ranks with thine, Peru!

(Charles Edmonds, *Poetry of the Anti-Jacobin*, p. 274).

3. Bentham, *Works*, ed. Bowring, vol. X, pp. 500, 513.

4. Bentham, *Works*, ed. Bowring, vol. X, pp. 558-9; vol. XI, pp. 17, 48-9, 71.

5. Bentham, *Works*, ed. Bowring, vol. X, pp. 52 sqq.; vol. XI, pp. 22, 28, 33.

se vante en 1830 d'avoir écoulé dans l'Amérique du Sud quarante mille volumes de ses œuvres [1]. « Le nom de Bentham, écrit Hazlitt en 1824, est peu connu en Angleterre, mieux connu en Europe, mieux connu que partout ailleurs dans les plaines du Chili et aux mines du Mexique. Il a offert des constitutions au Nouveau-Monde et légiféré pour l'avenir [2]. »

ACTIVITÉ RÉFORMATRICE DU MINISTÈRE

ROBERT PEEL ET LA RÉFORME DU DROIT PÉNAL Bentham commençait cependant à trouver, dans sa patrie elle-même et dans les sphères gouvernementales, des adeptes pour certaines de ses idées. Romilly d'abord, puis après sa mort Sir James Mackintosh, avaient entrepris à la Chambre des Communes la réforme, au moins partielle, du droit civil et surtout du droit pénal, en s'inspirant, si timidement que ce fût, des principes benthamiques. Les abus de la Cour de Chancellerie étaient dénoncés par les libéraux avec une violence extraordinaire : les attaquer, c'était ébranler la situation du lord chancelier, lord Eldon, le chef militant des Ultras, dont la longévité, la volonté qu'il semblait afficher de mourir à son poste, étaient pour l'Opposition une source perpétuelle de déception et de colère. Or, nous avons vu comment, à peine entré au *Home Office*, Robert Peel avait montré qu'il avait, en ces matières, le tempérament d'un novateur.

Il poursuivit, en 1823 et pendant les années qui suivirent, le travail réformateur qu'il avait entrepris dès 1822. Il aborda la réforme du régime pénitentiaire [3], la réforme du système de la déportation [4], devenu impossible sous sa forme actuelle depuis que la Nouvelle-Galles du Sud était envahie par les colons libres. Il fit voter par le Parlement un grand statut de « consolidation » de toutes les lois relatives aux jurys [5]. Il fit nommer une commission royale d'enquête sur l'organisation de la Cour de Chancellerie et de la Chambre des Lords considérée comme cour d'appel suprême [6]. Il remania, en 1825, tout le système de rémunération des

---

1. Bentham, *Works*, ed. Bowring, vol. XI, p. 33.
2. *Spirit of the Age*, p. 1.
3. 3 Geo. IV, c. 64 (Ireland), 114 : 4 Geo. IV, c, 61; 5 Geo. IV, c. 85.
4. 4 Geo. IV, c. 47, 82, 96; 5 Geo. IV, c. 19, 84.
5. 6 Geo. IV, c. 50.
6. *H. of C.*, 24 février 1824 (*Parl. Deb.*, n. s., vol. X, pp. 372 sqq.). A la vérité, la nomination de cette commission, dont la composition souleva des critiques, fut un procédé dilatoire, imaginé par Peel pour couvrir lord Eldon : Canning laissait attaquer, avec un plaisir trop visible, celui qui, dans le Cabinet, était le plus redoutable de ses adversaires (*H. of C.*, 1er mars 1824, *Parl. Deb.*, n. s., vol. XVI, pp. 571 sqq.; — Duke of Buckingham, *Mem. of the Court of George IV*, vol. II, pp. 52-3).

juges des cours supérieures, relevant les traitements mais supprimant en revanche les sources abusives de revenus[1]. Il se préoccupa surtout, fidèle à l'engagement qu'il avait pris en 1822, d'adoucir le droit pénal, de réduire le nombre, véritablement monstrueux, des délits que la loi anglaise frappait de la peine de mort.

En 1823, bien qu'il continuât à défendre le principe traditionnel d'un droit pénal draconien tempéré par le pouvoir disc étionnaire du juge, Peel admit que, dans certains cas spécifiés, la peine de mort était excessive; et, si Buxton protesta contre son extrême timidité — au train dont marchait Peel, « on ne sauverait pas une vie en dix ans », — Scarlett, applaudi par la majorité des whigs, se réjouit de voir venir le jour où les principes dont Sir Samuel Romilly s'était pendant si longtemps fait infructueusement l'avocat, obtenaient enfin l'approbation générale du gouvernement[2]. Et ce ne fut pas Sir James Mackintosh, ce fut Peel lui-même qui introduisit, fit adopter par le Parlement, sans débats, quatre projets de loi par lesquels étaient exemptées de la peine de mort une centaine de *felonies*[3]. Une commission parlementaire ayant été nommée, l'année suivante, sur la motion d'un membre whig de la Chambre des Communes[4], pour voir s'il n'y aurait pas lieu d'amender et de « consolider » le droit pénal, Peel fit siennes en 1826 les conclusions de la commission. Le discours qu'il prononça alors[5], les projets de loi qu'il déposa cette année et la suivante, marquent le début du grand travail de « consolidation » légale qui allait transformer le droit criminel anglais[6]. Consolidation, fusion d'un groupe de lois anciennes en une loi unique, non codification générale selon le plan benthamique. Mais la consolidation, c'était bien déjà un procédé, si fragmentaire et détourné fût-il, de codification[7]. Ainsi, depuis que Robert Peel l'occupait, le *Home Office* prenait une importance qu'il n'avait jamais eue[8]. Tierney, découragé de voir ce jeune homme d'État prendre au détriment

1. 6 Geo. IV, c. 82, 83, 84, 85.
2. *H. of C.*, 21 mai 1823 (*Parl. Deb.*, n. s., vol. IX, pp. 420 sqq.).
3. 4 Geo. IV, c. 48, 53, 54, 55.
4. Motion du dr. Lushington (*H. of C.*, 16 mars 1824; *Parl. Deb.*, n. s., vol. X, pp. 1062 sqq.); *Ann. Reg.*, 1824, p. 61.
5. *H. of C.*, 9 mars, 17 avril 1826 (*Parl. Deb.*, vol. XIV, pp. 1214 sqq., 234 sqq.).
6. 7 and 8 Geo. IV, c. 27, 28, 29, 30 (Offences against Property); 9 Geo. IV, c. 31 (Offences against the Person); 11 Geo. IV and 1 Will. IV, c. 66 (Forgery); 2 Will. IV, c. 34 (Offences relating to The Coin).
7. *H. of C.*, 17 mars 1824. Peel ayant introduit son *Juries Consolidation Bill*, Joseph Hume demande qu'on se livre au même travail de consolidation pour tout le *Statute Law* : il y aurait alors codification véritable. Et George Lamb fait entendre une protestation en sens contraire : He regarded with some jealousy these consolidation laws. They were seldom purely such. There was always some new provision which appeared so desirable, that flesh and blood could not resist introducing it (*Parl. Deb.*, n. s., vol. X, p. 250).
8. Lord Manners à Peel, 4 avril 1826 (C. S. Parker, *Sir Robert Peel*, p. 400).

du parti whig une telle autorité, confiait en 1824 à Thomas Moore que
« Robert Peel était le seul réformateur de l'époque [1] ».

QUESTIONS *ÉCONOMIQUES. PROSPÉRITÉ GÉNÉRALE DU ROYAUME*

C'était beaucoup dire : et nous ne reproduisons ce témoignage que pour donner une idée de la haute situation acquise dès cette date par Robert Peel à Westminster. D'autres, dans le Parlement et dans le ministère lui-même, méritaient d'être considérés au premier chef comme des réformateurs : Robinson à l'Échiquier, Huskisson au *Board of Trade*. La nouvelle philosophie commerciale dont ils étaient les adeptes avait pour théoricien un grand homme qui siégeait encore à la Chambre des Communes lorsqu'elle rentra en séances en février 1823. Ricardo appartenait au groupe de Bentham : le groupe était soumis en quelque sorte au gouvernement de deux duumvirs, Bentham et Ricardo, auprès desquels James Mill faisait fonction de secrétaire général. Mais Ricardo était bien plus populaire en son pays que ne l'était Bentham. Lorsqu'il mourut prématurément en septembre, les Benthamites constatèrent avec orgueil que cette mort mettait en deuil, en même temps que leur groupe, le Parlement, le pays tout entier. En vertu de son testament, des conférences d'économie politique furent annuellement données à Londres; et MacCulloch, le conférencier désigné, vit affluer un public d'élite : non seulement des membres notables de l'Opposition, tels que lord King, Sir Henry Parnell et lord Lansdowne, mais Huskisson, Canning, Peel et lord Liverpool [2]. Le remaniement ministériel qui suivit la mort de lord Castlereagh avait accéléré, dans les conseils du gouvernement, les progrès de l'influence ricardienne. Robinson, qui venait de prendre tant de de mesures décisives au *Board of Trade*, chassait Vansittart de l'Échiquier. Huskisson s'installait au *Board of Trade*. Et, si le vice-président Wallace, mécontent de voir Huskisson promu à un poste qu'il considérait comme lui étant dû, donna sa démission, il continua de prendre une part importante à la libéralisation du code commercial, tant comme membre indépendant du Parlement que comme président d'une commission importante.

Ce qui rendit plus facile aux ministres des finances et du commerce

---

1. *Diary of Thomas Moore*, 16 juin 1825 : (Tierney) seems utterly to despair of any change in politics; remarked the success of Peel in procuring popularity for himself by this new jury measure; his name associated with it at public dinners; the only reformer of the day (*Mem... of Thomas Moore*, vol. IV, p. 202).

2. *Morning Chronicle*, 16 avril, 21 mai 1824; *Pol. Reg.*, 16 juillet 1825 (vol. LV, pp. 149 sqq.).

d'appliquer la politique nouvelle, ce fut l'extraordinaire reprise des affaires qui se fit sentir, après sept années de malaise, au moment précis où la disparition de lord Castlereagh laissa le champ libre à Canning. Il y avait deux ans déjà qu'on avait, au *Board of Trade*, commencé d'appliquer cette politique : la prospérité industrielle dont le pays jouissait à présent n'était-elle point un résultat des mesures déjà prises pour libérer le commerce? un encouragement à l'accroître encore en continuant à suivre la même voie? D'autre part, le Parlement continuait à exiger la réduction progressive des impôts : or cette réduction était facile maintenant que, grâce au bon état des affaires, on se trouvait disposer chaque année d'un gros excédent budgétaire.

Il faut, à vrai dire, analyser de près cette brusque amélioration de la situation financière, si favorable aux nouveaux ministres. Elle ne s'explique point par un accroissement de la production manufacturière du pays qui serait survenu soudainement à la fin de 1822. Quand Wallace, prenant la parole à la Chambre des Communes, constate un accroissement de 10 p. 100 pour les exportations de cotonnades, de 17 p. 100 pour les exportations de quincaillerie, de 13 p. 100 pour les exportations de lainages, il compare non pas les chiffres de 1823 avec ceux de 1822 — son discours est du 12 février —, mais bien les chiffres de 1822 avec ceux de 1821. Il remonte même plus haut dans ses comparaisons, constate que le total des exportations pour 1822 dépasse de 20 p. 100 le total atteint en 1820 [1]. C'est effectivement de cette année-là qu'il faut dater l'amélioration des affaires : le chiffre des exportations (valeur officielle) passe de 33 534 000 l. en 1819 à 38 394 000 l. en 1820, 40 832 000 l. en 1821, 44 243 000 l. en 1822, 43 827 000 l. en 1823, 48 730 000 l. en 1824. Il y a donc baisse de 1822 à 1823, et c'est en premier lieu de 1819 à 1820, en second lieu de 1823 à 1824, que l'augmentation est le plus rapide. Si les derniers mois de 1822 constituent une date critique dans l'histoire économique de l'Angleterre, c'est pour une autre raison.

En décembre 1822, le cours des denrées agricoles commença de monter. Le blé, qui n'avait guère dépassé le cours de 40 s. par quarter, tombant même à la fin de novembre jusqu'à 34 s., dépassait le cours de 41 s. en janvier, puis, montant rapidement, s'élevait jusqu'à 62 s. 7 d. en juin. Il retombait après la moisson, mais jusqu'au niveau de 47 s. 7 d. seulement, et remontait graduellement jusqu'à atteindre en février 1824 le cours de 67 s. 7 d.. La moisson suivante ne le faisait redescendre qu'à 54 s. 6 d.; et il finissait par atteindre, le 14 mai 1825, le point maximum

---

1. *H. of C.*, 12 février 1822 (*Parl. Deb.*, n. s., vol. VIII, p. 100).

de 69 s. 2 d.. Le discours du Trône, en février 1823, ne contenait aucune promesse d'assistance à l'agriculture en détresse : le roi, tout en déplorant cette détresse, se bornait à constater l'activité croissante des manufactures et du commerce, et croyait pouvoir espérer que, l'industrie étant prospère, l'agriculture ne pourrait longtemps demeurer misérable. Espérance bien paradoxale : depuis une trentaine d'années, il y avait opposition d'intérêts manifeste entre la ville et la campagne. Quand le prix des denrées alimentaires montait, propriétaires et fermiers prospéraient : les ouvriers au contraire souffraient s'ils n'obtenaient pas un relèvement de leurs salaires, et, s'ils l'obtenaient, c'étaient leurs employeurs qui patissaient et par répercussion eux-mêmes encore, bientôt condamnés au chômage. Quand le prix des denrées alimentaires tombait, l'industrie prospérait, mais l'agriculture périclitait : c'est ce qu'on venait de voir en 1822. Il arriva cependant que les hasardeuses espérances de lord Liverpool et de ses collègues se trouvèrent vérifiées par les faits. Le prix des denrées alimentaires monta, et cela, pour la première fois, sans dommage pour l'industrie. Tout le monde fut heureux à la fois, dans les villes et dans les campagnes. « Même les *country gentlemen*, écrit l'*Annual Register*, la plus gémissante de toutes les classes, la moins habituée à souffrir, la plus incapable de tenir tête aux difficultés quand elles se présentent — n'eurent plus lieu de se plaindre [1]. » Sir Thomas Lethbridge, après avoir donné à la Chambre des Communes avis d'une motion sur la « détresse agricole », retira purement et simplement sa motion, le 2 juin, à la grande colère de Cobbett [2]. Cette question cessa de tenir la moindre place dans les délibérations du Parlement.

BUDGETS DE 1823, 1824 ET 1825

Le Parlement était à peine assemblé que Robinson, sans attendre le moment où seraient soumis à la Chambre des Communes les *estimates* et le budget, crut devoir présenter un tableau général de la situation financière. Elle était excellente. L'État britannique avait, au cours de l'exercice 1822, encaissé 54 414 650 l., dépensé 49 499 130 l.. Soit un excédent de 4 915 520 l.. Pour l'année 1823, Robinson prévoyait 57 000 000 l., de recettes, 49 852 786 l. de dépenses : soit un excédent de 7 147 214 l.. L'Opposition saisit l'occasion pour réclamer immédiatement une politique hardie de réductions fiscales. Puisque, d'une part, il était prouvé que l'État anglais, même au cours des années difficiles qui avaient suivi le retour de

---

1. *Ann. Reg.*, 1824, p. 1.
2. *H. of C.*, 14 février, 2 juin 1823 (*Parl. Deb.*, n. s., vol. VIII, pp. 117 sqq.; vol. IX, p. 609). — *Pol. Reg.*, 14 juin 1823 (vol. XLVI, pp. 641 sqq.).

la paix, s'était montré capable de payer régulièrement les intérêts de la
Dette, puisque d'autre part il apparaissait comme chimérique de jamais
amortir une dette de 800 000 000 l., pourquoi donc, à la poursuite de cette
fin chimérique, continuer à grever inutilement la génération présente?
pourquoi ne pas affecter tout l'excédent budgétaire à des réductions
d'impôts? De quels impôts d'ailleurs? Des impôts directs, les plus impopulaires de tous, et dont le montant — *assessed taxes* et *land taxes* réunies —
se trouvait être égal à l'excédent dont on disposait cette année. Cette
attaque dirigée par les radicaux contre l'impôt direct avait quelque chose
de paradoxal en soi. Mais l'Opposition avait exigé en 1816 l'abolition de
l'impôt sur le revenu sous prétexte qu'il était inquisitorial : elle condamnait maintenant les *assessed taxes*, bien que, frappant les signes
extérieurs de la richesse, elles n'eussent rien d'inquisitorial, sous
prétexte qu'elles étaient mal assises, qu'elles pesaient plus lourdement
sur les pauvres que sur les riches. Disons les choses comme elles sont :
le plaisir de diminuer à tout prix les ressources de l'État, le plaisir
d'obtenir une facile popularité, l'emporta sur le souci de la doctrine.
Maberly, Hobhouse, se firent une spécialité de ces revendications, pour
lesquelles il leur arriva d'obtenir l'appui de lord Althorp [1].

Robinson pouvait difficilement, au mois de janvier 1823, éviter de faire
droit en quelque mesure à ces exigences : car la situation des agriculteurs
ne s'était pas encore améliorée à cette date, et ils demandaient avec instance à payer moins d'impôts. Sans aller jusqu'à la suppression totale des
assessed taxes, Robinson supprima un certain nombre de taxes sur les
domestiques, les jardiniers, les charrettes, les chevaux, qui grevaient
lourdement de petites gens; il supprima de même toutes les *assessed
taxes* perçues en Irlande; réduisit de 50 p. 100 toutes les autres taxes
sur les chevaux, les voitures et les domestiques. Au total, un sacrifice
de plus de 2 300 000 l.. Restait à la disposition du ministre une somme
de 5 000 000 l.. Robinson l'appliqua à l'amortissement, dont le principe
se trouva de la sorte maintenu, mais selon un plan nouveau, qui donnait
un commencement de satisfaction aux critiques de la méthode suivie
jusqu'alors. Le vieux fonds d'amortissement de William Pitt fut supprimé
et il lui fut substitué un nouveau fonds d'amortissement, qui dut s'accroître
à intérêts composés suivant le même principe que le fonds supprimé mais
pour lequel on décida de n'inscrire annuellement au budget qu'une somme

<hr>

1. Voir notamment *H. of C.*, 28 février 1823, motion de Maberly (*Parl. Deb.*, n. s.,
vol. VIII, pp. 302 sqq.); 2 mars 1824, discours de Hobhouse, appuyé par Maberly
et lord Althorp (*Parl. Deb.*, n. s., vol. X, pp. 652 sqq.); 10 mai 1824, motion de Maberly (*Parl. Deb.*, n. s., vol. XI, pp. 617 sqq.); 3 mars 1825, motion de Maberly (*Parl.
Deb.*, n. s., vol. XII, pp. 901 sqq.).

de 5 000 000 l., au lieu de 12 000 000 l. [1]. Affectation réelle, et non pas seulement nominale, puisque Robinson escomptait, pour les années à venir, un excédent budgétaire égal ou supérieur à 5 000 000 l. [2]. Ainsi fut accomplie la réforme vers laquelle Vansittart — avec quelle répugnance et par quels détours compliqués! — s'acheminait depuis 1819.

Cette dernière mesure fut l'objet d'assez vives critiques : on contesta que le Trésor disposât réellement d'un excédent de 7 000 000 l., on prétendit que l'apparence de cet excédent était due à des stratagèmes d'écritures. Les budgets de 1824 et de 1825 donnèrent cependant raison à Robinson. Une fois 5 000 000 l. affectées au service de l'amortissement, Robinson se trouva disposer encore, la première année, d'un excédent de 1 052 000 l., la deuxième, d'un excédent de 443 500 l.. Quel emploi en serait-il fait? En 1825 les *assessed taxes* furent réduites encore de 276 000 l.. Mais l'agriculture était maintenant sortie de sa détresse, les *country gentlemen* étaient moins importuns, et c'est d'un autre côté que se tournait l'effort du Chancelier de l'Échiquier. A Canning, qui souhaitait une nouvelle réduction des impôts directs, lord Liverpool, plus fidèle que bien des orateurs libéraux aux enseignements de leurs maîtres, les grands économistes, écrivait, le 19 octobre 1824 : « S'il était en notre *pouvoir* de faire notre *devoir* (ne soyez pas alarmé, je ne vais pas le proposer), nous augmenterions nos impôts directs d'au moins 2 000 000 l.; et, par voie de compensation, nous ferions subir à nos impôts indirects une réduction de 4 à 5 000 000 l.. Un tel arrangement, sans diminuer nos recettes d'une manière appréciable, accroîtrait considérablement la richesse et les ressources du pays, en soulageant le commerce des charges qui pèsent sur lui [3]. » Robinson et Huskisson, en plein accord avec le premier ministre, appliquèrent la seconde partie du programme tracé par lord Liverpool, et réformèrent tout le système des douanes anglaises.

---

1. 4 Geo. IV, c. 19. — Voir les débats, *H. of C.*, 10 février, 3, 6, 11, 13, 14 mars 1823 (*Parl. Deb.*, n. s., vol. VIII, pp. 91, 340, 501, 534, 543, 579).

2. *H. of C.*, 21 février 1823, discours de Ricardo (*Parl. Deb.*, n. s., vol. VIII, pp. 219-221); 14 mars 1823, discours de Baring et de Ricardo (*Parl. Deb.*, n. s., vol. VIII, pp. 587-588).

3. C. D. Yonge, *Life... of lord Liverpool*, vol. III, p. 311. — Voir la lettre de Canning à laquelle cette lettre est une réponse, 19 octobre 1824 : ... Are you forward in your financial plans? and can you remit us any more taxes? If so, I am for *direct* taxes this season (Wellington, *Despatches, Cont.*, vol. II, p. 324). — L'opinion de lord Liverpool n'avait pas varié en ces matières, depuis qu'il avait déploré, en 1816, l'abolition de l'impôt sur le revenu. Voir son discours, *H. of L.*, 21 février 1821 : ... Whether the present modes of taxation were the best, he would not stop to inquire. It had been his opinion that an increase of the direct taxes would have been beneficial, and therefore he was for preserving for some time the income tax (*Parl. Deb.*, n. s., vol. IV, p. 833).

LA POLITIQUE
LIBRE-ÉCHANGISTE   La prospérité même de l'industrie britannique alarmait les nations étrangères, qui commençaient à protéger par des tarifs douaniers le travail de leurs usines. Comment les persuader de renoncer à cette politique de guerrre économique, si l'Angleterre, au lieu de leur offrir en exemple un libre-échangisme radical, n'abaissait pas ses propres tarifs? Il y avait en Angleterre toute une vieille législation très embrouillée, qui ne s'appuyait sur aucun principe défini et ne répondait pas aux besoins des temps nouveaux. Trop souvent les lois douanières, odieusement tyranniques si on avait voulu les appliquer à la lettre, étaient inefficaces, tant la machine administrative anglaise était faible : une contrebande éhontée s'exerçait presque à ciel ouvert, entretenant dans le public un mépris démoralisant pour l'autorité de l'État. D'autres fois, elles portaient sur les matières brutes dont l'industrie avait besoin, paralysant celle-ci au lieu de la fortifier. Ou bien encore elles frappaient en quelque sorte dans le vide; à quoi bon protéger l'Angleterre contre une concurrence inexistante? à quoi bon frapper, par exemple, les cotonnades étrangères de droits supérieurs toujours à 50 p. 100, qui parfois s'élevaient jusqu'à 75 p. 100? La supériorité de la technique anglaise avait rendu toute importation de cotonnades impossible : c'est le Lancashire qui, exportant ses cotonnades pour une valeur annuelle de 30 000 000 l., inondait les autres pays de ses produits. On entreprit le nettoyage de cette législation inutile, inefficace, ou positivement nuisible.

Robinson réforma le régime auquel la laine était soumise. L'exportation des laines brutes était prohibée; l'importation était soumise depuis 1819 à un droit de 6 d. par livre. Il abaissa le droit à l'importation, qui ne fut plus que de 1 d.; il autorisa l'exportation, moyennant le paiement d'un droit de 1 d.. Il abaissa les droits à l'importation de la soie brute, autorisa moyennant paiement d'un droit de 30 p. 100 l'importation des soieries étrangères, supprima en revanche les primes à l'exportation. En 1825, le problème fut abordé d'ensemble [1]. Tous les droits à l'importation qui constituaient une véritable prohibition furent abaissés, et ne durent plus jamais dépasser un maximum de 30 p. 100. Les droits sur les objets non énumérés au tarif furent abaissés, pour les objets manufacturés de 50 p. 100 à 20 p. 100, pour les objets non manufacturés de 20 p. 100 à 10 p. 100. Les cotonnades ne payèrent plus que 10 p. 100; les lainages que 15 p. 100, au lieu de 50 p. 100 : les toiles, que

---

1. 6 Geo. IV, c. 104, 105, 106, 107, 108, 111 : après une première loi de détail qui portait sur les vins, le café et le chanvre (Geo. IV, c. 13); et 7 Geo. IV, c. 56.

25 p. 100, au lieu de droits qui allaient de 40 à 180 p. 100[1]; les verreries que 20 p. 100, au lieu de 80 p. 100; les poteries que 30 à 5 p. 100, au lieu de 75 p. 100. Le fer paya 1 l. 10 s. la tonne, au lieu de 6 l. 10 s.; le cuivre, 27 l. la tonne, au lieu de 54 l.; le zinc, 24 l. au lieu de 28 l.; l'étain, 50 l., au lieu de 109 l. 5 s.; le plomb, 15 p. 100 au lieu de 20 p. 100. Les droits à l'importation des laines brutes furent une seconde fois abaissés. On abaissa pareillement les droits sur le café, le cacao, les vins, les spiritueux. Ces réformes impliquaient un abandon de ressources triples de l'excédent budgétaire : mais l'abandon de ressources ne devait pas être immédiat, et l'expérience des deux dernières années avait démontré que l'on pouvait compter, d'année en année, sur un accroissement des ressources normales, que cet accroissement devait même être favorisé par la nouvelle politique de liberté. Un optimisme réfléchi autorisait une politique budgétaire qui pouvait à première vue paraître imprudente.

D'autres mesures facilitèrent en même temps la circulation intérieure. Des lois spéciales réservaient aux charbonnages de la région de Newcastle le monopole du marché de Londres : des droits prohibitifs empêchaient le consommateur londonien de se fournir ailleurs, et il était obligé de payer sur ce charbon venu par mer un droit particulièrement élevé. Robinson et Huskisson abaissèrent, en les égalisant, les droits perçus sur les charbons de toute origine [2]. L'Angleterre et l'Irlande, politiquement unies depuis 1800, restaient encore deux nations séparées au point de vue douanier. Une loi votée en 1820 s'était bornée à prescrire l'abaissement progressif, tous les cinq ans, de cette séparation douanière jusqu'au jour où, en 1840, se trouverait établie la complète liberté des échanges entre les deux royaumes [3]. Mais, au moment où l'on approchait de la fin de la première période quinquennale, le ministère décida de brûler les étapes. Par deux lois successives toutes barrières douanières se trouvèrent, dès 1825, supprimées entre l'Angleterre et l'Irlande [4].

Le régime économique auquel les colonies étaient soumises fut en même temps transformé. Un lien étroit rattache, sur ce point, la nouvelle politique économique à la diplomatie de Canning. La loi votée en 1822, dont il a été question plus haut, avait ouvert certains ports des colonies d'Amérique à l'importation d'un certain nombre d'objets spécifiés, expédiés par les États-Unis. Mais, de même que, peu de mois

1. Par une loi de l'année antérieure (5 Geo. IV, c. 43, s. 2), il avait été décidé que le primes à l'exportation des toiles seraient diminuées d'un dixième par an, de manière à disparaître totalement dans un délai de dix ans.
2. 5 Geo. IV, c. 43.
3. 1 Geo. IV, c. 45.
4. 4 Geo. IV, c. 26; 5 Geo. IV, c. 22.

mois après, le gouvernement de Washington devait répondre aux avances
de Canning en proclamant la doctrine de Monroe, de même il répondit à la
loi de 1822 en exigeant, avant d'autoriser le trafic entre les États-Unis
et les colonies anglaises d'Amérique, que les produits ayant les États-Unis
pour origine fussent admis dans les ports de ces colonies sur un pied de
parfaite égalité avec les produits des autres colonies. Bref, les Anglo-
Saxons d'Europe offraient aux Anglo-Saxons d'Amérique de se mettre
d'accord avec eux pour exploiter en commun le nouveau monde : les Anglo-
Saxons d'Amérique déclinaient la proposition, prétendaient se réserver
l'exploitation du continent américain, et absorber, s'il se pouvait, les Indes
Occidentales et les possessions anglaises de l'Amérique du Nord dans une
sorte d'empire américain. Que restait-il à faire aux Anglo-Saxons d'Europe pour empêcher cette absorption? Il restait de resserrer les liens qui
rattachaient les Antilles et le Canada à l'Europe, en desserrant le réseau
législatif qui surbordonnait leur intérêts aux intérêts de l'industrie et de
la navigation britanniques. Par une loi votée en 1825 [1], les colonies
anglaises obtinrent la liberté complète, qui ne leur avait pas été encore
accordée en 1822, de trafiquer directement avec tous les pays du monde,
à la seule condition de se soumettre, comme la métropole elle-même, aux
Navigation Acts. Les produits importés de l'étranger durent acquitter
des droits à l'importation, non écrasants, et dont le montant dut rester
à l'actif des colonies. On favorisa d'ailleurs, par l'abaissement des droits
de douane, l'importation en Angleterre du rhum des Antilles [2]. En ce qui
concernait le Canada, on prit une mesure plus hardie : on osa toucher à
l'édifice des *corn laws*. On obtint — pour deux ans seulement, il est vrai
— que le blé canadien fût admis en Angleterre, moyennant paiement
d'un droit fixe de 5 s. par quarter [3].

Les États-Unis avaient, quelques années auparavant, commencé de
protéger leur marine naissante par une loi imitée des *Navigation Acts*
anglais; et l'Angleterre avait été obligée, en conséquence, de consentir,
moyennant réciprocité, que la marine marchande des États-Unis ne fût
pas soumise à l'opération des *Navigation Acts*. La Prusse menaçait maintenant de suivre l'exemple donné naguère par les États-Unis. Pour parer
au danger, et en prévision du jour où d'autres gouvernements suivraient
l'exemple des États-Unis et de la Prusse, Huskisson obtint du Parlement
le vote d'une loi qui permettait à la Couronne de signer, en ces matières,

1. 6 Geo. IV, c. 73.
2. 5 Geo. IV, c. 34.
3. 6 Geo. IV, c. 64 : ... for one year, and until the end of the the next session of
parliament... Le ministère aurait voulu une loi permanente : *H. of L.*, 2 février 1826,
discours de lord King (*Parl. Deb.*, n. s., vol. XIV, pp. 9-10).

avec les nations étrangères, des traités de réciprocité [1]. C'est ce qui fut fait tout de suite avec la Prusse, puis avec la Suède [2]. Le Danemark, le Hanovre, les villes hanséatiques, quatre États hispano-américains, la France, devaient signer bientôt des traités conçus sur le même modèle [3].

Ce n'était encore, à vrai dire, que le printemps du libre-échangisme anglais. Huskisson, quelque sympathie qu'il éprouvât pour les idées de Ricardo et de MacCulloch, ne songeait pas à demander que l'Angleterre établît pour son compte un régime de liberté absolue des échanges, abandonnant les autres nations à l'erreur protectionniste. Aux impatients qui demandaient l'abaissement des droits à l'importation des céréales, il répondait que l'on ne pouvait désarmer le gouvernement britannique dans les négociations qu'il engageait avec les gouvernements étrangers pour obtenir l'abaissement des droits dont étaient frappés les produits de l'industrie britannique : qu'aurait-on à leur offrir en échange si d'emblée on admettait leurs céréales en franchise [4]? Le pas que Huskisson faisait accomplir à la législation commerciale de son pays n'en était pas moins considérable. Encore n'avons-nous pas achevé le tableau des progrès alors réalisés. Une activité fiévreuse régnait au *Board of Trade*, depuis qu'il s'y était installé.

Le régime des entrepôts, déjà réformé par Robinson [5], fut rendu plus libéral [6]. Une loi, votée sur la demande des marchands de Londres et de Liverpool, protégea leurs intérêts en augmentant la responsabilité des *factors*, ou *agents*, à qui le transport des marchandises était temporairement confié [7]. Le système des poids et des mesures fut réformé; et si, par peur du système décimal, trop jacobin et trop français pour séduire un Parlement tory et anglais, on retint beaucoup des complications de l'ancien système, du moins fut-il désormais uniforme sur toute l'étendue du royaume [8]. On abolit, dans tous les ports étrangers, le

---

1. 4 Geo. IV, c. 77. Pour l'histoire de cette politique, v. *H. of C.*, 12 mai 1826 : discours de Huskisson (*Parl. Deb.*, n. s., vol. XV. pp. 1144 sqq).

2. Voir le texte du traité prussien, *Ann. Reg.*, 1824, p. 96*; du traité suédois, *Ann. Reg.*, 1824, p. 98*.

3. Traité danois, *Ann. Reg.*, 1825, p. 66*; hanovrien, *Ann. Reg.*, 1825, p. 69*: hanséatique, *Ann. Reg.*, 1825, p. 70*. — Les trois traités avec le Brésil, la Colombie et les Provinces-Unies de Rio de la Plata (voir *Ann. Reg.*, 1825, pp. 75*, 80*, 84*) étaient plus généraux : il s'agissait d'établir pour la première fois des relations normales avec les nouveaux états. — Cf. Leone Levi, *Hist. of British Commerce*, 2e éd., p. 166 n.

4. *H. of C.*, 28 avril 1825 (*Parl. Deb.*, n. s., vol. XIII, pp. 287-8).

5. 1 and 2 Geo. IV, c. 105. Mais Cunningham (*Growth of English Industry and Commerce, Modern Times*, p. 830), commet ici une erreur.

6. 4 Geo. IV, c. 24. — 6 Geo. IV, c. 112.

7. 4 Geo. IV, c. 83.

8. 5 Geo. IV, c. 74; 6 Geo. IV, c. 12. — Voir *H. of C.*, 2F. vrier 1824. Adaptation of the Coinage to the Decimal Scale : questions posées par Sir Henry Wrottesley, et réponse négative de Wallace (*Parl. Deb.*, n. s., vol. X, pp. 445 sqq.). — Pour

régime des « épices » (*fees*), payées par les bâtiments marchands anglais,
et qui servaient à grossir le traitement de tous les fonctionnaires : les
employés des douanes, les consuls reçurent désormais des traitements
fixes [1]. Une commission parlementaire se trouva enfin chargée, sur la
motion de Joseph Hume, d'enquêter sur tout un lot de questions bizarre-
ment assorties, et dont l'une offrait une importance considérable.

*LA COMMISSION
PARLEMENTAIRE
DE JOSEPH HUME
ET LA LIBERTÉ
DES COALITIONS
OUVRIÈRES*

Il s'agissait, d'abord, de voir s'il n'y avait
pas lieu de lever la prohibition qui pesait sur
l'exportation des machines. Cette prohibition
avait pour objet d'empêcher que les industriels
continentaux tirassent parti des inventions
mécaniques anglaises pour faire concurrence à
l'industrie anglaise. Mais, d'une part, toute une industrie s'était constituée pour la fabrication des machines : et les industriels qui s'étaient
spécialisés dans cette branche de la production désiraient s'enrichir
comme les autres par l'exportation. Cette prohibition était, d'autre
part, directement contraire au nouvel esprit libéral. Le projet avorta
cependant, et la prohibition fut maintenue dans la loi douanière de 1825[2].

La commission devait, en second lieu, examiner si l'on ne pourrait
lever l'interdiction qui était faite aux ouvriers anglais d'émigrer sur le
continent. Les industriels de France et d'Allemagne appelaient des
ouvriers anglais pour initier leurs ouvriers aux secrets d'une technique
dont l'Angleterre avait pour l'instant le monopole : cette interdiction
avait donc, comme la première, un caractère protectionniste, avec cette
différence aggravante qu'elle portait non sur les choses mais sur les personnes, entravait la liberté de déplacement des sujets anglais. Elle
était d'ailleurs difficile à appliquer et, en fait, très mollement appli-

l'histoire préliminaire, voir les deux articles, *Quarterly Review*, janvier 1827. Art. xi
juin 1827, art. vi (vol. XXVI, pp. 416 sqq.; XXXVI, pp. 139 sqq.).

1. 6 Geo. IV, c. 87. — Cf. *H. of C.*, 7 mai 1822 : discours de Joseph Hume (*Parl.
Deb.*, n. s., vol. VII, pp. 366 sqq.).

2. 6 Geo. IV, c. 107 s. 99. — Cf. *H. of C.*, 24 février 1825; 5, 11 mai 1826 : discours
de Hume, réponses de Huskisson et de Peel (*Parl. Deb.*, n. s., vol. XII, pp. 651 sqq.;
vol. XV, pp. 908 sqq., 1118 sqq.). — La prohibition fut maintenue dans le tarif douanier de 1833 (3 and 4 Will. IV, c. 52, s. 104). Mais, pour faire droit aux plaintes des
fabricants, un système de « licences » fut institué, que le *Board of Trade* distribua selon
a règle suivante. Interdiction d'exporter, quand la valeur de la machine était considérée
comme étant due surtout à la qualité de l'invention qui s'y trouvait incorporée. Droit
d'exporter, quand les matières premières qui entraient dans la composition de la machine
étaient considérées comme constituant la plus grande part de la valeur de la machine
(*H. of C.*, 6 décembre 1826 : discours de Huskisson, *Parl. Deb.*, n. s., vol. XVI, p. 293).
— Sur l'application relâchée de cette règle, et l'extension croissante, malgré la loi, de
l'exportation des machines, voir *H. of C.*, 16 février 1841 (*Parl. Deb.*, 3rd ser., vol. LVI,
p. 683).

quée [1] : elle avait pour seul effet que les ouvriers, une fois sortis en fraude, n'osaient rentrer, et que l'Angleterre se trouvait privée à perpétuité de leurs services [2]. La prohibition fut levée par une loi [3].

Mais en troisième lieu et surtout on demandait à la commission d'examiner s'il n'y avait pas lieu d'abroger la loi, votée en 1800, qui interdisait les coalitions ouvrières. C'était le groupe des amis de Bentham qui obtenait que cette question fût jointe aux autres. Elle les préoccupait depuis les premières années qui suivirent le rétablissement de la paix.

L'économiste MacCulloch, dans le *Scotsman* d'Édimbourg, le journaliste Wade dans la *Gorgon* à Londres [4], faisaient campagne pour la liberté de coalition. Joseph Hume fut leur porte-parole à la Chambre des Communes. Le 23 juin 1819, il présenta une pétition, signée par les ouvriers de la capitale, réclamant le droit de former des unions [5]. Non que MacCulloch, Wade, Hume crussent à la possibilité pour une coalition ouvrière d'avoir une action durable sur le niveau des salaires. Les salaires se règlent, en vertu d'une loi naturelle, par l'équilibre qui s'établit spontanément entre deux termes : le nombre d'ouvriers qui s'offrent d'une part, et d'autre part le montant du fonds disponible pour le paiement de leurs salaires. Les partisans des libertés ouvrières faisaient à la loi prohibitive de 1800 la même objection qu'ils faisaient, en tant que partisans du libre-échange, à toute loi douanière. Cette loi était, à les en croire, en même temps inefficace et nuisible. Elle était manifestement inefficace contre les coalitions patronales. Elle l'était aussi, malgré d'innombrables poursuites, contre les coalitions ouvrières, qui seulement, se sentant illégales, prenaient la forme de sociétés secrètes, prêtes à tous les actes de violence. Les ouvriers se plaignaient que la loi fût injuste puisqu'elle permettait aux patrons de faire ce qu'elle ne permettait pas aux ouvriers. Les patrons dénonçaient de leur côté le terrorisme ouvrier. Seul, à en croire Joseph Hume et ses

1. Peel à Sir John Newport, 19 juillet 1817 : I concur with you so entirely in the opinion you express with respect to the impolicy of preventing the emigration of mechanics and artificers, who think they can by emigration better their condition, that I have desired that the proclamations enforcing the law upon that subject be withdrawn, and that they should not be repeated (C. S. Parker, *Sir Robert Peel*, vol. I, p. 257).

2. *H. of C.*, 12 février 1824 : discours de Huskisson (*Parl. Deb.*, n. s., vol. X, p. 148).

3. 5 Geo. IV, c. 97.

4. *Gorgon*, 1 août 1818 : ... We have not said anything yet as to the policy of Combinations for obtaining an advance of wages. At best we consider them as rather an hazardous experiment for *journeymen*... As to the *right of journeymen* to combine, we think in reason and equity they have as much right to unite to raise the price of labour, as their employers have to resort to similar means to lower it. — Cf. 3 octobre 1818.

5. *H. of C.*, 23 juin 1819 (*Parl. Deb.*, vol. XL, pp. 1290 sqq.). — Le 29 juin 1820, Maxwell souleva de nouveau la question en demandant une enquête sur la situation des tisseurs de cotonnades (*Parl. Deb.*, n. s., vol. II, p. 118).

amis, un régime de liberté en finirait avec cette lutte de deux classes, artificiellement dressées l'une contre l'autre, et ne laisserait plus en présence que des individus, traitant pacifiquement de leurs affaires en hommes d'affaires.

Joseph Hume, en juin 1819, reconnaissait que bien des gens trouveraient le moment mal choisi pour appuyer les revendications ouvrières. Il songeait, en disant cela, à la campagne des meetings radicaux qui commençait : ni la *gentry* ni la bourgeoisie ne seraient disposées en ces circonstances à abroger des lois votées, vingt ans plus tôt, pour protéger la société contre les mêmes périls. Mais c'est à un autre point de vue encore que le moment était mal choisi. Car l'Angleterre traversait une crise non pas seulement politique, mais encore et surtout économique. Les unions ouvrières qui se formaient avaient donc un objet défensif : elles luttaient, et sans succès, contre l'abaissement progressif des salaires. Nul moment plus défavorable pour l'essor de ces organisations. Tout changea lorsque les affaires reprirent et lorsque, à partir de 1822, la hausse des denrées alimentaires, s'ajoutant à la hausse de tous les autres prix, rendit urgent le relèvement des salaires. Les unions illégales d'ouvriers se multiplièrent, devinrent agressives, allèrent de victoire en victoire. Il devint par conséquent difficile, étant donné le progrès que faisaient au Parlement les idées de liberté, que l'on maintînt en vigueur la loi, illibérale et inefficace, de 1800. Joseph Hume annonça, en 1822, son intention d'introduire un bill à cet effet, dans le cours de la session suivante. Huskisson et Wallace, lui promirent qu'ils ne s'opposeraient pas à la nomination d'une commission d'enquête [1]. Pourtant, lorsque s'ouvrit en février 1823 la nouvelle session, la réforme se trouva pendant quelques mois arrêtée par le conflit qui éclata, sous une forme saisissante, entre la vieille philosophie de la réglementation légale de l'industrie et le nouveau libéralisme économique.

Un des deux représentants de la ville industrielle de Coventry, nommé Peter Moore, qui appartenait à la fraction la plus avancée de l'Opposition, prit les devants sur Joseph Hume et annonça son intention d'introduire un projet de loi destiné à abolir toutes les lois encore subsistantes qui interdisaient les coalitions ouvrières : mais il prétendait faire mieux en vue de protéger les intérêts de la classe ouvrière, et instituer tout un système nouveau de réglementation des salaires, sous le contrôle mixte des patrons et des ouvriers associés [2]. Ce n'était pas ce que voulaient Joseph

---

1. Graham Wallas, *The Life of Francis Place*, p. 207.
2. *H. of C.*, 3 mars 1823 : motion de Peter Moore (*Parl. Deb.*, n. s., vol. VIII, pp. 360 sqq.).

Hume, Ricardo, et tous les partisans de la liberté de coalition qui la réclamaient au nom de l'individualisme. Ils se joignirent donc aux manufacturiers pour demander que l'examen de la question fût tout au moins renvoyé à la session suivante [1]. Ils avaient besoin, pour l'instant, de tout leur temps pour obtenir, d'accord avec les manufacturiers, l'abrogation des lois qui, dans le faubourg londonien de Spitalfields, règlementaient la fabrication des soieries, sous l'arbitrage des Juges de Paix. Ils échouèrent là encore, comme ils avaient échoué dans leur désir d'obtenir une abrogation pure et simple de la loi sur les coalitions. En vain les manufacturiers de Londres firent observer que les *Spitalfields Acts* les ruinaient, que l'industrie de la soie se transportait dans les provinces, là où les patrons n'étaient pas gênés par de pareils règlements. La peur des manifestations ouvrières qui se produisaient à la porte même du Parlement, les intrigues de certains tories à la Chambre des Communes, firent avorter le bill que Huskisson lui-même avait introduit pour abroger les *Spitalfields Acts* [2].

Mais Joseph Hume et ses amis prirent leur revanche l'année suivante. Conformément aux vœux de Huskisson, conformément aux principes de l'école de Ricardo, l'abrogation des *Spitalfields Acts* fut votée [3]. En même temps Joseph Hume, sans laisser à Peter Moore le loisir de soulever une fois de plus à sa manière la question de la liberté de coalition, obtint directement de Huskisson la nomination d'une commission parlementaire, dont les enquêtes porteraient sur les coalitions ouvrières en même temps que sur l'émigration des artisans et l'exportation des machines. Joseph Hume composa la commission à sa guise. Francis Place, le tailleur radical de Charing Cross, grand ami de Bentham et de Joseph Hume, organisa l'appel des témoins : soixante.patrons, quarante-quatre ouvriers, sans compter un certain nombre de parlementaires et d'intellectuels, parmi lesquels MacCulloch et Malthus [4]. Un grand article de MacCulloch, paru dans la « Revue d'Édimbourg » en janvier, avait préparé l'opinion [5].

Rapidement, la commission aboutit aux conclusions que désiraient

---

1. *H. of C.*, 27 mai 1823 (*Parl. Deb.*, n. s., vol. IX, pp. 546 sqq.).
2. Bon récit dans Sp. Walpole, *Hist. of England*, vol. II, pp. 172 sqq.
3. 5 Geo. IV, c. 66.
4. Sur le travail auquel se livra le groupe des radicaux de Westminster, voir S. et B. Webb, *Hist. of Trade Unionism*, new ed., pp. 99 sqq.; J. L. et B. Hammond, *The Town Labourer*, pp. 134 sqq.; et surtout Graham Wallas, *The Life of Francis Place*, chap. VII.
5. *Ed. Rev.*, janvier 1824, art. III. *Combination Laws. — Restraints on Emigration* (vol. XXXIX, pp. 315 sqq.).

Joseph Hume et ses amis. Et le Parlement vota en fin de session, presque sans débats [1], à mains levées, une loi extrêmement libérale [2].

LES DEUX LOIS DE 1824 ET 1825 SUR LES COALITIONS OUVRIÈRES — Sous le régime de la loi de 1800, le délit de coalition était frappé d'une peine qui ne pouvait excéder trois mois de prison; mais le patron lésé avait la ressource d'obtenir contre ses ouvriers une peine plus dure, s'il les poursuivait, en dehors des dispositions de toute loi écrite (*statute law*), comme s'étant rendus coupables de ce que le droit commun (*common law*) appelait, en termes vagues, le crime de « conspiration » (*conspiracy*) [3]. La loi nouvelle constitua, à ce double égard, une protection pour la classe ouvrière. Elle affirma le droit qu'avaient les ouvriers de se coaliser pour fixer le taux des salaires, la durée quotidienne du travail, la quantité de travail fournie, pour pousser par voie de persuasion d'autres ouvriers à rompre un contrat de travail, ou à n'en pas conclure un nouveau : tous ces actes ne seraient punissables ni en droit commun ni en droit statutaire. Il n'y aurait délit que dans le cas où les ouvriers, agissant individuellement ou en corps, useraient « de violence envers les personnes ou les choses par voie de menace ou d'intimidation ». Encore la peine devrait-elle être édictée, en pareil cas, par deux Juges de Paix, et non plus par un seul (comme c'était le cas sous le régime de la loi de 1800); elle était, au maximum, de deux, et non plus de trois mois de prison.

Les résultats immédiats du vote de la loi déçurent les libéraux. Ils avaient compté que les ouvriers, à dater du jour où ils cesseraient de se sentir en guerre avec la loi, comprendraient que leurs coalitions étaient impuissantes contre le jeu des lois naturelles et cesseraient d'en former. Malheureusement, les conditions économiques restaient les mêmes : les ouvriers ne pouvaient se passer d'exiger des hausses de salaires pour répondre à la hausse persistante du coût de la vie. En vain Joseph Hume leur adressa un appel public, essaya d'expliquer dogmatiquement à quel point précis la liberté de coalition dégénérait en tyrannie syndicale, et

1. Voir *Times*, 4 juin 1824 : ... We were glad to see last night that the Combination Bill did excite some discussion. We regret to think that it had passed through its four previous stages, without one word of observation.

2. 5 Geo. IV, c. 95. — Toutes les anciennes lois, y compris la loi de 1800, qui interdisaient les coalitions ouvrières, avaient par compensation institué une procédure de conciliation arbitrale pour régler les différends entre patrons et ouvriers. Maintenant qu'on abrogeait toutes les dispositions de ces lois qui interdisaient les coalitions, sacrifierait-on celles qui instituaient l'arbitrage? Une grande loi de consolidation en 35 articles (5 Geo. IV, c. 96) abrogea toutes ces dispositions, souvent incohérentes, et leur substitua une procédure unique d'arbitrage.

3. *Times*, 4 juin 1824.

que si, d'une manière générale, la durée de la journée de travail était trop longue et le niveau des salaires trop bas, « il faudrait du temps, sur le marché libre du travail, pour les ramener à un niveau convenable [1] ». Il ne fut pas écouté, et, dans tout le Royaume-Uni, les coalitions ouvrières se multiplièrent. Elles firent au grand jour ce qu'elles avaient jusqu'alors fait en secret, accumulèrent des fonds de résistance, organisèrent des grèves, et recoururent au terrorisme pour imposer à la foule ouvrière le respect de leurs décisions. La bourgeoisie fut alarmée par le récit de ce qui se passait à Glasgow chez les tisseurs en coton, qui furent convaincus d'avoir condamné à mort quatre camarades réfractaires, comme is un assassinat effectif, et à Dublin, où il y eut, par le fait des syndiqués, soixante-dix blessés et deux morts. Tout le port de Londres, en 1825, fut paralysé par la grève des ouvriers en constructions maritimes [2].

Les ministres, accablés de plaintes, jugèrent qu'ils avaient agi étourdiment lorsqu'ils avaient laissé, sans la moindre résistance, voter par les deux Chambres l'abrogation de la loi sur les coalitions. Huskisson semble avoir été séduit par un projet dont les armateurs de Londres avaient conçu l'idée : constituer un système d'associations ouvrières légalisées et contrôlées tout à la fois. La formation d'une coalition ouvrière aurait, selon ce projet, été soumise à l'approbation préalable d'un Juge de Paix, qui en serait devenu ensuite le trésorier attitré. Huskisson demanda et obtint la nomination d'une nouvelle commission d'enquête. Mais lorsque eurent pris fin les travaux de la commission, puis les débats du Parlement — car cette fois les débats furent sérieux, et les amendements de l'Opposition furent pris en considération — le nouveau bill [3] fut loin de répondre, en fin de compte, aux vœux de la fraction intransigeante du patronat.

Sur un point elle obtenait satisfaction. Aux délits de « violence », de « menace » ou d' « intimidation », la loi nouvelle ajouta les délits plus vagues de « molestation » ou d' « obstruction »; et, contre tous ces délits, elle prévit une peine qui pouvait s'élever jusqu'à trois mois, au lieu de deux mois, de prison. Encore les deux Juges de Paix perdirent-ils le droit de juger ces délits sans appel : le condamné eut recours devant la Cour des *Quarter Sessions* moyennant versement d'une caution de 10 l. [4]. Et la

---

1. *Letter from Joseph Hume, Esq., M. P. to Mr. John Edmonstone, Chairman of the Committee of the Operative Weavers of Glasgow*, dans George White, *Combination and Arbitration Laws, Artizans and Machinery*, 1824.

2. *H. of C.*, 27 juin 1825 : discours de Wallace (*Parl. Deb.*, n. s., vol. XIII, pp. 1400 qq.). — S. and B. Webb, *Hist. of Trade Unionism*, new ed., p. 104.

3. 6 Geo. IV, c. 129.

4. Amendement introduit sur la demande de l'Opposition. — Sur les amendements introduits par l'Opposition, voir *H. of C.*, 30 juin 1825 (*Parl. Deb.*, n. s., vol. XIII,

loi de 1825 affirmait de nouveau l'abrogation de toutes les vieilles dispositions par lesquelles les coalitions étaient interdites; elle déclarait en outre, pour plus de précision, que le fait de se réunir pour discuter ou fixer les conditions de travail (*for the sole purpose of consulting upon and determining the rate of wages and prices*) ne constituerait pas un délit.

Bref, la liberté de coalition était consacrée, en même temps que limitée, par la loi nouvelle : l'Angleterre gardait l'avance qu'elle avait prise l'année précédente, à cet égard, sur les nations du monde entier. Et d'abord on put se demander si elle ne laissait pas l'autorité désarmée devant l'agitation ouvrière qui, tout l'été, continua de paraître dangereuse. « Les classes ouvrières, écrivait Cobbett en août, se coalisent pour obtenir une hausse des salaires. Les patrons se coalisent contre les ouvriers. Les différents métiers se coalisent, et donnent à leur coalition le nom de *General Union*. Et voilà une classe qui s'unit pour s'opposer à une autre classe sociale[1]. » Puis, vers octobre, l'agitation ouvrière s'apaisa : toutes les associations qui s'étaient formées en 1824 parurent tomber en décadence[2]. C'était, en fait, sous l'empire de causes « naturelles », sur lesquelles nous reviendrons plus bas, et qui n'avaient rien à voir avec l'état de la législation. Mais l'optimisme des ministres les plus libéraux se trouva justifié : il sembla qu'on eût trouvé le moyen de réprimer la licence ouvrière sans priver les travailleurs de l'usage légitime de leur liberté[3].

---

p. 1462); et *Lord Broughton's Recollections of a long life*, vol. II, p. 111. — Il faut ajouter que la loi de 1825 ne spécifie pas, comme l'avait fait la loi de 1824, que les faits de pression syndicale ne pourraient pas faire l'objet d'une action en *common law*. Pour un essai de se prévaloir de cette omission, voir *Ann. Reg.*, 1829, Chron., 3 février.

1. *Pol. Reg.*, 27 août 1825 (vol. LV, pp. 519-520). — Sur cette fermentation ouvrière, voir *Times*, 2 août, 1er, 21 septembre 1825 : *Morning Chronicle*, 8 août, 2 septembre, 8 octobre 1825. — *Pol. Reg.*, 27 août, 17 septembre 1825 (vol. LV, pp. 513 sqq., 710 sqq.).

2. *Times*, 11 octobre 1825 : fin de la grève des *shipwrights* de Londres. The masters now require, *as it is their unquestionable right to do*, unqualified submission from all the shipwrights who engage in their service and eat their bread : they demand, moreover, that the men shall entitle themselves to such employments, by separating themselves completely from the leaders who have made tools of them, and ceasing to act as an organized army against their masters. — *Morning Chronicle*, 1er octobre 1825 : The Combinations of Mechanics throughout the country are fast approaching to their dissolution... from the deficiency of means to supply the wants of the numerous families of the men who for months have been unemployed... A great deal of nonsense has been said and written on the mischievous effects produced by the repeal of the Combination Laws... The Combination Laws were mischievous, in so far as they put it into the heads of the workmen, that they were the cause of their not receiving higher wages.

3. Peel à Leonard Horner, 29 novembre 1825 : I hope that we have now seen the worst of the evils of combination... I think the law with regard to combination as it now stands is founded upon just principles, and I believe it will ultimately be as effectual as law can be (C. S. Parker, *Sir Robert Peel*, vol. I, pp. 379-380).

*CANNING
ET LA POLITIQUE
DE RÉFORMES*

« Autrefois, s'écrie en 1824 un membre de la Chambre des Communes, tout était restriction. Aujourd'hui tout est liberté ». Instinctivement l'opinion publique attribuait à Canning l'honneur de ces premières victoires remportées par le libéralisme anglais. N'était-il pas, dans le Cabinet, le chef du groupe libéral? Et n'était-ce pas lui qui, en raison de la maîtrise avec laquelle il dirigeait la politique extérieure du royaume, donnait à ce groupe l'autorité nécessaire pour vaincre la résistance des ultras? Rien de plus juste: mais si l'on cherche, poussant plus loin l'analyse, quelle a été l'action directement exercée par Canning sur la politique intérieure du ministère de lord Liverpool, on est obligé de reconnaître que cette action se réduit à peu de chose.

S'agit-il de la réforme du droit pénal? Nous avons vu qu'elle est l'œuvre de Robert Peel, qui, de session en session, tendait à devenir contre Canning, à la Chambre des Communes, le chef des tories orthodoxes. Si l'influence de Canning s'exerce ici, elle s'exerce d'une manière indirecte. Robert Peel, en déployant tant d'activité, se crée une popularité rivale de celle de Canning; et, si lord Eldon, hostile auparavant à la réforme du droit pénal, garde maintenant le silence quand arrivent devant la Chambre des Lords des bills votés par les Communes sous l'initiative de Peel, c'est parce que celui-ci est son allié politique : lord Eldon comprend l'intérêt majeur qu'il y a, pour son parti, à ne pas affaiblir la position de Robert Peel [1].

S'agit-il des réformes apportées à la législation économique du royaume? L'abrogation des lois sur les coalitions ouvrières est votée, presque sans débats, par la Chambre des Communes tout entière, sur l'initiative d'un parlementaire radical, disciple de Bentham : le ministère n'intervient qu'un an plus tard pour obtenir la revision de la loi en un sens restrictif. Robinson, étroitement uni à Canning en 1825, ne s'est rapproché de lui que progressivement [2]: il semble bien que sa promotion, en janvier 1823, n'ait pas été due à l'appui spécial de Canning, et que, pendant toute la session de 1823, les tories se soient demandé s'ils donneraient leur confiance, contre Canning, à Peel ou à Robinson. Pour Huskisson, dont l'auto-

---

1. Lord Manners à Peel, 4 avril 1826 : You have made the office of Secretary for the Home Department of infinitely more consequence than it has ever been in the hands of any of your predecessors. The well managing of our foreign affairs and interests may be more striking and brilliant, it is by no means more substantial or more important (C. S. Parker, *Sir Robert Peel*, vol. I, p. 400).

2. R. Plumer Ward au marquis de Buckingham, 16 juillet 1824 (Duke of Buckingham, *Mem. of the Court of George IV*, vol. II, p. 105).

rité va croissant et qui avait, dès 1825, éclipsé Robinson à la Chambre des Communes, c'est autre chose. Depuis vingt ans, il a été, immuablement, l'ami politique de Canning; lorsque celui-ci, devenu ministre des affaires étrangères et *leader* de la Chambre des Communes, a trouvées trop lourdes les obligations que lui imposait la représentation de la ville de Liverpool, et l'a échangée contre la représentation d'un « bourg de poche », il a passé à Huskisson son siège de Liverpool. C'est sur les instances de Canning, et non sans difficulté, qu'il finit par entrer dans le Cabinet, pour le soutenir contre Wellington et lord Eldon. Mais de cette étroite alliance politique entre les deux hommes, il ne faut pas conclure à une influence directement exercée par Canning sur la politique suivie par Huskisson dans son département.

Les apologistes les plus déterminés de la politique de Canning — Stapleton, miss Martineau [1] — sont obligés de reconnaître qu'il était, en matière d'économie politique, indifférent, presque ignorant. Il pouvait bien, en faveur de sa politique pacifique, invoquer la doctrine de ceux qu'il appelait « les économistes et les calculateurs » : il n'était lui-même ni un « économiste » ni un « calculateur »; et, s'il se trouvait temporairement condamné par les circonstances à pratiquer une politique de paix, son art était de donner à cette politique de paix le même prestige que si elle eût été une politique de guerre victorieuse. Mais une politique de prestige est nécessairement coûteuse; et, pour bien prouver qu'il évitait la guerre par volonté non par impuissance, il demandait un renforcement des dépenses militaires et navales. Elles avaient atteint, en 1822, leur premier minimum depuis le rétablissement de la paix. Elles remontèrent

1. A. G. Stapleton, *The Political Life of Mr. Canning*, vol. III, p. 3 : To the merit of originating these alterations (of our commercial system), or of adapting them to practice, Mr. Canning laid no claim. They were unconnected for the most part with the business of the department over which he presided, and *they related to a branc of politics, the study of which was perhaps the least suited to his taste.* — Miss Martineau, *Hist. of the Thirty Years' Peace*, éd. Bohn, vol. I, p. 126 : The Corn Bill... was committed to Mr. Canning's care as leader in the Commons. He was extremely anxious about it, as it was the elaborate work of his two friends, lord Liverpool and Mr. Huskisson, *and the subject was not one that he felt at home in* — Cf. E. J. Stapleton, *Some official correspondence of Canning*, vol. I, pp. 90-1 : *Cabinet Memorandum of Mr. Huskisson, president of the Board of Trade, on the question of Government Support in Parliament of his Reciprocity of Shipping Dues Bill, June 24, 1823 :* On May 2, I requested a meeting at the Board of Trade of the following members of the Cabinet : Lord Liverpool, lord Bexley, Mr. Canning, Mr. Peel, Mr. Robinson. *Mr. Canning, being prevented by other business, did not attend.* — *H. of C.*, 17 février 1825 : Mr. C. Wynn stated, that not only was he himself friendly to the abolition of the Usury Laws, but the Chancellor of the Exchequer and the president of the Board of Trade had, on more than one occasion, defended the policy; and he was confident that all his colleagues, *with the exception, perhaps, of the right honorable Secretary for Foreign Affairs, who, to the best of his knowledge, had never taken the question into his consideration,* were strongly in favour of it (*Parl. Deb.*, n. s., vol. XII, p. 540).

pendant les années qui suivirent [1] : et il fallut l'extraordinaire poussée de prospérité qui se produisit à la même époque, pour permettre un allègement général des charges fiscales malgré cette aggravation des dépenses due à la politique de Canning.

Il était favorable à ce système des *Poor laws*, que le parti des « économistes » et des « calculateurs » combattait [2]. Il avait en 1820, alors qu'il n'était pas ministre, protesté contre les efforts de l'Opposition pour diminuer la liste civile, prétendu que c'était porter atteinte à la « splendeur » de l'institution monarchique [3]. Il voulait que l'État dépensât de l'argent pour protéger les lettres et les arts : il usa de son influence pour éviter la dispersion de la bibliothèque de George III, et constituer une Galerie Nationale de Peinture. Et sans doute on pourrait soutenir que, sur ce point, il n'était pas en désaccord avec les économistes de la nouvelle école : car ceux-ci admettaient, par exception, que l'État avait le droit et le devoir d'intervenir pour développer l'enseignement du peuple. Mais il ne s'agissait nullement, pour Canning, de travailler à l'instruction populaire [4] : il n'avait d'autre idée que celle d'un patronage monarchique ou aristocratique à l'ancienne mode, à la manière de Louis XIV et des Médicis. On peut admettre enfin que la libération du commerce des Antilles et du Canada, réplique à une mesure de guerre économique prise par le gouvernement de Washington, eut son approbation réfléchie, fut prise peut-être sur sa demande. Tout le reste n'émane pas de lui. Lord Liverpool, qui laissait modestement Canning faire aux yeux du monde figure de premier ministre, restait en ces matières le véritable Premier; depuis 1820, avec beaucoup de suite, il avait donné une direction nouvelle à la politique économique du royaume. Il devait à l'occasion, pour la maintenir, résister aux suggestions de Canning, plus épris de popularité facile.

1. 1822 : armée : 7 699 000 l.; marine : 5 194 000 l.; artillerie : 1 008 000 l. — Total : 13 901 000 l.; — 1823 : armée : 7 352 000 l.; marine : 5 613 000 l.; artillerie : 1 364 000 l. — Total : 14 329 000 l. — 1824 : armée : 7 573 000 l.; marine : 6 162 000 l.; artillerie : 1 407 000 l. — Total : 15 142 000 l. — 1825 : armée : 7 580 000 l.; marine : 5 849 000 l.; artillerie : 1 567 000 l.. — Total : 14 996 000 l. — 1826 : armée, 8 297 000 l. marine : 6 541 000 l.; artillerie, 1 870 000 l. — Total : 16 703 000 l. — (*Finance Accounts. An Account of the Public Expenditure... in the year...*). — Cf. *H. of C.*, 4 mars 1825, 3 mars 1826 : discours de lord Palmerston (*Parl. Deb.*, n. s., vol. XII, pp. 925 sqq.; vol. XIV, pp. 1083 sqq., 1011 sqq.).

2. B. Disraëli, *Lord George Bentinck*, 1858, p. 140.

3. *H. of C.*, 2 mai 1820 (*Parl. Deb.*, n. s., vol. I, pp. 221 sqq.).

4. Quand Brougham commença sa campagne en faveur de l'organisation de l'enseignement populaire, Canning collabora à un article de Monk, évêque de Gloucester où le discours de Brougham était critiqué (*Quart. Rev.*, art. xiv. *Mr. Brougham. — Education Committee*, vol. XIX, pp. 492 sqq. — Sur la part prise par Canning à la rédaction de cet article, voir *Ed. Rev.*, juillet 1858, art. iv. *Canning's Literary Remains* (vol. CVIII, p. 132).

Bref, Canning, tout à la fois ministre des affaires étrangères et *leader* de la Chambre des Communes, pouvait entendre de deux manières son double rôle : il pouvait être surtout un ministre des affaires étrangères, ou surtout un *leader* parlementaire. Il opta, de 1823 à 1825, pour la première alternative ; et les affaires extérieures offraient un caractère de gravité suffisant pour lui permettre de se cantonner dans la gestion de son département. Il laissa ses collègues responsables de leur ministères respectifs, tirant parti de leur popularité, comme eux-mêmes tiraient parti de la sienne, plus éclatante encore. Ne forçons pas cependant la mesure, et n'allons pas croire que Canning ait pu, en toutes matières, se décharger sur ses collègues de la responsabilité des réformes. Sa responsabilité personnelle, dès le moment où il devint *leader* de la Chambre des Communes, se trouva engagée sur deux points : l'émancipation des esclaves et l'émancipation catholique.

LA QUESTION DES ESCLAVES ET LA QUESTION CATHOLIQUE

L'ABOLITION DE LA TRAITE

Bien qu'en 1807 Canning eût fait opposition à un bill antiesclavagiste introduit par le ministère Fox, il y avait en 1822 plusieurs années qu'il se préoccupait du sort des esclaves dans les plantations d'Amérique : c'était une des questions sur lesquelles un tory pouvait devenir libéral sans péril pour la constitution du royaume. Wilberforce était son ami, et avait fait de lui le vice-président de son *African Institution*. Les avocats des noirs espérèrent, à la fin de 1822, que le *Foreign Office* allait montrer plus d'énergie pour contraindre les autres nations à tenir leurs promesses, imiter l'Angleterre, et cesser enfin de recruter sur la côte d'Afrique de nouveaux esclaves pour l'Amérique. On doit admettre que c'est en exécution d'instructions catégoriques, à lui adressées par Canning, que Wellington se montra plus pressant au Congrès de Vérone que ne l'avait été aux congrès antérieurs lord Castlereagh[1]. En vérité c'était à une tâche difficile que Canning se consacrait, et le succès de ses instances fut médiocre. En vain l'Angleterre multipliait les lois pour la répression de la traite ; les « consolidait » toutes en une grande loi, plus claire et plus complète que les lois antérieures[2] ; assimilait la traite à la piraterie[3]. Les nations latines conti-

---

1. H. W. V. Temperley, *Life of Canning*, pp. 194-5.
2. 5 Geo. IV, c. 113.
3. 5 Geo. IV, c. 17.

nuèrent de s'enrichir par le commerce des esclaves : l'Espagne et le Portugal à ciel ouvert, la France d'une manière plus dissimulée mais sur une grande échelle. Les États-Unis, seule nation favorable à l'abolition de la traite, refusèrent en 1824 de ratifier un projet de traité qui soumettait les bateaux américains au contrôle des officiers de la marine britannique [1]. Il fallut à Canning trois années d'efforts pour obtenir que le Brésil proclamât la traite abolie [2]. Du moins Canning, si médiocre que fût le succès de ses efforts, avait-il ici la pleine approbation de Wilberforce et de son groupe. Malheureusement pour lui, au moment même où il entrait au ministère, les préoccupations des amis des noirs changèrent de caractère : ce fut le problème nouveau de l'émancipation des nègres, de la destruction totale de l'esclavage, qu'ils posèrent.

LE PROBLÈME DE L'ÉMANCIPATION DES NOIRS

A vrai dire, l' « émancipation » avait toujours été le but poursuivi en dernière instance par ceux qui réclamaient l' « abolition ». Il y avait cependant, sans parler des difficultés de fond qui ne les embarrassaient guère, une difficulté d'ordre constitutionnel qu'ils ne savaient comment tourner. La plupart des colonies à sucre étaient de « vieilles colonies », dotées de constitutions libres; et, si la métropole pouvait, sans violer les droits des colons, réglementer le trafic des esclaves sur l'Atlantique, c'était une question délicate de savoir si la réglementation, ou la suppression, de l'esclavage aux Antilles, n'était pas une question d'ordre intérieur, qu'il appartenait aux législatures locales de régler, en dehors de toute intervention du Parlement de Londres. Les « abolitionnistes » avaient espéré qu'en tarissant le recrutement de la main d'œuvre servile, ils forceraient les planteurs à devenir plus ménagers de la vie de leurs esclaves, et, sinon à les affranchir, tout au moins à mieux les traiter. Mais cette espérance était déçue : la situation légale des nègres aux Antilles s'était aggravée depuis 1807. Cependant la Colombie, affranchie de l'Espagne, proclamait l'émancipation de ses esclaves [3] : comment l'Angleterre hésiterait-elle à suivre l'exemple qui lui était donné par les Hispano-Américains de Caracas? Dans la session de 1822, Wilberforce avait déjà posé en passant, à propos de l' « abolition », le problème de l' « émancipation », obtenu du gouvernement la promesse qu'il interdirait l'esclavage dans la Colonie du Cap [4]. Au début de 1823, il

1. *Ann. Reg.*, 1824, p. 209.
2. Voir le traité, en date du 18 octobre 1825 (*Ann. Reg.*, 1825, pp. 72* sqq.).
3. *Ann. Reg.*, 1821, pp. 263-4.
4. *H. of C.*, 25 juillet 1822 (*Parl. Deb.*, n. s., vol. VII, pp. 1783 sqq.).

fonda avec ses amis la « Société pour l'adoucissement et l'abolition graduelle de l'esclavage dans toutes les possessions britanniques ».

Canning était trop bon politique pour ne pas comprendre la gravité de cette nouvelle agitation. Les évangéliques, dont l'influence s'exerçait à la fois sur les deux partis, et grandissait dans le pays, se heurtaient sur d'autres points à de vives résistances libérales. Quand ils fondaient des sociétés pour la réforme des mœurs ou pour l'observation du dimanche, leur puritanisme tracassier soulevait les protestations de la « Revue d'Édimbourg ». Mais ici, pour une fois, les « méthodistes » parlaient le langage de la liberté. Le *Political Register* de Cobbett, le *John Bull* du haut toryisme, eurent beau se déchaîner contre les antiesclavagistes, ce ne fut pas sans inquiétude que Canning vit se former contre lui, s'il ne prenait pas parti pour l'émancipation, la coalition des évangéliques et des libéraux. C'est sur les conseils de Zacharie Macaulay, l'évangélique, que Brougham se posa au Parlement et à la « Revue d'Édimbourg » comme l'avocat de cette cause nouvelle [1]. Le fils même de Zacharie, Thomas Babington Macaulay, un ami politique de Brougham, fit ses débuts d'orateur et d'écrivain comme défenseur de la cause [2].

Canning essaya d'abord d'esquiver le problème. Deux fois il réussit à ajourner des motions par des subterfuges de procédure parlementaire [3]. Mais lorsqu'enfin, le 15 mai, Buxton demanda au Parlement d'effectuer ce qu'il appelait l'extinction « graduelle » de l'esclavage, en déclarant libres tous les enfants d'esclaves nés à partir d'une certaine date, Canning prit le parti d'intervenir et de résoudre par lui-même, s'il se pouvait, ce difficile problème. Il fit voter trois résolutions qui déclaraient nécessaire l'amélioration progressive de la condition morale des esclaves, afin de les préparer au jour où ils participeraient à tous les droits civils des autres sujets britanniques [4]; et le texte des résolutions fut immédiatement communiqué par le ministre des colonies, lord Bathurst, aux gouverneurs de toutes les colonies [5]. On ne pouvait d'ailleurs imposer l'adoption de

1. Z. Macaulay à Wilberforce, 8 février 1823 (R. I. and S. Wilberforce, *The Life of William Wilberforce*, vol. V, p. 167). — *Ed. Rev.*, février 1823, art. viii. *Negro Slavery* (vol. XXXVIII, pp. 168 sqq.).

2. Voir *Morning Chronicle*, 26 juin 1824, le compte rendu in extenso du meeting de l'*Anti-Slavery Society* du 25, et le commentaire du *Morning Chronicle* : The able and eloquent speech of Mr. S. Macauley *(sic)*, a son of Mr. Zachary Macauley *(sic)*, a youth, of whom high expectations have been formed which he will not disappoint, cannot fail to produce a strong impression on all who read the Report of it. — Nous croyons pouvoir attribuer à Macaulay l'article : *Ed. Rev.*, janvier 1825, art. ix. *The West Indies* (vol. XL, pp. 464 sqq.). Cf. Macaulay à son père, 7 octobre 1824 (G. O. Trevelyan, *Life and Letters of lord Macaulay*, chap. iii, éd. Tauchnitz, vol. I, p. 140).

3. R. I. and S. Wilberforce, *Life of William Wilberforce*, vol. V, pp. 170-1, et p. 176.

4. *H. of C.*, 15 mai 1823 (*Parl. Deb.*, n. s , vol. IX, pp. 257 sqq.).

5. Voir le texte de la circulaire de lord Bathurst, 24 mai 1824 (*Ann. Reg.*, 1823, p. 130 n.).

telle ou telle mesure aux vieilles colonies; mais on pouvait le faire pour les nouvelles colonies, dites « de la Couronne », et non dotées d'institutions représentatives. L'île de la Trinité fut choisie pour champ d'expérience. Un *Order in Council*, un décret, rendu en 1824, y institua un véritable code de l'esclavage. Interdiction du travail du dimanche, réglementation sévère de la peine du fouet, interdiction de cette peine pour les femmes, institution d'une cérémonie régulière de mariage, protection du droit de propriété, droit conféré à l'esclave d'acheter sa liberté, droit conféré aussi, avec l'approbation des ministres du culte, de tester en justice, fût-ce contre un blanc[1]. Bref, une sorte de modèle était proposé à l'imitation de la Jamaïque et des autres colonies à sucre.

Malheureusement, le modèle ne fut pas imité. Le seul effet de l'initiative prise par Canning, ce fut de provoquer aux Antilles une crise très grave. Le bruit se répandit parmi les nègres que le gouvernement de la métropole voulait leur accorder la liberté, et que les planteurs, en s'interposant, faisaient seuls obstacle à leur émancipation. En Guyane, à la Jamaïque, des insurrections eurent lieu[2]. Elles renforcèrent la résistance des planteurs. Ils étaient une poignée de blancs, entourés de plus de six cent mille esclaves[3]. Livrer à ceux-ci le gouvernement des colonies, c'était anéantir toute richesse, toute civilisation; et d'autre part la prépondérance des blancs était impossible si les blancs ne gardaient pas à leur disposition des moyens despotiques de gouvernement. Les assemblées coloniales refusèrent d'accéder aux vœux du Parlement de Londres : rien ne fut fait pour améliorer la condition des esclaves[4]. Les missionnaires — méthodistes ou baptistes — qui essayaient de suppléer à l'incurie de l'Église d'État et d'évangéliser les noirs, furent accusés de pousser ceux-ci à la révolte, persécutés. L'un vit sa chapelle rasée jusqu'au sol, et dut s'enfuir[5]. Un autre fut condamné à mort par une cour martiale, recommandé d'ailleurs par ses juges à l'indulgence du pouvoir exécutif; mais il mourut de maladie dans sa prison[6]. Les philanthropes anglais, de leur côté, devinrent plus violents que jamais. Ils demandèrent que le Parlement anglais, passant outre à la résistance des colons, effectuât ce

1. Voir le texte de l'*Order in Council*, *Ann. Reg.*, 1824, Public Documents, pp. 58* sqq.
2. *Ann. Reg.*, 1823, pp. 134 sqq.; 1824, p. 105.
3. P. Colquhoun (*A Treatise of the Wealth, Power and Resources of the British Empire*, 1814, p. 379) donne, pour l'ensemble des Indes Occidentales une population de : 64 994 blancs, 33 081 noirs de condition libre, 634 096 noirs de condition servile.
4. *H. of C.*, 19 mai 1826 : discours de Brougham (*Parl. Deb.*, n. s., vol. XV, pp. 1284 sqq.). — *Ed. Rev.*, décembre 1826, art vii. *West Indian Slavery* [(vol. XLV, pp. 174 sqq.).
5. *Ann. Reg.*, 1823, pp. 133-4.
6. *Ann. Reg.*, 1823, pp. 135-7.

que Buxton appelait l'extinction « graduelle », ce qui constituait en réalité l'extinction presque immédiate, de l'esclavage. Et, à force de déplorer l'aveuglement des planteurs qui ne laissait aux nègres d'autre issue que la révolution, ils finissaient par appeler presque cette révolution de leurs vœux [1].

Bref, Canning avait certainement en 1823 désiré faire pour l'amélioration du sort des nègres ce que Robert Peel faisait, dans son ministère, pour la réforme du droit pénal, ce que Huskisson faisait dans le sien pour la réforme du régime douanier : retirer des mains de l'Opposition la cause de la réforme, être lui-même le ministre réformateur. Il échoua dans cette tâche : les deux partis en présence, aux Antilles, étaient trop intransigeants pour accepter son arbitrage. Que lui restait-il donc à faire? Prêcher la patience aux antiesclavagistes, demander, sans beaucoup de conviction sans doute, que l'on fît crédit à la sagesse des colons, amadouer ceux-ci par une politique douanière favorable à leur commerce. Résultats médiocres en fin de compte, malgré des velléités généreuses qui ne lui attiraient la gratitude de personne.

L'ÉMANCIPATION CATHOLIQUE. DIFFICULTÉ PERSISTANTE DU PROBLÈME — Plus médiocres encore étaient les résultats de sa politique, au cours des mêmes années, en ce qui concernait une autre question, également critique, et qui intéressait non pas les Antilles noires, mais cette autre « colonie » anglaise : l'Irlande catholique. Elle était loin, pour un homme d'État, de se poser dans les mêmes termes que la première. Point d'alliance, cette fois, entre les évangéliques et les libéraux. D'instinct, par le fait même de leur doctrine, les évangéliques étaient anticatholiques. Ceux des « vieilles dénominations » ne se résignaient parfois à l'émancipation que par un scrupule de tolérance, et afin de protester contre les exclusions, fort mitigées, dont eux-mêmes étaient victimes. Les méthodistes étaient franchement hostiles. Dans l'Église établie, le parti évangélique, bien que toujours traité en suspect (lord Liverpool, pendant tout le temps qu'il fut premier ministre, ne fit pas évêque un seul évangélique), était d'accord sur ce point avec la Haute Église. Ne nous y trompons d'ailleurs pas. Les arguments théologiques, soulevés encore par Southey, en 1824, dans son *Book of the Church*[2], contre l'entrée des catholiques au Parlement,

---

1. *H. of C.*, 16 mars 1824, discours de Wilberforce : ... despairing of relief from the British Parliament, they would take the matter into their own hands and endeavour to effect their own liberation (*Parl. Deb.*, n. s., vol. X, p 1148).

2. Pour la polémique qui suivit, voir Butler (Charles). *The Book of the Roman Catholic*

n'étaient pas ceux qui déterminaient l'opinion : la question de l'émancipation était pour le public anglais une question irlandaise. On ne voulait pas voir la Chambre des Communes envahie par la démagogie d'Irlande.

Le parti tory avait donc la bonne fortune de se trouver, en ce qui concernait l'émancipation catholique, au diapason des passions populaires. Qui défendait les catholiques? Des hommes de lettres, comme Walter Scott, un tory mais qui venait de se rallier à la thèse de l'émancipation, comme Thomas Moore, catholique et irlandais d'origine, et qui écrivait ses « Mémoires du Capitaine Rock » pour plaider la cause de ses frères de race. Des ennemis de l'Église d'État, comme Joseph Hume, qui chaque année demandait au Parlement la confiscation, tout au moins partielle, des biens de l'Église en Irlande [1], comme Cobbett, qui publiait à grand tapage son « Histoire de la Réformation protestante en Angleterre et en Irlande » et prétendait faire voir dans la Réforme une œuvre d'injustice et de vol, nuisible au bien-être populaire et au progrès de la culture [2]. En raison de leur violence, Hume et Cobbett compromettaient la cause de l'émancipation : Hume, par maladresse, Cobbett peut-être par calcul et pour le plaisir méchant de gêner les réformateurs modérés. Cobbett ne se faisait d'ailleurs guère d'illusion sur l'état de l'opinion. « Les Orangistes, écrivait-il, ont pour alliés les préjugés invincibles des quatre-vingt-dix-neuf centièmes du peuple anglais [3]. »

Canning, devenu *leader* de la Chambre des Communes, n'eut en conséquence d'autre souci que d'étouffer cette dangereuse question, sur laquelle il devait se heurter à la coalition de la Cour et de l'Église avec la bourgeoisie piétiste et le bas peuple ennemi des Irlandais. Partisan convaincu de l'émancipation, son arrivée au pouvoir eut pour unique effet de priver l'Opposition de son appui, de ses discours. Dès le mois d'août 1822, nous l'avons vu, candidat à la succession de lord Castlereagh, suggérer que la question devrait se résoudre à l'amiable, qu'il fallait chercher

Church, *in a series of letters addressed to Robert Southey...*, 1825. — Southey (Robert). *Vindiciae Ecclesiae Anglicanae. Letters to Charles Butler, Esq., comprising Essays on the Romish Religion, and vindicating The Book of the Church...*, 1826. — White (the Rev. Joseph Blanco). *Practical and Internal Evidence against Catholicism, with occasional strictures on Mr. Butler's Book of the Roman Catholic Church : in six letters addressed to the impartial among the Roman Catholic of Great Britain and Ireland*, 1825.

1. *H. of C.*, 4 mai 1823; 6 mai 1824; 14 juin 1825 *(Parl. Deb.*, n. s., vol. VIII, pp. 367 sqq.; vol. XI, pp. 532 sqq.; vol. XIII pp. 1149 sqq.).

2. *A History of the Protestant Reformation in England and Ireland; showing how that event has impoverished the main body of the people in those countries; and containing a list of the... religious foundations in England and Wales, and Ireland, confiscated, seized on or alienated, by the Protestant « Reformation » Sovereigns and Parliaments.* — Les deux volumes sont de 1829. Mais les « lettres » dont se compose l'ouvrage ont été écrites du 29 novembre 1824 au 31 mars 1826.

3. *Pol. Reg.*, 5 avril 1823 (vol. XLVI, p. 57).

un « compromis ». Allait-il donc répudier les convictions de toute sa vie? Quand Brougham le lui reprocha, l'accusa de pactiser avec lord Eldon, il protesta, et souleva un incident violent en déclarant brutalement à Brougham qu' « il en avait menti [1] ». N'empêche qu'un an plus tard, lord Milton ayant fait appel à lui pour trancher enfin, avec l'appui des whigs, cette irritante question, il se déroba de nouveau, et parla un langage embarrassé qui lui valut les reproches amers de Tierney [2]. A quel « compromis » songeait-il donc à recourir, pour donner, sans choquer les tories, quelque satisfaction aux catholiques? On peut le conjecturer d'après ce qui se passa à la Chambre des Lords en 1824. Lord Liverpool donna son approbation à deux bills, introduits par lord Lansdowne, qui permettaient aux catholiques anglais de voter aux élections parlementaires et d'exercer les fonctions de Juges de Paix [3]. Mais les deux bills furent rejetés. Les catholiques obtinrent l'accès à quelques postes administratifs subalternes [4]. Le duc de Norfolk, catholique, fut autorisé à exercer les fonctions, tout honorifiques, de *Earl Marshall* [5]. Voilà tout ce que l'influence de Canning faisait pour les catholiques.

Jamais les partisans de l'émancipation catholique n'avaient été plus découragés : ils en venaient à se demander si un ministère whig, au cas où par impossible il viendrait à se constituer, pourrait enlever le vote de cette réforme [6]. Le succès même qu'obtenait en Irlande la politique

---

1. *H. of C.*, 17 avril 1823 (*Parl. Deb.*, n. s., vol. VIII, p. 1091).

2. *H. of C.*, 11 mai 1824 (*Parl. Deb.*, n. s., vol. XI, pp. 720-1).

3. *H. of L.*, 24 mai 1824 (*Parl. Deb.*, n. s., vol. XI, pp. 817 sqq.). — Cf. W.-H. Fremantle au duc de Buckingham, 14 mai 1824 (Duke of Buckingham, *Mem. of the Court of George IV*, vol. II, p. 75).

4. 5 Geo. IV, c. 79.

5. 5 Geo. IV, c. 109.

6. C. W. Wynn au duc de Buckingham, 29 septembre 1823 : ... « The Catholic question » ...has gone back to such an incredible degree, and its supporters are now so little in earnest, that I think its opponents may now spare that assistance (de lord Eldon dont on prévoit la retraite) which so long was their sheet anchor (Duke of Buckingham, *Mem. of the Court of George IV*, vol. II, p. 9). — R. Plumer Ward au même, 4 juillet 1824 : Lord Maryborough... says the Catholics themselves have so mismanaged it, that it is a totally altered question, and its best supporters (he, you know, was warm for it) might abandon them. I quite think with your Grace, that perhaps Lord Grey himself, if he were Minister, could not carry it. Still more, therefore, that it ought not to prevent men who have no other source of difference, from uniting to keep the vessel steady (*Ibid.*, vol. II, p. 100). — *Ed. Rev.*, octobre 1824, art. VII. *Memoirs of Captain Rock* : Looking at the facts and the persons by which we are now surrounded, we are constrained to say that we greatly fear that these incapacities (celles des catholiques) never will be removed, till they are removed by fear. What else, indeed, can we expect when we see them opposed by such enlightened men as Mr. Peel,— faintly assisted by men of such admirable genius as Mr. Canning... when men act ignominiously and contemptibly on this question who do so on no other question — when almost the only persons zealously opposed to this general baseness and fatuity are a few Whigs and Reviewers or here and there a virtuous poet like Mr. Moore? We repeat again, that the measure never will be effected but by fear. In

conciliatrice poursuivie, depuis le début de 1822, par lord Wellesley leur était défavorable. Lord Wellesley était, comme on disait, un « catholique »: il poussa le scandale jusqu'à faire, étant lord lieutenant, un mariage catholique, béni par un prélat de l'Église romaine. Il s'appliquait à tenir la balance égale, dans l'administration de l'Irlande, entre catholiques et protestants. L'épuration du corps des Juges de Paix, l'institution d'une « gendarmerie » (*constabulary* [1]), la suppression de la barrière douanière qui séparait l'Angleterre et l'Irlande [2], une loi qui permit la commutation des dîmes à l'amiable [3], une série de réformes de détail effectuées sur l'avis d'une commission parlementaire présidée par Wallace, parurent avoir d'heureux effets. L'année 1824 s'écoula sans incidents grotesques ni troubles sanglants. L'*Insurrection Act* fut renouvelé d'année en année, mais l'étendue des régions où il fallut l'appliquer alla diminuant. « Toutes les mesures prises, écrivait lord Wellesley à lord Liverpool, ont réussi au delà de tout ce que je pouvais espérer. La prospérité générale de l'empire commence à gagner l'Irlande. Les prix se sont améliorés ; les fermages, et même les dîmes, sont mieux payés ; et dans les districts qui avaient été le plus troublés, le peuple commence à s'intéresser à l'industrie et au travail honnête au lieu de conspirer ou d'accomplir des actes de violence. »

O'CONNELL, L'ASSOCIATION CATHOLIQUE ET LES DÉBATS PARLEMENTAIRES DE 1825

« Bref, concluait lord Wellesley, j'aurais pu présenter à Sa Majesté l'agréable tribut d'une *Irlande tranquillisée*, n'était que la prospérité et la félicité générales sont troublées par la fureur bruyante de l'Association Catholique [4] ». Qu'était-ce que l'Association Catholique? Un groupement formé en 1823 par O'Connell et d'autres avocats irlandais, pour présenter des pétitions en faveur de l'émancipation et prendre, d'une manière générale, toutes les décisions favorables à la cause [5]. L'Association était, en peu de mois, devenue gigantesque. Elle englobait toute la population catholique d'Irlande; prélevait sur ses membres un véritable impôt, *the Catholic Rent*, perçus par les agents qu'elle désignait

the midst of one of our just and necessary wars, the Irish Catholics will compel the country to grant them a great deal more than they at present require, or even contemplate (vol. XLI, pp. 151-2).

1. 3 Geo. IV, c. 103.
2. 5 Geo. IV, c. 22.
3. 4 Geo. IV, c. 99.
4. Lord Wellesley à lord Liverpool, 22 novembre 1824 (C. D. Yonge, *the life of... lord Liverpool*, vol. III, p. 312-3).
5. Wyse (Thomas), *Historical Sketch of the Late Catholic Association of Ireland*, 2 vol., 1829.

dans chaque paroisse, et qui étaient généralement les prêtres de la localité ;
tenait à Dublin des assises où l'on délibérait sur le gouvernement de
l'Irlande et qui prenaient l'aspect d'un véritable Parlement dressé en face
du Parlement britannique. O'Connell alléguait que, si les troubles s'apai-
saient dans les campagnes irlandaises, l'honneur en revenait à l' « Association Catholique », et non pas aux mesures gouvernementales. L'Association, disciplinant les masses, leur rendait le goût de la propagande
pacifique, les détournait des crimes agraires en les intéressant de nouveau
aux questions proprement politiques. Peut-être : il n'en est pas moins
vrai que l' « Association Catholique », véritable État dans l'État, pouvait,
d'un jour à l'autre, réveiller la guerre civile, ou pour mieux parler, religieuse : catholiques contre protestants.

Les ultras jugèrent donc, au début de 1825, que le moment était venu
de tirer parti de l' « Association Catholique » pour embarrasser Canning
et son groupe, et prendre leur revanche de l'avantage qu'il venait de remporter en décembre sur la question de la reconnaissance des républiques
sud-américaines. Ils s'étaient résignés, en 1823, à voter une loi qui frappait
d'illégalité les sociétés orangistes. Ils demandèrent, et obtinrent la présentation d'un bill pour la suppression de l' « Association Catholique ».
Canning se trouva forcé de prendre avec eux position contre les catholiques.

Les whigs firent une assez vive opposition au bill ; mais d'avance ils se
savaient battus. C'est sur un autre point que, le bill une fois voté [1], ils
firent porter leur effort : à l'offensive tory ils répondirent par une contre-
offensive. Si l' « Association Catholique » offrait des périls pour l'ordre
public, elle avait une excuse, et c'était l'état d'infériorité civique où la loi
maintenait les catholiques du Royaume-Uni : ne pouvait-on saisir cette
occasion pour enlever à l' « Association » toute raison d'être en émancipant
les catholiques ? Canning, par la victoire qu'il avait remportée en décembre
sur la question de la reconnaissance des colonies sud-américaines, avait
acquis dans le pays une autorité immense : il serait un lâche s'il n'usait
pas de cette autorité pour obtenir du Parlement le vote d'une réforme
que, depuis des années, on savait lui être chère. Le bruit courait en outre,
depuis qu'il avait en 1824 favorablement accueilli les deux bills de lord
Lansdowne, que lord Liverpool n'était plus un adversaire intransigeant
des revendications catholiques. Sir Francis Burdett introduisit, le 28 février 1825, la pétition des catholiques, et fit adopter, par deux cent quarante-sept voix contre deux cent trente quatre, le texte de sa motion [2].
Ainsi « catholiques » et « protestants » se trouvèrent d'accord, quoique

1. 6 Geo. IV, c. 4.
2. *H. of C.*, 28 février 1825 (*Parl. Deb.*, n. s., vol. XII, pp. 757 sqq.).

sous l'action de motifs inverses, pour forcer Canning à se compromettre. Bien malgré Canning, la bataille se trouva engagée.

Les partisans de l'émancipation catholique, soucieux de rassurer l'opinion, adjoignirent au bill d'émancipation deux mesures auxiliaires. : c'est ce qu'on appela les « ailes » *(the wings)* du projet de loi. La première restreignait le droit de vote dans les comtés irlandais : il faudrait dorénavant, pour voter, posséder un *freehold* d'une valeur annuelle de 10 l., et non plus seulement de 40 s. [1]. La deuxième prévoyait l'allocation de traitements au clergé catholique d'Irlande : on espérait que, devenus des fonctionnaires britanniques, les évêques et les *parish priests* cesseraient d'être révolutionnaires [2]. O'Connell eut une entrevue avec Plunkett, l'*Attorney General* d'Irlande, un « catholique » comme lord Wellesley, et donna son approbation aux deux mesures auxiliaires [3]. Tout se faisait de concert avec lui : il aida à rédiger la formule du serment que l'on exigerait des catholiques quand ils seraient appelés à siéger au Parlement. Canning, de son côté, approuva l'idée d'accorder des traitements au clergé catholique d'Irlande. Mais ce ne fut pas sans mauvaise humeur qu'il se rallia à la réforme du régime électoral [4]. Il partageait, sur ce point, les répugnances de certains whigs très influents, en particulier de lord Grey, bien que ses motifs fussent différents. Lord Grey protestait contre ce qu'il considérait comme une réforme à rebours. C'est inversement parce qu'il était le défenseur intransigeant du régime que Canning tenait à ce que les institutions politiques du royaume apparussent comme intangibles.

D'ailleurs, nul des trois projets ne devait aboutir. Les partisans de l'émancipation semblent avoir été d'abord encouragés par le fait que

---

1. Une loi (4 Geo. IV, c. 36) avait déjà été votée, qui, pour limiter le scandale des *freeholds* fictifs à 40 s. avait déclaré que, dans le cas de *joint tenancy* (voir notre volume I, pp. 199 sqq.), la possession d'un *freehold* d'une valeur annuelle de 20 l. serait nécessaire. — L'idée des deux mesures auxiliaires semble avoir été suggérée pour la première fois au comité préparatoire de la loi par l'Irlandais Blake (C. Wynn au duc de Buckingham, 26 février 1825; Duke of Buckingham, *Mem. of the Court of George IV*, vol. II, pp. 218). Ajoutons que, dans le bill d'émancipation, le *veto* monarchique était conservé, mais le comité consultatif à l'avis duquel l'exercice de droit de *veto* était subordonné était tout entier composé d'évêques catholiques irlandais. B. Ward *(Eve of Catholic Emancipation,* p. 124) remarque que, dans la préparation de ce bill, on semble n'avoir jamais même pris en considération l'existence des catholiques anglais : on ne songeait qu'à l'Irlande.

2. Voir le texte du projet de loi, *Parl. Deb.,* n. s., vol. XII, pp. 1151 sqq.; et pour les deux mesures auxiliaires, les débats du 28 mars 1825 (*Parl. Deb.,* n. s., vol. XII, pp. 1246 sqq.).

3. *Ann. Reg.,* 1825, p. 54 n. — Cf. *H. of C.,* 23 mars 1825 : discours de Sir F. Burdett et Tierney (*Parl. Deb.,* n. s., vol. XII, pp. 1254, 1255). — *Lord Broughton's Recollections of a long life,* 9 mars 1825 (vol. II, p. 93). — George Ensor, *Irish Affairs at the close of 1825,* 1826, pp. 7 sqq.

4. Fremantle au duc de Buckingham, 21 avril 1825 (Duke of Buckingham, *Mem. of the Court of George IV,* vol. II, pp. 238-9).

George IV, en sa qualité de roi de Hanôvre, venait de conclure une sorte de concordat avec le Saint-Siège [1]. N'était-ce pas un signe, peut-être, que les résistances de la Cour commençaient à faiblir? Mais le duc d'York, frère du roi et héritier présomptif de la couronne, prit le 27 avril la parole à la Chambre des Lords. Il répéta contre la thèse de l'émancipation les arguments d'usage, et termina en déclarant que, « quel que dût être jamais le poste qu'il occuperait », il considérerait toujours le roi d'Angleterre comme astreint par son serment à défendre l'Église établie. Les parlementaires, à commencer par Canning, étaient avertis de la sorte que la Cour continuait de faire une opposition irréductible à l'émancipation. Comment croire après cela que la Chambre des Lords allait se déjuger, et émettre, pour la première fois, un vote favorable à l'émancipation? Le bill, adopté à la Chambre des Communes en troisième lecture, le 10 mai, par deux cent quarante-huit voix contre deux-cent-vingt-sept, fut rejeté à la Chambre des Lords, le 17, par cent soixante-dix huit voix contre cent trente.

Qu'allait faire Canning? Il provoqua, aussitôt le bill rejeté à la Chambre des Lords, la réunion d'un Conseil de Cabinet, au cours duquel il avendiqua la liberté d'introduire, à son heure et sous sa responsabilité personnelle, un nouveau bill d'émancipation [2]. Bien des gens — en particulier tout le clan des Grenville [3] — auraient voulu qu'il fît davantage, qu'il s'engageât à fond, et tout de suite, sur cette question. Mais Canning n'oubliait pas l'échec subi en 1807 par ceux qui avaient couru une aventure de ce genre. Le parti tory, appuyé alors par lui-même, avait tenu bon : fallait-il croire que Robert Peel ne réussirait pas, en 1825, à jouer le rôle qui avait réussi au médiocre Perceval [4]? Allait-il donc laisser les deux partis affronter les élections générales, qui étaient fixées pour l'automne, sous l'impression laissée par cette bagarre parlementaire où les protestants avaient eu l'avantage? Tout le prestige personnel de Canning n'empêcherait pas les tories de gagner des sièges sur un programme de guerre au papisme. Il apparut, au mois de septembre, que Canning avait pris un parti plus sage. Il obtint, d'une part, que lord Liverpool renvoyât à l'automne de 1826 les élections générales [5]. Il obtint, d'autre part,

---

1. Wellington, *Despatches, Cont.*, vol. II, pp. 413, 592 sqq.

2. Canning à lord Liverpool, 18 mai 1825 (E. J. Stapleton, *Some official correspondence of Canning*, vol. I, p. 269); Diary of J. C. Hobhouse, 27 mai 1825 (*Lord Broughton's Recollections of a long life*, vol. III, p. 103).

3. C.-W. Wynn au duc de Buckingham, 11 juin 1825 (Duke of Buckingham, *Mem. of the Court of George* IV, vol. II, p. 260).

4. C.-W. Wynn au duc de Buckingham, 20 juin 1825 (Duke of Buckingham, *Mem. of the Court of George IV*, vol. II, p. 269). — Cf. le même au même, 11 juin 1825 (Duke of Buckingham, *Mem. of the Court of George IV*, vol. II, p. 260).

5. Ce renvoi des élections à l'année 1826 était un tel manquement aux usages qu'on

que l'Opposition ne soulevât pas, au cours de la session prochaine, la
question catholique. Les souvenirs de la session de 1825 étant de la sorte
amortis, les élections auraient lieu, espérait-il, dans des conditions moins
défavorables aux partisans de l'émancipation. Les gens prudents, ennemis
des questions difficiles, furent heureux d'apprendre que la dextérité de
Canning avait renvoyé à deux ans d'échéance l'irritante question catholique.

LA CRISE ÉCONOMIQUE DE 1825 ET LE TRIOMPHE
DU LIBÉRALISME MINISTÉRIEL

*D'EXCESSIVES
SPÉCULATIONS
PROVOQUENT
PAR RÉACTION
UNE PANIQUE*

Brusquement, à peine cette grosse difficulté
résolue ou tout au moins éludée, une autre
difficulté surgit. Cette prospérité merveilleuse
dont le pays jouissait depuis trois ans, et dont
il reportait l'honneur sur la politique nouvelle
adoptée par les collègues de lord Liverpool, par
Canning et Huskisson, se trouva compromise. Une crise économique éclata,
pareille aux crises de 1816 et de 1819 : allait-elle, comme celles-là, mettre
le pays, tout au moins en apparence, sur le bord de la révolution?

A vrai dire, bien que la panique n'ait éclaté qu'au mois de décembre, il y
avait alors près d'un an que la situation économique inspirait des appréhensions. Ce n'est pas seulement la hausse du prix des céréales qui mettait
de nouveau en question, à la Chambre des Communes, le régime de prohibition douanière institué en 1815, et, provoquant un mouvement général
de fermentation et de conspiration ouvrière, forçait les ministres à reviser
hâtivement la loi par laquelle un an auparavant les coalitions ouvrières
avaient été libérées. Mais au moment où le prix des céréales atteignait
son maximum, déjà le prix des produits manufacturés commençait à
diminuer. Il y avait baisse en même temps sur le cours des actions qui,
émises à tort et à travers par d'innombrables sociétés, avaient été jusqu'alors l'objet de folles spéculations; et des plaintes commençaient à

pouvait le considérer comme un petit coup d'état constitutionnel : pour la première
fois depuis de longues années, le Parlement parvint à l'expiration de la sixième
session, et ne fut pas dissous. Sur cette affaire, voir Wellington à lord Liverpool,
22 juin 1825; lord Liverpool à Wellington, 23 juin 1825 (Wellington, *Despatches, Cont.*,
vol. II, pp. 463 sqq.). — Canning à lord Grenville, 3 juin 1825 (E. J. Stapleton, *Some
official correspondence of Canning*, vol. I, pp. 271-2). — Canning à lord Liverpool,
5 septembre 1825 (*Id., ibid.*, vol. I, pp. 289-291). — Wellington à lord Eldon, 7 septembre 1825; à lord Liverpool, 19 septembre 1825; au duc d'York, 22 septembre 1825
(Wellington, *Despatches, Cont.*, vol. II, pp. 482-3, 499-500, 501-2). — C.W.Wynn au duc
de Buckingham, 18 septembre 1825, lord Grenville au duc de Buckingham, 27 septembre 1825 (Duke of Buckingham, *Mem. of the Court of George IV*, vol. II, pp. 281 sqq.).

s'élever sur les conditions suspectes dans lesquelles le Parlement accordait à ces sociétés l'autorisation de se constituer. Peu de semaines après avoir rédigé un Discours du Trône qui débordait d'optimisme, lord Liverpool jugeait bon de prémunir le public contre les conséquences de sa folie; si jamais toutes ces spéculations devaient aboutir à une crise, le gouvernement dégageait par avance sa responsabilité : il ne viendrait pas à l'aide des intérêts menacés [1]. Au mois de mai la Banque d'Angleterre, qui jusqu'alors avait émis des billets pour répondre libéralement aux demandes d'escompte, qui avait même abaissé en 1823 de 5 à 4 p. 100 le taux de l'escompte, commença de refuser l'escompte des billets qu'on lui apportait.

Les signes avant-coureurs de la convulsion générale se manifestèrent à la fin du mois d'août et dans les premiers jours de septembre. Panique à la Bourse de Londres [2]; brusque effondrement au Lancashire des cours du coton, après l'échec final d'une campagne d'accaparement qui avait duré plus d'un an [3]. Puis, le 27 septembre, une vieille et respectable banque à Plymouth suspendit ses paiements: et l'affolement qui s'ensuivit dans le public local entraîna la chute d'une autre banque, le 1er octobre. Le 25 novembre, ce fut le tour d'une troisième, à Plymouth; mais cette fois la panique ne resta pas locale. Une grande banque du Yorkshire fit faillite; puis, le 3 décembre, une des principales banques de la Cité, après que la Banque d'Angleterre eut inutilement mis 300 000 l. à sa disposition pour surmonter la crise. Le désordre atteignit cette semaine-là son point culminant : trois banques à Londres, soixante-trois dans les provinces, suspendirent leurs paiements. La Banque d'Angleterre allait-elle se trouver réduite, elle aussi, à cette extrémité? Heureusement le mal dont souffrait depuis six mois la société économique tendait à se corriger de lui-même. Les changes, défavorables jusqu'en septembre, étaient devenus favorables par le fait même que l'argent avait pris plus de valeur : de l'argent français vint à la Banque dans le moment même où les appels de fonds se faisaient moins pressants. La catastrophe suprême avait donc été évitée. Il continua cependant à y avoir des faillites de banques provinciales, et la situation du pays restait mauvaise lorsque le Parlement se réunit, le 2 février, pour cette session qui devait être la dernière avant les élections générales.

Les tories, qui avaient, un an plus tôt, accueilli avec tant d'humeur la

---

1. *H. of L.*, 25 mars 1825 (*Parl. Deb.*, n. s., vol. XII, pp. 1194-5).

2. *Times*, 27, 30 août 1825. — Voir déjà un article du 30 juillet, où un premier mouvement de baisse sur les fonds est expliqué comme un simple contre-coup de la conversion des rentes françaises.

3. *Times*, 3 septembre 1825. — Sur les accaparements antérieurs, voir *Times*, 26, 27 avril 1825.

reconnaissance des nouvelles républiques, n'allaient-ils pas prendre leur revanche? Car l'engouement sud-américain apparaissait visiblement comme étant la cause de la crise que traversait l'Angleterre. Les manufacturiers avaient déversé dans l'Amérique du Sud tout le surplus de leur production; les capitalistes avaient prêté de l'argent aux nouveaux gouvernements [1], fondé des sociétés pour l'exploitation des richesses minières du Pérou et du Mexique [2]. On estimait que 150 000 000 l. avaient ainsi traversé l'Atlantique [3]. Or, ce qui était arrivé en 1825, c'est qu'on avait enfin compris l'absurdité des espérances fondées naguère sur l'avenir des républiques sud-américaines. Les nouveaux gouvernements n'étaient pas solvables, les sociétés minières n'étaient pas viables, les exportations ne trouvaient pas d'acquéreurs. Heureux encore les exportateurs anglais quand une partie des produits qu'ils avaient engagés de l'autre côté de l'Atlantique leur était payée avec une partie de l'argent que les capitalistes y avaient en même temps exporté! Si donc il y avait eu des libéraux assez naïfs pour s'enthousiasmer à la nouvelle des victoires que l'idée républicaine remportait au Nouveau-Monde, il était permis, après la récente catastrophe financière, de les considérer comme des dupes. Dupes des banquiers et des boursiers qui les avaient rendus complices de leurs spéculations. Dupes de Canning qui avait exploité leur enthousiasme dans l'intérêt de sa popularité.

LA CRISE ET L'OPINION. MESURES GOUVERNEMENTALES D'URGENCE
Mais l'opinion continua d'accorder son approbation à la politique sud-américaine de Canning : un bill qui avait pour objet de rendre plus facile, en dépit des dispositions contraires des Lois de Navigation, la constitution d'une flotte marchande dans la République de la Plata et en Colombie, fut introduit par Huskisson, et voté de bon cœur par le Parlement [4]. L'enthousiasme libéral

1. Emprunt brésilien (1824, Wilson) : £ 3 200 000; (1825, Rothschild) : £ 2 000 000; de Buenos Ayres (1824, Baring) : £ 1 000 000; chilien (1822, Hullett) : £ 1 000 000; colombien (1822, Baring) : £ 2 000 000; (1824, Goldschmidt) : £ 4 750 000; guatemalien (125, Powles) : £ 1 428 571; de Guadaljava (1825, Elland) : £ 600 000; mexicain (1824, Goldschmidt) : £ 3 200 000; (1825, Barclay) : £ 3 300 000; péruvien (1822, Frys) : £ 450 000; (1824, Frys) : £ 750 000; (1825, Frys) : £ 616 000 (Doubleday, *Life of Sir Robert Peel*, 1856, vol. I, p. 326). — Cf. *H. of C.*, 20 février 1826 : discours de Joseph Hume (*Parl. Deb.*, n. s., vol. XIV, p. 591).

2. Sur les variations des cours des valeurs sud-américaines (fonds d'état et valeurs minières) voir les chiffres donnés *Ann. Reg.*, 1825, p. 3. — 29 compagnies pour l'exploitation de mines à l'étranger, de février 1824 à septembre 1825 selon H. English. *A General Guide to the Companies formed for working foreign mines...*, 1826.

3. H. D. Macleod, *Theory and Practice of Banking*, vol. II, p. 241.

4. 7 Geo. IV, c. 5. — *H. of C.*, 14 février 1826 (*Parl. Deb.*, n. s., vol. XIV, pp. 359 sqq.)

était plus fort que cette déception; et d'ailleurs les capitalistes anglais étaient trop bons joueurs, les industriels anglais étaient d'humeur trop conquérante pour se décourager après un premier échec. Un marché n'avait pas donné tout ce qu'on en attendait : il fallait donc en chercher d'autres. « Devrait-on, demandait Brougham, renoncer à ouvrir de nouveaux débouchés, renoncer à appliquer les principes d'une saine politique commerciale parce que quelques individus y trouvaient occasion à des spéculations excessives [1]? »

Des plaintes se firent sans doute entendre à l'occasion de la crise. La nouvelle politique commerciale inaugurée par Huskisson avait lésé bien des intérêts particuliers : quand ceux qu'elle avait gênés se trouvèrent touchés par la crise, il était naturel qu'ils rendissent la politique de Huskisson responsable de leurs embarras. Les doléances des fabricants de soieries, des armateurs, parvinrent jusqu'au Parlement. Mais elles ne furent pas écoutées : comment attribuer leurs maux à des causes particulières, alors que la crise était générale et portait sur toutes les branches de l'industrie britannique sans exception? Non contents de se tenir sur la défensive, les libre-échangistes tirèrent argument des difficultés du moment pour démontrer que, si la politique de Huskisson prêtait aux objections, c'était par sa timidité. L'Angleterre ne pouvait demeurer le pays de grande exportation qu'elle était devenue depuis le début du siècle, tant qu'elle s'obstinerait à fermer ses frontières à l'importation des céréales continentales. Les ouvriers, plus touchés encore que leurs patrons, et qui voyaient leurs salaires tomber parfois de moitié, réclamèrent du pain à bon marché. Les pétitions hostiles au *Corn law* recommencèrent à affluer. Les ministres d'abord se tirèrent d'affaire par une politique dilatoire; arguèrent qu'il ne convenait pas de soulever, à la veille des élections générales, une discussion qui ne pouvait pas aboutir; s'engagèrent à l'aborder au cours de la première session du nouveau Parlement [2]. Cependant l'agitation populaire s'aggravait ; il se produisit dans le Lancashire une véritable insurrection ouvrière. Le ministère prit alors une décision grave, qu'il fit agréer par le Parlement malgré la mauvaise humeur des *country gentlemen*. Un bill fut adopté qui autorisa pour un temps limité — un peu plus de deux mois — la mise en vente d'une certaine quantité de grains entreposés, moyennant le paiement d'un droit assez léger [3]. Un autre bill donna en outre au gouvernement, pendant les prochaines

---

1. *H. of C.*, 2 février 1826 (*Parl. Deb.*, n. s., vol. XIV, p. 36).
2. *H. of C.*, 18 avril 1826 : discours de Huskisson (*Parl. Deb.*, n. s., vol. XV, pp. 342-3, 346, 347-8).
3. 7 Geo. IV, c. 70.

vacances, le pouvoir discrétionnaire de laisser entrer les blés étrangers pendant deux mois et jusqu'à concurrence de 500 000 *quarters* [1].

Ces deux mesures ne pouvaient être considérées comme étant des remèdes à la crise. Il ne s'agissait que de soulager la misère ouvrière, tout en évitant de demander au Parlement de voter des crédits à cet effet. C'est dans le même esprit que le gouvernement, pressé par le commerce de venir à son aide, finit par persuader la Banque de faire des avances sur la garantie de titres ou de marchandises, jusqu'à concurrence de 3 000 000 l. [2]. Canning eût volontiers permis au Trésor de faire des avances directes aux commerçants : un emprunt à court terme eût fourni les ressources nécessaires. Mais il se heurta à l'opposition catégorique de lord Liverpool, qui subissait à un plus haut degré que Canning l'influence de la nouvelle philosophie économique et considérait toute intervention de l'État comme susceptible de faire plus de mal que de bien [3]. « Parmi les causes de la crise, avait déclaré le Discours du Trône, il en est qui sont en dehors de la portée de l'intervention directe du Parlement; et l'on ne saurait trouver d'autre garantie contre une répétition de la crise, que le souvenir des souffrances qu'elle a produites ». La phrase suivante faisait néanmoins appel à la sagesse du Parlement, « pour trouver les moyens propres à défendre l'intérêt du public et des particuliers contre ces subites et violentes fluctuations, en plaçant sur une base plus solide la circulation monétaire et les instruments de crédit ». La ministère proposait, en d'autres termes, la réforme du système des banques.

LA BANQUE RENDUE RESPONSABLE DE LA CRISE — Il semble, comme déjà nous avons eu l'occasion de le faire observer, que l'on puisse, dans la doctrine de ces économistes libéraux qui étaient les inspirateurs de la politique de Huskisson, discerner en ces matières, au cours du premier quart du siècle, une évolution marquée. Tant que la guerre avait duré, les *bullionists* avaient rendu la Banque responsable des embarras économiques du pays, pour avoir émis une quantité excessive de billets : et ils l'avaient accusée, en ceci, de complicité avec le gouvernement qui avait besoin de papier-monnaie pour payer les dépenses courantes de la guerre et les arrérages de la dette. Depuis le rétablissement de la paix, et surtout depuis le retour au paiement en espèces, Ricardo et ses disciples avaient changé l'orientation

1. 7 Geo. IV, c. 71.
2. 7 Geo. IV, c. 7. — *H. of C.*, 28 février, 8 mars 1826 (*Parl. Deb.*, n. s., vol. XIV, 920 sqq., 1198 sqq.).
3. Peel à Wellington, 3 mars 1826; Canning à Wellington, 4 mars 1826; Croker à Wellington, 20 mars 1826 (Wellington, *Despatches, Cont.*, vol. III, pp. 143, 147, 209).

de leurs critiques. Émettre du papier-monnaie, alléguaient-ils, ce n'est autre chose, malgré la différence des mots, que battre monnaie. L'émission de billets était donc une des fonctions de l'État; et l'État trahissait la nation lorsqu'il se dessaisissait de ce droit en faveur d'une ou de plusieurs banques d'escompte. C'est parce qu'il s'en était dessaisi, que, suivant eux, il y avait encore, après comme avant le retour au paiement en espèces, émission exagérée de papier-monnaie.

Ils accusaient la Banque d'Angleterre, avant le moment où, en mai 1825, elle avait brusquement restreint sa circulation, et par là, en donnant l'alarme, précipité la crise, d'avoir provoqué cette crise en enflant démesurément, depuis trois ans, la circulation fiduciaire. Celle-ci avait augmenté de 3 000 000 l. au cours des deux années qui avaient précédé la crise, malgré la baisse considérable subie dans le même temps par l'encaisse. Et les banques provinciales avaient contribué à aggraver l'inflation. En 1823, leurs émissions s'élevaient à 4 657 000 l. ; en 1824, à 6 098 000 l.; en 1825, à 8 532 000 l. [1]. Elles avaient donc presque doublé. D'où l'exode du numéraire, la dépréciation de la livre sterling, la hausse du change sur les places étrangères. Ce n'étaient pas les manufacturiers et les marchands, c'étaient les banquiers qui étaient les vrais auteurs de la crise.

A ce désordre quel remède apporter? On voit que sur ce point la nouvelle école devait fatalement, faisant exception à ses principes, demander des mesures non de libération mais de restriction. Allait-on en conséquence enlever aux banques d'escompte — sociétés anonymes ou banques privées — le droit d'émettre des billets, le réserver à une Banque d'État qui ne ferait pas l'escompte des effets de commerce, mais aurait pour fonction unique l'émission de papier-monnaie? Personne, ni dans le Cabinet ni au Parlement, ne prit sérieusement cette mesure en considération. Le privilège de la Banque n'expirait qu'en 1833; et, d'ailleurs, quelques fautes qu'elle eût commises antérieurement, tout le monde reconnaissait qu'elle avait fait preuve de beaucoup de sagacité et de sang-froid pour surmonter la crise en décembre. Allait-on du moins soumettre les banques provinciales aux mêmes conditions que subissait la Banque d'Angleterre, ne point leur permettre d'émettre des billets sans la garantie, dans une proportion fixée par la loi, d'une certaine quantité de numéraire? Le ministère n'y songea pas davantage, et on ne lui reprocha guère de n'y avoir pas songé. Deux mesures furent prises, qui peuvent être considérées, en bonne logique, comme se contredisant l'une l'autre : une mesure

---

[1]. *Ed. Rev.*, juin 1826, art. III. *Commercial Revulsions* (vol. XLIV, p. 86).

de restriction, dont le principe était contestable mais dont les circonstances expliquent l'adoption, et une mesure de libération.

LES DEUX LOIS BANQUIÈRES DE 1826 — Les banques anglaises avaient, en 1822, obtenu le droit d'émettre, jusqu'à l'année 1833 où, le privilège de la Banque expirant, tout le système de l'organisation banquière serait soumis à revision, de petites coupures d'une valeur inférieure à 5 l.. Les *country banks* s'étaient immédiatement prévalues, dans une très large mesure, de la liberté qui leur était octroyé; et les billets d'une livre sterling avaient, dans la majorité des comtés anglais, fait à peu près disparaître la monnaie d'or. N'était-il pas à présumer que cette émission de petites coupures avait contribué à l'inflation fiduciaire? Le ministère déposa et fit voter une loi en vertu de laquelle les banques perdaient immédiatement le droit d'émettre de nouvelles coupures, les coupures déjà émises cessant d'avoir cours avant 1829 [1]. L'émission de petites coupures par les banques de province avait-elle vraiment contribué à aggraver la crise dans la mesure où on le prétendit? La chose est bien douteuse. La crise avait débuté dans le Lancashire où ces petites coupures étaient inconnues. Nulle part au contraire le système des institutions de crédit n'avait opposé une plus forte résistance à la crise qu'en Écosse, où la monnaie de papier avait depuis longtemps totalement éliminé la monnaie d'or : pour éviter de soulever l'opinion écossaise, le ministère promit effectivement que la loi nouvelle ne serait pas appliquée au nord de la Tweed. Mais la loi de 1822 avait été votée pour faire droit aux plaintes des agriculteurs qui expliquaient leur malaise par le resserrement de la circulation, dû, s'il fallait les en croire, au rétablissement du paiement en espèces. Cobbett n'avait cessé de triompher depuis lors, et de présenter la loi de 1822 comme une première répudiation de la loi de 1819. Quand enfin la crise avait éclaté, il avait prédit l'imminente suspension des paiements par la Banque. Et maintenant, non seulement la Banque s'était montrée solvable jusqu'au bout, mais les auteurs du « Bill de Peel » saisissaient l'occasion de la crise pour obtenir qu'on abrogeât la loi de 1822, que l'on revînt à l'application littérale de la loi de 1819.

L'autre mesure qui fut proposée par le gouvernement et adoptée par les Chambres présentait un caractère différent. La loi conférait jusqu'alors à la Banque d'Angleterre le privilège d'être, en Angleterre, la seule société composée de plus de six membres qui pût se livrer à des opérations de crédit. Lord Liverpool avait essayé sans succès, en 1822, d'abolir ce mono-

---

1. 7 Geo. IV, c. 6.

pole. Mais la Banque Royale d'Irlande, qui jouissait du même privilège, venait en 1825 de s'en voir dépouiller [1]; et les puissantes sociétés écossaises de crédit venaient, la même année, d'obtenir un statut légal [2]. Les temps semblaient donc mûrs pour forcer enfin la résistance de la Banque d'Angleterre : la crise, dont on rendait responsable le manque d'assiette des banques privées, fournit l'occasion désirée. La Banque ne conserva son privilège que dans un rayon de soixante-cinq milles autour de la Cité de Londres. Passée cette limite, des capitalistes, en nombre indéfini, eurent le droit de se grouper pour fonder des banques de dépôt et d'émission. Par compensation, la Banque d'Angleterre acquit le droit de fonder des succursales hors de Londres [3]. C'est ainsi qu'on se rapprochait du régime de la liberté des banques.

Démarche importante au moment où le système des sociétés par actions venait d'être l'objet de violentes attaques. Il s'en était constitué six cents environ au cours des trois dernières années, et on estimait le capital souscrit à près d'un demi-milliard de livres [4]. Non pas seulement sociétés pour l'exploitation des richesses vraies ou présumées du Nouveau-Monde, mais sociétés d'assurances, sociétés des eaux, sociétés du gaz, sociétés minières, entreprises pour la construction de canaux, de ponts et déjà de chemins de fer. Or le statut légal de ces sociétés anonymes, non pourvues d'une charte d'incorporation, inspirait aux juristes anglais de graves scrupules [5]. Devait-on tenir les actionnaires, membres de ces sociétés, comme n'étant financièrement responsables que dans les limites de leur mise? Devait-on les laisser maîtres de céder leurs actions à des tiers, avec un bénéfice parfois énorme, libres désormais de toute responsabilité [5]? C'était permettre ces spéculations hasardeuses, trop fréquentes depuis trois ans, et dont les fondateurs avaient tiré profit pendant que leurs dupes se ruinaient. Lord Eldon, depuis 1824, avait déclaré la guerre aux sociétés par

1. 6 Geo. IV., c. 42. — La loi autorisait, en dehors d'un cercle de cinquante milles dont Dublin serait le centre, la formation de sociétés (*society or coparinerships*) de crédit comptant plus de six membres. — Une loi antérieure (4 and 5 Geo. IV, c. 73) avait été pour l'Irlande, en 1824, une première loi de libération.

2. 6 Geo. IV, c. 67.

3. 7 Geo. IV, c. 46.

4. L'*Annual Register*, 1825, p. 2, donne d'après une publication française, le tableau de 276 sociétés, classées par catégories, et représentant au total un capital de 174 114 050 l.; toutes ayant été fondées dans le courant de 1824 et au début de 1825. — Doubleday (*Life of Sir Robert Peel*, vol. I, p. 327 n.) donne un tableau de 532 sociétés classées également par catégories, et représentant un capital souscrit de 441 640 000 l. — English (Henry) *A Complete View of the Joint-Stock Companies, formed during the years 1824 and 1825..., 1827...,* donne 624 sociétés, avec un capital de 372 173 000 l..

5. Sur ces scrupules, sur l'incertitude de la jurisprudence, voir Ellis T. Powell, *The Evolution of the Money Market* (1385-1915), 1915, chap. vi; — et C. T. Carr, *The General Principles of the Law of Corporations*, 1905, chap. vii.

actions, demandé qu'elles fussent soumises à un contrôle plus rigoureux.
Les noms des actionnaires devraient être régulièrement enregistrés : tout
actionnaire qui céderait ses actions devrait donner notification de sa
retraite, et demeurerait responsable en cas de faillite, tant que cette notification n'aurait pas été faite; enfin les parties lésées auraient recours non
seulement contre la totalité des actionnaires mais contre deux actionnaires
arbitrairement choisis [1]. C'est ainsi qu'au moment où Huskisson ne parlait que d'établir un régime de parfaite liberté commerciale, un tory
dénonçait les désordres qui devaient être l'effet de cette liberté; et certains radicaux — tel Hobhouse — faisaient écho à ses protestations [2].
Mais il n'était pas écouté.

Lord Liverpool, à l'heure même où, en 1825, il mettait le public en
garde contre les spéculateurs et les fondateurs de sociétés nouvelles,
avait soin de l'avertir qu'en aucun cas l'État n'interviendrait pour le protéger contre les conséquences de son étourderie; et le Parlement, au cours
de la même session, abrogeait, sur la proposition du ministère, le vieux
Bubble Act de 1720, qui continuait à frapper d'illégalité théorique toute
société par actions [3]. Il y avait, déclarait Huskisson, une foule d'entreprises dont l'exécution dépassait la capacité d'action d'un seul capitaliste
isolé : à qui s'adresserait-on pour les exécuter? Il fallait que ce fût ou aux
autorités publiques selon le système continental, ou à des sociétés par
actions. Tel étant le choix, comment hésiter [4]? Mais, si l'on voulait une
marque de la faveur qui s'attachait, malgré tant de ruines, au système des
sociétés par actions, ou n'en saurait trouver de meilleure que la modification apportée par Huskisson à l'organisation des banques anglaises.
Loin que la crise de 1825 ait été suivie par un déclin, même passager, des
sociétés par actions, elle précipita, dans le monde des banques, le déclin
des banques privées. Celles-ci tombèrent de huit cents à sept cents environ, et jamais ne regagnèrent le terrain perdu; pendant qu'à l'imitation
de ce qui se faisait depuis longtemps en Écosse les sociétés de crédit
commencèrent à établir leur domination [5].

1. *H. of L.*, 21 mai 1824 (*Parl. Deb.*, n. s., vol. XI, pp. 791-2); 3, 7 février 1825
(*Parl. Deb.*, n. s., vol. XII, pp. 13, 127).

2. *H. of C.*, 16 mars 1825 (*Parl. Deb.*, n. s., vol. XII, pp. 1048 sqq.); 21 février 1826
(*Parl. Deb.*, n. s., vol. XIV, pp. 644 sqq.).

3. 6 Geo. IV, c. 91.

4. Le discours où Huskisson expose, d'ensemble, sa philosophie des sociétés anonymes est en réalité un peu postérieur : *H. of C.*, 5 décembre 1826 (*Parl. Deb.*, n. s.,
vol. XVI, pp. 275 sqq.).

5. 3 en 1826; 4 en 1827; 0 en 1828; 7 en 1829; 1 en 1830; 9 en 1831; 7 en 1832;
9 en 1833; 10 en 1834; 9 en 1835; 27 en 1836 (*Appendix to Report from Committee on
Joint-Stock Banks*, 1836, pp. 246 sqq.). — Voir *Morning Chronicle*, 12 aril 1827, la

*CANNING
ET HUSKISSON.
LA CRISE S'ACHÈVE
SANS TROUBLES
POPULAIRES*

La discussion de ces mesures occupa la majeure partie de la session de 1826. Canning se jeta dans la bataille avec la fougue qui lui était propre; tint un langage qu'on n'avait pas l'habitude d'entendre dans la bouche d'un ministre tory; se compara à Turgot en butte aux intrigues de l'aristocratie, à Galilée persécuté par l'Inquisition [1]. Il lui fallut donc aborder la discussion de ces sujets techniques qu'il avait jusqu'alors évités. Il parla sur la question de la modification du privilège de la Banque. Il parla sur la question du *Corn law*. Avant de prononcer ses discours, il se fit documenter par ses collègues plus compétents, par Robinson et Huskisson, surtout par Huskisson. Car Robinson qui, pendant le cours d'une ou deux sessions, avait fait figure d'un grand parlementaire, commençait à être mis par l'opinion à son véritable rang : il retombait à l'arrière-plan. Il avait eu le malheur en 1825, au moment où certains alarmistes prédisaient déjà l'imminence d'une crise, d'affirmer en termes emphatiques le caractère solide, inébranlable, de la prospérité nationale; Cobbett, une fois la crise éclatée, lui infligea le sobriquet, qui lui resta, de *Prosperity Robinson* [2]. Huskisson au contraire acquérait une autorité plus grande : c'est à lui que l'opinion attribuait toutes les mesures financières prises par le gouvernement pour atténuer la crise présente, pour conjurer les crises futures.

La situation s'améliorait : le ministère eut cette bonne fortune que le mal avait atteint son maximum d'intensité en décembre, deux mois avant la convocation du Parlement. Bien entendu, les dernières répercussions de la crise continuaient de se faire sentir; et, quand on observait que les salaires baissaient de moitié dans certaines branches de l'industrie, on pouvait se demander s'il n'y avait pas lieu d'appréhender un nouveau soulèvement de la classe ouvrière. « Je crains, écrivait lord John Russell à Thomas Moore le 23 février, que l'été ressemble à celui de 1819. Alors en avant les *Six Acts* : c'est lamentable [3]. » Mais l'événement ne vérifia pas les appréhensions de lord John Russell.

Il y eut des grèves, des tumultes, à Whitehaven, à Norwich, à Bradford,

curieux compte-rendu d'une réunion publique tenue à Huddersfield en vue d'y fonder une *Joint-Stock Bank*; l'objet est de rendre impossible, à l'avenir, des crises de spéculation pareilles à celle que le pays vient de traverser, et la banque est fondée dans un véritable élan d'enthousiasme civique.

1. *H. of C.*, 24 février 1826 (*Parl. Deb.*, n. s., vol. XIV, p. 854).

2. *H. of C.*, 28 février 1825 (*Parl. Deb.*, n. s., vol. XII, p. 750); — *Pol. Reg.* 3 décembre 1825 (vol. LVI, p. 580).

3. Lord John Russell à Thomas Moore, 23 février 1826 (*Early Correspondence of lord John Russell*, vol. I. p. 246).

à Trowbridge, à Carlisle, à Dudley, et surtout dans le Lancashire, où les tisseurs brisèrent les machines nouvellement introduites : on évalua à mille le nombre des métiers détruits, à 30 000 l. leur valeur [1]. Mais ce ne furent que des troubles locaux; et tous les témoignages contemporains confirment l'état d'esprit remarquablement pacifique dont le bas peuple fit preuve [2]. Pas de vastes plans de concentration des forces ouvrières, comme cela s'était produit à la fin de 1824 : la baisse des salaires avait jeté le désarroi dans les syndicats ouvriers [3]. Là même où il y avait des désordres, ce n'étaient que les réactions instinctives de la faim, comme lors de la première explosion de luddisme, celle de 1812. Pas d'agitateurs radicaux pour prendre, comme en 1816 et en 1819, la direction des masses populaires et leur assigner un programme de révolution politique, de conquête des pouvoirs publics [4]. En conséquence nulle occasion pour le parti tory de réclamer le renouvellement du *Seditious Meetings Act* de 1819 qui venait d'expirer silencieusement deux ans plus tôt. Un grand mouvement de charité privée s'organisa, pour soulager les souffrances du prolétariat, et consacrer en quelque sorte la réconciliation des classes : Wilberforce, dans le Yorkshire, en prit la direction, et retrouva sa vieille popularité, qui avait paru quelquefois compromise depuis 1815. Au moment où lord John Russell prédisait une insurrection, Greville portait sur la crise un jugement plus sagace. « Si grand, si absorbant, écrivait-il, est l'intérêt excité par les discussions du jour, que tout le monde est devenu économiste et financier [5]. » Contrairement à ce qui s'était produit en temps de crise pendant les six ou sept ans qui suivirent le rétablissement de la paix, personne ne parla politique : on ne parla que banque, papier-monnaie, libre-échange, abolition du *Corn law*.

Lord John Russell, après trois années de silence, réintroduisit à la

<hr>

1. *Ann. Reg.*, 1826, Chron., 3, 13 février; 3, 8, 13 mai; 29 juillet; 24 avril, 3 mai, 15 et 16 juillet. — A. Prentice, *Hist. Sketches... of Manchester*, pp. 273 sqq..

2. *Ann. Reg.*, 1826, p. 2. — *H. of C.*, 19 mai 1826 (discours de Canning, *Parl. Deb.*, n. s., vol. XV, p. 1283); et l'appel à la charité, publié le 5 avril par le *Blackburn Mail*, 5 avril, que citent J. L. et B. Hammond, *The Skilled Labourer*, p. 127.

3. *H. of L.*, 2 février 1826, discours de lord Sheffield : ... congratulated their lordships that in all the manufacturing districts the spirit of combination among the working classes had entirely disappeared. — *H. of C.*, 2 février 1826, discours de J. S. Wortley : ... The combination among the workmen which had reached so alarming an extent had now happily subsided (*Parl. Deb.*, n. s., vol. XIV, pp. 6, 25).

4. During his speech (Mr. Huskisson) spoke of the manufacturing distress of 1819 and 1820; and he took occasion to say that the poor, suffering manufacturers were *not now* misled by *Designing Men* (*Pol. Reg.*, 4 mars 1826, vol. LVII, p. 616). — Et la lettre écrite de Manchester par Eckersley, que citent J. L. et B. Hammond, *The Skilled Labourer*, p. 126) : ... It is certainly very different now (for the better) from 1819 and 1820, when Politics were mixed up with the distresses of the People.

5. *Greville Memoirs*, 20 février 1826.

Chambre des Communes la question de la réforme parlementaire. Il fallait bien qu'il prît position, au moins pour la forme, à la veille des élections générales. Il déposa un projet de loi à l'effet de priver de sa franchise tout bourg électoral qui aurait été convaincu de corruption, et de transférer cette franchise à quelque circonscription nouvelle, plus peuplée et plus digne du privilège d'élire un représentant. Il déposa encore une motion en faveur de la réforme du Parlement, et l'introduisit par un grand discours d'apparat. Mais il rendit hommage à la politique nouvellement suivie par les ministres « d'accord avec le vœu populaire », se demandant seulement si, sous le régime électoral existant, ils ne couraient pas le danger de voir élire au prochain Parlement une majorité tory plus rétive. Lord Althorp, qui l'appuya en peu de mots, se défendit de croire que sous le régime actuel, ils n'étaient pas bien gouvernés. Hobhouse, l'homme de la fameuse diatribe de 1821, célébra en détail les louanges de la politique réformatrice que suivaient Peel, Huskisson et Canning [1]. N'avait-il pas, huit jours auparavant, assuré Canning de la « gratitude », de l' « affection » du pays pour ce qu'il avait accompli, lui promettant de la « vénération » s'il voulait faire un pas de plus, et capituler sur cette question vitale de la réforme parlementaire [2]. Canning ne prit même pas la peine d'intervenir dans le débat soulevé par lord John Russell. Tous les orateurs libéraux confirmaient sa thèse, à savoir qu'une réforme du Parlement était inutile, que toutes les réformes nécessaires, un chef habile pouvait les obtenir d'une Chambre des Communes constituée comme l'était, sans réforme aucune, la Chambre des Communes existante. La crise de 1825, loin d'ébranler l'autorité morale de Canning, l'avait donc confirmée. C'était pour sa politique un véritable triomphe qu'une crise économique eût éclaté, pareille aux crises de 1816 et de 1819, plus grave peut-être, et que cette crise, à la différence de ce qui était arrivé au temps de lord Castlereagh, ne se fût accompagnée d'aucune agitation radicale et révolutionnaire. Canning, pouvait, à la veille des élections générales, se rendre ce témoignage qu'il avait, soutenu par lord Liverpool, assisté de Huskisson, réconcilié le Parlement et la nation.

1. *H. of C.*, 27 avril 1826 (*Parl. Deb.*, n. s., vol. XV, pp. 651 sqq).
2. Creevey à miss Ord, 14 avril 1826 (*Creevey Papers*, vol. II, p. 98); voir le texte, atténué, du discours, *H. of C.*, 13 avril 1826 (*Parl. Deb.*, n. s., vol. XV, p. 188).

CHAPITRE II

L'ÉMANCIPATION CATHOLIQUE

Les derniers jours de Canning. Son ministère. Sa mort. Son héritage. — Wellington
premier ministre. L'émancipation catholique. — L'Angleterre après l'émancipation catholique. Questions diverses. — Une politique d'économies financières et
de paix. Mort du roi. Dissolution du Parlement.

LES DERNIERS JOURS DE CANNING. SON MINISTÈRE. SA MORT. SON HÉRITAGE.

ÉLECTIONS GÉNÉRALES. QUESTION DES GRAINS ET QUESTION CATHOLIQUE

Le système de Canning triomphait : la manière dont avait été surmontée, sans troubles politiques, la crise si grave du mois de décembre, en confirmait le succès. Mais les discussions qui s'élevèrent, au mois de juin, quand les élections générales suivirent immédiatement la dissolution du Parlement, firent voir combien ce succès, malgré tout, demeurait précaire. Élections turbulentes et confuses : les questions soulevées furent celles précisément dont Canning et ses amis avaient su depuis quatre ans éluder l'examen. A ce prix, mais à ce prix seulement, ils avaient réussi.

La question du *Corn law*, d'abord. Robinson et Huskisson avaient orienté la politique financière et commerciale de royaume dans le sens où les économistes politiques, partisans du libre-échange, désiraient qu'elle s'orientât. Mais leur libre-échangisme modéré était notoirement incomplet tant qu'en abaissant les droits à l'importation des produits manufacturés et des matériaux bruts nécessaires à l'industrie, un Parlement composé en très grande majorité de propriétaires ruraux persistait à empêcher l'importation des céréales étrangères par un système de droits quasiprohibitifs. Déjà, en 1825, on avait accordé temporairement un traitement de faveur aux céréales canadiennes. Déjà en 1826, on avait permis, pour atténuer la misère du bas peuple, l'introduction sur le marché d'une certaine quantité de blé entreposé. Mais c'étaient là de bien faibles concessions à la doctrine des économistes, à la pression, qui commençait à se faire plus forte, de l'opinion des grandes villes. Huskisson, le 28 avril 1825, dans un discours embarrassé, s'était déclaré, en principe, favorable à l'établissement d'un droit fixe; avait argué cependant que le système prohibitif en vigueur pourrait être une arme utile entre les mains du président du *Board of Trade* quand il s'agissait de négocier avec une puissance étrangère un traité de commerce; admis enfin « qu'il serait nécessaire un jour ou l'autre d'accomplir la revision des *Corn laws*[1] ». Aux élections, dans toutes les circonscriptions populaires, les candidats, pour flatter l'opinion, s'engagèrent à réclamer cette revision.

La question de l'émancipation catholique était une autre question dangereuse. Canning avait obtenu que les élections fussent renvoyées de 1825 à 1826 afin que l'émotion soulevée dans l'opinion par les débats de l'avant-dernière session eût le temps de s'apaiser. Et la crise économique par laquelle l'Angleterre venait de passer permettait d'espérer que, l'attention publique étant détournée vers d'autres problèmes, les passions anticatholiques avaient perdu de leur violence. L'événement parut démentir ces prévisions. En Irlande où les catholiques, s'ils n'étaient pas éligibles, jouissaient du droit de vote, le parti de l'émancipation catholique gagna de nombreux sièges. O'Connell organisa l'insurrection des francs-tenanciers ruraux contre leurs propriétaires protestants : lord George Beresford dut céder à deux partisans d'O'Connell la représentation du comté de Waterford qu'il avait pris l'habitude de considérer comme son fief[2]. Par réaction, en Angleterre, les élections se firent au vieux cri de *No Popery*. Non seulement les candidats anticatholiques eurent l'appui du premier ministre, dont l'influence sur le corps électoral se réduisait en fin de compte à peu de chose, mais ils eurent pour eux la masse de la *gentry*, de la bourgeoisie, du bas peuple luimême. Lord Palmerston, obscur encore, et qui ne jouait dans le Cabinet qu'un rôle de second plan parmi les amis de Canning, ne réussit qu'à grand peine à se faire réélire par l'Université de Cambridge, grâce à l'appoint des suffrages whigs[3]. En revanche leur pro-catholicisme valut

1. *H. of C.*, 28 avril 1825 (*Parl. Deb.*, n. s., vol. XIII, pp. 273 sqq.).
2. B. Ward, *Eve of catholic emancipation*, p. 171.
3. Sir H. L. Bulwer, *Life of Viscount Palmerston*, Book III (éd. Tauchnitz, vol. I, pp. 146 sqq.).

aux whigs de nombreux échecs : les Dissidents protestants, traditionnellement inféodés au parti whig, votèrent dans bien des circonscriptions pour les tories hostiles à l'émancipation, en haine de l'Église romaine [1]. Dans le grand comté du Yorkshire qui envoyait pour la première fois quatre représentants au Parlement, la lutte fut acharnée entre « catholiques » et « protestants ». Sydney Smith y prit part en publiant une lettre ouverte aux électeurs, qui portait sur la question catholique [2]. Et le résultat fut indécis : deux « protestants » à côté de deux « catholiques », lord Milton, fils aîné de lord Fitzwilliam, et le manufacturier John Marshall [3]. Dans le Bedfordshire, le marquis de Tavistock, fils aîné du duc de Bedford, ne passa qu'en seconde ligne : un tory anticatholique obtint un plus grand nombre de voix que lui. Dans le Huntingdonshire, lord John Russell fut battu. Si on mettait en balance les voix gagnées en Irlande avec les voix perdues en Angleterre, il était difficile de dire, tant l'état des partis était confus, comment voterait, quand reviendrait sur le tapis la question catholique, ce Parlement où cent cinquante membres nouveaux allaient siéger [4]. Il semblait bien pourtant, dès avant la réunion des deux Chambres, que le parti protestant eût renforcé sa position.

Le vrai résultat des élections, c'est qu'elles mettaient plus que jamais en lumière le caractère paradoxal de la situation politique. Le grand homme du Parlement, le véritable *leader* de la nation, c'était Canning. Mais il était, en outre, à la Chambre des Communes, le chef officiel du parti tory; et pourtant, lorsque, sur la question de l'importation des céréales, le parti tory était, dans quelque circonscription urbaine, mis

1. *H. of C.*, 23 mars 1827, discours de D. W. Harvey : It had been said, that the Dissenters were generally unfavourable to the Catholic claims. He believed they were; and he had generally found that those amongst them who best understood the subject, and were the most deeply imbued with the spirit of religious liberty, and sensible of its blessings, were the most alive in their apprehensions on the subject. — Et plus bas, même séance, discours de Sir Robert Wilson : The main body of the Dissenters were certainly more opposed to the Catholic claims than even the members of the established Church (*Parl. Deb.*, n. s., vol. XVII, pp. 14, 15). — Sur l'état d'esprit des évangéliques, alliés de la Haute Église contre les catholiques, voir encore *H. of L.*, 9 mars 1826 : discours de lord Darnley (*Parl. Deb.*, n. s., vol. XIV, pp. 1200-1201).

2. *A Letter to the Electors upon the Catholic Question*, 1826. — *The Elector's True Guide. A Review of the Rev. Sydney Smith's Letter to Electors upon the Roman Catholic Question*. By an East Riding Freeholder, 1826. — *The Catholic Claims rejected : being an answer to the Letters of « An English Catholic », « The Reverend Sydney Smith », and « Mr. Charles Butler », and Thirty-two Thousand Other Popish Productions, recently circulated in this kingdom*. By an English Protestant, York, 1826.

3. *Life of Edward Baines, by his son*, pp. 139-140.

4. Lord Palmerston à W. Temple, 17 juillet 1826 (Sir H. L. Bulwer, *Life of Viscount Palmerston*, Book III, ed. Tauchnitz, vol. I, p. 162). — Il convient de remarquer que dans cette lettre lord Palmerston considère que les élections constituent un échec pour les anticatholiques : ... the *No Popery* cry has been tried in many places and has everywhere failed.

en échec, c'était la thèse de Canning qui triomphait; lorsqu'au contraire le parti tory remportait une victoire sur le parti « catholique », la politique de Canning subissait un échec. Hobhouse avait défini cette situation, quelques mois auparavant, au Parlement, quand il avait montré, siégeant l'un en face de l'autre, « le Gouvernement de Sa Majesté », dont la fonction était d'occuper les postes administratifs, de toucher les gros traitements, et l' « Opposition de Sa Majesté », qui avait pour rôle de formuler la politique du ministère [1]. Ou encore, pour parler comme lord Palmerston et ne pas s'arrêter aux apparences, « la véritable Opposition était maintenant sur les bancs tories « derrière le banc des ministres [2] ». Combien de temps cet équilibre instable pourrait-il se maintenir?

POLITIQUE EXTÉRIEURE. AFFAIRES D'ORIENT. AFFAIRES DU PORTUGAL

Le Parlement se réunit en session extraordinaire, le 14 novembre : le ministère demandait au Parlement d'approuver une mesure prise par lui le 1er septembre, quand, voulant parer à la famine menaçante, il avait, par simple décret [3], autorisé, moyennant acquittement d'un droit léger, l'importation de certaines céréales (avoine, orge, pois et haricots). L'approbation demandée fut accordée sans peine. Mais un gros incident diplomatique retint, par dessus le marché, pendant cette courte session, l'attention de la Chambre des Communes. Incident significatif; car, s'il devait, d'une manière immédiate, constituer un nouveau succès pour la politique de Canning, il n'en était pas moins un incident révélateur des difficultés auxquelles, tôt ou tard, cette politique devait nécessairement se heurter.

Canning venait de faire en septembre le voyage de Paris. Il réalisait ainsi un projet qu'il avait déjà formé en 1825, au lendemain de l'avènement de Charles X, mais que l'opposition des tories avait empêché d'aboutir. Il avait été fêté par tout le monde, si ce n'est par la faction maussade des ultras. Le Roi l'avait reçu avec la courtoisie due à celui qui était, effectivement sinon officiellement, le premier ministre de George IV : en la personne de Canning, pour la première et la dernière fois, un roturier eut

---

1. *H. of C.*, 10 avril 1826 (*Par. Deb.*, n. s., vol. XV, p. 135). Voir *Lord Broughton's Recollections of a long life*, vol. III, pp. 129-131. — Comment le mot fut postérieurement attribué à Tierney : voir le journal de J. C. Hobhouse, 5 mai 1827 (*Id. ibid.*, p. 191).

2. Lord Palmerston à William Temple, 17 juillet 1826 (Sir H. L. Bulwer, *Life of Viscount Palmerston*, Book III, éd. Tauchnitz, vol. I, p. 159).

3. Mesure illégale : car la loi, votée au cours de la dernière session, en vertu de laquelle le ministère pouvait autoriser l'importation d'une certaine quantité de grains étrangers, portait exclusivement sur le blé.

l'honneur de s'asseoir à la table de Charles X [1]. Les libéraux rendirent hommage au seul homme d'État qui osât ouvertement tenir tête aux grandes puissances monarchiques. Et Canning, devenu ainsi pour quelques semaines, à Paris, son propre ambassadeur, avait essayé de se mettre d'accord avec le gouvernement de M. de Villèle sur les diverses questions qui intéressaient l'équilibre de l'Europe.

La question d'Orient avait changé d'aspect depuis un an. L'empereur Alexandre était mort; et son successeur Nicolas pouvait, du moins Canning l'avait espéré, être d'un maniement plus facile. Menacé au lendemain de son avènement par une conspiration militaire, il serait moins disposé peut-être à encourager, fût-ce en Grèce, les menées d'un gouvernement révolutionnaire. N'étant pas, comme Alexandre, l'auteur du pacte de la Sainte-Alliance, il n'aspirerait pas à diriger, contre la Turquie, une véritable croisade à la tête de laquelle il serait le mandataire de tous les souverains d'Europe. Wellington, avec qui, pour tout ce qui touchait le Levant, Canning était en parfait accord [2], avait été, dans les premiers mois de 1826, envoyé à Pétesbourg en mission extraordinaire pour saluer le nouvel empereur et essayer de régler avec lui sur une base nouvelle les questions qui demeuraient pendantes. Un protocole avait été signé, le 4 avril, en vertu duquel la Russie et l'Angleterre devaient exercer une pression commune à Constantinople pour obtenir du sultan l'émancipation de la Grèce sous la suzeraineté turque; si le sultan ne consentait pas, ce serait la reconnaissance de l'indépendance absolue de la Grèce, et la guerre. Carte blanche avait d'autre part été donnée à la Russie pour régler avec la Turquie les vieux conflits qui séparaient les deux gouvernements dans la région du Danube. A Ackermann, le 4 septembre, l'empereur de Russie avait obtenu satisfaction. Le gouvernement de France, à qui le texte du Protocole avait été communiqué ainsi qu'aux autres gouvernements de la Sainte-Alliance, avait approuvé, offert son appui. Charles X, au cours des entretiens qu'il eut avec Canning en septembre et octobre, fut plus net encore : il offrit l'envoi, dans les eaux du Levant, d'une escadre française qu'il consentait à placer sous les ordres d'un amiral anglais. Et la nouvelle politique inaugurée par Canning ne manquait pas d'éclat : mais elle était aventureuse. Quelle en était la portée? Trouvait-il peut-être que la Turquie, appuyée par Metternich, suivait une politique imprudente et provoquait gratuitement la Russie en refusant toute concession à ses sujets grecs révoltés? Il exerçait donc sur le gouvernement ottoman, en se rapprochant osten-

---

1. A. G. Stapleton, *George Canning and his times*, p. 516.
2. Canning à lord Granville, 10 janvier 1825 (E. J. Stapleton, *Some official correspondence of Canning*, vol. I, p. 231).

siblement de la Russie, la pression nécessaire pour lui imposer une attitude plus conciliante, en même temps que, par ce rapprochement, il paralysait la Russie, obligée à l'avenir de concerter ses démarches avec celles de l'Angleterre, et l'empêchait de déclarer à la Turquie cette guerre que la diplomatie et l'opinion britanniques redoutaient par-dessus tout au monde. Mais il faisait plus encore : ce n'est pas seulement avec la Russie, c'est avec la Russie et la France qu'il jetait les bases d'un accord. Cette entente de la France avec la Russie, objet de perpétuelles appréhensions pour les hommes d'État anglais, pensait-il qu'elle cesserait d'être périlleuse, du moment où elle s'effectuerait sous le contrôle de l'Angleterre?

Ce ne fut pas cependant la question d'Orient qui souleva, entre Canning, Charles X et M. de Villèle, les discussions les plus prolongées. C'est toujours dans la péninsule ibérique que les frottements semblaient impossibles à éviter entre les gouvernements de Paris et de Londres : comment réussir, malgré ces frottements, à maintenir entre les deux gouvernements cette bonne entente à laquelle Canning avait toujours fait profession de tenir, à laquelle M. de Villèle tenait certainement?

Les affaires du Portugal offraient depuis 1822, pour Canning, d'incessantes difficultés. Il avait trouvé là-bas, quand il avait pris possession du *Foreign Office*, les « constitutionnels » au pouvoir. Mais les «constitutionnels », les « jacobins » de Lisbonne, étaient un parti ardemment anti-anglais, en révolte contre une alliance qui ressemblait à une tutelle. Canning avait donc adopté à leur égard l'attitude d'un tory orthodoxe, les avait empêchés de se solidariser avec les libéraux de Cadix, et avait appuyé le coup d'État par lequel, au printemps de 1823, le roi Jean avait aboli la Constitution de 1822. Au sein du gouvernement du roi Jean, il s'était formé spontanément, par une sorte de fatalité, deux factions rivales l'une, anglaise, l'autre française; et il avait fallu de longs mois d'intrigues à la diplomatie de Canning pour assurer enfin la victoire de la faction anglaise. Après quoi, la mort du roi Jean avait créé, en un sens, une situation plus favorable au libre développement de la politique de Canning. L'héritier naturel du roi Jean, dom Pedro, empereur du Brésil, s'était désisté en faveur de sa fille, la petite infante Maria, âgée de sept ans, en même temps qu'il octroyait au pays une Constitution. Contre Maria intriguait le frère cadet de Pedro, dom Miguel, chef du parti absolutiste. Le parti constitutionnel avait l'appui de l'Angleterre. Le parti de dom Miguel se trouvait fortifié dans l'opinion portugaise par le fait même qu'il se trouvait être, comme l'avait été en 1822 le parti constitutionnel, le parti anti-anglais. Il avait pour lui d'une part une fraction de l'armée, qui s'insurgea, et, d'autre part, le gouvernement absolutiste

de Madrid, rétabli par l'appui d'une armée française qui n'avait pas
encore évacué l'Espagne. Des déserteurs portugais, réfugiés sur le territoire espagnol, conspiraient contre le gouvernement de donna Maria.
Canning, au cours de sa visite à Paris, obtint de M. de Villèle que
l'ambassadeur de France à Madrid exigeât du roi Ferdinand la reconnaissance formelle du nouveau gouvernement portugais, et le désaveu
actif de toute conspiration tendant à son renversement.

Mais les instructions de M. de Villèle ne furent pas suivies d'effet. Le
3 décembre, on apprit à Paris et à Londres que deux corps portugais
avaient franchi la frontière et marchaient sur Lisbonne pour y établir
le gouvernement de Miguel. Le même jour arrivait à Londres une note
officielle du premier ministre portugais, demandant une assistance armée.
Deux fois déjà, depuis qu'il était premier ministre, Canning avait subi les
mêmes sollicitations. Il y avait répondu, la première fois, par l'envoi d'une
escadre, sur laquelle il arriva ultérieurement que le roi Jean, menacé
par les factions, chercha un refuge [1]. Il y avait répondu, une deuxième
fois, par l'offre de troupes hanôvriennes [2]. Pour la troisième fois le parti
anglais à Lisbonne demandait l'envoi d'une armée. Pourrait-on l'éluder
encore? Et, si on ne l'éludait pas, la politique de Canning n'allait-elle pas
subir une évolution marquée? Il ne s'agissait plus d'opposer à la politique
d'intervention de la Sainte-Alliance une attitude de non-intervention
systématique. Il s'agissait de répondre à l'intervention par une contre-
intervention ; il s'agissait, suivant la vieille formule guerrière, d'opposer
la force anglaise aux Bourbons, s'ils dérangeaient à leur profit l'équilibre
européen, *the Balance of Power*.

---

1. A. G. Stapleton, *The Political life of Mr. Canning*, vol. II, p. 205.
2. A. G. Stapleton, *The Political life of Mr. Canning*, vol. II, p. 234. — Cf. C. W. Wynn
au duc de Buckingham, 8 août 1824 : The justification of our sending a military force
to support our ancient ally the king of Portugal in a struggle against another party
in the interior of his dominions rests in my opinion exactly on the same grounds on
which we armed in concert with the king of Prussia to restore the Stadtholder in 1787,
and to put down a party which, acting under the protection of France, and with a
hostile disposition to the British interest, had deposed him. On that question, when
Fox declared his entire concurrence in the system on which Pitt acted, he deprecated
any discussion of the justice of the cause of either party. That, he said, was not the
question a British Minister was bound to look to, but which of them was most likely
to promote the interests of Great Britain (Duke of Buckingham, *Memoirs of the Court
of George IV*, vol. II, p. 100). — Cf. Canning à lord Granville, 21 janvier 1825 : ... Portugal has been, and always *must* be English; so long as Europe and the world remain
in any thing like their present state ... (A. G. Stapleton, *Canning and his times*,
p. 509).

*INTERVENTION
ANGLAISE
AU PORTUGAL.
LE DISCOURS
DU 12 DÉCEMBRE*

Canning, indisposé, ne prit la parole à la Chambre des Communes que le 12 décembre pour expliquer sa politique. Le début du discours, assez terne [1], démontrait que les anciens traités du XVIIe et du XVIIIe siècle imposaient à l'Angleterre l'obligation de venir à l'aide du Portugal contre une agression étrangère, en particulier contre une agression espagnole ou française. Mais bientôt Canning s'échauffait, établissait que, pour remplir cette obligation, il n'avait pas perdu une heure. C'est seulement le 8 que des informations complètes avaient été reçues à Londres; et, au moment même où il parlait, « les troupes étaient en marche vers leur port d'embarquement ». Après quoi, il élargissait le débat. Tout en rendant hommage au gouvernement français pour avoir, au lendemain même de l'agression, rappelé son ambassadeur d'Espagne, il laissait entendre qu'il aurait pu agir d'une manière « plus efficace ». Il persistait à vouloir la paix. Mais ce n'était pas qu'il crût l'Angleterre trop faible, trop épuisée financièrement pour faire la guerre. C'est qu'il savait toute guerre, à l'heure actuelle, susceptible de dégénérer en guerre générale et en « guerre d'opinions ». Il prévoyait, il « redoutait » s'il fallait l'en croire, le jour où son pays « ne pourrait éviter de voir se ranger sous son drapeau les agités et les mécontents de tous les pays avec lesquels il entrerait en conflit ». L'Angleterre moderne, c'était Éole, maître des vents, maître, quand il le voudrait, de déchaîner la tempête. Aux puissances continentales de ne point provoquer la colère du Dieu. « Nous allons planter l'étendard de l'Angleterre sur les hauteurs bien connues de Lisbonne. Là où cet étendard est planté, l'étranger ne commandera pas. »

Les débats continuèrent. Certains orateurs voulurent établir un contraste entre la politique active maintenant poursuivie par Canning au Portugal et la politique d'abstention qu'il avait adoptée trois ans plus tôt vis-à-vis du gouvernement de Cadix. Il reprit la parole pour se justifier. L'Angleterre n'était pas liée vis-à-vis de l'Espagne par un traité, comme elle l'était vis-à-vis du Portugal. Il était loin de blâmer la jalousie, conforme aux grandes traditions du XVIIIe siècle, avec laquelle le Parlement Britannique observait la politique espagnole des Bourbons. Mais il tenait à rassurer son auditoire sur les effets de l'intervention française. L'armée

---

1. Sir H. L. Bulwer, *Historical Characters*, vol. II, pp. 351-2 : ... I was talking the other day with a friend who, then being a Westminster boy, was present at the debate : and he told me ... that with the exception of one or two passages ...there was a want of the elasticity and flow which distinguished Mr Canning's happier effects.

d'occupation jouait dans la Péninsule un rôle utile, que certes les ultras français n'avaient point prévu : elle protégeait les libéraux espagnols contre les excès de la réaction absolutiste. Il se vantait en outre d'avoir su, dès 1823, prendre sa revanche de l'intervention française tout en évitant de déchaîner sur l'Europe les malheurs de la guerre. Très excité en approchant de sa péroraison, il ne parlait plus, il criait[1]. « J'ai cherché mes compensations dans un autre hémisphère. Considérant l'Espagne telle que nos ancêtres l'avaient connue, je décidai que, si la France avait l'Espagne, ce ne serait pas l'Espagne *avec les Indes*. J'ai appelé le Nouveau-Monde à l'existence pour redresser l'équilibre du Vieux-Monde. »

A bout de forces, presque défaillant[2], il se tut, au milieu des acclamations. Depuis plus de vingt ans que Pitt était mort, jamais homme d'État anglais n'avait tenu pareil langage à l'Europe, à la France. On peut considérer cette journée parlementaire du 12 décembre 1826 comme constituant le point culminant de la carrière de Canning. Non que, dans l'enthousiasme de la nation presque unanime, certains ne fissent des réserves. Il en était pour trouver que Canning avait pris vis-à-vis de la France un ton inutilement provocant : plus provocant même, si nous en croyons certains témoins de la séance, que nous ne pouvons nous en rendre compte en lisant le texte imprimé, et atténué, du discours[3]. Canning froissait d'ailleurs plusieurs de ses collègues par ses allures de plus en plus dictatoriales. Wellington se plaignait qu'il eût mené toute cette affaire portugaise sans même prendre la peine de consulter le Cabinet; il protestait que l'intervention anglaise entraînerait inévitablement l'intervention, aux côtés de l'Espagne, de la France, puis des États-Unis, avec lesquels tous les Anglais d'alors semblent avoir considéré la guerre comme devant éclater à brève échéance. Il menaçait de donner sa démission[4]. A la

---

1. *Diary of Thomas Moore*, 21, 22 décembre 1826 : When he said : « I thought of Spain and the Indies », it was in a sort of scream ». (*Mem... of Thomas Moore*, vol. V, pp. 135.)

2. Id., *ibid.* : Nearly fainted after he had done.

3. *Lord Broughton's Recollections of a long life*, vol. II, pp. 159-160 — Cf. *Pol. Reg.* 30 décembre 1826 : Postcript to Mr. Canning, pp. 1 sqq.

4. Wellington à Canning, 11 août 1826; lord Liverpool à Wellington, 16 août 1826; Wellington à lord Liverpool, 18 août 1826; à Planta, 9 octobre 1826; à lord Liverpool, 11 octobre 1826; au même, 12 octobre 1826; à Canning, 13 octobre 1826 (Wellington, *Despatches, Cont.*, vol. III, pp. 375, 381, 381-3, 414-5, 417, 419, 419-21); C. Arbuthnot à lord Liverpool, 5 septembre 1826 (C. D. Yonge, *Life of... lord Liverpool*, vol. III, p. 394); Canning à lord Liverpool, 16 octobre 1826 (A. G. Stapleton, *Canning and his times*, pp. 526-8). — Canning partageait ces appréhensions au sujet de la rivalité maritime des États-Unis (voir son *Memorandum on our relations with the Spanish American Provinces*, communiqué le 30 novembre 1824 à Wellington (*Despatches, Cont.*, vol. II, pp. 354- sqq.); et James publiait ,en ce moment même, une nouvelle édition, complétée de sa *Naval History of Great Britain*, dans le but de rassurer le public anglais, trop effrayé, pensait-il, par la puissance navale présumée des États-Unis (W. James à

Chambre des Communes, Joseph Hume osait déposer un amendement au texte d'adresse proposé par Canning; il déclarait expressément que l'Angleterre, ruinée par la grande guerre, ne pouvait faire les frais d'une nouvelle aventure [1]. Et c'était un fait significatif que cet accord spontané de quelques tories et de quelques radicaux pour critiquer la politique de Canning, au moment où visiblement elle dégénérait en politique de guerre.

Mais Wellington, pacifié par lord Liverpool, ne donnait pas sa démission. Joseph Hume se faisait difficilement écouter par une assemblée hostile [2], devait subir les sarcasmes non seulement de Canning, mais aussi de Brougham [3]. D'ailleurs leurs pronostics pessimistes ne se réalisèrent pas. Avant la fin de janvier, la simple présence des troupes anglaises du Portugal permettait à l'armée portugaise de mettre en déroute l'armée migueliste; et le gouvernement espagnol se résignait enfin à envoyer un ambassadeur auprès de donna Maria. Il avait suffi à Canning d'une démonstration oratoire, suivie par une démonstration militaire, pour imposer à l'Europe occidentale le respect de sa volonté. Quand donc, le 8 février, le ministère se présenta devant le Parlement de nouveau convoqué, il apparut un instant comme plus solide que jamais, fortifié par le succès de son coup de main diplomatique de décembre. Mais il n'en était pas moins obligé d'affronter les difficultés de la politique intérieure : le problème du *Corn law* et le problème de l'émancipation catholique.

RETRAITE DE LORD LIVERPOOL. LE ROI FAIT APPEL A CANNING

Lord Liverpool suggéra d'abord que peut-être il serait sage de ne pas les aborder à la fois. Il se rendit cependant aux raisons de Canning : la discussion du problème catholique troublerait moins l'opinion si elle était comme noyée dans la discussion de la question du blé, qui intéressait bien plus immédiatement un Parlement de propriétaires ruraux [4]. Effectivement, le 1er mars, Canning, qui depuis un an avait pris l'habitude de traiter non plus

Canning, 9 janvier 1827; E. J. Stapleton, *Some official correspondence of Canning*, vol. II, pp. 340 sqq.).

1. *H. of C.*, 12 décembre 1826 (*Parl. Deb.*, n. s., vol. XVI, p. 371).

2. *Lord Broughton's Recollections of a long life*, vol. II, p. 159. — Styles (*Memoirs of Canning*, vol. II, pp. 412-3) cite le journal d'un contemporain qui assistait à la séance : Even the reiterated laughter he occasioned did not atone for his folly; the very people in the gallery, reporters and all, disguised their contempt for him as little as their admiration of Mr. Canning.

3. *Lord Broughton's Recollections of a long life*, vol. II, pp. 159-60. L'allusion aux affaires du *Greek Committee*, qui, dit Hobhouse, fit rire l'assemblée (« There was a great tittering ») ne se trouve pas dans les *Parl. Deb.*, n. s., vol. XVI, p. 381.

4. Lord Liverpool à Canning, 13 février 1827 (Wellington, *Despatches, Cont.*, vol. III, p. 588).

seulement les questions de politique diplomatique mais aussi les questions de politique économique, proposa à la Chambre des Communes de substituer à l'échelle mobile de 1822, qui n'avait jamais joué, une nouvelle échelle mobile, qui constituait un pas en avant dans la voie du libre-échange. Le cours de 60 s. par quarter était pris pour « pivot »; quand ce cours était atteint sur le marché intérieur, le blé étranger serait admis moyennant un droit de 20 s. Pour tout abaissement d'1 s. dans les cours, le droit à l'importation s'éleverait de 2 s. Pour toute hausse d'1 s., il s'abaisserait de 2 s. : de sorte qu'à partir de 70 s., le blé étranger entrerait en franchise. D'autres « échelles mobiles » étaient prévues pour les autres céréales : finalement, après de longs débats, le bill, sous réserve de quelques concessions de détails faites aux protectionnistes en ce qui concernait les orges et les avoines, fut adopté par la Chambre des Communes : restait à savoir quel accueil lui serait fait par la Chambre des Lords.

Dans l'intervalle la question de l'émancipation catholique avait été, le 5 mars, soulevée par Sir Francis Burdett. Il ne s'agissait pas de voter pour ou contre un projet de loi, mais seulement d'affirmer, en principe, qu'il était opportun de prendre en considération les lois d'exception auxquelles les catholiques étaient soumis. Les débats durèrent deux jours : Peel, le second jour, expliqua, longuement et solennellement, les raisons pour lesquelles il était hostile à la thèse de l'émancipation. Finalement, sur cinq cent quarante-huit votants, deux cent soixante-douze se prononcèrent pour, et deux cent soixante-seize contre la motion Burdett. Deux ans plus tôt, une première motion Burdett, rédigée presque dans les mêmes termes, avait obtenu deux cent quarante-sept voix contre deux cent trente-quatre, sur quatre cent vingt et un votants. Dans l'ancienne Chambre, les « catholiques avaient obtenu une majorité de treize voix. Dans la nouvelle, les « protestants » avaient quatre voix de majorité. Ainsi se trouvait tranchée une question qui restait en suspens depuis le mois de juillet : les victoires électorales remportées par les « protestants » dans les circonscriptions anglaises avaient plus que compensé les victoires remportées par les « catholiques » dans les circonscriptions irlandaises [1].

---

1. Avantage précaire cependant. Les protestants avaient escompté une majorité catholique de 20 ou 30 voix (Peel à l'évêque d'Oxford, 21 août 1827; C. S. Parker *Sir Robert Peel*, vol. II, p. 14). Suivant Greville, 13 mars 1827, la défaite des catholiques se serait même expliquée par des causes accidentelles : « Several pro-catholics were suddenly taken ill or arrived too late for the division, and the election petitions went all against them ». — Cf. *Times*, 8 mars 1827. — Le nombre des votants fut plus grand, aussi bien pour que contre l'émancipation, qu'il n'avait jamais été auparavant (*Times*, 7 mars 1827).

En vérité, la discussion s'engageait dans des circonstances embarrassantes pour Canning. En un sens, elles étaient favorables à une rapide solution de la question catholique.'Le duc d'York, chef agissant du parti tory, et qui avait, en 1815, pris la responsabilité de l'échec du bill catholique devant la Chambre des Lords, était mort le 5 janvier. Lord Liverpool qui, d'accord avec Canning sur tant de points, s'était toujours, dans le Cabinet, prononcé contre l'émancipation catholique, avait été frappé, le 18 février, d'une attaque d'apoplexie : il n'était plus premier ministre que de nom, il faudrait bientôt lui trouver un successeur. Les voies semblaient donc ouvertes à Canning pour émanciper les catholiques. Mais le danger pour lui, c'était précisément qu'il fût obligé d'occuper officiellement le premier rang. Jusqu'alors, toutes les mesures libérales du Cabinet, même quand elles émanaient de Huskisson ou de Peel, l'opinion en reportait l'honneur sur le grand homme; si au contraire le ministère se montrait, sur quelque point de politique intérieure ou extérieure, timide et réactionnaire, l'opinion libérale s'en prenait à ceux qui, dans le Cabinet, contrecarraient la volonté de Canning. Cet heureux équilibre, dont il avait bénéficié pendant quatre ans et demi, se trouvait maintenant rompu par la disparition de lord Liverpool.

Le roi, après des hésitations, se décida à choisir Canning pour premier ministre. Canning, depuis les jours orageux de 1824, avait réussi à capter de nouveau sa confiance. Il avait fait comprendre au roi que, grâce à lui, la monarchie anglaise avait regagné tout le prestige qu'elle avait perdu au temps de lord Castlereagh et de la Sainte-Alliance; que de plus, et toujours grâce à lui, le péril révolutionnaire, si menaçant au moment où George IV monta sur le trône, s'était complètement dissipé. Sur la question catholique, il avait, tout en se réservant une liberté entière, laissé entendre au roi qu'il saurait lui épargner toute décision gênante, toute capitulation humiliante. La question ne paraissait pas urgente puisque la nouvelle Chambre était, à la différence de l'ancienne, en majorité « protestante » : peut-être Canning, habile courtisan, nourrissait-il l'espoir que plus tard il réussirait à persuader George IV, là où, jusqu'à présent, avaient toujours échoué ses tentatives pour persuader soit la Chambre des Lords soit la Chambre des Communes elle-même.

MINISTÈRE ET MORT DE CANNING Mais la faveur royale ne suffisait point pour assurer à Canning la faveur du parti tory. Déjà Robert Peel l'avait prévenu que, d'accord avec lui sur tous les autres points, il ne pouvait, en servant sous ses ordres comme ministre de l'intérieur et responsable en conséquence à bien des égards de l'administration de l'Irlande, donner une sorte d'adhésion implicite à sa politique catholique. Pourquoi chez Peel cette obstination, qui allait embarrasser pendant plusieurs années sa carrière politique? Convictions anticatholiques formées par lui au temps où il administrait l'Irlande, et dont il ne parvenait pas à se défaire? Respect de la volonté formellement exprimée par ses électeurs, les membres de l'Université d'Oxford, qui l'avaient choisi, il y avait bientôt dix ans, précisément à cause de sa résistance aux revendications catholiques? Simple prétexte, pour justifier à ses yeux comme aux yeux de tout le monde, sa volonté de ne pas servir sous Canning, qui lui inspirait, comme à bien d'autres, une défiance invincible? Ou peut-être toutes ces raisons à la fois, et sans qu'il plût à Robert Peel de s'avouer à lui-même quelle raison était prédominante dans son esprit?

Puis ce fut Wellington qui, après un échange de lettres très aigres, refusa de servir sous Canning. Il fit plus : commandant en chef de l'armée depuis la mort du duc d'York, il donna sa démission plutôt que de collaborer en aucune manière avec Canning. Cinq autres membres du Cabinet — dont un « catholique », lord Melville — suivirent l'exemple de Wellington et de Peel [1]. Cette défection en masse des tories aurait pu alarmer George IV. Habilement mise en scène par Canning, présentée comme une trahison à l'égard non de Canning mais du monarque, à qui les tories ne laissaient plus la liberté de choisir son premier ministre à son gré, elle resserra les liens d'amitié qui s'étaient noués entre le roi et son ministre. George IV n'avait jamais aimé Wellington, trop hautain, trop porté à se considérer, en Angleterre et en Europe, comme une sorte de roi sans couronne. C'est à contre-cœur qu'en janvier il l'avait fait commandant en chef. Il passa outre à son opposition. Canning resta chargé de former le ministère.

Il prit pour lui-même l'Échiquier, avec le titre de premier lord de la Trésorerie; passa les affaires étrangères à son ami et confident lord Dudley; et envoya Robinson à la Chambre des Lords, avec le titre de lord Goderich, pour administrer les colonies à la place de lord Bathurst démissionnaire, et défendre, devant les Pairs, la politique du ministère. Un autre ami de Canning, Sturges Bourne, eut l'intérieur, que Peel venait d'abandonner. Lord Anglesea prit à l'artillerie la place de Wellington; le duc de Portland, au Sceau privé, la place de lord Westmoreland. W. Lamb, par-

---

1. [Lady Charlotte Bury], *Diary illustrative of the times of George the Fourth*, vol. IV, pp. 359-60 : No sooner was it known, that a new administration must be formed, than six members of the Cabinet resigned. This, in the familiar language of the day, was called a *strike*; — and it certainly was not regarded with so much solemnity as it ought to have been.

tisan de l'émancipation catholique, prit, comme secrétaire en chef pour l'Irlande, la succession de Goulburn. Lord Eldon, ayant enfin cessé d'être Lord Chancelier, fut remplacé par Sir John Copley, adversaire de l'émancipation catholique, qui devint lord Lyndhurst. Il n'y eut pas lieu de remplacer lord Bexley comme chancelier du Duché de Lancaster : car il retira sa démission. Ni lord Melville comme premier Lord de l'Amirauté : car le poste fut supprimé. Canning, pour faire sa cour à George IV, restaura, au bénéfice du duc de Clarence, frère du roi et héritier présomptif de la couronne, le titre de *Lord High Admiral* : s'il n'y avait plus de prince du sang pour commander l'armée depuis que le duc d'York était mort, il y en aurait un désormais pour commander la marine.

Le ministère remanié demeurait un ministère tory, qui continuait à faire profession de neutralité sur la question catholique, bien que, par la défection de Wellington, de Peel et de leurs amis, les « catholiques » eussent, dans le Cabinet, gagné du terrain au détriment des « protestants ». On conçoit donc que, parmi les radicaux et même parmi les membres de l'aristocratie whig, Canning, se soit heurté à certaines hostilités persistantes. Cobbett, ennemi de tout le monde, continua — cela va sans dire — à se déchaîner contre Canning : il attaquait sa politique hispano-portugaise avec une telle virulence qu'on le soupçonnait de s'être vendu aux Bourbons[1]. Walter Savage Landor ne pardonna jamais à Canning d'avoir trahi la cause du libéralisme espagnol, trahi la cause de l'indépendance grecque ; il ne cessa de dénoncer son cynisme, son machiavélisme. Fonblanque, dans l'*Examiner*, ne voulait voir en Canning que l'adversaire — trop habile, trop heureux — de la réforme parlementaire. A la Chambre des Pairs, lord Grey prononça le 7 mai une longue diatribe contre la politique du premier ministre. A la Chambre des Communes, ni Joseph Hume le radical, ni le fils de lord Spencer, lord Althorp, le plus respecté de tous les chefs du parti whig, n'abandonnèrent les bancs de l'Opposition. Il n'en est pas moins vrai que les libéraux, pris en masse, s'étaient ralliés à Canning.

Canning pouvait compter sur l'appui, sans réserves, de Sir Francis Burdett, l'homme du suffrage universel, de lord John Russell, et de Brougham. La « Revue d'Édimbourg », organe de Holland House, réveilla, pour en tirer des arguments favorables à Canning, les souvenirs de la Révolution française, vivants encore dans la mémoire de bien des gens :

---

1. Canning à Robert Peel, 28 décembre 1826 (C. S. Parker, *Sir Robert Peel*, vol. I, pp. 407-8). — Il est incontestable que Cobbett était entré en relations avec le gouvernement français : voir la lettre de Cobbett à Châteaubriand, 1er mars 1823 (Châteaubriand, *Congrès de Vérone*, vol. I, pp. 331 sqq.).

en traitant Canning comme l'aristocratie française avait traité Turgot, l'aristocratie anglaise voulait-elle courir, et faire courir la nation tout entière, au-devant des mêmes désastres, connaître peut-être un jour, elle aussi, le chemin de l'exil [1] ? Quatre whigs, pour consacrer l'alliance, furent appelés à occuper des postes dans le gouvernement. Lord Lansdowne en particulier pénétra dans le Cabinet, et le vieux Tierney eut la direction de la Monnaie. Cette alliance imposait aux whigs beaucoup de concessions. Ils s'engagèrent à ne pas soulever la question de la réforme parlementaire, dont Canning continuait à se déclarer l'irréductible adversaire. Ils évitèrent d'embarrasser Canning en posant de nouveau la question de l'émancipation catholique, et prêchèrent la patience aux catholiques irlandais. Joseph Hume ayant demandé la revision de l'un des *Six Acts* de 1819, si ardemment combattus par les libéraux au temps de leur promulgation, si ardemment défendus par Canning, ils ne votèrent ni pour ni contre et, afin d'éluder la difficulté où Hume voulait les acculer, quittèrent en foule la salle de séances. Avaient-ils tort de se montrer si conciliants? La violence avec laquelle la presse tory se déchaînait contre Canning prouvait à quel point les whigs avaient raison de se solidariser avec lui, sans même lui imposer un programme précis de réformes. Le vieux parti de Pitt se disloquait. Les tories menaient l'opposition officielle; les whigs redevenaient un parti de gouvernement, en alliance avec l'homme le plus populaire de la nation.

Canning présenta et fit voter le budget. Il abandonna le *Corn Bill*, où Wellington à la Chambre des Lords avait fait introduire un article qui, selon Canning, en dérangeait l'économie, et obtint l'adoption d'un bill provisoire qui permit de renvoyer à la session suivante le règlement définitif de la question. Mais c'est toujours pour la politique étrangère que Canning se passionnait. La question d'Orient demeurait grave. Les Turcs, aidés des Égyptiens, remportaient des succès sur les insurgés : la prise d'Athènes était pour ceux-ci un coup autrement grave que n'avait été en 1826 la prise de Missolonghi. A Constantinople, le crédit de l'Angleterre était plus bas qu'il n'avait jamais été; et Stratford Canning envoyait à Londres des lettres éplorées [2]. Canning alors frappa le grand coup qu'il méditait depuis de longs mois [3]. Le 6 juillet, quatre jours après la prorogation du Parlement, il compléta le protocole de Saint-Pétesbourg par un traité

1. *Ed. Rev.*, juin 1827, art. xi : *The Present Administration* (vol. XLVI, pp. 264 sqq.).
2. S. L. Poole, *Life of Stratford Canning*, vol. I, pp. 446-7.
3. Wellington à Phillpotts, 15 août 1830 : « ... I did everything I could to prevail upon Mr. Canning not to enter into the Treaty; and he certainly negotiated it, as far as the negotiations went, before the illness and secession of Lord Liverpool, without the knowledge of any of his colleagues except myself. But they and we all are highly blamable for having suffered the negotiations to move at all after we had, and particularly I had, a knowledge of it (Wellington, *Despaiches*, Cont., vol. VII, p. 170).

en règle, conclu cette fois non plus seulement entre l'Angleterre et la
Russie, mais entre l'Angleterre, la Russie et la France. Les trois puissances, par ce traité, s'engageaient à imposer en commun leur médiation
au sultan et aux Grecs insurgés; et, pour exécuter le traité, les trois
escadres du Levant — anglaise, française et russe — furent placées sous
le commandement de l'amiral anglais, Sir Edward Codrington. La mission de l'amiral était d'imposer la paix, non de faire la guerre. Mais le
même problème se posait encore pour la politique de Canning, en des
termes plus critiques que jamais : comment empêcher cette politique de
dégénérer en politique guerrière? L'amiral Codrington, libre d'interpréter
à sa guise les instructions ministérielles, pourrait-il longtemps réfréner
non seulement les impulsions belliqueuses de l'Égyptien Ibrahim Pacha,
mais son propre désir de livrer une bataille?

L'avenir politique était incertain. La majorité parlementaire sur laquelle
le Cabinet s'appuyait était composite et fragile. « Si Canning dure, écrivait le 10 juillet lord John Russell à Thomas Moore, le ministère durera [1]. »
Canning ne dura pas. Il était âgé de cinquante-deux ans déjà quand pour la
première fois il avait assumé la responsabilité du pouvoir, et ses forces
physiques avaient bien vite décliné. Le travail écrasant auquel il se
livrait dans son département, les longues heures de présence auxquelles
le condamnait, à Westminster, pendant la durée des sessions, ses fonctions de *leader*, avaient multiplié, aggravé les attaques de goutte dont il
souffrait, et profondément altéré sa santé [2]. Déjà gravement malade une
première fois au mois de janvier, c'est en vain qu'au mois d'août il chercha
le repos chez le duc de Devonshire, à Chiswick. Tombé malade de nouveau,
il succomba le 8 août dans ce même château où Fox était mort une
vingtaine d'années auparavant. Et peut-être mourut-il juste à temps pour
sa gloire. Un peu plus tôt, et, sa brouille avec les tories anglais n'étant pas
encore consommée, les aspects libéraux de sa politique auraient été moins
éclatants. Un peu plus tard, il n'aurait pu sans doute maintenir l'équilibre délicat de sa politique, et éviter de donner plus de gages qu'il ne
désirait au parti démocratique. Ennemi de la démocratie, il croyait à la
perfection des institutions séculaires de l'Angleterre. Il croyait que cette
perfection même autorisait l'Angleterre à donner alternativement des
leçons de traditionalisme aux gouvernements démocratiques, de libéralisme aux gouvernements despotiques, suivant les intérêts nationaux du
moment. A nul homme d'État l'esprit de croisade et de propagande ne

1. *Early Correspondence of lord John Russell*, vol. I, p. 249.
2. Depuis longtemps déjà, il se lamente. Voir ses lettres à Frere, 23 août 1823,
8 janvier 1825 (G. Festing, *John Hookham Frere and his friends*, pp. 261, 264).

fut plus étranger. Et cependant les circonstances, habilement exploitées, voulurent qu'il apparût comme étant un citoyen du monde. Sa mort ne fut pas seulement un deuil pour la nation anglaise; elle fut un deuil pour les libéraux, les démocrates du monde entier. A Canning revenait l'honneur d'avoir brisé la Sainte-Alliance.

LE MINISTÈRE DE LORD GODERICH. NAVARIN

Une fois de plus, il fallait remanier le Cabinet. Le roi, Canning disparu, rappellerait-il Wellington et Peel? Il ne leur avait point pardonné leur désertion du mois d'avril. Sans doute Wellington, sur la demande du roi, reprit le commandement de l'armée. Mais ce retour de Wellington aux *Horse Guards* constituait en réalité, un succès pour les amis de Canning. Wellington avait refusé au mois d'avril non seulement d'être ministre mais d'exercer même un commandement militaire, tant que Canning serait premier ministre. Il faisait maintenant amende honorable, sans que le système politique de la nation eût été changé : c'était lord Goderich, un ami politique de Canning, que le roi avait chargé de diriger le ministère à la place de celui-ci. Non que le roi cessât, dans son for intérieur, d'être un tory. Il s'opposa énergiquement à ce que l'élément whig fût renforcé dans le ministère, et, pour exercer, en remplacement de Canning, les fonctions de ministre des finances, imposa à lord Goderich un tory, Herries, qui était encore au commencement de l'année secrétaire du Trésor, mais s'était postérieurement, après beaucoup d'hésitations, retiré du ministère Canning en invoquant des raisons de santé [1]. Grisé depuis quatre mois par les flatteries de Canning, le roi se défiait de ceux-là seuls, parmi les tories, qui avaient assez d'autorité pour lui faire la leçon et poursuivre sous son nom leur politique. Ce vieux beau, devenu obèse et presque monstrueux, dont la santé aussi bien intellectuelle que physique était en décadence, fit le rêve de restaurer son autorité monarchique, d'avoir des ministres modestes, prêts à satisfaire ses caprices.

En attendant le moment où, dans les premières semaines de 1828, le Parlement serait régulièrement convoqué, la politique étrangère donna des soucis aux ministres. Dans le Levant, le nouveau système inventé depuis un an par Canning portait les fruits que l'on pouvait prévoir. L'amiral Codrington, à la tête des escadres alliées, cerna la flotte turco-égyptienne dans la baie de Navarin, et réussit, sans combat, à l'empêcher

---

1. *Memoir of... John Charles Herries*, vol. I, pp. 122 sqq. — et sur son choix comme Chancelier de l'Echiquier, *Ibid.*, pp. 155 sqq. : *Narrative of events from August 8 to september 3, 1827, by Mr. Herries.*

de poursuivre ses évolutions sur les côtes de la Grèce. Mais ce qu'il ne put empêcher, ce fut que cette flotte servît de quartier général à l'armée égyptienne qui ravageait, incendiait la Morée. Pour couper court à ces excès, il procéda, le 20 octobre, à une démonstration comminatoire qui dégénéra en une grande bataille, ou plus exactement en une canonnade confuse. La flotte coalisée ne perdit pas une chaloupe, ne compta que cent quarante morts et trois cents blessés. La flotte du sultan fut à peu près anéantie. Bataille fameuse dans l'histoire de l'Europe moderne et où l'on serait tenté, à première vue, de voir le couronnement de la politique d'émancipation des peuples à laquelle il ne déplaisait pas à Canning que son nom fût attaché. En réalité, elle était un échec pour cette politique d'équilibre qui était le secret de Canning : car elle déclenchait la guerre russe que, depuis 1822, Canning, par un moyen ou par un autre, travaillait à rendre impossible.

Quelle fut dans le Cabinet, après la bataille de Navarin, l'attitude des amis de Canning? Il semble qu'ils soient restés optimistes, que, tout en persistant à croire au maintien de la paix, ils n'aient pas été d'ailleurs effrayés par l'éventualité d'une guerre [1]. Du côté whig, des hommes tels que lord Holland, lord John Russell, Brougham, revendiquaient pour l'Angleterre tout l'honneur d'avoir, en livrant bataille à Navarin, hâté l'émancipation des Grecs. Mais les uns et les autres étaient isolés dans une opinion publique manifestement inquiète et pessimiste [2]. Si le *Courier*, organe officieux, était tenu de défendre la politique ministérielle, le *Times*, organe de l'opinion indépendante, parlait déjà un langage plus embarrassé, et considérait la bataille de Navarin « comme éveillant des sentiments mélangés d'admiration et de regret [3] ». Quant au *Morning Chronicle*, organe du parti whig, il y avait une seule puissance en

1. Lord Palmerston à William Temple, 27 novembre 1827; 4 décembre 1827; 18 janvier 1828; 25 mars 1828; 8 mai 1828 (Sir H. L. Bulwer, *Life of Viscount Palmerston*, Books, IV, V. éd. Tauchnitz, vol. I, pp. 187, 189, 193, 205, 207).

2. Lord Grey à Creevey, 15 décembre 1827 : ... Holland is the only person of whom I have heard that goes the whole length of defending the business of Navarin in all its parts, and that with a degree of violence that really surprises me. — Creevey à miss Ord, 14 déccembre 1827 : ... Punch (Charles Greville) writes there is not an individual in the city who does not consider our attack upon the Turkish fleet as the greatest outrage ever committed by any Government or country, and above all, by ours, (*Creevey Papers*, vol. II, pp. 141, 142). — Cf. lord Palmerston à William Temple, 8 mai 1828 : ... The French Government say they must send money, and wish to send troops, and propose that 6 000 English and an equal number of French should go; that was always my plan, and I proposed to Goderich in November, when it was determined to evacuate Portugal; but nobody else approved it, and is it not more in favour now, and will not be done (Sir H. L. Bulwer, *Life of Viscount Palmerston*, Book V, éd. Tauchnitz, vol. I, p. 209).

3. *Times*, 12 novembre 1827.

Europe dont la politique orientale lui parût digne d'éloges : et c'était l'Autriche de Metternich [1]. Sans la « malheureuse » bataille de Navarin l'Autriche aurait probablement rétabli la paix entre la Porte et les Alliés[2]. « On est très inquiet au sujet de la durée de l'Alliance, dans ces circonstances critiques, que ne prévoyaient pas sans doute quelques-uns des signataires du traité. Ils voulaient gagner du temps avec la Russie, plutôt que rompre avec la Turquie et livrer ainsi cette dernière puissance à la discrétion de la première. L'affaire de Navarin a lié les mains de nos gouvernants. Mais nous tromperions nos lecteurs si nous disions que le résultat est satisfaisant, qu'il n'autorise pas de très désagréables pronostics[3]. »

Vers décembre, le péril d'une guerre immédiate fut conjuré; et les ministres jugèrent inutile de hâter la convocation du Parlement, comme ils avaient un instant songé à le faire en vue de délibérer sur les affaires d'Orient. Mais alors, avant même la réunion du Parlement, il apparut combien la situation du Cabinet était fragile. Les whigs, mécontents des conditions dans lesquelles s'était fait le remaniement du mois d'août, demandaient qu'un plus grand nombre d'entre eux y fussent admis. Non pas lord Grey, qui se renfermait, même après la disparition de Canning, dans une attitude d'opposition obstinée à la politique de coalition; mais lord Holland dont il était sans cesse question depuis le mois d'avril. Lord Wellesley, fatigué de sa vice-royauté d'Irlande, émettait la même prétention. Comme le roi opposait un veto catégorique à ces sollicitations, lord Goderich, au commencement de décembre, offrit une première fois sa démission, alléguant le mauvais état de santé de sa femme. Si pourtant les whigs ne pouvaient forcer l'entrée du Cabinet, il leur était peut-être loisible d'accroître leur influence par une voie détournée. Canning, au cours de la dernière session, avait annoncé l'intention de proposer la nomination d'un *Finance Committee* pour passer en revue l'ensemble du budget, dresser l'état des dépenses et des recettes, proposer les économies réalisables. Tierney obtint de lord Althorp, en novembre, qu'il acceptât la présidence de cette commission parlementaire. Ainsi Herries, ce tory dont, par la volonté du roi et la faiblesse de lord Goderich, on était obligé de subir la présence à l'Échiquier, serait soumis lui-même au contrôle du représentant le plus typique de l'aristocratie whig. Herries, mis au courant de la chose après que tout eut été fixé d'accord entre Tierney, Huskisson, lord Althorp et lord Goderich, se révolta. Lord Goderich se trouva finale-

1. *Morning Chronicle*, 4, 6, 8, 14 décembre 1827; 5 janvier 1828.
2. *Morning Chronicle*, 6 décembre 1827.
3. *Morning Chronicle*, 4 décembre 1827.

ment mis en demeure de choisir entre Huskisson et Herries. Il désirait
retenir Huskisson. Mais il savait que Herries était le favori du roi. Il
se tira d'embarras en remettant à George IV le soin de trancher la
querelle; et George IV la trancha en congédiant lord Goderich lui-même.

WELLINGTON PREMIER MINISTRE.
L'ÉMANCIPATION CATHOLIQUE

*FORMATION
DU MINISTÈRE
WELLINGTON.
LE CORN BILL DE 1828.*
Le Roi n'avait pas voulu en septembre
d'un ministre énergique, capable au besoin de
lui imposer sa volonté : il se dégoûta en janvier d'un ministre faible, qui rejetait sur lui
la responsabilité des décisions à prendre, et fit
appel à Wellington, lui pardonnant sa « trahison » de 1827. Celui-ci, qui
accepta avec empressement, semble avoir rêvé d'abord de cumuler les
fonctions de commandant en chef avec celles de premier ministre [1].
Mais déjà tout le monde criait à la dictature [2] : il renonça à la direction
de l'armée. Il se débarrassa des whigs qui avaient, sous le couvert de
Canning et de ses amis, commencé l'invasion des ministères. Il n'osa
cependant donner tout de suite leur congé aux hommes du groupe de
Canning : il garda Huskisson aux colonies, lord Dudley aux affaires
étrangères, Grant au *Board of Trade*, lord Palmerston à la guerre :
pareillement, Lamb conserva l'Irlande. Puisque Huskisson restait, c'est
donc que Wellington, tout tory qu'il fût, sacrifiait Herries. Il recourut
au double expédient de remplacer Herries à l'Échiquier par Goulburn,
un autre tory, et de conserver cependant à Herries une autre place
dans le Cabinet : Herries succéda au whig Tierney à la Monnaie. Lord
Ellenborough, qui s'était distingué par la violence de ses attaques
contre le ministère Canning, eut le Sceau privé à la place de lord
Carlisle. Lord Lansdowne abandonna le *Home Office*, qui fut repris par
Robert Peel. Bref le ministère reprenait le vieil aspect qu'avait offert le
ministère de lord Liverpool : un mélange de tories orthodoxes et de
tories libéraux. On pouvait soutenir cependant que les orthodoxes avaient
renforcé leurs positions. Car, dans le ministère de lord Liverpool, c'est le
premier ministre lui-même qui remplissait le rôle de modérateur entre les
deux groupes : et le chef du groupe libéral faisait presque figure de premier

1. *Lord Ellenborough's Diary*, 24 et 25 janvier 1828.
2. *H. of C.*, 29 janvier 1828 : discours de Brougham (*Parl. Deb.*, n. s., vol. XVIII,
pp. 55 sqq.).

ministre. Maintenant, c'était le chef des orthodoxes qui présidait les conseils de cabinet : et le chef des libéraux, Huskisson, ne pouvait pas opposer aux orthodoxes et à Wellington une autorité comparable à celle dont Canning avait joui. Ce fut Robert Peel, *leader* de la Chambre des Communes qui essaya de jouer, entre Wellington, premier ministre, et Huskisson, le rôle de modérateur jadis joué par lord Liverpool entre Wellington et Canning [1].

Au dehors, le ministère enregistra la faillite du système de Canning. Cette faillite se produisit, au Portugal, par réaction contre le système. Le régent Dom Miguel, débarqué en février à Lisbonne, travailla à renverser la Constitution. Il y fut grandement aidé par l'animosité à laquelle était en butte l'armée anglaise envoyée, l'année précédente, dans le prétendu dessein de protéger le Portugal contre une invasion espagnole : déjà cette armée avait commencé l'évacuation du territoire portugais. La faillite se produisit, en Turquie, par l'action directe du système. Au mois de mai, la Russie déclara la guerre à la Turquie : n'était-ce pas la conséquence nécessaire de ce que le Discours du Trône avait appelé la « malencontreuse » bataille de Navarin? Si Canning avait vécu, peut-être aurait-il empêché Miguel de reprendre l'ascendant à Lisbonne; mais on ne voit guère comment il aurait empêché les hostilités d'éclater dans le Levant. En tous cas ses disciples, en février et en mai, occupaient les ministères les plus importants y compris le ministère des affaires étrangères, et ne savaient rien empêcher.

A l'intérieur, le Cabinet subit dès les premiers jours de son existence une défaite. L'Opposition whig — amis de lord Althorp et amis de lord John Russell — le forcèrent à accepter l'abolition des *Test and Corporation Acts* qui plaçaient les Nonconformistes dans une situation d'infériorité légale, tout au moins théorique, par rapport aux membres de l'Église établie. Cette défaite, les tories orthodoxes et les disciples de Canning la subirent en commun. Mais c'étaient, par ailleurs, les querelles intestines qui rendaient quotidiennement difficile l'existence du ministère.

Sur la question du *Corn Bill*, demeurée en suspens mais qu'il fallait résoudre, comment mettre d'accord Wellington et Huskisson? Celui-ci voulait que l'on revînt au texte du *Corn Bill* de 1827. Celui-là voulait que l'on tînt compte de l'amendement qu'il avait fait adopter par la

---

1. Lord Palmerston à William Temple, 25 mars 1828 : Our Government consists of some discordant elements; but still I think it will go on. Peel is so right-headed and liberal, and so up to the opinions and feelings of the times, that he smoothes difficulties which might otherwise be insurmountable (Sir H. L. Bulwer, *Life of Viscount Palmerston*, Book V, éd. Tauchnitz, vol. I, p. 205).

Chambre des Lords et dont le vote avait fait abandonner provisoirement
le projet de loi. Il y eut de violentes disputes. Grant, le président du
Board of Trade, menaça de donner sa démission. L'accord s'établit sur un
Corn Bill, qui finit par être voté [1], et dont le principe était identique à
celui du bill avorté de 1827, dont le caractère protectionniste était seulement plus marqué. A 51 s. le *quarter*, le droit était le même. Après
quoi, pour chaque relèvement de 1 s. dans les cours, il y avait abaissement non plus de 2 s. mais seulement de 1 s. dans les droits jusqu'au
moment où le cours de 66 s. était atteint. Alors les droits tombaient
suivant une échelle plus rapide; et à 73 s., au lieu de 70 s., les blés
entraient, pratiquement, en franchise.

Les ministres avaient surmonté la difficulté du *Corn Bill*. Ils ne sur-
montèrent pas celle de la réforme parlementaire. Deux bourgs — le
bourg de Penryn dans les Cornouailles, le bourg d'East Retford dans
le Nottinghamshire — avaient été, aux dernières élections, convaincus
de corruption. Quelle sanction le Parlement déciderait-il d'appliquer? Le
problème se posait toujours comme en 1819. On pouvait absorber le bourg
dans le plus petit district territorial où il se trouvait compris, le *hundred*, tous les franc -tenanciers devenant électeurs. On pouvait transférer
la franchise à quelque grande circonscription urbaine, indûment privée de
représentation sous le régime actuel. Huskisson et ses amis, trahissant la
doctrine de conservatisme absolu que Canning avait sur ce point invaria-
blement soutenue, se déclarèrent partisans de la deuxième méthode. Finalement on se mit d'accord sur un compromis. La franchise de Penryn
serait transférée à Manchester. La franchise du bourg d'East Retford
serait étendue au *hundred*. Mais, la Chambre des Lords ayant refusé
de constituer un nouveau bourg parlementaire à Manchester, Huskisson
et ses amis considérèrent qu'ils avaient le droit de reprendre leur
liberté en ce qui concernait East Retford. Ils votèrent contre le ministère; et Huskisson donna, ou offrit, sa démission. Wellington l'accepta
sans délai. Huskisson essaya de la retirer, de nier qu'il l'eût expressément
donnée. Wellington tint bon. Tous les hommes du groupe de Canning
sortirent du Cabinet, ministres chassés plutôt encore que ministres
démissionnaires.

1. 9 Geo. IV, c. 60.

*WELLINGTON
CHEF D'UN CABINET
HOMOGÈNE.
L'ABROGATION
DES « TEST AND
CORPORATION ACTS »*

Des tories obscurs remplacèrent les amis de Canning; les mécontents trouvèrent qu'il y avait un trop grand nombre de militaires dans ce gouvernement présidé par un maréchal [1]. Lord Aberdeen, qui remplaça lord Dudley aux affaires étrangères, avait été ambassadeur à Vienne, et les relations d'amitié qu'il entretenait avec Metternich furent probablement, avec la recommandation de Peel, son titre principal à la faveur de Wellington. Celui-ci put croire qu'il avait enfin rempli sa mission, et tiré la politique anglaise du chaos où elle se débattait depuis la mort de lord Liverpool. Le parti protestant s'imagina qu'il avait enfin le cabinet de son choix. Au dîner tenu, comme tous les ans, pour célébrer l'anniversaire de la naissance de William Pitt, les tories orthodoxes prononcèrent des discours dont l'exaltation trahissait leurs espérances [2]. Il faudrait dire : leurs illusions. Car Wellington, premier ministre, allait faire, deux ans à peine après la mort de Canning, ce que Canning n'avait pas eu l'audace, ou le pouvoir de faire. Il émancipa les catholiques.

Reportons-nous, pour comprendre où en était cette grave question, au moment où, le nouveau Parlement s'étant prononcé à une faible majorité contre l'émancipation et Canning ayant promis au roi de ne pas lui imposer sur ce point une décision déplaisante, le parti « catholique » avait paru marquer, pour un temps, un léger recul. Ce n'était en vérité qu'une apparence, et tous le sentaient bien. Sans doute la masse de la population restait, en majorité, hostile à l'émancipation. Mais d'une part on observait que c'était une majorité décroissante : tous les jeunes gens se ralliaient à la cause de l'émancipation, et le *Morning Chronicle* pouvait dire que la résistance aux revendications catholiques serait vaincue un jour « non par la marche du progrès mais par la marche de la mort [3] ». D'autre part, et toute question d'âge mise à part, les « catholiques » pouvaient se vanter d'avoir avec eux l'élite, tant parmi les intellectuels que parmi les hommes politiques. Quel que fût le ministère, en un temps où les remaniements

1. Sir George Murray aux colonies; Sir Henry Hardinge à la guerre. — Voir Thomas Grenville au duc de Buckingham, 9 septembre 1828 : My original objections to the formation of a Government concocted out of the Army List and the Ultra-Tories are quite insuperable, on constitutional principles alone; neither is there any instance since the Revolution of any government so adverse in its formation to all the free principles and practice of our constitution (Duke of Buckingham, *Mem. of the Court of George IV*, vol. II, p. 380). — Cf. Lord Palmerston, décembre 1828 : Somebody (à la Chambre des Communes) said that, considering the military character of the present Government, Courtenay should have likened their minds to *cartridge paper*, at least ir H. L. Bulwer, *Life of Viscount Palmerston*, Book VI, éd. Tauchnitz, vol. I, p. 262). (S2. *Times*, 30 mai 1828.

3. Cité par l'*Examiner*, 15 juin 1828.

ministériels étaient fréquents, impossible d'en constituer un d'où les partisans de l'émancipation fussent exclus, où même ils ne fussent pas en majorité. A la Chambre des Communes, sur le banc des ministres, Robert Peel était le seul « protestant ».

Les libéraux, assurés de la victoire finale mais sentant le parti anti-catholique trop fort encore pour être attaqué de front, imaginèrent un mouvement tournant. La législation anglaise ne soumettait pas les seuls catholiques anglais à un régime d'exclusion civique. Si les catholiques subissaient les « lois pénales », les Dissidents des sectes subissaient les *Test and Corporation Acts*. Et sans doute ces dernières lois n'avaient plus guère d'autre valeur que celle d'une fiction : nous avons vu comment, chaque année, le Parlement amnistiait les Dissidents qui les avaient enfreintes [1]. Cette procédure d'amnistie annuelle avait cependant en elle-même quelque chose d'humiliant. Les Dissidents étaient-ils moins bons citoyens que les membres de l'Église établie? Ne venaient-ils pas, aux dernières élections générales, de mériter les éloges du parti tory par leur vote anti-catholique? Si donc maintenant, après s'être désintéressés pendant vingt ans de la question, ils réclamaient l'abrogation des *Test and Corporation Acts*, les tories seraient embarrassés pour la leur refuser. Il serait, d'autre part, une fois les *Test and Corporation Acts* abrogés, plus difficile de résister à l'émancipation catholique : car c'était un argument familier aux anti-catholiques de dire que, les *Test and Corporation Acts* subsistant, les catholiques émancipés, si on ne les contraignait pas à s'y soumettre, se trouveraient avantagés par rapport aux Dissidents protestants [2]. Nous voyons, dans les premiers jours de 1827, la secte unitarienne, libérale entre toutes (elle s'était depuis deux ans, comme pour donner aux Congrégationalistes et aux Baptistes une leçon de tolérance, déclarée officiellement favorable à l'émancipation catholique [3]), se mettre d'accord avec lord Holland et lord John Russell pour soulever au Parlement la question de l'abolition des *Test and Corporation Acts*.

Le 9 mars 1827, le vieux « Comité des trois Dénominations », à la requête des Unitariens, décidait de se réunir, le 17 mars, avec le « Bureau des Ministres Congrégationalistes », la « Société protestante pour la protection de la Liberté religieuse », et l' « Association Unitarienne », pour arrêter une

---

1. Voir notre volume I, pp. 380-1.

2. *H. of C.*, 26 février 1828 : discours de Robert Peel (*Parl. Deb.*, n. s., vol. XVIII, pp. 753-4. — Cf. Sydney Smith, *A Letter to the Electors upon the Catholic Question* (*Works*, 1859, vol. II, pp. 225-6). — *The Catholic Question in 1828. By an elector of the University of Oxford*, 1828, pp. 20-1. — *Reasons for not taking the test... By John, Earl of Shrewsbury*, 1828, pp. xcvii sqq.

3. En mai 1825 (B. Ward, *Eve of Catholic Emancipation*, vol. III, p. 168).

ligne de conduite commune. Au meeting du 17 mars, rendez-vous était pris de nouveau pour une entrevue avec un certain nombre de parlementaires amis. Le 6 avril, cette entrevue avait lieu; et lord John Russell était chargé d'introduire à la Chambre des Communes une motion favorable à l'abrogation des *Test and Corporation Acts* [1]. C'est alors que survint une difficulté imprévue. Canning devint premier ministre, et fit une déclaration catégoriquement hostile à cette abrogation [2]. Est-ce, comme il le disait, parce qu'il considérait cette demande comme devant nuire à l'émancipation catholique? N'est-ce point plutôt parce qu'il avait le sentiment qu'elle allait frayer les voies à l'émancipation catholique, et parce qu'il n'avait pas le désir de se trouver contraint d'aborder cette question redoutable? Certains Unitariens, tels que le révérend Robert Aspland [3], et certains *leaders* libéraux, tels que lord John Russell [4], semblent avoir été d'avis qu'il fallait passer outre à la résistance de Canning. Mais les modérés, désireux de ne contrarier en rien sa politique, imposèrent leur volonté; et lord John Russell, le 7 juin, retira sa motion.

Cependant, les Dissidents avaient organisé leur propagande, et répandu dans le pays à grands frais un *Statement of the Case of the Protestant Dissenters* où leurs doléances étaient clairement exposées. En consentant au retrait de la motion de lord John Russell, ils spécifièrent que la question devrait être soumise au Parlement l'année suivante, et de nouveau chaque année jusqu'au jour où le Parlement ferait droit à leurs revendications. Lorsque le Parlement se réunit en janvier 1828, les démarches des Dissidents se trouvèrent facilitées par le fait que Canning était mort. Le comité d'action qui avait été constitué au printemps de 1827 publiait un bulletin périodique, concentrait les pétitions, lançait une adresse au public, obtenait du *Court of Common Council* de la Cité de Londres que, pour la deuxième fois et maintenant à l'unanimité moins deux voix, elle émît un vœu favorable à l'abrogation des *Test and Corporation Acts* [5]. Lorsque, le 26 février, lord John Russell présenta sa motion demandant à la Chambre des Communes de se constituer en comité pour l'examen de la question, il obtint une majorité de quarante-quatre voix, malgré l'opposition de Peel, de Huskisson et de lord Palmerston, encore ministres à cette date. Le 28, les débats s'étant rouverts, Robert Peel

1. *The Test Act Reporter, or Report of Proceedings in the late application to Parliament for the repeal of the Corporation and Test Acts*, 1829, pp. 2 sqq.
2. *H. of C.*, 3 mai 1827 (*Parl. Deb.*, n. s., vol. XVII, p. 541).
3. Rev. Robert Aspland to Rev. R. Brook Aspland, 17 mai 1827 (R. Brook Aspland, *Memoirs of... the Rev. Robert Aspland*, p. 469).
4. *H. of C.*, 11 mai, 7 juin 1827 (*Parl. Deb.*, n. s., vol. XVII, pp. 744, 1146).
5. *Test Act Reporter...*, pp. 45, 64.

demanda un ajournement. Il sentit bien vite qu'il n'obtiendrait pas gain de cause, et se retira de la salle de séances, laissant les débats se poursuivre en son absence [1].

Les ministres délibérèrent le soir même en conseil sur l'attitude à adopter, et décidèrent de capituler. L'opinion publique, quand elle ne tenait pas pour justifiée la revendication des Dissidents, était manifestement apathique. L'évêque d'Oxford assurait Robert Peel que l'Église et l'Université étaient « en très grande majorité » favorables à l'abolition du *Test*, qui constituait trop souvent, au gré de beaucoup de *High Churchmen*, une profanation des sacrements [2]. Les chefs des collèges, les *fellows*, à Oxford, refusèrent expressément de se livrer à une manifestation hostile [3]. Il ne restait rien à faire aux ministres que de couvrir leur retraite en insérant dans les propositions de lord John Russell quelque clause destinée à protéger l'Église établie contre les attaques ultérieures des Dissidents. Ceux-ci, quand ils entreraient dans une Corporation, devraient « déclarer solennellement » qu'ils n'useraient pas de leurs fonctions « pour léser ou renverser l'Église Protestante, établie par la loi dans ces royaumes, ou pour la déranger dans la possession des droits et des privilèges que la loi lui confère ». L'évêque de Llandaff, pour exclure les déistes, les athées, les juifs, fit ajouter les mots : « sur la foi véritable d'un chrétien [4] ».

Les catholiques avaient suivi cette campagne avec attention, pétitionné en faveur de l'abrogation des *Test and Corporation Acts*, et offert aux Dissidents protestants d'organiser des réunions en collaboration avec eux. C'étaient les protestants qui s'étaient dérobés. Et c'était lord John Russell lui-même qui avait recommandé aux catholiques de ne pas jeter l'alarme en se mettant trop en évidence [5]. Mais, une fois la victoire assurée, il exulta. « C'est vraiment une chose agréable, écrivait-il à Thomas Moore le 31 mars, de forcer l'ennemi à abandonner ses premières lignes — à savoir la thèse que seuls des membres de l'Église anglicane sont dignes de servir l'État; et j'ai confiance que bientôt nous le forcerons à abandonner les deuxièmes — à savoir la thèse que seuls des protestants en sont dignes. Peel pratique à merveille l'art de baisser son pavillon [6] ».

---

1. *H. of C.*, 28 février 1828 (*Parl. Deb.*, n. s., vol. XVIII, pp. 827 sqq.).

2. L'évêque d'Oxford à Robert Peel, 23 et 26 mars 1828 (Peel, *Memoirs*, vol. I, p. 92).

3. Wellington au duc de Montrose, 30 avril 1828 (*Despatches, Cont.*, vol. IV, p. 411).

4. *H. of L.*, 21 avril 1828 (*Parl. Deb.*, n. s., vol. XVIII, pp. 1591 sqq.).

5. *Test Act Reporter*, p. 442.

6. *Early Correspondence of lord John Russell*, vol. I, p. 272.

*LE PROBLÈME
DE L'ÉMANCIPATION
CATHOLIQUE EN 1828.
L'ÉLECTION
D'O'CONNELL*

Le 8 mai, Sir Francis Burdett présenta la même motion, favorable aux revendications catholiques, qui avait été rejetée en 1827 à la majorité de quatre voix; elle fut cette fois adoptée par six voix de majorité [1]. Portée aux Lords, elle fut rejetée par quarante-quatre voix de majorité — cent quatre-vingt-une voix contre cent trente-sept. Mais Wellington parla un langage modéré, se défendit d'être hostile en principe à l'émancipation catholique, fit observer seulement qu'on ne pourrait l'accorder sans avoir obtenu des « garanties » en faveur de l'Église d'État, et demanda que l'on attendît des jours plus tranquilles (viendraient-ils jamais?) pour résoudre le problème à l'amiable [2]. Le grand « agitateur » catholique, l'Irlandais O'Connell, avait acquis, depuis deux mois, la conviction que l'on pouvait compter sur Wellington pour achever l'émancipation des catholiques après celle des Dissidents protestants [3]. Le discours du 9 juin, sans démentir son pronostic, prouvait cependant que Wellington voulait temporiser encore. O'Connell força les dernières résistances du parti protestant et du premier ministre par une manœuvre révolutionnaire.

Si les élections générales de 1826 avaient momentanément ravivé les espérances du parti protestant en Angleterre, elles avaient en Irlande accentué le découragement de ce parti. Les grands propriétaires avaient vu les petits francs-tenanciers répondre à l'appel de l' « Association Catholique » dont O'Connell était le chef. Cette Association s'était réorganisée en marge de la loi de 1825, et dans des conditions si habilement conçues qu'elle ne donnait prise à aucune poursuite légale. Elle constituait une vaste théocratie qui continuait dans toutes les paroisses à élire ses délégués, percevoir ses impôts, et affectait d'ignorer le gouvernement régulier. Que pouvaient, contre cette puissante organisation, les tentatives

---

1. *H. of C.*, 8 mai 1828 (*Parl. Deb.*, n. s., vol. XIX, pp. 375 sqq.). Encore Wellington considérait-il que la majorité réelle était de vingt ou trente voix, « many of its warmest friends having been... under the necessity of staying away in consequence of the exercise over them of some local or personal influence » (Memorandum du 1er août 1828; *Despatches, Cont.*, vol. IV, p. 569).

2. *H. of L.*, 19 juin 1828 (*Parl. Deb.*, n. s., vol. XIX, pp. 1286 sqq.). — Cf. Greville, 18 (?) juin 1828 : The Duke of Wellington's speech on the Catholic question is considered by many to have been so moderate as to indicate a disposition on his part to concede emancipation, and bets have been laid that Catholics will sit in Parliament next year.

3. La Princesse Lieven au général Alexandre Benckendorff, 18/30 juin 1828 : Wellington, although thoroughly mediocre, is not without guile. He fools the Ultras — he fools the Liberals still more, on the Catholic question — the latter are as completely satisfied that he will bring about their emancipation as the others are convinced of his unalterable intolerance (*Letters of Dorothea Princess Lieven during her residence in London*, p. 137).

faites vers cette époque par les évangéliques pour ramener au protestantisme, par la prédication, les campagnes irlandaises [1]? Que pouvait la résistance d'une Angleterre divisée contre elle-même, où le parti « protestant » était trop faible pour obtenir du Parlement une répression rigoureuse et suivie des désordres irlandais, et le parti « catholique » trop faible pour donner satisfaction aux revendications d'O'Connell? Non que le pouvoir d'O'Connell à la tête de l' « Association » fût absolument incontesté. Le bruit courait que les vieux prêtres et les évêques catholiques désapprouvaient ce qu'il y avait d'excessif dans ses méthodes; que d'autre part, dans l' « Association », ses principaux lieutenants, Sheil entre autres, le trouvaient souvent trop timide [2]. Mais son prestige sur les foules restait immense, et il continuait d'appliquer sa méthode ambiguë : ne jamais aller jusqu'à l'acte révolutionnaire, employer l'organisation révolutionnaire comme une menace, un moyen de chantage, à l'égard du gouvernement anglais [3].

Wellington, en remaniant au mois de mai son ministère, avait placé au *Board of Trade* un des deux représentants du comté irlandais de Clare, Vesey Fitzgerald. Celui-ci, était, par le fait de sa nomination, soumis à réélection; et, comme il était partisan de l'émancipation catholique, sa réélection ne semblait pas douteuse. Mais, puisqu'il avait consenti à faire partie d'un Cabinet qui refusait de se rallier collectivement à la thèse de l'émancipation, l' « Association » lui déclara la guerre, décida de lui opposer la candidature rivale, non plus comme cela s'était fait en 1826, dans le comté de Waterford, d'un protestant favorable à l'émancipation, mais d'un catholique authentique. Pour donner plus d'éclat à cette démonstration et en rendre le succès plus certain, O'Connell lui-même se porta candidat. Les masses populaires se dirigèrent vers les lieux de vote, embrigadées, commandées par les prêtres. Le cinquième jour du scrutin,

---

1. C'est ce qu'on appela « la Nouvelle Réformation ». Elle semble avoir été prise au sérieux par le très sceptique lord Palmerston (lettre à William Temple, 21 octobre 1826 ; Sir H. L. Bulwer, *Life of Viscount Palmerston*, Book III, éd. Tauchnitz, vol. I, p. 167). — Cf. une lettre de Darby, fondateur d'une secte protestante, écrite en 1863 : I may mention that just at that time (vers 1825) the Roman Catholics were becoming Protestants at the rate of 600 or 800 a week. The Archbishop (Magee) imposed, within the limits of his jurisdiction, the oaths of allegiance and supremacy; and the work everywhere instantly ceased (W. B. Neatby, *A History of the Plymouth Brethren*, p. 16). — Voir, en sens contraire, les âpres critiques de George Ensor, *Letters showing the inutility and exhibiting the absurdity of what is rather fantastically termed « The New Reformation »*, 1828. — Robert Peel avoue, à contre-cœur, le ridicule de cette propagande (*H. of C.*, 6 mars 1827; *Parl. Deb.*, n. s., vol. XVI, p. 967).

2. Lord F. Gower à Peel, 2 décembre 1828 (Peel, *Memoirs*, vol. I, p. 253).

3. Lord Anglesey à Lord F. L. Gower, 2 juillet 1828 (Peel, *Memoirs*, vol. I, p. 147). — Goulburn à Peel, 25 juillet 1826 (C. S. Parker, *Sir Robert Peel*, vol. I, p. 417).

Fitzgerald abandonna la lutte. Que ferait le *sheriff*? O'Connell, catholique, était inéligible. Le déclarer non élu, c'était déchaîner l'insurrection de tout le comté, peut-être de tout le Sud de l'Irlande. Le *sheriff* se borna, sans trancher la question de droit, à constater qu'O'Connell avait obtenu la majorité des voix.

Par cet acte, c'était le gouvernement, non plus seulement de l'Irlande mais de tout le Royaume-Uni, qui devenait impossible. Wellington ne pouvait plus ni désigner à un poste ministériel ni promouvoir à la pairie un représentant d'une circonscription irlandaise, sans courir les chances d'un accident du même genre. Il n'était plus maître de dissoudre le Parlement. Car les nouvelles élections donneraient peut-être, en Angleterre, une majorité protestante accrue; mais, d'autre part, en Irlande, tous les comtés sauf deux ou trois, toutes les grandes villes, tous les bourgs à électorat populaire, éliraient des catholiques. Un règlement rapide de la question catholique devint, à partir du mois de juin, une nécessité.

En Irlande, pendant le mois de juillet et les mois qui suivirent, la situation s'aggrava. Le 1er juillet expira la loi de 1825 qui interdisait l'Association Catholique; et l'Association, abandonnant tous les subterfuges juridiques auxquels elle avait recours depuis trois ans, se réorganisa dans sa forme primitive, avec son programme primitif, ou même un programme étendu. Les Orangistes, libérés eux aussi de toute contrainte légale, fondèrent des « Brunswick Clubs » sur le modèle des groupements catholiques. C'est dans le Nord-Est que ces Clubs abondèrent. Alors les catholiques décidèrent de porter la guerre jusque dans ce Nord irlandais où la prépondérance numérique appartenait aux protestants; un de leurs émissaires partit vers ces régions en tournée de propagande. Il semblait donc que l'on fût en Irlande, vers le mois de septembre, sur le bord de la guerre civile et de la guerre religieuse. Mais O'Connell ne désirait pas la guerre civile. Il interdit à ses partisans toutes assemblées séditieuses, se donna l'air d'offrir au Lord Lieutenant la protection de l'Association Catholique contre les menées insurrectionnelles des « Brunswick Clubs ». Il savait qu'il ne fallait pas juger de l'état d'esprit de la *gentry* protestante par le langage de ces clubs. La *gentry* sentait que le temps de la capitulation était venu. Un beau-frère de Robert Peel, George Dawson, représentant d'une circonscription irlandaise, et qui avait souvent embarrassé le gouvernement par la violence de ses propos anti-catholiques, l'embarrassa, en août 1828, par un discours qui réclamait explicitement une politique de concession [1].

1. *Ann. Reg.*, 1828, p. 131. — Wellington, *Despatches, Cont.*, vol. IV, pp. 604 sqq.

Cette politique de concession, le lord lieutenant, le marquis d'Anglesey, qui depuis janvier avait remplacé lord Wellesley, ne cessait de la réclamer. Il promettait le maintien de l'ordre jusqu'à la fin de l'année en cours. Mais si le Parlement, quand il rentrerait en séances au mois de janvier, évitait d'aborder le problème catholique, l'insurrection éclaterait : il ne serait pas au pouvoir d'O'Connell lui-même de la conjurer[1]. Ni Wellington ni Robert Peel ne s'ouvraient cependant à lord Anglesey de leurs intentions à cet égard : ils insistaient seulement pour qu'il réprimât impitoyablement tout désordre, et semblaient interpréter la modération d'O'Connell comme un signe qu'il avait peur et songeait à battre en retraite[2]. Le marquis d'Anglesey dut, par une promulgation en date du 1er octobre, interdire toutes réunions publiques ; il procéda à l'arrestation d'un meneur. Ces mesures, visiblement, il les prenait à contre-cœur : le 31 décembre, il fut révoqué, et remplacé par le duc de Northumberland, dont les opinions anticatholiques étaient notoires. Ainsi, pour la première fois depuis l'avènement de George IV, le gouvernement de l'Irlande cessait d'être exercé par un « catholique ». Ajoutez que Wellington venait de forcer le duc de Clarence, frère du roi, *lord high admiral* et partisan de l'émancipation, à se démettre de son emploi, dans l'exercice duquel il s'était rendu insupportable à ses subordonnés. Jamais, depuis bien des années, le gouvernement anglais n'avait paru plus protestant.

WELLINGTON TRIOMPHE DES RÉSISTANCES DE LA COUR. LES TROIS BILLS DE 1829.

Le public fut donc déconcerté lorsque, le 5 janvier, le Discours du Trône invita le Parlement à « passer en revue », pour les réformer, « les lois qui imposent des incapacités civiles aux sujets catholiques de Sa Majesté ». Comment expliquer cette subite volte-face? Était-elle aussi subite qu'elle en avait l'air? En réalité, le ministère, persuadé depuis six mois qu'il fallait émanciper les catholiques, n'avait été paralysé que par la résistance de la Cour.

Wellington, qui n'avait jamais été un adversaire acharné de l'émancipation, et qui, dès avant l'élection d'O'Connell, commençait à sentir qu'un règlement de la question s'imposerait bientôt, fut définitivement converti après cette élection. Il présenta le 1er août au roi George un

1. Lord Anglesey à Peel, 26 juillet et fin août 1828 (C. S. Parker, *Sir Robert Peel*, vol. II, pp. 61-2).
2. Peel à Wellington, 28 novembre 1828 (Wellington, *Despatches, Cont.* vol. V, p. 294).

memorandum, pour lui demander l'autorisation d'examiner le problème
avec Peel et le Chancelier et de lui soumettre le résultat de leurs délibérations. Le 7 août, il présenta leur rapport. Alors commencèrent les difficultés, les délais. Le vieux fou, tantôt tourmenté par la goutte, tantôt
abruti par le laudanum [1], ne prenait pas de décision : au lieu d'en prendre,
il demandait la révocation de lord Anglesey [2]. Wellington, on l'a vu,
céda sur ce point : mais le successeur de lord Anglesey, le duc de Northumberland, que le public croyait un anticatholique, s'était en réalité rallié à
la thèse de l'émancipation [3]. Le 16 novembre, pour mieux agir sur le roi,
Wellington demanda qu'il lui fût permis d'appeler en consultation l'archevêque de Londres et cinq évêques anglicans : malheureusement ces prélats, qui avaient voté, un an plus tôt, l'abrogation des *Test and Corporation Acts*, furent en majorité défavorables aux nouvelles concessions [4].
Alors Wellington, se mettant en désespoir de cause à la recherche d'un
dernier appui, fit appel à Robert Peel.

Celui-ci, depuis plusieurs mois déjà, avait compris que l'heure de l'émancipation était proche. Il l'avait dit à Wellington et au roi [5]. Il sentait pourtant qu'après ses déclarations maintes fois répétées, il ne pourrait, si
le Cabinet décidait d'émanciper les catholiques, rester *leader* de la Chambre
des Communes, et introduire lui-même ce bill auquel il s'était jusqu'alors
opposé sans relâche. Il proposa donc à Wellington d'accepter sa démission : il se bornerait à voter silencieusement pour le bill, sans embarrasser
le premier ministre par sa présence dans le Cabinet. Mais Wellington se
rendit compte, en décembre, qu'il ne pourrait forcer les répugnances du
roi si Peel, dans le ministère, ne le soutenait jusqu'au bout [6]. Peel hésita,
puis céda, resta ministre, et joignit ses instances à celles de Wellington.
George IV, à la veille du jour où il fallut rédiger le Discours du Trône,
capitula une première fois. Au commencement de mars, dans le moment
même où Peel allait présenter aux Communes le bill d'émancipation, il se
révolta, et, pendant quelques heures, le Cabinet fut démissionnaire.
Encore une fois, le roi capitula. Du temps où Canning vivait, il pouvait

1. Wellington, *Despatches, Cont.*, vol. V, pp. 192, 275-6, 419.
2. Wellington au roi, 14 octobre 1828 (Wellington, *Despatches, Cont.*, vol. V,
pp. 131-2).
3. Le duc de Northumberland à Wellington, 18 janvier 1829 (Wellington, *Despa ches,
Cont.*, vol. V, p. 453).
4. Seuls l'évêque de Winchester et l'évêque de Chester se prononcèrent en faveur de
l'émancipation : l'évêque de Chester fut particulièrement net (Wellington, *Despatches,
Cont.*, vol. V, pp. 324-6).
5. Palmerston, *Journal*, 12 juin 1828 (Sir H. L. Bulwer, *Life of Viscount Palmerston*,
book VI, éd. Tauchnitz, vol. I, p. 261). — Peel, *Memoirs*, vol. I, pp. 127-8, 178.
— Wellington, *Despatches, Cont.*, vol. V, pp. 435 sqq.
6. Wellington à Peel, 17 janvier 1828 (Wellington, *Despatches, Cont.*, vol. V, p. 452).

se rejeter sur Wellington et Peel. Contre Wellington et Peel, il n'avait pas de recours. A la Chambre des Lords il trouvait à la rigueur les éléments nécessaires pour constituer un ministère d'épaves : lord Eldon, lord Sidmouth, lord Bexley. Mais, aux Communes, qui mettre sur le banc des ministres? Sir Richard Wetherell, Sir Thomas Lethbridge? Le parti protestant était sans chefs.

Trois bills furent introduits coup sur coup. Le premier supprimait l'Association Catholique. C'était une formalité, qui donnait satisfaction aux amis de l'ordre et ne gênait personne, puisque l'Association, une fois l'émancipation votée, perdrait toute raison d'être. Le deuxième abrogeait toutes les lois pénales qui limitaient les droits civiques des catholiques. Le troisième, copié sur le bill de 1825, relevait de quarante shillings à deux livres sterling, dans les comtés irlandais, le cens électoral des francs-tenanciers : ainsi se trouverait évitée l'invasion de Westminster par les démagogues irlandais. On estimait que, sous le régime électoral existant, le nombre des représentants catholiques aurait été de soixante [1]. Non seulement avec le relèvement du cens électoral le nombre des catholiques élus serait plus petit, mais les élus n'appartiendraient pas aux plus basses classes de la population. Ce seraient des *gentlemen* catholiques, et le Parlement éviterait d'être frappé d'une sorte de déchéance sociale. Le premier et le troisième bill [2] furent votés sans débats sérieux : les libéraux les subissaient en compensation du deuxième bill qui seul comptait, et leur accordait enfin ce qu'ils réclamaient depuis longtemps : l'émancipation pure et simple des catholiques de Grande-Bretagne et d'Irlande.

SESSION DE 1829.
L'ÉMANCIPATION
CATHOLIQUE
EST VOTÉE

Le parti protestant fit un dernier effort, désespéré, pour sauver les privilèges de l'Église Anglicane. Il était entré en campagne dès le mois d'octobre par un vaste meeting tenu sur la bruyère de Penenden, dans Kent, auquel on prétendait que plus de quarante mille hommes avaient pris part [3]. Il spéculait sur l'appui non seulement des protestants de l'Église Anglicane, mais de beaucoup qui appartenaient à des organisations auto-

---

1. Wellington au duc de Westmoreland, 16 octobre 1828 (Wellington, *Despatches, Cont.*, vol. V, p. 142).
2. 10 Geo. IV, c. 1; 10 Geo. IV, c. 8.
3. *Times*, 25 octobre 1828. Les deux partis s'y affrontèrent, sous les dénominations respectives de « The High Court Party » et « The Liberal Party »; et Shell, Cobbett et Hunt osèrent y défendre la thèse libérale.— Cf. Charles Butler, *A Memoir of the Catholic Relief, passed in 1829...*, p. 38.

nomes. Car, si l'alliance conclue au cours de l'hiver précédent entre les libéraux et les protestants des sectes pour l'abrogation des *Test and Corporation Acts* avait affaibli la résistance nonconformiste (au mois de janvier le Comité des Trois Dénominations émit un vœu favorable à l'émancipation [1]), les méthodistes, qui n'avaient même pas voulu prendre part à l'agitation de 1827, restaient irréductibles; et il en était de même, dans les vieilles sectes, de tous ceux qu'animait l'esprit de la propagande évangélique [2]. A combien de vieilles passions nationales — hostiles à l'Irlande, à la France, à l'ingérence romaine — les adversaires de l'émancipation catholique n'étaient-ils pas toujours en mesure de faire appel? Quand les intentions du gouvernement furent connues, les pétitions anticatholiques affluèrent sur le bureau de la Chambre des Communes : il en vint plus de neuf cents.

Les tories orthodoxes, en se révoltant contre le Premier Ministre, purent donc se flatter de la croyance qu'ils avaient derrière eux sinon la majorité d'un Parlement servile, du moins la majorité de la nation. Leur opposition à Wellington fut acharnée. Robert Peel, s'étant fait un devoir de conscience d'envoyer sa démission à l'Université d'Oxford dont il représentait depuis dix ans au Parlement les convictions anticatholiques, ne fut pas réélu : il dut à la faveur d'un ami de se faire élire ensuite, à la hâte, par le bourg de Westbury. A la cour, le duc de Cumberland était revenu d'Allemagne pour occuper la place laissée vide depuis deux ans par la mort du duc d'York. Brute monstrueuse sur laquelle couraient des bruits infamants, fondés ou non fondés. Vingt ans plus tôt, la rumeur publique l'accusait d'assassinat. Maintenant la presse l'accusait publiquement d'inceste [3]. Alliant les préjugés d'un tory anglais avec ceux d'un réactionnaire continental, il inculquait à son frère l'idée que, s'il faisait des concessions au libéralisme, il finirait comme Louis XVI. La violence du parti ultra-tory devint telle que Wellington perdit son sang-froid. Les journaux ayant publié une lettre de lord Winchilsea à Wellington où la politique du premier ministre était sévèrement jugée, Wellington

---

1. *Dr. Williams's Library, and the debate on the Roman Catholic claims; a letter addressed to the Trinitarian Members of the General Body of Dissenting Ministers of the Three Denominations on the above subject*, By Joseph Ivimey, 1829.

2. *The Roman Catholic Claims... an address to the Protestant Dissenters of Great Britain, assigning reasons why (in reference to that subject) they should maintain the most strict neutrality...* By Joseph Ivimey, 1828. — *England's Liberties Defended...* By William Thorp, Dissenting Minister of Bristol, 1829.

3. *Examiner*, 14 juin 1829. — Et, de nouveau, d'assassinat, bien que sans le moindre fondement, au début de 1830 : voir la lettre de la princesse Lieven au général Benckendorff, 10/22 février 1830 (*Letters of Dorothea Princess Lieven, during her Residence in London*, pp. 212-3).

se considéra comme offensé, envoya ses témoins à lord Winchilsea; et la querelle se vida sur le terrain.

Voilà dans quelle atmosphère s'ouvrirent, se poursuivirent les débats. Faut-il les résumer? C'étaient toujours les mêmes arguments, adaptés seulement à des circonstances nouvelles. Le péril catholique, alléguaient les ultra-tories, est plus grave qu'il n'a jamais été, maintenant que l'Espagne a rétabli le tribunal de l'Inquisition, et que les jésuites, rentrés en France, inspirent la politique des Bourbons. Craintes absurdes, répliquaient les partisans de l'émancipation, au moment où Charles X lui-même est obligé de subir le ministère libéral de M. de Martignac; allégations étranges de la part de ces mêmes tories qui sympathisent avec la politique de ceux qui rétablissent l'Inquisition en Espagne, qui en France font rentrer les jésuites. C'est chimère, prétendaient les ultra-tories, de croire que l'émancipation catholique résoudra le problème de l'Irlande. Les catholiques, à peine libérés, vont réclamer la confiscation des biens de l'Église établie, refuser de payer la dîme. Quand même il devrait en être ainsi, répondaient les avocats du bill, il n'en faut pas moins liquider le régime des lois pénales. Si ensuite les Irlandais persistent à se conduire en rebelles, du moins l'Angleterre, ayant conscience d'avoir fait son devoir, sera unanime à approuver une politique de répression, le gouvernement plus fort en conséquence pour l'appliquer. L'émancipation n'est plus une matière de choix, mais une nécessité. Le gouvernement, sur trente mille hommes de troupe dont il dispose dans le Royaume-Uni, en emploie vingt-cinq mille à surveiller l'Irlande [1]. Qu'arrivera-t-il le jour où de nouveau, à plus ou moins brève échéance, l'Angleterre se trouvera en guerre avec une puissance étrangère?

La grosse question qui se trouvait liée toujours à la question de l'émancipation, c'était de découvrir des garanties, des *securities*, propres à défendre l'État britannique contre les ingérences d'une église internationale. Car l'objection que faisaient les protestants à l'émancipation catholique était moins théologique que politique, ou, si l'on veut, nationale. Ils se défiaient de l'Église catholique, parce qu'ils la considéraient comme un État dans l'État, dont les fidèles devaient obéissance à un souverain étranger. Et le danger qu'offrait la pénétration du Parlement par les catholiques apparaissait comme d'autant plus grave que l'Église d'Angleterre était plus étroitement liée à l'État politique, soumise sans restriction à l'autorité du Parlement. Fallait-il, comme le proposait un des amis de Canning, Wilmot Horton, exclure les membres catholiques de la salle des séances toutes les

---

1. Mémoire présenté par Peel au Roi en janvier 1829 (Wellington, *Despatches, Cont.*, vol. V, p. 439).

fois où seraient discutées des questions qui, directement ou indirectement, intéressaient l'Église [1]? C'était une solution trop compliquée pour qu'un homme d'État la prît en considération. Plus séduisante était la solution à laquelle la Chambre des Communes s'était arrêtée en 1825 : payer le clergé catholique, le soumettre ainsi au contrôle de l'État et le soustraire en même temps au contrôle du pape et des démagogues. Wellington était favorable à cette solution. Comme il n'avait d'ailleurs jamais été question d'accorder des traitements aux prêtres catholiques de l'Angleterre proprement dite, il prévoyait des « licences », conférées par l'État, faute desquelles nul prêtre catholique, rétribué ou non, n'aurait le droit d'exercer ses fonctions spirituelles [2]. Seulement cela encore offrait des difficultés.

Il était visible que, ni du côté catholique ni du coté protestant, l'idée ne rallierait l'unanimité. Dans l'Angleterre proprement dite, les catholiques, groupés depuis 1823 dans une Association distincte de l'Association irlandaise, se montraient disposés à accepter l'émancipation moyennant garanties : le secrétaire de l'association, Edward Blount, membre respecté d'une vieille famille catholique, l'avait en novembre expressément déclaré [3]. Mais, d'une part, ces catholiques de Grande-Bretagne étaient précisément, dans le Royaume-Uni, ceux dont les tendances inquiétaient le moins le parti protestant : la déclaration signée en 1826 par leur haut clergé abondait en protestations de respect pour la liberté de conscience, pour l'intégrité de la Constitution anglaise, tant politique que religieuse [4]. Les catholiques irlandais au contraire, dirigés par O'Connell, ultramontains et insurrectionnels, s'opposaient formellement à ce que l'État exerçât un contrôle quelconque sur le clergé catholique : ils étaient sur ce point en guerre ouverte avec leurs coreligionnaires anglais. Or, par le nombre, c'étaient eux seuls qui comptaient.

Pour ce qui est des protestants, l'idée de « licences » délivrées aux prêtres catholiques par l'État était en faveur chez beaucoup : il semble qu'elle ait été suggérée à Wellington par Phillpotts, un ecclésiastique qui appartenait au parti du *High Church*, et allait bientôt se rendre

1. *H. of C.*, 18 mars 1820 (*Parl. Deb.*, n. s., vol. XX, pp. 1190 sqq.). — *Protestant Safety compatible with the remission of the civil disabilities of Roman Catholics; being a Vindication of the Security suggested by the right honorable R. Wilmot Horton...*, 1829.
2. Memorandum du 9 août 1828 (Wellington, *Despatches, Cont.*, vol. V, pp. 254 sqq.).
3. B. Ward, *Eve of Catholic Emancipation*, vol. III, pp. 243 sqq. — Le 12 mai, O'Connell fut blackboulé au club cisalpin, à Londres (*Ibid.*, p. 267).
4. *Declaration of the Catholic Bishops, the Vicars Apostolic and their Coadjutors in Great Britain*, 1826. — Les « évêques » en question sont des évêques *in partibus*, toutes les signatures sont anglaises. — Sur les origines de cette Déclaration, v. C. Butler, *A Memoir of the Catholic Relief Bill*, 1829. — B. Ward, *Eve of Catholic Emancipation*, vol. III, p. 168.

célèbre par sa fougueuse intransigeance [1]. Mais, sans un traitement que l'État pouvait allouer ou supprimer, de quelles sanctions disposerait-on contre le prêtre qui, non muni d'une « licence », persisterait à se considérer comme un prêtre? Et si l'on revenait à l'idée de transformer l'Église catholique d'Irlande en une église de fonctionnaires, comment éviter des négociations avec la cour de Rome, un accord pour la désignation des évêques, un concordat? Alors la conscience protestante, la conscience nationale se révoltait. Elle n'admettait pas que la cour de Saint James, par le fait qu'elle entrerait en relations régulières avec la cour de Rome, donnât à celle-ci le bénéfice d'une reconnaissance légale.

On allait donc, si l'on soulevait ce problème, s'engager dans un dédale de discussions. Or, dans un moment où la question d'émancipation se présentait comme une question d'urgence, il était essentiel, avant tout, d'aller vite en besogne. Robert Peel persuada Wellington qu'il fallait renoncer aux *securities* [2]; et le résultat fut qu'on alla vite en effet. Le 5 février, le Discours du Trône avait annoncé les intentions du ministère. Le 30 mars, le bill d'émancipation était adopté en troisième lecture par la Chambre des Communes, à la majorité de trois cent vingt voix contre cent quarante-deux; le 10 avril, par la Chambre des Lords, à la majorité de deux cent treize voix contre cent neuf. Le 13 avril, ayant reçu l'assentiment royal, il était promulgué [3]. On reporta sur Wellington l'honneur de la rapidité, toute militaire, avec laquelle l'affaire avait été menée : en réalité Wellington avait su écouter l'avis donné par son coadjuteur civil.

Le bill qui avait été introduit par Peel et voté sans modification se bornait à spécifier que les prélats catholiques n'auraient pas le droit de prendre des titres épiscopaux appartenant déjà à des dignitaires de l'Église anglicane; qu'il serait interdit d'ouvrir en Angleterre de nouveaux monastères; que les Jésuites seraient expressément exclus du Royaume-Uni; que, lorsque un contrôle sur l'administration de l'Église établie serait attaché à un poste occupé par un catholique, ce contrôle en serait détaché. Sous réserve de ces maigres « garanties », et moyennant la prestation d'un serment en vertu duquel ils déniaient au Pape tout droit d'intervention dans les affaires intérieures du royaume, reconnaissaient le caractère protestant de la dynastie régnante et répudiaient enfin toute intention d' « ébranler » l'Église établie, les catholiques étaient admis, en Angleterre,

---

1. *Thoughts on Communication with Rome, and on Concession of Equal Civil Rights to Roman Catholics* (Wellington, *Despatches, Cont.*, vol. IV, pp. 324 sqq.). — *Sketch of Securities proposed to accompany concession to the Roman Catholics*, 12 septembre 1828 (Wellington, *Despatches, Cont.*, vol. V, pp. 48-50).

2. Peel, *Memoirs*, vol. I, p. 306.

3. 10 Geo. IV, c. 7.

en Écosse et en Irlande, à tous les privilèges de l'électorat et de l'éligibilité, à tous les postes administratifs, sauf ceux de Lord Lieutenant d'Irlande et de Lord Chancelier, et ceux qui, dans les Universités et dans certains établissements d'enseignement secondaire, offraient légalement un caractère anglican.

L'ANGLETERRE APRÈS L'ÉMANCIPATION CATHOLIQUE. QUESTIONS DIVERSES

DÉCOMPOSITION DES PARTIS

A quoi se ramenait en somme la réforme accomplie? On décidait que les catholiques, électeurs déjà en Irlande, seraient en outre éligibles en Irlande, électeurs et éligibles en Angleterre. On décidait que les catholiques, admis déjà à tous les postes de l'armée et de la marine, le seraient en outre aux postes de l'administration civile et judiciaire. L'extraordinaire, le significatif, ce fut la puissance de l'opposition antipapiste, la violence des passions protestantes déchaînées. Ces passions avaient permis à la Cour de résister, pendant de longues années, au vote d'une réforme qui était dans les vœux de la majorité parlementaire. Maintenant, et précisément parce qu'on avait tardé si longtemps, un ministère tory était obligé de voter en hâte l'émancipation catholique sous la menace d'une révolution irlandaise. Le désarroi des partis, grave depuis la mort de lord Liverpool, se trouva encore aggravé par les circonstances dans lesquelles s'effectua l'émancipation catholique.

L'Opposition était divisée en quatre tronçons. Les hommes de la vieille Opposition qui n'avaient jamais pactisé avec Canning. Les dissidents de cette Opposition qui avaient gouverné avec Canning et ne se réconciliaient que lentement avec lord Grey et lord Althorp. Huskisson et ses amis, à qui les whigs de l'un et de l'autre groupe faisaient grief, soit d'avoir été les hommes de Canning, soit de s'être cramponnés à leurs postes quand, lord Goderich s'étant retiré, leurs collègues whigs avaient été congédiés [1]. Les ultra-tories enfin, les plus violents de tous, qui venaient de rompre avec Wellington depuis que celui-ci avait décidé d'effectuer l'émancipation, mais n'avaient guère de points de contact avec Huskisson, Brougham ou lord Althorp. Ce désarroi général était-il en fin de compte défavorable à Wellington? Il ne le semble pas : bien des gens étaient disposés, dans les milieux whigs et libéraux, à faire confiance au premier ministre s'il conti-

---

1. Voir la liste des membres du groupe, dressée en juin 1828 par lord Palmerston : 11 membres de la Chambre des Lords, 27 membres de la Chambre des Communes (Sir H. L. Bulwer, *Life of Viscount Palmerston*, Book V, éd. Tauchnitz, vol. I, p. 256).

nuait, tenant tête aux ultra-tories, à pratiquer une politique tout à la fois sage et énergique. « Me voici, écrivait Bentham à Wellington dans une lettre où il lui reprochait son duel avec lord Winchilsea, moi, le chef des Radicaux, plus soucieux qu'il ne l'est lui-même de la vie du chef des Absolutistes[1] ». « Voici, écrivait l'*Edinburgh Review*, un homme plus grand que César : il n'a pas détruit dans la paix le pays qu'il avait sauvé par l'épée[2] ». L'émancipation catholique fut suivie par de longs mois de malaise et d'attente, non de révolution. Essayons d'en définir sommairement le caractère.

LA QUESTION NAISSANTE DE LA RÉFORME DE L'ÉGLISE

On est généralement porté à admettre que le vote de l'émancipation catholique déchaîna immédiatement un vif mouvement d'hostilité à l'égard de l'Église d'État. Les adversaires de l'émancipation avaient prédit que, du jour où le Parlement perdrait son caractère exclusivement anglican, la séparation de l'Église et de l'État serait inévitable. Maintenant que l'émancipation était accomplie, l'Église était certainement affaiblie, discréditée par le fait même de leurs prédictions pessimistes. On remarqua la défection d'un certain nombre de ses membres les plus distingués qui passèrent soit au catholicisme soit à l'une ou l'autre des sectes protestantes[3]. La grande secte méthodiste, Église à côté de l'Église, foyer de l'évangélisme britannique, constata, sinon comme en 1820 un déclin de ses effectifs, tout au moins un ralentissement marqué de ses progrès[4] : l'émancipation catholique avait été une victoire du libéralisme sur l'évangélisme, et l'évangélisme en pâtissait. Beaucoup d'amis de l'Église se demandèrent si, pour parer au danger possible de la séparation de l'Église et de l'État, inscrite au programme radical, et sans attendre le jour où ce point du programme radical deviendrait populaire, il ne serait pas bon de réformer l'Église, de remanier la distribution des revenus, d'en réduire le montant peut-être, de corriger enfin le système de perception des dîmes.

Le mouvement commença en Irlande, où les abus ecclésiastiques étaient plus scandaleux qu'ailleurs, par un grand meeting, tenu à Cork

---

1. Bentham à Wellington, 22 mars 1829 (Wellington, *Despatches, Cont.* vol. V, pp. 546-7).

2. *Ed. Rev.*, mars 1820, art. ix. *The Last of the Catholic Question* (vol. XLIX, p. 221).

3. Mozley, *Reminiscences*, vol. I, p. 175.

4. *Minutes of Methodist Conferences*, 1829 : accroissement en Grande-Bretagne et en Irlande, 2 743 membres; 1830, même accroissement, 1 063 membres. Le rapport attribue, en 1829, ce médiocre accroissement « to the distress of the times... and to various other causes which have been in active and injurious operation ». Entendez par là les querelles provoquées par la question de l'Émancipation, dont le rapport ne souffle mot.

sous la présidence de lord Mountcashel, pour préparer ce qu'on appela
« la Troisième Réformation [1] ». Mais des hommes prudents pensèrent
qu'il serait dangereux de vouloir examiner à part les problèmes de l'Église
d'Irlande, comme si elle était distincte de l'Église d'Angleterre : il n'y
avait de là qu'un pas à conclure qu'on pouvait, sans toucher à l'Église
d'Angleterre, effectuer en Irlande la séparation de l'Église et de l'État.
Wellington suggéra en conséquence à l'archevêque de Canterbury qu'il
serait opportun d'étendre à l'Angleterre le champ d'investigation d'une
grande commission qui avait été nommée pour étudier la constitution
de l'Église [2]. Et le bruit courut, au cours de l'automne de 1829, que
Wellington soumettrait au Parlement un plan de réforme des abus de
l'Église [3]. Mais il ne se produisit rien de tel. Wellington, très mécontent
de voir la guerre civile se perpétuer en Irlande, ne voulait plus rien faire
pour cette nation ingrate. Or il ne semble pas que l'opinion se soit émue
de cette inertie. L'Église était à coup sûr démoralisée. Elle avait eu, au
printemps de 1829, le sentiment de sa faiblesse. Si jamais elle devait
subir l'assaut populaire, elle le verrait venir avec une confiance diminuée.
Il n'est pas moins vrai que le vote de l'émancipation n'avait présenté à
aucun degré en Angleterre le caractère d'une victoire remportée par les
masses sur les classes dirigeantes : ç'avait été plutôt une victoire de l'aris-
cratie et de la bourgeoisie libérales sur les préjugés conservateurs de la
nation. Et ni à la fin de 1829, ni dans le premier semestre de 1830, les
circonstances ne laissèrent prévoir l'imminence d'un conflit aigü entre
l'opinion populaire et l'Église.

LA QUESTION RENAISSANTE DE LA RÉFORME PARLEMENTAIRE. APATHIE POPULAIRE ET DÉFIANCES LIBÉRALES

On veut encore — et cette fois avec plus de
vraisemblance — que la question de la réforme
parlementaire, sommeillante depuis 1822, ait été
soudain réveillée par le vote de l'émancipation
catholique. La loi même qui avait enlevé leur
franchise aux *forty shillings freeholders* avait
démontré, comme le redoutait Canning en 1825,
que le régime électoral n'était pas intangible : et O'Connell, au lieu de

1. Par opposition sans doute avec la « Nouvelle Réformation » dont nous avons
parlé plus haut (p. 248). *Examiner*, 27 septembre; *Morning Chronicle*, 28 septembre;
Times, 19 décembre 1829.

2. Wellington au duc de Northumberland, 27 octobre 1829 (*Despatches, Cont.*,
vol. VI, p. 263.) — Cf. lettre de lord Rolle à Wellington, 2 novembre, et réponse de Wellington, 3 novembre 1829 (*Ibid.*, vol. VI, pp. 279, 283). Voir encore *A Letter to the Duke
of Wellington on the reasonableness of a Church Reform and its peculiar fitness to the present
times* 3rd ed. with considerable additions. By a Minister of the Establishment, 1830.

3. *Morning Chronicle*, 2 septembre; *Times*, 19 décembre 1829. Démenti de Wellington dans sa lettre à lord Rolle du 3 novembre 1829 (*Despatches, Cont.*, vol. VI, p. 233).

se borner à demander l'abrogation de cette loi, inscrivait sur son programme, en se présentant de nouveau devant les électeurs du comté de Clare, la réforme parlementaire en même temps que la séparation législative de la Grande-Bretagne et de l'Irlande. Il avait montré d'ailleurs comment on pouvait, par l'organisation d'une vaste agitation populaire, faire aboutir une réforme politique : ne se trouverait-il pas, en Angleterre, d'agitateur pour imiter ses méthodes irlandaises et les appliquer à la question de la réforme de la représentation parlementaire? Nous assistons effectivement, pendant le second semestre de 1829, à des tentatives faites pour fonder des sociétés de propagande démocratique, copiées sur le modèle de l' « Association » d'O'Connell [1]. L'*Examiner*, qui n'avait cessé, même au temps où Canning régnait, de faire campagne pour une réforme radicale du Parlement, signalait des meetings dans le Sussex, le Hampshire, le Leicestershire, le Yorkshire, le Lancashire [2]. A Londres, une « Société pour effectuer une Réforme du Parlement » tenait chaque mois ses assises à la *Mechanics' Institution* [3].

Il manquait cependant bien des choses à cette agitation pour devenir redoutable.

Il lui manquait d'abord l'adhésion des masses populaires. Il y eut vers cette époque de grandes grèves à Londres et en province : on ne voit pas qu'elles aient dégénéré en mouvements d'agitation politique. Cobbett et Hunt, qui divertirent le public en septembre par le spectacle d'une de leurs querelles [4], avaient perdu toute autorité sur les foules. Certains économistes, Thomas Hodgskin, William Thompson, qui se réclamaient des principes de la philosophie utilitaire, qui acceptaient

---

1. *Examiner*, 26 août 1829. Un correspondant qui signe « A Reformer » suggère une agitation conduite comme avait été conduite celle de l'Association catholique : les membres paieraient une cotisation, une *rent* d'un shilling. « Mr. Otway Cave is setting an example which ought to be followed by other well disposed public men. The country is to be moved in every quarter. We have the example of the Irish Roman Catholics before us, and should profit by it. — Sur les plans d'Otway Cave, voir *Morning Chronicle*, 11 août 1829 (compte-rendu du meeting de Leicester). — Cf. *Morning Chronicle* 18 décembre 1829 : ... We have seen what one man has done in Ireland : for we presume there can be little doubt that but for M. O'Connell the Catholics would yet have been unrelieved. Who knows but Parliamentary Reform may yet find in England a man capable of rousing the great body of the people to a sense of the vital importance of the question; a man possessed of commanding talents, great energy and enthusiasm and a restless perseverance equal to that displayed by Mr. O'Connell? — Cf. Bentham à O'Connell, 25 août 1829 : Col. Jones (late of the Guards), a zealous Radical and Pro-Catholic, who is *agitating* against the Aristocratical Select Vestry System, has adopted the word *rents*, and projected rents for the purpose of buying seats in Parliament. He has got already between 1 100 l. and 1 200 l. he tells me (*Works*, éd. Bowring, vol. XI, p. 20).

2. *Examiner*, 14 juin, 13, 14 septembre; *Morning Chronicle*, 11 août, 20 octobre 1829.

3. *Examiner*, 13, 14 septembre, 25 octobre 1829.

4. *Examiner*, 20 septembre 1829.

même certains postulats de l'économie politique de Ricardo, avaient cherché vainement, dans cette économie politique, soit une explication scientifique, soit une justification morale, du profit capitaliste; et ils avaient commencé à édifier une doctrine qui trouvait des adeptes dans la classe ouvrière, suivant laquelle le capital, produit du travail, devait être tout entier approprié par les travailleurs[1]. Mais leurs disciples ouvriers ne soudaient pas leurs revendications économiques avec la vieille revendication radicale : ce n'est pas de l'institution du suffrage universel qu'ils attendaient l'avènement de la justice sociale. Se désintéressant du problème politique, ils demandaient à Robert Owen la solution du problème social par la fondation de *trading unions*, ou, suivant l'expression qui prévalut, de *cooperative societies*. Une première coopérative se fonda à Brighton à la fin de 1828; Robert Owen, revenu d'Amérique, prit le patronage du mouvement; et l'on compta bientôt près de cinq cents petites sociétés, qui, coopératives de vente d'abord, puis de production, aspiraient confusément à devenir, par leur développement spontané, propriétaires de tout le fonds productif de la nation[2].

Il manquait d'autre part à l'agitation naissante en faveur d'une réforme de la représentation parlementaire l'adhésion des états-majors whigs ou libéraux. Loin de chercher une formule susceptible de créer un accord entre eux et les radicaux, les libéraux semblaient soucieux de marquer, plus que jamais, les distances. La « Revue d'Édimbourg », dans son numéro de juin 1829, consacrait deux longs articles, écrits l'un par le jeune Macaulay l'autre par le jeune Carlyle, à la réfutation du dogmatisme benthamique[3]. Aucune approbation, dans le *Times* ni dans le *Morning Chronicle*, à l'agitation réformiste. Si tant de gens, déclarait le *Morning Chornicle*, tiennent, tout en se disant partisans de la réforme parlementaire, à se désolidariser d'avec Hunt et d'avec Cobbett, c'est qu'ils sont heureux de trouver un prétexte pour excuser leur tiédeur[4]. Et non seulement ce journal lui-même se déclarait nettement hostile à la thèse du suffrage

1. Karl Menger, *Das Recht auf den vollen Arbeitsertrag*, pp. 51 sqq. — M. Beer, *Geschichte des Sozialismus in England*, pp. 213 sqq.; — et notre *Thomas Hodgskin*.
2. William Lovett, *Life and Struggles*, ed. 1876, pp. 40 sqq. — Helene Simon, *Robert Owen*, pp. 153 sqq., 208 sqq. — B. Potter, *The Cooperative Movement in Great Britain*, pp. 44 sqq. — V. encore l'excellent article, sympathique au mouvement, du *Quarterly Review*, novembre 1829, art. IV. *The Cooperatives* (vol. XLI, pp. 359 sqq.); et l'appréciation de Robert Southey dans ses *Colloquies*, 1829. Colloquy VI : *Walla Crag. — Owen of Lanark* (vol. I, pp. 116 sqq.).
3. *Ed. Rev.*, juin 1829, art. I. *Utilitarian System of Philosophy.* — Art. VII. *Signs of the Times* (vol. XLIX, pp. 273 sqq., 439 sqq.).
4. *Morning Chronicle*, 26 septembre 1829, après avoir cité cette phrase du *Leeds Mercury* : The cause of reform never was at a lower ebb than at this moment; and it is more indebted to Cobbett and Hunt than anybody else for its fallen condition...

universel, mais il pensait qu'il serait peut-être utile de relever le cens
électoral : ce serait rendre les électeurs indépendants, les mettre à l'abri
de la pression exercée sur eux par les aristocrates et les riches [1]. Ici
s'explique la défiance de la presse libérale à l'égard de la réforme parlementaire, vers la fin de 1829. Le duc de Wellington était en butte aux
attaques du parti ultra-tory; elle voulait le maintenir au pouvoir; le
Times et le *Morning Chronicle* étaient devenus des organes officieux
plutôt que des journaux d'opposition [2]. Or, le programme de la réforme
parlementaire était, depuis le vote de l'émancipation catholique, une
machine de guerre des ultra-tories.

LA CAMPAGNE TORY POUR LA RÉFORME PARLEMENTAIRE. DÉBATS DE 1830 A LA CHAMBRE DES COMMUNES Ceux-ci avaient été frappés de voir les ministres, aux mois de mars et d'avril, arracher à la
Chambre des Communes le vote du Bill d'émancipation contre la volonté manifeste de la majorité du pays. De là, chez eux, une tendance à
se considérer comme étant, contre la majorité
parlementaire, les représentants naturels du vrai peuple. Les uns — tel
Michael Thomas Sadler, sur lequel nous aurons l'occasion de revenir —
professèrent, en opposition à l'individualisme des libre-échangistes, une
sorte de socialisme tory : le vieux poète Southey était du nombre [3].
Les autres — tels lord Winchilsea à la Chambre des Lords [4] et, à la
Chambre des Communes, le marquis de Blandford, fils aîné du duc
de Marlborough — adoptèrent le programme de la réforme électorale.
Ils crurent que l'aristocratie tory et la *gentry* auraient intérêt à se
rejeter sur le peuple, pour résister aux grandes familles whigs liguées
avec la haute finance. Le 2 juin 1829, le marquis de Blandford demanda à
la Chambre des Communes de se prononcer sur une série de propositions
qui déclaraient le système électoral des bourgs vénal et corrompu : il
obtint, à l'appui de sa motion, quarante voix, en majorité radicales [5].

La ville de Birmingham traversait une crise : les prix baissaient, et les

---

1. *Morning Chronicle*, 10 septembre 1829 : Le petit nombre des électeurs en France
protège le libéralisme français contre la « canaille », *the rabble*, qui est à la merci du
clergé. — 10 octobre 1829 :... the best mode of destroying the influence of the high Aristocracy is to raise the qualification.

2. Sur l'attitude du *Times*, voir son *leader* du 3 septembre 1820. — Voir encore la
défense de Wellington contre les attaques de la presse libérale française, *Morning
Chronicle*, 21 septembre 1829.

3. Robert Southey, *Sir Thomas More : or, Colloquies on the Progress and Prospects
of Society*, 2 vol., 1829.

4. *H. of C.*, 6 avril 1829 (*Parl. Deb.*, n. s., vol. XXI, p. 424).

5. *H. of C.*, 2 juin 1829 (*Parl. Deb.*, n. s., vol. XXI, pp. 1672 sqq.).

salaires. N'était-ce pas l'occasion pour le tory Attwood de préconiser son vieux remède : le relèvement des prix par l'abrogation du bill de Peel et le retour au cours forcé? et, puisque la Chambre des Communes, sous le régime électoral actuel, refusait de l'écouter, continuait d'accorder sa confiance à Robert Peel, de demander la réforme parlementaire? Le 28 février 1830, Attwood, ayant fondé une « Union des classes moyennes et inférieures pour l'obtention de la réforme parlementaire », tint sa première réunion publique, « la plus grande réunion publique qui se soit encore assemblée dans un local fermé [1] ». Il s'agissait de fonder, à Birmingham, puis dans le reste du pays, des *union clubs*, pour propager l'idée de la réforme radicale. Les démocrates présents approuvèrent en principe le programme d'Attwood, mais sur l'opportunité de son initiative ils firent d'expresses réserves. L'un avoua ses défiances, et demanda si « le cri de la réforme parlementaire ne dissimulait pas quelque autre dessein ». L'autre, Joseph Parkes, qui devait bientôt jouer un rôle important dans l'histoire de la démocratie anglaise, mit en garde les assistants contre le péril de provoquer une réaction, comme en 1817 et en 1819, par la formation de « clubs » révolutionnaires; il protesta contre l'idée d'un retour au cours forcé et refusa de s'associer aux attaques dont, pendant le meeting, le duc de Wellington avait été l'objet. En fait, ni Attwood ni les autres organisateurs du meeting ne dissimulèrent qu'ils étaient des tories [2]. Le marquis de Blandford envoya bientôt son adhésion [3].

Nous nous trouvons peut-être maintenant en mesure de mieux apprécier l'importance réelle des débats qui s'engagèrent à la Chambre des Communes pendant la session de 1830, sur la question de la réforme parlementaire. Ils eurent plus d'ampleur assurément qu'ils n'en avaient eu depuis de longues années. Le marquis de Blandford introduisit un projet de loi : suppression des bourgs qui paraîtraient indignes d'une représentation, établissement dans tous les bourgs du vieux droit de suffrage de

---

1. *Times*, 27 janvier 1830.

2. Voir le compte rendu complet du meeting, *Examiner*, 31 janvier 1830; — et le commentaire qui accompagne le compte rendu : The project of the Birmingham Meeting — an Union of the Middle and Lower Classes for the attainment of Parliamentary Reform — is excellent, and whatever questionable objects may be aimed at under the pretence of the better purpose, we are persuaded that the effect will, in the mass, be beneficial. Those who think that they can *finesse* with the popular power, and drawing it forth with one design, propose to wield it for another, will find themselves egregiously in error, and will have the ultimate mortification of forwarding good where they intended to compass mischief... If Birmingham should have its counterfeit, Manchester, Liverpool, and other great towns may imitate the scheme of combination, and by putting forward sounder men, correct the error of the other places. — Cf. *Morning Chronicle*, 28 janvier 1830.

3. *Times*, 10 février 1830.

scot and lot, paiement des membres de la Chambre des Communes [1]. La question du bourg d'East Retford fut encore une fois soulevée [2]. Le scandale que le duc de Newcastle avait provoqué en congédiant un certain nombre de ses tenanciers coupables d'avoir à son gré mal voté fut porté devant la Chambre des Communes; et la question du scrutin secret, du *ballot,* fut agitée à cette occasion [3]. Lord John Russell réclama une représentation pour les trois villes de Leeds, de Manchester et de Birmingham [4]. O'Connell demanda le suffrage universel, le scrutin secret, et des parlements bisannuels. Il obtint tout juste treize voix pour appuyer sa motion; et, sa motion se trouvant ainsi écartée, lord John Russell crut devoir intervenir dans les débats avec un plan précis de réforme. Que proposait lord John Russell? Le relèvement du nombre des membres de la Chambre des Communes. Des représentants additionnels aux grandes villes et aux comtés fortement peuplés. Un seul représentant, au lieu de deux, aux bourgs dont la population était inférieure à deux mille cinq cents habitants. Sur la liste de ceux qui votèrent pour son projet, on trouve des radicaux, des whigs du groupe de lord Grey et du groupe de lord Lansdowne, des hommes du groupe de Huskisson et des ultra-tories. Ils ne furent cependant que cent dix-sept contre deux cent vingt-trois [5]. Toutes ces querelles, qui agitaient les partis, pour l'instant n'agitaient pas l'opinion.

O'Connell et Peel, au cours des débats, avait été d'accord pour reconnaître que le pays était « parfaitement tranquille [6] ». Ils confirmaient ainsi les plaintes de Leigh Hunt déplorant, vers cette même date, la « torpeur », l' « apathie », l' « irrémédiable léthargie » du public anglais [7]. Et lord John Russell expliquait ce calme par le discrédit où étaient tombés depuis plusieurs années les avocats populaires du suffrage universel [8]. Quatorze pétitions seulement furent envoyées au Parlement. Il y en avait eu vingt-neuf en 1823 : manifestement l'agitation dont Birmingham était le centre n'avait rencontré dans le pays qu'un faible écho [9]. Il ne tenait

---

1. *H. of C.,* 18 février 1830 (*Parl. Deb.,* n. s., vol. XXII, pp. 678 sqq.).
2. *H. of C.,* 11 février 1830 (*Parl. Deb.,* n. s., vol. XXII, pp. 334 sqq.); 5 mars 1830 (*Parl. Deb.,* n. s., vol. XXII, pp. 1319 sqq.); 8 mars 1830 (*Parl. Deb.,* n. s., vol. XXII, pp. 1393 sqq.).
3. *H. of C.,* 1er mars 1830 (*Parl. Deb.,* n. s., vol. XXII, pp. 1077 sqq.).
4. *H. of C.,* 23 février 1830 (*Parl. Deb.,* n. s., vol. XXII, pp. 858 sqq.).
5. *H. of C.,* 28 mai 1830 (*Parl. Deb.,* n. s., vol. XXIV, pp. 1204 sqq.).
6. « In a state of perfect tranquillity » (*H. of C.,* 28 mai 1830; *Parl. Deb.,* n. s., vol. XXIV, p. 1215).
7. *Examiner,* 10, 17 janvier 1830.
8. *H. of C.,* 28 mai 1830 (*Parl. Deb.,* n. s., vol. XXIV, p. 1223).
9. *H. of C.,* 4 mars 1831 : *Parl. Deb.,* n. s., vol. III, p. 87). — Nottingham Political Union, *Examiner,* 11 avril 1830. — Pétition de Coventry, *H. of C.,* 11 mars 1830 (*Parl. Deb.,* n. s., vol. XXIII, p. 176). Cependant l'agitation continue à Londres par un grand

qu'au duc de Wellington de suivre le conseil que lui donnait Croker dans
le *Quarterly Review*, et de satisfaire, de dépasser les vœux de l'opinion par
une réforme très modérée. « On est triste, écrivait Croker, de voir combien peu de confiance entoure nos hommes d'État, à l'exception du duc
de Wellington. Tous les yeux sont tournés vers lui, comme s'il était, ou
peu s'en faut, l'arbitre du sort de toutes les classes du pays [1] ». L.' « arbitre », pendant toute la session, ne prononça pas une parole qui fût de
nature à laisser espérer une réforme, même minime, de la représentation
parlementaire. La nation, désorientée, ne renonçait pas cependant à le
considérer comme son guide. Les whigs se gardaient de le presser. Ils le
voyaient brouillé avec la Cour pour avoir acccompli l'émancipation
catholique, menacé par la conspiration des ultras. Adoptant une tactique
toute contraire de celle qu'ils avaient adoptée entre 1820 et 1822, ils ne
voulaient rien faire qui eût l'air de favoriser cette conspiration.

LA POLITIQUE MINISTÉRIELLE DE RÉFORME MODÉRÉE. ROBERT PEEL A L'INTÉRIEUR

Wellington ne fit-il pas preuve dans ces
circonstances d'une prudence excessive? N'eût-
il pas agi plus sagement s'il avait agi plus auda-
cieusement, et continué le coup d'éclat de 1829
par quelque autre mesure novatrice, capable
de frapper l'imagination? Une chose est certaine :
l'opinion semblait s'accommoder provisoirement de voir le ministère
poursuivre la politique de libéralisme modéré que le parti gouvernemental, sans toucher à la question de la réforme, avait inaugurée en
1820. Cette politique avait l'avantage, tout en donnant satisfaction, sur
certains points vitaux, aux besoins de la bourgeoisie, de laisser intactes
les institutions politiques et, exception faite pour la loi d'émancipation,
les institutions écclésiastiques du royaume.

Peel était de nouveau ministre de l'intérieur, attelé toujours au travail
réformateur qu'il avait engagé dès 1822. Lorsque O'Connell, lui-même un
homme de loi, se mettait à la disposition de Bentham pour être son lieutenant [2]; lorsque Bentham rêvait de fonder une *Law Reform Association*

meeting tenu en mars (*Life and Struggles of William Lovell*, pp. 56-7). A ce meeting, il
y aurait eu, suivant O'Connell, 30 000 assistants (*H. of C.*, 11 mars 1830; *Parl. Deb.*,
n. s., vol. XXIII, p. 182); mais O'Connell avoue que la pétition signée à l'issue du
meeting, et qu'il dépose sur le bureau de la Chambre, ne porte que dix signatures.
— Un article du *Morning Chronicle*, à la date du 25 juillet, se plaint, en termes carac-
téristiques, du peu d'extension pris en province par le mouvement réformiste.

1. *Quart. Rev.*, janvier 1830, art. ix. *Internal Policy* (vol. XLII, p. 273). — C'est dans
cet article que Croker propose, pour la première fois, de donner au parti tory la désignation nouvelle de *conservative party*.

2. O'Connell à Bentham, 30 juillet 1829 (Bentham, *Works*, éd. Bowring, vol. XI,
p. 20). — Cf. *H. of C.*, 8 juillet 1830 : motion O'Connell, demandant « measures to have

qui ferait pour la réforme du droit ce que l' « Association catholique » avait fait pour l'émancipation des catholiques [1]; lorsqu'il accablait Wellington de lettres pour le presser de prendre en main la réforme du droit et de l'organisation judiciaire [2], ils savaient, l'un et l'autre, que les bureaux n'opposaient pas une résistance systématique à leur désir de changement. Sur une motion de Brougham, deux commissions royales avaient été nommées pour enquêter, l'une sur l'organisation des Cours de Droit Commun, l'autre sur les lois qui régissent la propriété foncière [3]. Une loi, votée en 1830, réduisit considérablement le nombre des cas où le crime de faux était puni de mort [4]. C'est alors que Peel attacha enfin son nom à une réforme qui lui donna plus de peine qu'aucune des autres réformes auxquelles déjà son nom se trouvait attaché.

La réforme à laquelle nous faisons allusion le préoccupait depuis le moment où il était entré à l'intérieur. Il avait, en 1822, obtenu la nomination d'une commission parlementaire pour aviser aux moyens d'organiser à Londres, par des mesures de police appropriées, la prévention et la répression des délits et des crimes. Mais il s'était heurté à de vieux et tenaces préjugés. « Une police efficace, déclara le rapport de la commission, est difficilement conciliable avec cette parfaite liberté d'action, avec cette absence de toute intervention dans les affaires de chaque individu, qui sont le privilège et l'orgueil de la société anglaise [5] ». Il avait d'ailleurs encouragé, en Irlande, la formation d'une gendarmerie, ou *constabulary*, dont les services donnèrent toute satisfaction. De sorte qu'en 1826, lorsque, par contre-coup de la crise qui sévissait alors, des désordres éclatèrent dans les districts manufacturiers, il regretta l'absence de quelque « force locale », semblable à la *constabulary* irlandaise, pour protéger les propriétés privées sans qu'il fût besoin de faire appel à la

drafts or plans of a Code of Laws and Procedure, either in the whole or in parts, to be laid before that House (*Parl. Deb.*, n. s., vol. XXV, pp. 1114 sqq.).

1. Bentham à O'Connell, 25 août 1829; O'Connell à Bentham, 22 octobre 1829 (Bentham, *Works*, éd. Bowring, vol. XI, pp. 21 sqq.).

2. Bentham à O'Connell, 8 décembre 1829 (Bentham, *Works*, éd. Bowring, vol. XI, p. 28).

3. *H. of C.*, 7 février 1828 : discours de Brougham (*Parl. Deb.*, n. s., vol. XVIII, pp. 127 sqq.). — Voir *First Report of Commissioners appointed to inquire into the Practice and Proceedings of the Courts of Common Law*, 1829; *Second Report*, 1830; et : *First Report of Commissioners appointed to inquire into the Law of England respecting Real Property*, 1829; *Second Report*, 1830.

4. 1 Will. IV, c. 66. Le discours du trône du 4 février 1830 promit des mesures « calculated... to facilitate and expedite the course of justice in different parts of the United Kingdom » et d'autres, « necessary preliminaries to a revision of the practice and proceedings of the Superior Courts ». — Cf. Bentham à Brougham, 30 mars 1830 (Bentham, *Works*, éd. Bowring, vol. XI, pp. 36-7).

5. *Report from the Select Committee on the Police of the Metropolis*, 1822, p. 11.

yeomanry ou à l'armée régulière [1]. Aborderait-il donc d'ensemble le problème de la police anglaise? Non : de nouveau il concentra ses efforts sur la métropole, où le nombre des crimes allait croissant [2]. En 1828, une nouvelle commission parlementaire, nommée pour étudier sous sa direction le problème, aboutit rapidement à des conclusions positives [3]; et dès 1829 fut instituée la *New Police*, sous le contrôle direct du *Home Department* Il y eut, pour commencer, cinq « divisions », chaque division étant elle-même subdivisée en huit « sections », chaque section à son tour en huit *beats*. Dans chaque division il y eut une compagnie, composée d'un surintendant, de quatre inspecteurs, seize sergents, et cent quarante quatre *police constables* [4]. Le système était susceptible d'extension et devait finir par constituer, selon les prévisions de Peel, une vraie petite armée de trois mille hommes. Y eut-il dans son esprit une arrière-pensée de fournir au gouvernement une défense contre la possibilité d'une émeute « jacobine » dans la capitale [5]? Il ne le semble pas, la « prévention du crime » paraît bien avoir été son unique préoccupation, jamais l'idée d'une émeute n'avait paru plus lointaine en Angleterre qu'au moment où le *New Police Bill* fut voté. Chose caractéristique : les seuls hommes qui firent de l'opposition au bill, ce furent les ultra-tories. Ils protestèrent contre cette tentative d'infliger à l'Angleterre un « corps d'espions », une « gendarmerie » à la française. Le nouveau système eut au contraire l'approbation des libéraux et des radicaux, de Fonblanque et de Francis Place [6].

Mais les réformes qui étaient réclamées par l'opinion avec le plus d'insistance, c'étaient les réformes économiques. L'Angleterre restait, lorsque s'ouvrit la session de 1830, ce qu'elle avait toujours été depuis l'avènement de George IV : indifférente aux questions de politique pure, c'étaient les questions de développement industriel, d'économies administratives, d'impôt, qui passionnaient l'opinion. « Le peuple anglais, écrivait le *Morning Chronicle* au temps où Canning était premier ministre, est en

1. Peel à Mr. Hobhouse, 9 juillet 1826 (C. S. Parker, *Sir Robert Peel*, vol. I, p. 405).
2. Peel à Mr. Hobhouse, 8 décembre 1826 (C. S. Parker, *Sir Robert Peel*, vol. I, p. 432).
3. *Report from the Select Committee appointed to inquire into the cause of the increase of the number of Commitments and Convictions in London and Middlesex, and into the state of the Police of the Metropolis, and of the districts adjoining thereto*, 1828.
4. 10 Geo. IV, c. 49. — Cf. Peel à Mr. Hobhouse, 12 décembre 1828, 29 mai 1829 (C. S. Parker, *Sir Robert Peel*, vol. II, pp. 39, 111).
5. Telle avait bien été la pensée de Wellington, quand en juin 1820, il rédigeait son « Memorandum to the Earl of Liverpool respecting the state of guards ». L'existence d'un corps de police rendrait moins dangereuse une mutinerie de l'armée régulière. La rivalité même qui existerait entre les deux organisations rendrait la mutinerie impossible (Wellington, *Despatches, Cont.*, vol. I, pp. 127-9).
6. *Examiner*, 27 septembre, 4 octobre 1829. — Graham Wallas, *Life of Francis Place*, p. 248 n.

train de faire de remarquables progrès intellectuels ; et l'un des premiers objets auxquels l'homme applique son intelligence, c'est le ventre [1] ». Or, le ventre de l'Angleterre criait famine.

UNE POLITIQUE D'ÉCONOMIES FINANCIÈRES ET DE PAIX. MORT DU ROI. DISSOLUTION DU PARLEMENT

LE MALAISE RÉGNANT. PLAINTES DES MANUFACTURIERS ET DES AGRICULTEURS La violence des plaintes qui éclatèrent alors déconcerte. Car, à les écouter, on a, par instants, l'impression que l'Angleterre traverse une crise aussi aiguë que l'avait été la crise de décembre 1825. Mais en 1826 nul homme d'État ne contestait la réalité, la gravité des difficultés auxquelles le pays était en proie. En 1830 au contraire, les ministres, et beaucoup de parlementaires avec eux, nient qu'il y ait crise, et affirment, en se fondant sur les statistiques du Trésor et du *Board of Trade*, que l'Angleterre est prospère, d'une prospérité qui va croissant. Nous avons donc affaire à un état de choses ambigu dont il semble que les abondants débats de la Chambre des Lords et de la Chambre des Communes nous permettent d'éclaircir le mystère [2].

S'agit-il des manufactures? Le niveau des prix demeurait très-bas; il semble que, pendant le cours de l'année 1829, il ait baissé encore. Le prix du travail suivait le prix des produits manufacturés. D'où les plaintes des patrons et des ouvriers. Seulement pourquoi cette baisse des prix? Elle était due, suivant les cas, à l'action des causes variées. Il y avait, par exemple, surproduction de sucre et de café; et le *West India Interest* en souffrait. Mais cette surproduction n'avait évidemment rien à voir avec la situation industrielle de l'Angleterre elle-même [3]. Il y avait encore crise chez les fabricants de soieries de Spitalfields à Londres, chez les drapiers du Sud-Ouest. Mais, si les ouvriers de Spitalfields, établis à proximité de Westminster, faisaient grand bruit de leur misère, et si les respectables marchands drapiers du Gloucestershire et du Somersetshire,

---

1. *Morning Chronicle*, 14 juin 1827.
2. Voir en particulier les longs débats qui s'engagèrent, au sujet du *State of the Nation*, sur une motion d'un parlementaire tory, Edward D. Davenport. *H. of C.*, 16, 18, 19, 23 mars 1830. (*Parl. Deb.*, n. s., vol. XXIII, pp. 391 sqq., 548 sqq., 624 sqq., 789 sqq.). Tous les hommes d'État en vue prirent part à la discussion. — Voir aussi l'intéressant discours de Slaney, *H. of C.*, 13 mai 1830 (*Parl. Deb.*, n. s., vol. XXIV, pp. 682 sqq.). — et : *Report from the Select Committee appointed to consider the Means of lessening the evils arising from the fluctuation of Employment in Manufacturing Districts*, 2 juillet 1830.
3. T. Tooke, *History of Prices*, vol. II, p. 211.

solidement représentés à la Chambre des Communes, fatiguaient le Parlement de leurs plaintes, on aurait eu grand tort de voir ici autre chose que des phénomènes de détresse partielle. L'industrie émigrait tout simplement du Sud vers le Nord, de Londres vers le Warwickshire et le Lancashire, du Gloucestershire vers le Yorkshire; et, pendant que certaines régions de l'Angleterre s'appauvrissaient, d'autres régions s'enrichissaient [1]. Plus général était le malaise qui régnait chez les tisseurs à la main : des troubles graves, des émeutes contre l'introduction des machines eurent lieu vers la fin de 1829 à Coventry, à Bedworth, à Nuneaton, à Macclesfield, à Barnsley [2]. Mais il ne s'agissait, ici encore, que d'une crise de croissance de la grande industrie. Une classe en décadence se révoltait, inutilement, contre un nouveau régime de la production industrielle qui la condamnait à disparaître.

Resterait à expliquer la grande grève qui, pendant six mois, paralysa à Manchester les filatures de coton, quand John Doherty groupa dans un seul syndicat tous les ouvriers filateurs du royaume [3]. Resterait à expliquer la misère qui régnait à Birmingham lorsqu'Attwood réussit à grouper dans son « Union Politique » les représentants de la classe patronale et de la classe ouvrière, touchés par un même malaise. Reconnaissons que le pays ne s'était pas encore complètement relevé de la crise de 1825; qu'il souffrait tout entier d'une sorte de surproduction chronique; que les patrons, trouvant difficilement à écouler des stocks énormes, essayaient d'améliorer leurs profits en exerçant une compression sur les salaires de leurs ouvriers. Mais l'opiniâtreté même que, depuis 1826, les manufacturiers mettaient à produire, fût-ce pour un profit infime, recevait déjà sa récompense [4]. Grâce au bon marché de leurs produits, ils réussissaient à forcer les nouveaux tarifs douaniers qui s'élevaient contre eux en Allemagne et en Amérique [5]. On constate, pour les années qui précèdent immédiatement 1830, ce double fait paradoxal que, d'une part, le nombre des émigrants anglais va toujours augmentant — signe de la misère ouvrière, — et que, d'autre part, le chiffre des exportations augmente aussi — signe d'une prospérité industrielle qui doit se traduire à

---

1. *H. of C.*, 16 mars 1830: discours d'Irving (*Parl. Deb.*, n. s., vol. XXIII, pp. 385-404).

2. *Ann. Reg.*, 1829, pp. 131-3. — Cf. *Times*, 2 octobre 1829. — Sur la misère des tisserands vers cette date, voir la curieuse correspondance du Rev. Humphrey Price avec Bentham (Bentham, *Works*, éd. Bowring, vol. XI, pp. 43 sqq.).

3. *Times*, 2 octobre 1829. — *Morning Chronicle*, 13 octobre 1829. — Cf. S. and B. Webb, *Hist. of Trade Unionism*, éd. 1920, pp. 117-8.

4. T. Tooke, *Hist. of Prices*, vol. II, pp. 211-2, 213. — Cf. *Ed. Rev.*, avril 1832, art. III. *Supply and Consumption of the Precious Metals* (vol. LV, pp. 43 sqq.), — et N. Chater à Wellington, 8 février 1830 (Wellington, *Despatches, Cont.*, vol. VI, pp. 486-7).

5. *H. of C.*, 16 mars 1830, discours d'Irving (*Parl. Deb.*, n. s., vol. XXIII, p. 405).

la longue par une amélioration de la situation des ouvriers [1]. Western, à la Chambre des Communes, s'en étonna. « Il y a accroissement d'activité commerciale, accroissement d'exportations et d'importations, accroissement d'énergie dans le pays tout entier; et pourtant nos difficultés, nos détresses sont telles qu'on ne peut les considérer sans pitié » [2].

Plus difficiles à comprendre encore sont les plaintes que firent entendre à la même époque les agriculteurs. Jusqu'à présent les agriculteurs et les manufacturiers n'avaient généralement pas souffert en même temps: la prospérité des uns avait fait la misère des autres, et réciproquement. Mais à présent tous se plaignaient : pourquoi ? Depuis que le *Corn Bill* de 1828 avait été voté, le cours des céréales, d'abord très bas, s'était rapidement relevé, dépassant deux fois, pour le blé, le niveau de 80 s. le *quarter*, et une fois même le niveau de 90 s.. Puis le prix du blé avait baissé de nouveau, et semblait, vers la fin de 1829 et le début de 1830, se fixer aux environs de 73 s.. C'était, au gré des auteurs du dernier *Corn Bill*, un résultat satisfaisant : ils avaient permis l'entrée du blé étranger en franchise à partir du moment où ce prix de 73 s. était atteint, ils avaient donc considéré ce prix comme rémunérateur pour l'agriculture [3]. Mais les manufacturiers et toute la classe ouvrière trouvaient qu'à ce prix le pain était encore trop cher. Quant aux agriculteurs, ils constataient que le dernier mouvement de baisse se produisait après une mauvaise récolte et prévoyaient, à la première bonne récolte, une baisse encore plus accentuée. Ils n'étaient d'ailleurs pas seulement producteurs de céréales, mais aussi éleveurs de moutons. Or ils constataient qu'à la suite des réformes effectuées par Huskisson, l'invasion du marché anglais par les laines étrangères avait fait considérablement baisser le prix de la laine. En même temps le prix du bétail avait baissé de 25 p. 100; le prix des fromages, de 30 p. 100; le prix des cochons, de la volaille, dans le même proportion [4]. Même le cours de 73 s. pour les blés, ils n'étaient pas disposés à le considérer

---

1. Emigrants en 1824 (chiffre minimum) : 14 805; en 1825 : 14 891; en 1826 : 20 900; en 1827 : 28 003; en 1828 : 26 092; en 1829 : 31 198; en 1830 : 56 907 (W. Page. *Commerce and Industry*, vol. II, p. 30). — Exportations en 1826 (chiffre minimum) : £ 40 966 000; en 1827 : £ 52 222 000; en 1828 : £ 52 788 000; en 1829 : £ 56 218 000; en 1830 : £ 61 152 000 (Id., *ibid.*, p. 73).

2. *H. of C.*, 23 mars 1830 (*Parl. Deb.*, n. s., vol. XXIII, p. 821).

3. *H. of L.*, 29 mars 1830 : discours de Wellington (*Parl. Deb.*, n. s., vol. XXIII, pp. 981 sqq.).

4. *H. of C.*, 16 mars 1830 : discours d'Edw. D. Davenport (*Parl. Deb.*, n. s., vol. XXIII, pp. 391 sqq.); — 16 mars 1830 : discours de Heathcote, qui présente une pétition de Boston (Lincolnshire); — 6 avril 1830 : discours de lord Nugent, qui présente une pétition du Buckinghamshire (*Parl. Deb.*, n. s., vol. XXIII, pp. 382, 1 406). — Voir d'autre part, et en sens contraire, *Times*, 28 janvier 1830; A. Stevenson à Wellington, 28 janvier 1830; G. Conwen à Wellington, 12 février 1830; et D. Gunning à Wellington, 13 février 1830 (Wellington, *Despatches, Cont.*, vol. VI, pp. 451, 502-3, 507).

comme rémunérateur, accablés qu'ils étaient d'impôts. Dans les comtés
du Sud en particulier, le fardeau des *poor rates* devenait de plus en plus
intolérable; Lord Stanhope, déposant à la Chambre des Lords une pétition du comté de Kent, citait un domaine dont le loyer était de 2 500 l.,
et qui payait en *poor rates* 2 900 l., une ferme dont le loyer était de 50 l.
seulement, et qui payait en impôts de toute espèce une somme de 112 l. [1].
La classe des agriculteurs donne, toutes proportions gardées, une impression semblable à celle que donne, pour la même période, la classe des
tisseurs à la main. C'est une classe qui descend, pendant que monte la
classe — ouvriers et patrons — de ceux qui produisent en grand, avec
l'aide de la vapeur. Pour maintenir son niveau de vie, pour conserver
intacts ses effectifs, il faudrait qu'elle vendît ses denrées à un prix de
famine.

*LA THÈSE
INFLATIONNISTE
DE NOUVEAU
EN FAVEUR*

Or, si vraiment, comme l'alléguaient les
mécontents, il y avait baisse générale de tous
les prix, la thèse des inflationnistes devenait
une fois de plus séduisante. La baisse générale
des prix s'expliquait par le resserrement de la
circulation. Ce resserrement lui-même avait pour cause initiale le *Peel's Act*
de 1819 et le retour au paiement en espèces. Les effets néfastes de cette
loi avaient été retardés par la permission accordée aux banques d'émettre
de petites coupures. Mais cette permission leur avait été de nouveau
refusée, toutes les petites coupures avaient été retirées de la circulation
au début de 1829 : d'où le malaise actuel. La crise était aggravée, ajou-
taient les ultra-tories, par l'émancipation des colonies espagnoles :
l'anarchie qui règnait là-bas avait suspendu l'extraction des métaux
précieux, et diminué par suite en Europe la quantité de numéraire disponible. Les agrariens rentrèrent en campagne.

Condamnés à payer toujours les mêmes impôts avec une monnaie dont
la valeur avait augmenté, ils se plaignirent de supporter, en fait, un fardeau fiscal toujours plus fort : ils réclamaient en conséquence des allège-
ments d'impôts, la suppression, en particulier, de ces impôts sur le malt,
sur la bière, qui entravaient la production agricole. Ils constataient que
les traitements des fonctionnaires non seulement demeuraient immuables
alors que tous les profits, les fermages, les salaires baissaient, mais en
réalité augmentaient d'année en année, puisqu'il étaient payés avec un
numéraire dont le pouvoir d'achat allait croissant : Sir James Graham,

1. *H. of L.*, 25 mars 1830 (*Parl. Deb.*, n. s., vol. XXIII, p. 837).

un jeune parlementaire qui figura, pendant le cours de la session de 1830, au premier rang des orateurs de l'Opposition whig, réclama la réduction générale des traitements, afin de les remettre de niveau avec la valeur présente de circulation. Les agrariens demandèrent enfin, sinon l'abrogation immédiate du *Peel's Act*, tout au moins des mesures qui, pour être moins radicales, auraient tout de même l'effet de rendre la circulation plus abondante : le retour à ce bimétallisme qui avait été la règle avant 1797, et la liberté restituée aux banquiers d'émettre de petites coupures. Des meetings, où se pressait la foule, furent tenus dans un grand nombre de comtés, pour dénoncer, avec plus de violence que jamais, la politique banquière à laquelle le nom de Robert Peel était attaché : nous avons vu comment Attwood avait essayé d'intéresser le petit peuple des villes à son système en associant la critique du *Peel's Act* avec la revendication du suffrage universel. On observa que les pétitions signées à l'issue de ces meetings étaient généralement adressées non pas, suivant l'usage constitutionnel, à la Chambre des Communes, mais au duc de Wellington. Les tories avaient imaginé peut-être ce moyen pour compromettre celui qu'ils représentaient comme un dictateur, un maire du palais, et accusaient d'imposer sa volonté à la Cour, au Parlement, au pays. Mais ce n'étaient pas seulement des tories qui prenaient part à ce mouvement de révolte des propriétaires ruraux : ni sir James Graham, ni Western, ni Burdett, n'étaient des tories[1]. Creevey rendit vers cette date visite à lord et à lady Holland. Il les trouva malades, consternés par l'état embarrassé de leurs affaires. Creevey prophétisa que les temps du papier-monnaie allaient revenir. « Dieu le veuille! s'écria lady Holland, n'importe quoi pour nous sauver[2]! »

---

1. Voir le discours de Sir Francis Burdett, *Morning Chronicle*, 25 mars 1830; la lettre adressée par Charles Western « to the gentry, clergy, freeholders, and inhabitants of the county of Essex » (*Times*, 2 décembre 1829), et le discours prononcé par Sir James Graham au meeting du comté de Cumberland, avec son appel caractéristique au duc de Wellington : « I trust he will see the necessity of emancipating himself from the obstinacy of colleagues who are wedded to certain theories and opinions which time has shown to be impracticable; and that he will consent to revise those measures relative to the currency which have produced greater changes in property than the Revolution of 1688, or even the great civil wars. The continuance of the Duke's Government rests upon public opinion. The Court, there is no longer any doubt, is inimical to him; the aristocracy of the country stand aloof from him : he must, therefore, be the Minister of the People, or cease to be a Minister at all. His continuance in office depends upon the public voice (*Morning Chronicle*, 1er février 1830).

2. Creevey à miss Ord, 11 mars 1830 (*Creevey Papers*, vol. II, pp. 209-10).

Les économistes politiques proposaient cependant, eux aussi, leurs remèdes. Ils ne procédaient pas, comme les agrariens, en démagogues, mais en hommes de science, ainsi qu'il convenait à des disciples de Ricardo, à des amis de James Mill. Ils n'étaient pas, comme les premiers, disposés à exagérer l'importance d'une crise par laquelle semblaient prises en défaut les doctrines libérales. Ils refusaient de s'alarmer, promettaient le rétablissement rapide de la prospérité générale si seulement l'État ne faisait rien pour gêner l'expansion du commerce et de l'industrie. Au commencement de février 1830 parut un petit livre qui fit grand bruit, et qui était destiné à demeurer un ouvrage classique dans l'histoire des finances anglaises. Le livre traitait « de la réforme financière ». L'auteur, Sir Henry Parnell, le président du *Finance Committee*, y reprenait, sous une forme plus concrète et plus pratique, les problèmes abordés par Ricardo dans son grand ouvrage de 1817 [1]. Estimant en gros à 50 000 000 l. les revenus de l'État anglais, il considérait que, sur ces 50 000 000 l., 39 000 000 l. représentaient des impôts sur le luxe, que les contribuables de condition aisée étaient seuls à payer, et dans la mesure où il leur plaisait de les payer. La seule question à considérer, c'était de savoir s'il n'y aurait pas lieu d'en réduire la quantité, afin d'encourager la consommation de l'objet frappé par l'impôt, et d'accroître, par là même, les recettes de l'État. Mais il restait 11 000 000 l. d'impôts, taxes sur les matières brutes, sur les produits manufacturés, droits de protection accordés à l'agriculture et à l'industrie qui, coûtant à la nation plus qu'ils ne rapportaient à l'État, devaient à la longue appauvrir l'État par la diminution de la richesse privée. Ce que Sir Henry Parnell essayait de faire comprendre à ses compatriotes, en se fondant sur les travaux de la commission qu'il avait présidée, c'était que l'État avait intérêt à diminuer le nombre des impôts, afin d'augmenter le rendement des impôts restants par l'accroissement de la productivité nationale. Pour parer d'ailleurs à un déficit temporaire, il proposait une réforme radicale du système d'amortissement qui, malgré des amendements successifs, coûtait encore trop cher, et le rétablissement de l'impôt direct sur le revenu, au taux de 1 1/2 ou 2 p. 100.

Un jeune commerçant, Poulett Thomson, qui représentait au Parlement le bourg de Manchester depuis les élections de 1826, et qui était,

---

1. Ricardo avait lui-même reconnu la grande utilité que présenterait un ouvrage conçu sur le plan du livre qu'écrivait maintenant Sir Henry Parnell (lettre à Trower, 4 octobre 1821).

comme Parnell, en relations avec le groupe des amis de Bentham, introduisit, le 25 mars, les idées de Parnell à la Chambre des Communes, par un grand discours de principes. Il demanda l'abolition, totale ou partielle, d'un grand nombre de droits à l'importation sur des matières premières — droits sur les bois de charpente, en particulier, et droits sur le charbon apporté par voie de mer à Londres; la suppression pure et simple des droits sur certains produits manufacturés, verre, papier, et calicots imprimés : la réduction des droits sur le thé, le tabac, les spiritueux et les vins, afin d'en accroître le rendement. Il n'osa pas aborder la question des impôts de remplacement : une phrase ambiguë de son discours témoignait de son embarras à cet égard [1]. C'est que l'Opposition parlementaire, à laquelle il appartenait, ne se ralliait pas sans dissidences à l'idée de l'impôt sur le revenu. Huskisson était favorable [2], et pareillement lord Althorp [3]. Mais trop nombreux étaient les whigs, à commencer par Brougham, qui avaient gagné en 1816 une popularité facile en obtenant l'abolition de l'impôt sur le revenu des temps de guerre, pour qu'il leur fût agréable de changer maintenant d'attitude.

LA POLITIQUE D'ÉCONOMIES. LE BUDGET DE 1830. — Du moins les uns et les autres — les agrariens et les économistes politiques — se trouvaient-ils d'accord sur un point : ils réclamaient une politique de *retrenchment*, d'économies à outrance. Et leurs réclamations étaient présentées avec tant d'insistance à la Chambre des Communes qu'elles semblaient devoir être aussi embarrassantes pour le ministère qu'elles l'avaient été au lendemain de 1815. Mais, d'une part, l'Opposition, si elle était plus forte numériquement qu'elle ne l'avait été il y a quinze ans, était aussi plus disparate; et, si les ultra-tories et les disciples de Canning faisaient au ministère une guerre sans merci, les whigs se montraient au contraire disposés à le ménager, à prendre sa défense contre les ultra-tories. D'autre part, Wellington et ses collègues surent, par une politique financière énergique, prendre la direction et accaparer le mérite du mouvement réformateur.

En fait, il y avait dix ans que le ministère tory s'était rapproché du groupe des économistes politiques. Lord Liverpool et Robinson, avant Canning, avaient joué ici un rôle décisif; et, si Canning avait donné son

---

1. *H. of C.*, 25 mars 1830 (*Parl. Deb.*, n. s., vol. XXIII, pp. 857 sqq.; en particulier p. 893).

2. *H. of C.*, 18 mars 1830 (*Parl. Deb.*, n. s., vol. XXIII, pp. 599, 604-5).

3. Le Marchant, *Memoir of Viscount Althorp...*, pp. 238-9. — L'*Edinburgh Review* se déclare hostile, distinguant entre *property tax* et *income tax*, condamnant en fin de compte l'un et l'autre (avril 1830, art. x. *Finance. The Budget*, vol. LI, pp. 223-4).

appui entier aux expériences douanières de Huskisson, il n'est pas sûr
que, par d'autres côtés, sa politique générale ait été ce qu'elle aurait dû
être pour donner satisfaction à l'école de Ricardo. Car une politique d'économies financières suppose une diplomatie pacifique. Or, la diplomatie de
Canning, malgré ses apparences pacifiques, était guerrière, ou presque guerrière. D'où l'élévation progressive, sous son tribunat, des dépenses militaires et navales. Rien de plus caractéristique à cet égard que le budget
de 1827, le seul dont il ait eu l'entière responsabilité comme premier
ministre et chancelier de l'Échiquier tout à la fois. Canning demandait au
Parlement de donner son approbation à des dépenses qui dépassaient de
800 000 l. les dépenses de 1826 : l'expédition du Portugal était la cause de
cet alourdissement budgétaire. Après quoi, il promettait, pour l'avenir,
une politique d'économies, le retour à un chiffre de dépenses non pas seulement égal mais inférieur au chiffre de 1826; il achevait son discours par
une longue glorification, empruntée à William Pitt, de la philosophie
d'Adam Smith; il annonçait la constitution prochaine d'une commission
parlementaire des finances, *Finance Committee*, pour réviser tout le système des recettes et des dépenses. Si pourtant il avait vécu, s'il avait
dirigé la politique anglaise dans le Levant après la bataille de Navarin, se
serait-il résigné à un effacement diplomatique assez marqué pour permettre
de comprimer les dépenses militaires et navales? Wellington, Peel et Goulburn, précisément parce qu'ils avaient été ses adversaires politiques, y
veillèrent mieux sans doute qu'il n'aurait pu y veiller lui-même.

Le ministère tory constitua le *Finance Committee*, et plaça à la tête
de ce *Committee* Sir Henry Parnell, le représentant le plus typique que
l'on pût trouver à la Chambre des Communes de l'esprit qui régnait chez
les économistes politiques. Goulburn, se conformant aux vœux de la commission des finances, prépara les deux budgets de 1828 et de 1829 dans
un esprit d'économie rigide. Les dépenses prévues pour l'exercice 1828
furent inférieures de 500 000 l. aux dépenses qui avait été prévues
pour l'exercice antérieur; les dépenses prévues pour l'exercice 1829, inférieures encore de 200 000 l.. D'autre part l'exercice de 1828 ne paraissait pas devoir se solder par un excédent supérieur à 3 000 000 l.. Goulburn, se conformant encore au vœu de Sir Henry Parnell et de sa commission, décida qu'il serait absurde d'emprunter 2 000 000 l., afin de parfaire
les 5 000 000 l. régulièrement affectées à l'amortissement : ce seraient
désormais 3 000 000 l. et non pas 5 000 000 l. qui seraient annuellement
affectées à ce service. Ces 3 000 000 l. seraient constituées, pour une fraction, par les intérêts du fonds qui depuis 1823 recommençait à s'accumuler
entre les mains des Commissaires de la Dette, selon le système réduit qui

avait été inauguré alors, et, pour le reste, par une somme prélevée sur l'excédent budgétaire réel de l'année [1]. Le principe, jadis posé par Pitt, d'un fonds d'amortissement qui croissait à intérêts composés était donc encore respecté : il cessa de l'être en 1829. Une loi nouvelle décida qu'on n'affecterait à l'amortissement de la Dette que l'excédent budgétaire réel, sans obligation de maintenir cet excédent au niveau de 3 000 000 l.; et les titres rachetés durent être immédiatement annulés comme le seraient rétroactivement tous les titres rachetés depuis 1823 [2]. Démarche peutêtre téméraire : l'Angleterre ne fut sauvée des conséquences de cette imprudence que par le prodigieux accroissement de sa productivité industrielle et par le prodigieux accroissement de la richesse nationale qui s'ensuivit. Démarche en tous cas inévitable depuis le jour où l'Opposition parlementaire, liguée avec les gens d'affaires et la *gentry* rurale, avait privé le ministère des finances des ressources que lui procurait l'impôt sur le revenu; et, de toutes manières, victoire pour les libéraux qui depuis tant d'années poursuivaient de leur haine le vieux système de Pitt et du parti tory. Quand le Parlement, réuni en session au mois de février 1830, attendit les propositions financières du gouvernement, il savait déjà que le Trésor était gagné aux vues des économistes politiques.

Le ministère fit effectivement, sur les dépenses de l'armée, des économies qui s'élevèrent au total à 452 000 l.. Elles s'élevèrent, sur les dépenses de l'artillerie, à 29 000 l.; sur les dépenses de la marine, à 273 000 l.; sur divers autres chapitres, elles furent assez fortes pour que le total des économies réalisées fût de 1 300 000 l.. Mais il était visible que, pour donner satisfaction à l'opinion publique, il ne suffirait pas de sacrifier 1 000 000 l. ou 1 500 000 l. de recettes. Goulburn, avec l'agrément de tous ses collègues, proposa la suppression totale du droit d'*excise* sur la bière : c'était un sacrifice de 3 500 000 l.. Les agriculteurs ne se montrèrent pas très satisfaits : ils auraient préféré l'abolition du droit sur le malt qui les frappait directement. Les gros brasseurs furent également mécontents. Car la suppression de l'impôt était accompagnée par l'établissement de la liberté du commerce de la bière, moyennant l'acquittement d'un droit léger : ils perdaient un monopole de vente, au bénéfice des petits débitants. Les tories dénoncèrent une mesure qui était une prime à l'intempérance du bas peuple. Sir Henry Parnell et les autres partisans de ce qu'on appelait la « réforme financière » (*financial reform*) pouvaient faire observer que, de tous les impôts, c'était celui dont la suppression était le moins apte à provoquer un accroissement de la production : tout ce que

1. 9 Geo. IV, c. 90.
2. 10 Geo. IV, c. 27.

fit le ministère pour leur donner satisfaction, ce fut — outre quelques légères atténuations apportées à la protection des sucres des Antilles et des soieries anglaises — de supprimer, à titre d'indication, l'impôt sur le cuir. Mais la suppression de l'impôt sur la bière plut aux classes populaires. Elle fut hautement appouvée par les orateurs du parti libéral, qui n'était pas encore devenu le parti de l'antialcoolisme.

Le trou que l'on avait ainsi creusé, comment allait-on le combler? On pouvait donner satisfaction aux vues de Sir Henry Parnell par l'établissement d'un impôt sur le revenu. Le Cabinet y songea. Goulburn soumit à ses collègues l'idée d'un impôt sur le revenu qui s'appliquerait à la propriété immobilière, aux revenus mobiliers, aux traitements, en n'exemptant que les profits commerciaux. Il fut chaudement appuyé par Robert Peel et par presque tous ceux qui, dans le Cabinet, étaient membres de la Chambre des Communes. Mais il se heurta à l'opposition de Wellington dont l'opinion, après des débats qui durèrent près de quinze jours, finit par prévaloir [1]. Goulburn, pour rétablir l'équilibre budgétaire, se contenta de convertir le 4 p. 100, qui avait atteint le pair, en 3 1/2 p. 100 — d'où une économie prévue de 750 000 l. —; de renvoyer au mois d'octobre la suppression du droit sur la bière — d'où un embarras diminué pour l'exercice 1830-31 —; de compter sur le rendement accru du droit sur le malt qui suivrait l'accroissement de la consommation de bière; de promettre enfin, pour un avenir rapproché, de nouvelles économies administratives et une réforme du système des pensions de retraite.

POLITIQUE EXTÉRIEURE DE WELLINGTON ET DE LORD ABERDEEN

C'est ainsi que, pour donner une satisfaction immédiate aux exigences de l'opinion, le ministère dépassait les vues du *Finance Committee* : il faisait voter un budget sans excédent, et renonçait en conséquence à amortir la Dette. Or, par cette politique d'économies à outrance — 1 500 000 l. gagnées en quatre exercices sur les dépenses de la guerre, 1 000 000 l. sur les dépenses de la marine [2] — il se trouvait condamné à surenchérir presque

---

1. *Lord Ellenborough's Diary*, 1er mars, 6 mars, 13 mars, 14 mars, 19 mars, 24 mars 1830. — Cf. le discours ambigu de Peel, *H. of C.*, 25 mars 1830 (*Parl. Deb.*, n. s., vol. XXI, pp. 911 sqq.).

2. 1826 (chiffres cités plus haut, p. 197) : armée : 8 297 000 l.; marine : 6 541 000 l.; artillerie : 1 870 000 l. — Total : 16 708 000 l. — 1827 : armée : 7 877 000 l.; marine : 6 451 000 l.; artillerie : 1 914 000 l. — Total : 16 206 000 l. — 1828 : armée : 8 084 000 l.; marine : 5 668 000 l.; artillerie : 1 447 000 l. — Total : 15 199 000 l.; 1829 : armée : 7 709 000 l.; marine : 5 902 000 l.; artillerie : 1 569 000 l. — Total : 15 180 000 l. — 1830 : armée : 6 991 000 l.; marine : 5 310 000. l.; artillerie :

sur le pacifisme, déjà marqué, de Sir Henry Parnell et de ses amis.
Sous Wellington et sous lord Aberdeen, son ministre des affaires étrangères, l'Angleterre perdit l'habitude de jouer dans les affaires du monde
un rôle de premier plan : ils pratiquèrent la politique de la non-intervention, et ne se contentèrent pas d'en parler, comme avait fait Canning,
le langage. Au Portugal, Miguel rétablit l'absolutisme, et le gouvernement
britannique adopta une attitude de neutralité stricte entre les absolutistes et les constitutionnalistes : une expédition portugaise ayant quitté
un port anglais pour apporter des renforts au parti constitutionnel, une
escadre anglaise l'empêcha de débarquer aux îles Madère. Dans le Levant,
la Russie déclara la guerre à la Turquie, et, après une première campagne
malheureuse, finit par dicter la paix dans Andrinople, le 15 octobre 1829;
une armée française, avec la connivence et l'assistance de l'Angleterre [1],
chassa de Morée l'armée égyptienne. Le temps sembla venir « où la Russie
serait maîtresse de Constantinople, la France d'Athènes, et où l'Angleterre, revêtant sa nouvelle livrée de nation satellite, n'aurait qu'à se tenir
debout derrière la chaise des deux puissances, objet de risée pour l'une
et pour l'autre » [2].

Comment l'opinion acceptait-elle ce subit renversement de la politique
de Canning, si populaire il y a deux ans? Lady Canning, la veuve du grand
homme, pourvue d'une pairie après la mort de celui-ci en récompense des
services rendus par lui à la nation, passait outre aux protestations et aux
menaces du ministère, et livrait à Stapleton toutes ses archives, pour servir
de matériaux à une apologie de Canning. Elle inspirait des brochures, où la
politique étrangère de Wellington et de lord Aberdeen était prise à partie [3].
A la Chambre des Communes, le système de Canning avait pour défenseurs
Huskisson et lord Palmerston. Avec eux votaient un certain nombre
d'ultra-tories, et pareillement ces libéraux, Sir James Mackintosh et lord
John Russell, qui s'étaient fait une spécialité de la théorie de l'équi-

1 613 000 l. — Total : 13 914 000 l. (*An Account of the Public Expenditure of the
United Kingdom, exclusive of the Sums applied to the Reduction of the National Debt.
in the year...,* publication officielle annuelle). — Les dépenses civiles qui étaient
l'objet d'un vote annuel du Parlement passaient de 2 567 000 l. en 1826 à 2 863 000 l.
en 1827, à 2 012 000 l. en 1828, à 2 486 000 l. en 1829, à 1 950 000 l. en 1830 (même
source).

1. Croker à Wellington, 25 juillet 1828 : I submit that it would be desirable that all
the measures should be taken in the Mediterranean, and that the matter should not
get wind in England, which would be the case if we were to send any transports hence
(Wellington, *Despatches, Cont.,* vol. IV, p. 557).

2. *Times,* 26 juillet 1828.

3. *A Letter addressed to the Earl of Aberdeen, Secretary of State for Foreign Affairs,*
by Henry Gally Knight, 1829.— *An Authentic Account of Mr. Canning's Policy towards
Portugal,* 1829. — *A brief exposition of the foreign policy of Mr. Canning as contrasted
with that of the existing administration,* 1830.

libre européen. Mais leur langage devenait ambigu lorsqu'ils cessaient de critiquer pour donner des conseils positifs. Voulaient-ils que l'Angleterre attaquât la Turquie pour sauver la Grèce? ou au contraire protégeât la Turquie contre la Russie? Dans l'un ou l'autre cas, voulaient-ils la guerre? Ils s'en défendaient, prétendaient que Canning, s'il eût vécu, eût su, en parlant un langage plus belliqueux en apparence, intimider les puissances étrangères, empêcher la guerre d'éclater dans le Levant entre la Russie et la Turquie, au Portugal entre les absolutistes et les constitutionnels [1]. Peut-être: il était permis toutefois de penser que, si on voulait tenir l'Angleterre à l'abri de la guerre, la méthode de Wellington et de lord Aberdeen était plus honnête et plus sûre.

L'Angleterre était obsédée toujours par la crainte de l'empire des tsars, de la menace qu'il devait constituer un jour aussi bien pour les possessions asiatiques de l'Angleterre que pour l'équilibre européen. Mais il arriva qu'en 1828 la première campagne de l'armée russe échoua : l'Angleterre se réjouit, pour un temps, de voir la Russie moins redoutable qu'elle ne croyait. Puis, en 1829, la question de l'émancipation catholique absorbant l'attention publique, les problèmes de politique extérieure furent rejetés au second plan [2]. Il était d'ailleurs hors de question pour l'Angleterre, puissance maritime, de s'opposer par la force aux progrès de la puissance russe : tout ce qu'il était possible de faire, c'était d'empêcher la Russie de se fortifier en Europe par une alliance avec quelque autre puissance mili·taire. La possibilité d'une alliance franco-russe était un sujet de souci pour les hommes d'État anglais : le désir de détacher la France d'avec la Russie les poussait à chercher, avec plus de zèle que jamais, les bases d'une « bonne entente » avec la France. Quand Charles X, en août 1829, congédia ses ministres libéraux et remplaça Martignac par Polignac, la presse anglaise, et la presse libérale elle-même, se réjouit de ce changement de ministère. Les libéraux avaient été, à Paris, belliqueux, anglophobes; il suffisait au *Times* et au *Morning Chronicle*, pour se réjouir de voir les ultras prendre leur place, que Polignac quittât l'ambassade de Londres avec le dessein de rétablir des relations amicales entre la France et l'Angleterre [3].

<hr>

1. *H. of C.*, 5 février 1830 : discours de lord Palmerston (*Parl. Deb.*, n. s., vol. XII, p. 139).

2. Lord Palmerston à William Temple, 30 mars, 15 juin 1829 (Sir H. L. Bulwer, *Life of Viscount Palmerston*, book VI; ed. Tauchnitz, vol. I, pp. 301, 305 sqq.).

3. *Morning Chronicle*, 12 août 1829 : We speak advisedly when we say that we have the assurance of those who have the best personal opportunities of ascertaining the fact, that the recent appointments are the subject of unmixed congratulation, that they are considered as a guarantee for the continuance of the good understanding on Foreign Policy which has for some time existed, and the harbinger of advantages

Enfin et surtout, l'Angleterre voulait la paix à tout prix. Sentant peser sur lui le fardeau d'une dette qui se maintenait toujours aux environs de 800 000 000 l., le pays considérait qu'il lui était financièrement impossible d'affronter une nouvelle guerre. Il se rendait compte qu'il était chimérique d'espérer une prolongation indéfinie de l'état de paix : c'était presque un miracle que l'Angleterre fût demeurée, quinze ans de suite, en paix avec tous ses voisins. Et, puisque Wellington travaillait, avec une sincérité évidente et méritoire chez un soldat, à faire durer ce miracle, il fallait lui faire confiance. A partir du moment où il devint premier ministre, sa politique étrangère eut l'appui constant du *Morning Chronicle*, organe du groupe de lord Grey et de lord Althorp [1]. Le *Morning Chronicle* l'approuva de reconnaître dom Miguel et d'empêcher les constitutionnels portugais de prendre les ports anglais pour bases de leurs opérations [2]. Peut-être même ce journal fut-il parfois plus wellingtonien que lord Wellington. Ce fut le cas lorsque, par exemple, il tourna en dérision les craintes qu'inspirait en Angleterre la politique envahissante de la Russie [3], et quand, plus tard, Polignac ayant organisé l'expédition française d'Alger, il célébra les aptitudes colonisatrices du peuple français, encouragea la France à s'établir sur la côte africaine, en Égypte même si elle le voulait [4]. Une chose était certaine : jamais de ce côté la politique de Wellington ne serait taxée de faiblesse, toujours elle serait louée d'être systématiquement pacifique.

of another description, less showy but infinitely more substantial (un traité de commerce; un mouvement plus actif des échanges). — Cf. *Ibid.* 13 août 1825 : et *Times*, 11, 12 août 1829. — *L'Examiner* (23 août, 13 septembre) discute cette attitude; et de même l'*Edinburgh Review*, octobre 1829, art. xv. *New French Ministry* (vol. L, pp. 277 sqq.). Mais il est à remarquer que l'*Edinburgh Review* se défend de considérer Wellington comme responsable du choix de Polignac. — Cf. lord Grey à lord John Russell, 13 décembre 1829 (*Early Correspondence of lord John Russell*, vol. I, p. 298).

1. *Morning Chronicle*, 27 mars 1828 : We have often heard old men express satisfaction that they could not, if they would, continue the follies of their youth. We are in this happy state — forced to be wise and prudent, whether we will or not. — 18 août 1828 : England seems to be viewed on the Continent somewhat in the light in which a prodigal who has spent his fortune in electioneering, is viewed by his quondam constituents, when he has no longer the wherewithal. We can no longer afford to throw money about the continent, and as we attached great consequence to the idea of being thought the general paymasters, the reproach of poverty is thought to be one which we severely feel.

2. *Morning Chronicle*, 22, 23 juillet 1828; 28 avril, 2, 13 juin 1829.

3. Voir notamment *Morning Chronicle*, 23 août 1828; 26 septembre, 15, 16 octobre 1829.

4. *Morning Chronicle*, 23, 24 juillet 1830. — Sur un seul point, le *Morning Chronicle* blâma la politique extérieure du ministère : ce fut quand Wellington empêcha le Mexique d'organiser une expédition pour assister une insurrection cubaine (21 mai 1830). Les ministres répondaient sur ce point à leurs critiques qu'en conservant Cuba à l'Espagne, ils n'empêchaient pas Cuba de devenir un pays libre : ils empêchaient qu'il ne devînt une colonie des États-Unis (*H. of C.*, 5 février 1830, n. s., vol. XXII, p. 151).

Le duc de Wellington était, en ce printemps de 1830, maître de la situation. L'activité de la politique française dans la Méditerranée provoquait bien de la mauvaise humeur : mais l'amour de la paix l'emportait décidément dans l'opinion sur le désir de s'opposer à l'expansion russe ou française par une politique d'aventure. L'économe gestion du budget était l'objet de louanges unanimes; la situation industrielle du pays s'améliorait de jour en jour; et, par la suppression de l'impôt sur la bière, Wellington s'était acquis une popularité qui, pour n'être point peut-être du meilleur aloi, n'en était pas moins réelle. Sans doute sa majorité parlementaire eût été bien fragile si les fragments dont se composait l'Opposition avaient fait bloc contre le ministère. Mais il n'en fut pas ainsi : une seule fois, au cours d'une longue session, le ministère fut mis en minorité sur une question de détail. Si les ultra-tories d'une part et le groupe de Huskisson de l'autre déclaraient à Wellington une guerre qui semblait sans merci, les whigs — ceux qui suivaient lord Grey et lord Althorp, ceux même qui s'étaient jadis ralliés à Canning — étaient beaucoup plus hésitants. Ils aidaient les ministres à faire obstruction aux motions des ultra-tories, s'absentaient de la salle des séances, aux jours critiques, en nombre suffisant pour que les ministres ne fussent pas mis en minorité. Était-ce simple tactique, désir de compromettre et d'humilier le ministère par un patronage offert avec ostentation? Un opposant se félicitait ironiquement de voir « un ministère tory gouverner d'après des principes whigs[1] »; un autre, d'avoir enfin le gouvernement de ses rêves, *a good weak government*, un « bon gouvernement bien faible[2]. » Mais ni l'un ni l'autre n'étaient des whigs, et l'hypothèse d'un renforcement du ministère par une coalition avec les whigs était ouvertement discutée.

Elle l'était depuis le jour où, enlevant le vote de l'émancipation catholique, Wellington et Peel avaient vu se constituer contre eux une Opposition tory. On avait parlé de l'entrée de Brougham dans le ministère[3] : et quand donc en vérité, depuis dix ans, n'avait-on pas soupçonné Brougham d'être à l'affût du pouvoir? On avait parlé d'une réconcilia-

1. *H. of C.*, 11 février 1830 : discours de Huskisson (*Parl. Deb.*, n. s., vol. XXII, p. 344).
2. *H. of C.*, 19 février 1830 : discours de Hobhouse (*Parl. Deb.*, n. s., vol. XXII, p. 784).
3. *Examiner*, 7 juin 1829. — Il plaida « pour la Couronne » quand Wellington fit poursuivre par son *Attorney General* deux journaux de la faction ultra-tory (*Examiner*, 3 janvier 1830).

tion avec Huskisson [1]. Le ministre des colonies, Sir George Murray, le ministre de la guerre, Sir Henry Hardinge, entretenaient avec les whigs des relations cordiales. Un whig, Sir James Scarlett, avait été choisi pour remplacer comme *Attorney General* Sir Charles Wetherell; un autre whig, le comte de Rosslyn, pour remplacer lord Carlisle au Sceau Privé. On signalait, pour remplir un certain nombre de postes moins éminents, des choix qui paraissaient dénoter, chez Wellington, le désir de se concilier l'opinion libérale [2]. Lord Grey, qui se trouvait rapproché de Wellington depuis trois ans par la haine également violente que les fantaisies politiques de Canning avaient inspiré à l'un et à l'autre, gardait le silence : il était universellement considéré comme se tenant à la disposition de Wellington si celui-ci voulait sa collaboration. Quand lord Althorp, en juin, commença à réunir chez lui les principaux membres de l'Opposition, et à se poser au Parlement en *leader* officiel d'une Opposition constituée, il s'agissait moins pour lui d'ouvrir les hostilités avec Wellington que de forcer celui-ci à sortir d'indécision. Ou la guerre, ou plutôt une alliance ouverte [3].

Au moment où lord Althorp adopta cette attitude, les circonstances politiques étaient sur le point de subir un changement assez marqué par la mort du roi George IV, attendue depuis deux mois. Il disparut de ce monde le 26 juin, poursuivi par le mépris public; et sa mort délivra le premier ministre d'un gros souci. Depuis le vote de l'émancipation catholique, le duc de Cumberland, rappelant d'Allemagne sa femme, s'était définitivement installé en Angleterre, près du roi, pour y faire obstacle à l'influence de Wellington. Si celui-ci, au cours du dernier hiver, avait pris le parti de poursuivre devant les tribunaux deux journaux de la faction ultra-tory, c'est parce qu'il attribuait les articles dont il se plaignait à l'inspiration directe du duc de Cumberland. S'il avait exigé que le général King, un des *Grooms of the Bedchamber*, coupable d'avoir voté contre le gouvernement lors de la discussion de l'adresse, fût congédié de la Maison du Roi, c'était afin d'affirmer que lui-même et non le duc de Cumberland,

---

1. *Morning Chronicle*, 4 février 1830.

2. *Times*, 16 février 1830.

3. Le Marchant, *Memoir of Viscount Althorp...*, pp. 243 sqq. — Cf. *Lord Broughton's Recollections of a long life*, vol. IV, pp. 36-7, à la date du 4 juillet 1830 : ... Morpeth and Sir James Graham said that the reason they had not attended these meetings before, was that they did not think they were sufficiently hostile to Ministers. — Cf. Lord Grey à la princesse Lieven, 25 juin 1830 : Nothing has happened with respect to myself except some further demonstrations of a disposition to act with me from the different parties who are not satisfied with the present government, to which I have made a civil return, without entering into any engagement or any concerted system of operations (*Correspondence of Princess Lieven and Earl Grey*, vol. II, pp. 11).

était le maître de la Cour. Or, par la mort de George IV, le duc de Cumberland perdit toute son influence.

Ce fut, à la vérité, pendant quelques heures, une question de savoir quelle serait, vis-à-vis de Wellington, l'attitude du duc de Clarence, devenu roi sous le nom de Guillaume IV. Car Wellington, vieux soldat très disciplinaire, n'avait pas toléré les extravagances dont le duc de Clarence s'était rendu coupable dans l'exercice de ses fonctions de Haut Amiral, et l'avait contraint à démissionner : cette affaire, pendant de longs mois, lui avait donné presque autant de tracas que le problème de l'émancipation catholique [1]. Mais Guillaume IV se hâta de faire voir qu'il n'avait pas gardé rancune à Wellington, et l'invita à demeurer en fonctions. C'était un vieux fou comme son frère, et qui bien vite alarma l'aristocratie par l'excentricité de sa conduite, par l'incohérence de ses interminables discours. Mais c'était un brave homme de fou, qui conquit les sympathies du grand public par la simplicité bourgeoise de ses manières. Le bruit se répandit qu'à un roi tory succédait un roi libéral. Donc, puisque Guillaume IV accordait sa confiance à Wellington, il ne ferait pas les objections qu'avait pu faire George IV à une jonction de Wellington avec les whigs. George IV en particulier avait toujours opposé son veto à l'entrée de lord Grey dans un de ses ministères : il ne lui pardonnait pas son attitude dans le procès de la reine, on affirmait aussi qu'une vieille rivalité d'amour était la cause de cette haine inexpiable [2]. Wellington avait donc pu laisser dire que, s'il n'invitait pas lord Grey à entrer dans son cabinet, la faute en était tout entière à George IV. Ce prétexte lui faisait maintenant défaut. Le changement de règne était une excellente occasion de renforcer le ministère en le remaniant. Wellington allait-il appeler lord Grey?

Il n'en fit rien. Est-ce parce qu'il se considérait comme une sorte de dictateur sans couronne, qui voulait gouverner en dehors et au dessus des partis, et ne voulait pas diminuer son autorité en laissant entrer dans son cabinet ceux qui auraient pu la contester? On le dit, on le crut. Mais entre Wellington et l'opinion le malentendu était plus profond encore. Le premier ministre restait toujours un honnête tory, au sens étroit de ce mot. Quand il avait jugé opportun d'émanciper les catholiques, ç'avait été dans l'intérêt de son parti aussi bien que de son pays : c'est ainsi que

1. Voir Wellington, *Despatches, Cont.*, vol. IV, pp. 512 sqq.; 530-9; 573-4, 578-9, 581-2, 588 sqq., 615, 625.

2. Sir Henry Hardinge à Wellington, 9 août 1827 : ... Croker remarked... that Lord Lansdowne... (should be) more manageable than Lord Grey, exclusive of the King's dislike of the latter so far back as when they crossed in each other's way with the Duchess of Devonshire... (Wellington, *Despatches, Cont.*, vol. IV, p. 75).

bien des fois, dans ses campagnes péninsulaires, il avait commandé des mouvements de retraite. Mais voici qu'une partie de son armée avait refusé d'exécuter ses ordres, persisté à livrer bataille. Il considérait les ultra-tories comme des soldats insubordonnés, passibles presque du conseil de guerre. Il ne leur pardonnait pas de le condamner, par leur défection, à subir la tutelle des whigs [1]. Très découragé, il songeait à la retraite, offrait à Robert Peel de prendre sa place : mieux valait peut-être, dans les circonstances présentes, que le premier ministre siégeât aux Communes [2]. Seulement Robert Peel — Sir Robert Peel depuis deux mois que son père, le premier baronet, était mort, — se dérobait à son tour. Il sentait que, si tout le monde rendait hommage à son labeur, à son sens de l'administration et des affaires, à ses aptitudes réformatrices, à son talent d'orateur parlementaire, on ne lui reconnaissait cependant que des qualités secondaires [3]. Canning avait été un homme de génie. Le vainqueur de Vittoria et de Waterloo était une sorte de grand homme. La succession de Canning et de Wellington lui faisait peur. D'ailleurs, ce n'était pas un cynique; et sa palinodie de 1829, sur la question de l'émancipation catholique, tourmentait sa conscience. Il était sûr en fin de compte d'avoir agi en honnête homme; il en donnait, il s'en donnait à lui-même les

1. Wellington à Maurice Fitzgerald, 26 décembre 1830 : They (the whigs) wanted to be admitted to power as a party. They forgot that I was, as I am still, at the head of the most numerous and powerful party in the State. That this party (putting the King out of the question) would not hear of any junction with the whigs as a party, however they might submit to their introduction into office as individuals; and that the attempt would have ended, as that of Mr. Canning did, and would even if he had lived, by a total failure (Wellington, *Despatches, Cont.*, vol. VII, p. 383).

2. *Memorandum of a letter from the Duke of Wellington to Sir Robert Peel.* 1830 (Wellington, *Despatches, Cont.*, vol. VII, pp. 106-8). — Cf. déjà, trois ans plus tôt, Arbuthnot à Peel, 18 mars 1827 (C. S. Parker, *Sir Robert Peel.* vol. I, pp. 452-3).

3. *Ed. Rev.*, juillet 1830, art. xii. *The Ministry, and the state of Parties* (vol. LI, pp. 574-5) : He is a man of respectable talents, but far, very far certainly, from being a first rate man.... For the stormy times we live in, for questions involving the fate of cabinets, and even of dynasties, — for the real tug of war, and to meet such antagonists as he sees ranged against him, it must be admitted that he is wholly unfit.... — Trois ans plus tôt (6 juin 1827), le *Times* écrivait, tout à fait dans le même esprit : ... In Parliament he was a speaker of that tribe which fluctuates between the third rate and the second. He never produced one burst of eloquence since he was born. We never heard a sentence or expression from Mr. Peel which found a place in the memory after the debate was over. His mind is of thin staple, carefully yet not finely cultivated. The soil is slight and dry — not rich nor deep : no brilliant flowers — no costly fruits of delicious flavour, — no exuberant vintage — nothing beautiful by which society is adorned — nothing generous or noble by which true greatness is commemorated — has ever sprung from, or ever been connected with, this specimen of commonplace nature... To talk of this person as a statesman or a chief is merely an idle abuse of words. — Lord Brougham, deux mois plus tard, se plaint, d'autre part, que Peel manque de « fermeté », manque de « nerfs », qu' « il ne semble pas avoir tout à fait suffisamment pris conscience de son importance ». (*The Country without a Government*, p. 5).

raisons. Il y avait longtemps qu'il agaçait bien des gens par un perpétuel souci de justifier moralement ses actions. Souci très sincère mais qui ne paraissait pas sincère. Blifil, disaient ceux qui se souvenaient de Fielding. Sir Joseph Surface, disaient ceux qui se souvenaient de Sheridan. Une réputation d'hypocrisie pesait, et continua de peser sur lui pendant plusieurs années.

Par le fait du changement de règne, la très jeune princesse Victoria, fille du duc de Kent qui était mort depuis dix ans, et âgée de onze ans seulement, devenait l'héritière présomptive de la couronne. Il fallait donc prendre des mesures pour l'établissement d'une régence en prévision du cas où Guillaume IV mourrait avant que la princesse devînt majeure. Retiendrait-on le Parlement en séances pour voter un *Regency Bill*, ou bien le dissoudrait-on immédiatement, et renverrait-on au nouveau Parlement la discussion de ce problème? Wellington désira se débarrasser au plus tôt d'une Chambre des Communes où il ne disposait que d'une majorité incertaine, et le Cabinet opta pour la seconde alternative. Cette décision fut violemment attaquée dans les deux Chambres par l'Opposition whig. Lord Grey, à la Chambre des Lords, déclara la guerre au premier ministre[1]. Brougham, à la Chambre des Communes, provoqua un incident en dénonçant « les flatteurs, les vils et rampants parasites du duc de Wellington[2] ». La « Revue d'Édimbourg », qui, depuis le mois d'avril 1829, s'était interdit toute allusion aux problèmes de la politique courante, réclama un changement de ministère, et préconisa une coalition des whigs avec les ultra-tories, de lord Grey avec le duc de Richmond : maintenant que l'émancipation catholique était un fait acquis, sur quel point y avait-il désaccord entre eux[3]?

Mais lorsqu'à la Chambre des Lords, après le discours de lord Grey, on en vint à voter, lord Grey se vit déserter par beaucoup de ses amis politiques, le duc de Bedford en tête. Six jours après sa violente sortie, Brougham recommençait à célébrer les louanges de Wellington[4]. Ce même article de la « Revue d'Édimbourg » qui semblait à première vue un article de rupture s'achevait par un dernier appel au duc de Wellington duquel elle déclarait ne se détacher qu'à regret[5]; et lord Grey, qui s'attendait

<hr>

1. *H. of L.*, 30 juin 1830 (*Parl. Deb.*, n. s., vol. XXV, pp. 726 sqq.).
2. *H. of C.*, 30 juin 1830 (*Parl. Deb.*, n. s., vol. XXV, p. 825).
3. *Ed. Rev.*, juillet 1830, art. xii. *The Ministry and the State of Parties* (vol. LI, pp. 564 sqq.). — Voir en particulier, pp. 580-1.
4. *H. of C.*, 6 juillet 1830 (*Parl. Deb.*, n. s., vol. XXV, pp. 1064-5).
5. Même article, *sub finem* : Let it not for a moment be supposed, that we regard the services, even the political services, of the Duke of Wellington, as desirous to undervalue them.... To the supposition on which we have proceeded, we have been

encore à recevoir de Wellington, avant la fin de l'été, des offres de collaboration, laissait entendre qu'il ne repousserait pas catégoriquement ces
nouvelles avances [1]. Le 23 juillet, quand, le Parlement ayant été prorogé,
le pays dut se préparer aux élections imminentes, il se trouvait dans ce
même état de confusion mentale et d'apathie où il était depuis un an. Le
Times félicitait les candidats ministériels de ce que les seules attaques
vraiment violentes auxquelles ils fussent en butte vinssent du camp des
ultra-tories [2]. Le *Morning Chronicle* constatait le calme régnant, le petit
nombre de sièges contestés soit dans les comtés soit dans les bourgs [3];
prédisait la fin prochaine de la politique de parti. « Qu'un ministre fasse
voir, ajoutait le grand journal libéral, qu'il est réellement désireux de
diminuer les dépenses du pays, et il n'aura pas grand chose à craindre des
cabales [4]. »

La situation ressemblait, sous bien des rapports, à ce qu'elle avait été
exactement huit ans plus tôt, en juin et juillet 1822. Sans doute la défection du groupe des amis de Canning avait gravement affaibli le parti
tory; et l'émancipation catholique, accomplie dans les conditions que nous
avons dites, avait accéléré la décomposition du parti gouvernemental.
Mais d'autre part les whigs étaient maintenant moins avides de renverser
Wellington qu'ils ne l'avaient été en 1822 de renverser Castlereagh,
et une bonne partie des libéraux persistait à faire crédit au premier ministre,
quelque obstination que celui-ci pût mettre à décourager ces avances.
Sans doute encore la situation économique était moins bonne qu'elle
n'avait été en 1822. Les affaires devenaient cependant de mois en mois
plus actives : et, même au courant du dernier hiver, on ne saurait
dire que les conjectures aient été — il s'en faut de beaucoup — aussi
tragiques qu'elles l'avaient été bien des fois depuis le rétablissement de
la paix : en 1816 par exemple, en 1819, ou à la fin de 1825. Et c'était,

slowly and most reluctantly driven by the late conduct of the Duke of Wellington
himself....

1. Lord Grey à la princesse Lieven, 2 juillet 1830 : Some things have come to me
in the course of the last twenty-four hours, which induce me to believe that some
attempt may be made to conciliate me during the recess. This, however, is now more
difficult, and to tell you the truth, in what I have done, I had it in view to put myself
in a situation in which it would be impossible to make me anything less than a fair
offer, and to place myself on good ground for rejecting anything of a contrary description (*Correspondence of Princess Lieven and Earl Grey*, vol. II, p. 18).

2. *Times*, 14 juillet 1830.

3. *Morning Chronicle*, 26 juillet 1830 : ... Many persons are exceedingly puzzled
to understand the phenomena peculiar to the present Elections. Counties may be
said to be everywhere going a begging. The popular venal boroughs, too, find some
difficulty in obtaining third candidates to prevent the two from walking over the
course... — Cf. 28 juillet 1830.

4. *Morning Chronicle*, 12 juillet 1830.

somme toute, le même discrédit des querelles de partis, joint à la même absence des passions révolutionnaires; la même mauvaise humeur de la *gentry* tory; la même prédominance des questions économiques sur les questions politiques; le même désarroi de l'opinion nationale qui cherchait un chef, et ne le trouvait pas. Comment s'était dénouée la situation en 1822? Par le suicide de lord Castlereagh et l'avènement inopiné de Canning. Cette fois le dénouement fut autre. Au moment même où allaient avoir lieu les premières élections dans les bourgs, parvint à Londres la nouvelle d'événements graves qui venaient de se produire en France. Ces événements allaient porter au pouvoir, par contre-coup, les groupes d'Opposition coalisés, dans des circonstances presque révolutionnaires.

TABLE DES MATIÈRES

LIVRE PREMIER

LES ANNÉES DE LORD CASTLEREAGH
(1815-1822)

CHAPITRE PREMIER
LA PEUR DE LA RÉVOLUTION

CHAPITRE II

L'ÉVEIL DU LIBÉRALISME

L'affaire de la reine Caroline.

La politique de réformes. Avances gouvernementales aux économistes politiques.

Autres problèmes de politique extérieure et intérieure. Mort de lord Castlereagh.

LIVRE II

LA DÉCOMPOSITION DU PARTI TORY
(1822-1830)

CHAPITRE PREMIER

LE PRESTIGE DE CANNING

Canning et son système.

Les problèmes de la politique extérieure. Espagne et Amérique du Sud.

Activité réformatrice du ministère.

CHAPITRE II

L'ÉMANCIPATION CATHOLIQUE

Coulommiers. — Imp. PAUL BRODARD. — 1019-3-23.